BESTSELLERAUTOR New York Times & *MANAGER MAGAZIN*

JAMES RICKARDS

DER WEG INS VERDERBEN

Bibliografische Information der Deutschen Nationalbibliothek:
Die Deutsche Nationalbibliothek verzeichnet diese Publikation in der Deutschen Nationalbibliografie. Detaillierte bibliografische Daten sind im Internet über http://dnb.d-nb.de abrufbar.

Für Fragen und Anregungen:
info@finanzbuchverlag.de

1. Auflage 2017

© 2017 by FinanzBuch Verlag,
ein Imprint der Münchner Verlagsgruppe GmbH
Nymphenburger Straße 86
D-80636 München
Tel.: 089 651285-0
Fax: 089 652096

Die englische Originalausgabe erschien 2016 bei Portfolio unter dem Titel »The Road to Ruin«. © 2016 by Portfolio. All rights reserved.

Übersetzung: Karsten Petersen
Redaktion: Werner Wahls
Korrektorat: Leonie Zimmermann
Umschlaggestaltung: Marc-Torben Fischer, München
Umschlagabbildung: C.J.Burton
Satz: Satzwerk Huber, Germering
Druck: GGP Media GmbH, Pößneck
Printed in Germany

ISBN Print 978-3-95972-024-3
ISBN E-Book (PDF) 978-3-96092-030-4
ISBN E-Book (EPUB, Mobi) 978-3-96092-031-1

Weitere Informationen zum Verlag finden Sie unter

www.finanzbuchverlag.de
Beachten Sie auch unsere weiteren Verlage unter www.m-vg.de

Inhalt

3

Dem Gedenken an John H. Makin gewidmet,
Ökonom, Mentor und Freund. Wir brauchen ihn heute mehr denn je.

Als das Lamm das dritte Siegel öffnete, hörte ich das dritte Lebewesen rufen: Komm!
Da sah ich ein schwarzes Pferd; und der, der auf ihm saß, hielt in der Hand eine
Waage. Inmitten der vier Lebewesen hörte ich etwas wie eine Stimme sagen: Ein
Maß Weizen für einen Denar und drei Maß Gerste für einen Denar. Aber dem Öl
und dem Wein füge keinen Schaden zu!

Offenbarung 6:5-6

VORWORT
ZUR DEUTSCHEN AUSGABE

Ich habe mich sehr über die Einladung meines Verlegers gefreut, dieses Vorwort für die deutsche Ausgabe meines Buches *The Road to Ruin* zu schreiben. Jeder Autor wünscht sich, ein möglichst großes Publikum zu erreichen, und so freue ich mich sehr über die Gelegenheit, diese Arbeit dem deutschsprachigen Leser in Deutschland und in aller Welt präsentieren zu können.

Seit die erste englische Ausgabe im November 2016 erschienen ist, hat es einige wichtige politische und wirtschaftliche Entwicklungen gegeben, die mit den Hauptthemen dieses Buches im Zusammenhang stehen. Diese Entwicklungen haben die im Buch beschriebenen Gefahren noch verschärft. Das internationale Finanzsystem wird von Tag zu Tag instabiler und gefährlicher.

Die meisten Analysten behandeln traditionell die globalen makroökonomischen Entwicklungen und Geopolitik als separate Sphären. Natürlich hat es schon immer gewisse Überschneidungen zwischen ihnen gegeben. So waren zum Beispiel seit der Antike wirtschaftliche Sanktionen in Form von Handelsblockaden ein Element der Kriegsführung. Aber heute wachsen diese Überschneidungen schneller als die Zahl der Analysten, die sich in beiden Bereichen auskennen. Die entwickelten Länder haben brillante Generäle und versierte Ökonomen, aber kaum Experten, die in beiden Sphären beschlagen sind. Durch diesen Mangel an interdisziplinärem Fachwissen entstehen blinde Flecken, in deren Bereich die Experten des einen Fachgebiets die Entwicklungen im anderen nicht sehen. In einer globalisierten, vernetzten Welt sind solche blinden Flecken gefährlich und potenziell verhängnisvoll. Dieses Buch soll die Zusammenhänge zwischen Ökonomik und Geopolitik aufzeigen und so diese blinden Flecken beleuchten.

Es gibt keine bessere Illustration dieses Phänomens als den neuen Weltkrieg, der zwischen Russland und den Vereinigten Staaten bereits begonnen hat. Deutschland ist zwar mit den Vereinigten Staaten verbündet, aber wirtschaftlich auch Russland eng verbunden. Daher hat Deutschland am meisten zu verlieren, wenn die Spannungen zwischen den beiden Supermächten eskalieren.

Die Geschichte der Kriegsführung ist eine Geschichte von neuen Waffen, die alte ersetzen. Schusswaffen ersetzten Schwerter, Panzer ersetzten Pferde, Flugzeugträger ersetzten Schlachtschiffe. Heute werden sämtliche kinetischen Waffensysteme nach und nach durch unsichtbare cyber-finanzielle Waffen und wirtschaftliche Sanktionen ersetzt. Wenn es das Ziel eines Krieges ist, die Wirtschaft eines Feindes zu schwächen und zu zerstören und seine Bevölkerung zu demoralisieren, dann sind cyber-finanzielle Waffen mindestens so wirkungsvoll wie Bomben und Geschosse. Die kritische Infrastruktur wie Banken, Börsen, das Stromnetz, Internet-Backbones und Atomkraftwerke lahmzulegen ist so destruktiv für eine Volkswirtschaft, als würde man Brücken, Straßen und Fabriken in die Luft sprengen.

Dieser neue Krieg begann im Januar 2014 mit den Bemühungen des Westens, einen prorussischen Präsidenten in der Ukraine zu Fall zu bringen. Diese Bemühungen waren zwar erfolgreich, provozierten jedoch Vergeltungsmaßnahmen: Russland annektierte die Krim und begann, sich in das Geschehen in der Ostukraine einzumischen. Die Vereinigten Staaten wollten nicht militärisch auf die russische Expansion reagieren, sondern verhängten stattdessen eine Serie von immer einschneidenderen Wirtschaftssanktionen. Im Großen und Ganzen machte Deutschland bei diesen Sanktionen mit, ungeachtet seiner engen wirtschaftlichen Beziehungen zu Russland.

Der Fehler der Vereinigten Staaten bestand darin, zu glauben, diese Sanktionen seien auf die eine oder andere Weise etwas anderes als militärische Gewalt. Russland sah diesen Unterschied nicht und fasste die westlichen Sanktionen als kriegerischen Akt auf. Dann verschärfte Russland den Krieg durch eine Reihe von Attacken und Computer-Hacks, die darauf abzielten, in den Besitz wertvoller Geheimnisse zu kommen oder führende Politiker im Westen bloßzustellen.

Während des Kalten Krieges setzte eine Doktrin, die als »mutually assured destruction« (MAD, »gegenseitig garantierte Vernichtung«) bezeichnet wurde, praktische Grenzen für destruktives Verhalten und Eskalation. Es war nicht sinnvoll, einen Atomschlag gegen einen Feind zu führen, wenn ihm danach noch genug Raketen und nukleare Sprengköpfe blieben, um einen Gegenschlag zu führen, der den Angreifer vernichten würde. Diese Doktrin, auch »Gleichgewicht des Schreckens« genannt, bewahrte ein stabiles, wenn auch beklemmendes Gleichgewicht, während über Rüstungskontrolle verhandelt wurde.

Die MAD-Doktrin konnte nur erfolgreich sein, wenn drei Voraussetzungen erfüllt waren: eine kleine Anzahl Beteiligter (im Wesentlichen die USA und die Sowjetunion, heute Russland), deren rationales Verhalten und relativ gute Informationen. Waren diese drei Voraussetzungen erfüllt, konnte ein spieltheoretischer Problemlösungsansatz angewandt werden.

In einem cyber-finanziellen Krieg sind diese Voraussetzungen nicht erfüllt. Neben den Hauptgegnern – also den Vereinigten Staaten und Russland – fällt anderen Ländern die Rolle von »Frontstaaten« zu, zum Beispiel China, Iran, Türkei, Nordkorea und Syrien. Das Schlachtfeld liegt im Cyber-Space und die Waffen sind tödlich, aber unsichtbar. Bei manchen dieser Akteure, vor allem dem Iran und Nordkorea, ist kein Verlass darauf, dass sie sich rational verhalten werden. Informationen über die Fähigkeiten und Waffen eines Gegners sind kaum zu beschaffen; in einem cyber-finanziellen Krieg werden die meisten Beteiligten nicht einmal zugeben, dass sie überhaupt beteiligt sind. Im Gegensatz zu anderen Formen der Kriegsführung gibt es für die cyber-finanzielle keine allgemein anerkannten Verhaltensnormen.

Daher sind die Risiken einer unkontrollierten Eskalation ganz erheblich. Wenn die Vereinigten Staaten als Vergeltung für die russische Beteiligung an den WikiLeaks-Enthüllungen über US-Politiker einen Cyber-Angriff gegen Russland starteten, würde Russland sich dann wehren, indem es die New Yorker Börse lahmlegt? Noch beunruhigender als eine absichtliche Eskalation ist ein ungewollter Fehler, der unkontrollierte Folgen nach sich zieht, die schnell um sich greifen und zu finanziellen Verwüstungen führen. Bevor ein Computervirus in die Finanz-Infrastruktur eines Gegners eingeschleust werden kann, muss diese Infrastruktur ausgekundschaftet, penetriert und analysiert werden. Die Risiken, dass ein Fehler während der Sondierungs- oder Penetrierungsphase zu einer finanziellen Katastrophe führt, sind ganz erheblich.

Solche cyber-finanziellen Bedrohungen existieren zusätzlich zu der Instabilität, die dem internationalen Währungssystem aufgrund von Zentralbankinterventionen und privater Gier ohnehin innewohnt. Die Zentralbanken nutzen veraltete Gleichgewichtsmodelle, um ein Finanzsystem zu managen, das kein Gleichgewichtssystem ist, sondern ein komplexes dynamisches System, das völlig anders funktioniert, als ein Zentralbanker annimmt. Da es ihnen nicht gelingt, die statistischen Eigenschaften von Risiko in komplexen Systemen zu verstehen, sind Bankiers und Bankenaufseher blind für die Instabilitäten, die sich in Form von immer mehr Derivaten, Leverage, faulen Krediten und verlorenem Vertrauen aufbauen.

Das internationale Währungssystem hat in den vergangenen Jahren eine Reihe von Schocks erlebt, so zum Beispiel das Fallen des Pfund Sterling gegenüber dem Dollar um 14 Prozent am 23. Juni 2016, den Absturz des Euro gegenüber dem Schweizer Franken um 20 Prozent am 15. Januar 2015 und einen Flash Crash der Renditen von US-Schatzwechseln am 15. Oktober 2014. Alle drei Ereignisse spielten sich innerhalb weniger Minuten oder Stunden ab; früher haben so extreme Schwankungen Monate oder Jahre gebraucht. Das Währungssystem fängt an »umherzutaumeln«.

Diese Art von Volatilität ist beunruhigend, aber nicht überraschend. Heute hat das internationale Währungssystem keinen Anker mehr. Währungen und andere Formen von Geld – etwa Gold – können stark gegeneinander schwanken, weil es keine global anerkannte Maßeinheit für Wert gibt. Es ist zu erwarten, dass diese Schwankungen so lange weitergehen werden, bis das Finanzsystem zusammenbricht, in welchem Fall Gold die sicherste Form von Geld sein wird, oder bis eine Reform des globalen Währungssystems im Stil von Bretton Woods erreicht worden ist.

Leider lassen die führenden Politiker nicht erkennen, dass sie die Gefahr sehen würden oder bereit wären, im Rahmen einer neu aufgelegten Bretton-Woods-Konferenz etwas dagegen zu tun. Stattdessen ist die Welt auf einem Weg, der bestenfalls in die Stagnation führt und schlimmstenfalls in eine weltweite Rezession – vorausgesetzt, es kommt nicht zu einer akuten Finanzpanik von der Art, wie sie 2008 entstanden war. Leider wird es in den kommenden paar Jahren mit ziemlicher Sicherheit zu einer neuen Finanzpanik kommen, die um einiges schlimmer werden dürfte als jene von 2008.

Die Federal Reserve wird versuchen, 2017 auf dem eingeschlagenen Kurs zu bleiben und die Leitzinsen weiter zu erhöhen. Aber dieses Bemühen um Zinserhöhungen könnte noch vor Ende 2017 zu einer Rezession in den Vereinigten Staaten führen. Auch in China zeigt sich die Wirtschaft schwächer und es kommt immer häufiger zu Kreditausfällen sowie Preisblasen auf den Immobilien- und Aktienmärkten. Der japanischen Zentralbank ist es nicht gelungen, die Inflationsziele Japans zu erreichen, und die EZB entdeckt gerade, dass negative Zinsen nicht wie beabsichtigt funktionieren, um die schwächelnden Volkswirtschaften der EU-Mitgliedsländer wiederzubeleben. Weltweit steigt die Verschuldung, das Wachstum verlangsamt sich und die finanzielle Instabilität nimmt immer weiter zu. Eine neue globale Finanzkrise, die schlimmer sein wird als 2008, ist nur eine Frage der Zeit.

In diesem Buch vertrete ich die Auffassung, dass jedes Währungssystem auf Vertrauen basiert, aber Vertrauen ist empfindlich und kann leicht verloren gehen. Ist Vertrauen erst einmal verloren gegangen, ist es fast unmöglich, es wiederherzustellen. Die globalen Eliten nehmen das Vertrauen der Menschen als Selbstverständlichkeit an und sehen die Möglichkeit nicht, dass ihre veralteten Modelle, falschen Prognosen und gescheiterte Politik das Vertrauen in das Geld zerstören und die Stimmung der Menschen immer näher an den Point of no Return bringen könnten.

Sollte eine Finanzpanik um sich greifen, werden die Eliten bereitstehen, um durch Konto-Einfrierungen, Börsenschließungen und, falls erforderlich, Standrecht ihre privilegierten Positionen zu bewahren. All diese Maßnahmen werden als »vorübergehend« bezeichnet werden, während umfassendere Lösungen geplant und umgesetzt würden, darunter auch das Emittieren von neuem Weltgeld in riesigen Mengen durch den Internationalen Währungsfonds. Das Ergebnis wird eine verheerende Inflation sein und die Zerstörung von Wohlstand in einer Art und Weise, die den Deutschen nur allzu vertraut ist und an die sie tief sitzende historische Erinnerungen haben.

Zum Glück muss der einzelne Sparer oder Anleger diesem Plan der Eliten nicht unbedingt zum Opfer fallen. Es gibt konkrete Maßnahmen, die jeder sofort ergreifen kann, um selbst in den schlimmsten Szenarien seinen Wohlstand zu bewahren. Diese Maßnahmen werden in diesem Buch ausführlich beschrieben. Ich hoffe, dass die deutschen Leser es interessant und aufschlussreich finden werden.

James Rickards

EINFÜHRUNG

Felix Somary war der vielleicht größte Ökonom des 20. Jahrhunderts, aber sicherlich auch einer der unbekanntesten.

Somary wurde 1881 in Wien geboren. Er studierte Jura und Ökonomik an der dortigen Universität als Kommilitone von Joseph A. Schumpeter. Sein Doktorvater war Carl Menger, der Begründer der Österreichischen Schule.

Während des Ersten Weltkriegs arbeitete Somary für die Zentralbank des besetzten Belgiens, aber den größten Teil seiner Karriere war er als Privatbankier für wohlhabende Personen und Institutionen tätig. In den 1930er-Jahren zog er nach Zürich, wo er bis zu seinem Tod im Jahr 1956 lebte und arbeitete. Den größten Teil des Zweiten Weltkriegs verbrachte Somary in Washington, D.C., wo er das US-Kriegsministerium in finanziellen Fragen beriet.

Somary galt weithin als der weltweit beste Währungsexperte seiner Zeit. Er wurde häufig von Zentralbanken als Berater in geldpolitischen Fragen herangezogen. Zum eigenen Schaden ignorierten diese Banken in den meisten Fällen seinen guten Rat aus politischen Gründen.

Wegen seiner geradezu unheimlichen Fähigkeit, Finanzkatastrophen schon vorherzusehen, wenn alle anderen sich noch in Sicherheit wiegten, wurde er der »Rabe von Zürich« genannt. In der griechischen Mythologie war der Rabe mit Apollo assoziiert, dem Gott der Weissagung. Im »Buch der Könige« des Alten Testaments befiehlt Gott einigen Raben, dem Propheten Elias zu dienen. Somary war vielleicht der größte ökonomische Prophet seit der Antike. Die englische Übersetzung von Somarys Autobiografie *Erinnerungen aus meinem Leben* trug den Titel *The Raven of Zurich*.[1]

Somary sah nicht nur vor vielen anderen den Ersten Weltkrieg, die Weltwirtschaftskrise und den Zweiten Weltkrieg voraus, sondern warnte auch zutreffend vor den deflationären und inflationären Folgen, die diese Umbrüche nach sich ziehen würden. Er erlebte den Niedergang des klassischen Goldstandards, das Währungschaos der Zeit zwischen den Weltkriegen und das neue Weltwährungssystem nach dem Bretton-Woods-Abkommen. Er starb 1956, also noch bevor die Bretton-Woods-Ära zu Ende ging. Somarys Erfolg beim Vorhersagen extremer Ereignisse beruhte auf analytischen Werkzeugen, die jenen ähneln, die in diesem Buch verwendet werden. Er wendete nicht die Bezeichnungen an, die heute üblich sind; Komplexitätstheorie und Verhaltensökonomik lagen noch weit in der Zukunft, als er sich mit den Kapitalmärkten beschäftigte. Aber seine Methoden sind aus seinen Schriften erkennbar.

Ein gutes Beispiel ist »Die Sandschakbahn«, ein Kapitel in seinen Erinnerungen, das eine Begebenheit beschreibt, die sich 1908 zutrug und bei der es um Somarys Bemühungen ging, ein Konsortium für ein geschäftliches Darlehen zu bilden.[2] Das Geld aus dem Darlehen sollte verwendet werden, um eine Eisenbahnlinie von Bosnien in die griechische Hafenstadt Saloniki, das heutige Thessaloniki, zu bauen. Die Eisenbahnlinie selbst war ein unbedeutendes Projekt. Somary wurde von Geldgebern in Wien engagiert, um seine finanzielle Durchführbarkeit zu prüfen.

Die vorgeschlagene Route führte durch den Sandžak Novi Pazar, eine Provinz des Osmanischen Reiches. Der Verlauf dieser Route machte es notwendig, dass Wien die Hohe Pforte (zu jener Zeit der Sitz des osmanischen Großwesirs, also der Regierung) um eine entsprechende Erlaubnis ersuchte.

Was dann geschah, schockierte Wien. Diverse Außenministerien von Moskau bis Paris protestierten vehement. Somary schreibt: »Auf das Ansuchen Österreich-Ungarns um die Konzession hatte die russisch-französische Entente mit einem Proteststurm von beispielloser Intensität und mit dem politischen Gegenprojekt einer Donau-Adria-Bahn geantwortet.«[3]

Dieser Vorfall mit dem Eisenbahnprojekt ereignete sich vor den Balkankriegen von 1912 bis 1913 und sechs Jahre vor Ausbruch des Ersten Weltkriegs. Aber allein aufgrund der französisch-russischen Reaktionen folgerte Somary ganz richtig, dass ein Weltkrieg nicht mehr zu vermeiden war. Seine Analyse: Wenn eine so unbedeutende Angelegenheit die geopolitischen Spannungen bis zum Siedepunkt hochkochen ließ, dann müssten wichtigere Anlässe – die es unweigerlich geben würde – zum Krieg führen.

Diese Schlussfolgerung ist ein perfektes Beispiel für die Anwendung Bayes'scher Statistik. Somary begann seine Analyse mit einer Hypothese über die Wahrscheinlichkeit eines Weltkrieges, die er, da er keine anderen Informationen hatte, mit 50:50 ansetzte. Wenn Vorfälle wie das Sandžak-Eisenbahnprojekt auftreten, werden sie zum Zähler beziehungsweise Nenner der mathematischen Form des Satzes von Bayes hinzuaddiert, wodurch die Wahrscheinlichkeit eines Krieges steigt beziehungsweise fällt. Heutige Geheimdienst-Analysten bezeichnen solche Ereignisse als »Indications and Warnings« (»Anzeichen und Warnungen«). Ab einem bestimmten Punkt ist die Annahme so stark, dass ein Krieg als unvermeidbar erscheint. Der Satz von Bayes (auch als Bayes-Theorem bekannt) versetzt einen Analysten in die Lage, vor den meisten anderen Menschen zu dieser Schlussfolgerung zu kommen.

Die Episode mit dem Sandžak-Eisenbahnprojekt erinnert an heutige Konflikte um Erdgas-Pipelines vom Kaspischen Meer nach Europa, von denen manche ebenfalls durch frühere Provinzen des Osmanischen Reichs verlaufen würden. Die Spieler – die Türkei, Russland und Deutschland – sind dieselben wie damals. Wo ist unser neuer Somary? Wer ist der neue Rabe?

Somary verwendete auch die von Joseph A. Schumpeter bevorzugte historisch-kulturelle Methode. Im Jahr 1913 wurde er von den damaligen sieben Großmächten aufgefordert, das chinesische Währungssystem neu zu strukturieren. Er lehnte diesen Auftrag ab, weil er befürchtete, dass sich in Europa eine weit bedrohlichere Währungskrise anbahnte. Ein Jahrzehnt vor der machtvollen Deflation, welche die Welt von 1924 bis 1939 in ihrem Würgegriff hielt, schrieb er:

> Europa ... belustigte sich über ein Volk [die Chinesen], das Banknoten zurückwies und mit Mißtrauen Metallgeld zur Prüfung auf die Goldwaage legte. Man wähnte damals, sie seien hinter uns um fünf Generationen zurück – in Wirklichkeit waren sie uns um eine Generation voraus. Sie hatten unter den Mongolenkaisern das Glück der Papiermilliarden – Kriegseroberungen und Straßenbauten – und dann das bittere Ende kennengelernt, und der Eindruck war ihnen durch viele Jahrhunderte geblieben.[4]

Auch bei seiner Analyse einer Begebenheit im Juli 1914 zeigte Somary, dass er die Werkzeuge der Verhaltensökonomik souverän einzusetzen wusste.

Der englische König George V. hatte dem Bruder des deutschen Kaisers, der auch ein Cousin des Königs war, versichert, dass ein Krieg zwischen England und Deutschland unmöglich sei:

> Auch der König hat wohl optima fide mit seinem Vetter gesprochen. Wie weit er aber die Lage beurteilen konnte, schien mir fraglich. Die Information des Insiders – und gerade des höchstgestellten – führt nur allzu oft in die Irre. Ich vertraute mehr dem Urteil der »Times« als dem des Königs. Für diejenigen Freunde, deren Vermögen ich zu verwalten hatte, wandelte ich die Bankguthaben und Effekten in Gold um und legte dieses nach der Schweiz und nach Norwegen. Wenige Tage später brach der Krieg aus.[5]

Heute würden die irrtümlichen Ansichten des Königs von Verhaltenspsychologen als kognitive Dissonanz oder als Bestätigungsfehler bezeichnet werden. Somary verwendete diese Begriffe nicht, aber er wusste, dass Eliten in Blasen leben, zusammen mit anderen Eliten. Häufig sind sie die Letzten, die erkennen, dass eine Krise unmittelbar bevorsteht.

Somarys Erinnerungen wurden 1955 auf Deutsch veröffentlicht; die englische Übersetzung erschien erst 1986, eine deutsche Ausgabe ist 2014 neu erschienen.

Ein Jahr nach Erscheinen der englischen Ausgabe, nämlich am 19. Oktober 1987, fiel der Dow-Jones-Index an einem einzigen Tag um über 20 Prozent und läutete damit das moderne Zeitalter von finanzieller Komplexität und anfälligen Märkten ein. Es steht zu vermuten, dass Somary, wenn er länger gelebt hätte, den Crash von 1987 – und vieles andere mehr – hätte kommen sehen.

Mithilfe von Somarys Methoden – Ätiologie (der Lehre von den Ursachen), Psychologie, Komplexitätstheorie und Geschichte – nimmt dieses Buch den Faden finanzieller Torheiten dort wieder auf, wo der »Rabe von Zürich« ihn hat liegen lassen.

***

Ist die Ökonomik eine Wissenschaft? Ja, das ist sie und damit fangen die Probleme an. Die Ökonomik ist eine Wissenschaft, aber die meisten

Ökonomen sind keine Wissenschaftler. Ökonomen verhalten sich wie Politiker, Priester oder Demagogen. Sie ignorieren Tatsachen, die nicht zu ihren Paradigmen passen. Sie wollen wissenschaftliches Prestige, aber ohne die Rigidität der Wissenschaft. Das heute zu beobachtende schwache Wachstum der Weltwirtschaft kann auf diese Hochstapelei zurückgeführt werden.

Jede Wissenschaft erfordert sowohl Wissen als auch Methode. Die wissenschaftliche Methode ist der Weg, um neues Wissen zu erlangen. Das geschieht durch Induktion – eine Vermutung – oder durch Deduktion, eine Schlussfolgerung auf der Basis von Daten. Es wird entweder ein induktiver oder ein deduktiver Ansatz gewählt, um zu einer Hypothese zu kommen, zu einer rigorosen Vermutung. Diese Hypothese wird durch Experimentieren und Beobachten überprüft, wodurch Daten gewonnen werden. Die Hypothese wird entweder durch die so gewonnenen Daten bestätigt, wodurch sie breitere Anerkennung findet, oder aber durch sie widerlegt, woraufhin sie verworfen und durch eine neue Hypothese ersetzt wird. Wenn eine Hypothese umfangreiche Tests und Beobachtungen überstanden hat, wird sie möglicherweise zu einer Theorie ausgebaut, einer bedingten Form von Wahrheit.

Diese wissenschaftliche Methode lässt sich ohne Weiteres auch in der Ökonomik anwenden. Die geläufige Unterscheidung zwischen »harten« Wissenschaften wie Physik und »weichen« Wissenschaften wie Ökonomik ist fadenscheinig. Die akademische Welt von heute kategorisiert bestimmte Zweige der Wissenschaft danach, ob sie optimal geeignet sind, bestimmte Bestandteile des Universums zu erklären. Die Astronomie ist eine fundierte Methode, um Galaxien zu verstehen. Die Biologie ist eine nützliche Methode, um Krebs zu verstehen. Die Ökonomik ist eine gute Methode, um die Verteilung von Rohstoffen und die Schaffung von Wohlstand zu verstehen. Astronomie, Biologie und Ökonomik sind Zweige der Wissenschaft, die auf bestimmte Bereiche des menschlichen Wissens angewandt werden. Sie alle sind Wissenschaften und der wissenschaftlichen Methode unterworfen.

Dennoch sind die meisten akademisch gebildeten Ökonomen keine Wissenschaftler, sondern Dogmatiker. Sie klammern sich an eine veraltete Version ihrer Wissenschaft, verschließen sich neuen Ansichten und verwerfen Daten, die ihren Dogmen widersprechen. Diese altersschwache Gemeinde wäre schlicht wirklichkeitsfremd und würde niemanden kümmern, wenn nicht diverse machtvolle Positionen in Zentralbanken und Finanzministerien von Ökonomen besetzt wären. Dadurch ist der Umstand, dass sie eine veraltete Theorie anwenden, nicht bloß wirklichkeitsfremd, sondern viel gravierender: Sie vernichten den Wohlstand von Nationen.

Dieses Thema sollte ausführlich diskutiert werden, bevor die nächste Finanzkrise ausbricht, weil so viel auf dem Spiel steht. Während ich dies schreibe, sind seit der letzten Finanzkrise sieben Jahren vergangen; in dieser Zeit ist die Wirtschaft der Vereinigten Staaten gewachsen, wenn auch langsam. Das ist aus historischer Sicht eine lange Expansion. Die inzwischen seit 2008 verstrichene Zeit entspricht ungefähr dem Takt der Paniken von 1987, 1994, 1998 und 2008. Der Zeitraum von sieben Jahren zwischen zwei Krisen ist nicht fixiert; ein neuer Crash in der nächsten Zeit ist nicht in Stein gemeißelt. Aber dennoch sollte niemand überrascht sein, wenn es so kommt.

Angesichts eines so anfälligen Finanzsystem und so schlecht vorbereiteter Politiker werden extreme politische Maßnahmen notwendig werden, wenn die Katastrophe zuschlägt. Dieses Buch ist ein Plädoyer dafür, die statistischen Eigenschaften von Risiko abseits der ausgetretenen Pfade neu zu überdenken, neue Theorien anzuwenden und vom Abgrund zurückzutreten, bevor es zu spät ist.

Jeder Wissenschaftler weiß, dass alle Theorien kontingent sind; irgendwann wird sich eine bessere Erklärung als die vorherrschende Meinung durchsetzen. Gleichwohl werden Newtons Erkenntnisse nicht für falsch gehalten, weil Einstein eine bessere Erklärung für den Weltraum und die Bewegungen von Himmelskörpern anbot. Einstein hat den Stand des Wissens erweitert. Leider haben viele Ökonomen kaum Bereitschaft gezeigt, den Wissenshorizont ihrer eigenen Kunst auszuweiten. Anhänger der Österreichischen Schule, Neo-Keynesianer und Monetaristen haben allesamt ihre Standpunkte fest abgesteckt. Die wirtschaftswissenschaftliche Forschung besteht aus endlosen Variationen der wenigen, immer gleichen Themen. Seit 70 Jahren herrscht intellektueller Stillstand. Bei angeblichen Innovationen handelt es sich in Wirklichkeit um Imitationen von Ideen, die von Keynes, Fisher, von Hayek und Schumpeter vor dem Zweiten

Weltkrieg entworfen wurden. Die Originale waren transformierend, aber ihre Nachkriegsvariationen haben ihre Grenzen, sind veraltet und, wenn sie doktrinär angewendet werden, gefährlich.

Die Lehrmeinung der Österreichischen Schule, dass freie Märkte jeder Planwirtschaft überlegen seien, ist durchaus fundiert, aber trotzdem braucht auch die Österreichische Schule eine Erneuerung mittels neuer wissenschaftlicher Erkenntnisse und der Technologie des 21. Jahrhunderts. Christoph Kolumbus war der beste Koppel-Navigator aller Zeiten, aber niemand würde bestreiten, dass er heute ein GPS-Gerät nutzen würde. Wenn Friedrich August von Hayek heute noch lebte, würde er neue Instrumente, die Netzwerktheorie und zelluläre Automaten verwenden, um seine Erkenntnisse zu verfeinern; seine Anhänger sollten nicht dahinter zurückstehen.

Heute beherrschen neo-keynesianische Modelle die Landschaft. Interessanterweise haben sie wenig zu tun mit dem Werk von John Maynard Keynes. Er war vor allem Pragmatiker; jene, die sich heute auf ihn berufen, sind alles andere. Im Jahr 1914 sprach Keynes sich für einen Goldstandard aus, 1925 riet er zu einem höheren Goldpreis, 1931 riet er von einem Goldstandard ab und 1944 schlug er einen modifizierten Goldstandard vor. Er hatte pragmatische Gründe für jede dieser Positionen.

Churchill schickte einmal ein Telegramm an Keynes, in dem stand: »Ich ringe mich zu Ihrem Standpunkt durch.« Keynes antwortete: »Ich bedaure, das zu hören. Habe begonnen, meine Meinung zu ändern.«[6] Es wäre erfrischend, wenn die heutigen Ökonomen auch nur halb so aufgeschlossen wären.

Keynes' Erkenntnis war, dass eine vorübergehend schwache private Gesamtnachfrage durch staatliche Ausgaben ersetzt werden kann, bis die »animal spirits«, die »animalischen Instinkte«, wiederbelebt worden seien. Solche Ausgaben würden am besten funktionieren, wenn der Staat nicht übermäßig verschuldet sei und wenn ein Haushaltsüberschuss zur Verfügung stehe, um sie zu finanzieren. Heute schlagen Ökonomen wie Paul Krugman und Joseph Stiglitz, die ungeeignete Gleichgewichtsmodelle verwenden (die Wirtschaft ist kein Gleichgewichtssystem), hoch verschuldeten Ländern höhere Defizitausgaben vor, um über unbestimmte Zeiträume die Nachfrage anzukurbeln – als sei es der Weg nach vorn, wenn jemand, der bereits vier Fernseher besitzt, einen fünften kauft. Das ist Torheit.

Die Monetaristen sind auch nicht besser. Milton Friedmans Erkenntnis war, dass das maximale reale Wachstum bei stabilen Preisen durch ein langsames, stetiges Wachsen der Geldmenge erreicht werden kann. Friedman wollte, dass die Geldmenge steigt, bis sie auf das potenzielle Wachstum trifft – eine Variation des irischen Trinkspruchs: »May the road rise to meet your feet.« (»Möge die Straße sich bis an deine Füße heben.«)

Die von Friedman übernommene Formel MV = PQ (die ursprünglich von Fisher und seinen Vorgängern stammt) besagt, dass Geldmenge (M) mal Geldumlaufgeschwindigkeit (V) dem nominalen Bruttoinlandsprodukt (BIP) entspricht (das aus dem realen BIP [Q] besteht, welches um die Veränderungen des Preisniveaus [P] korrigiert wurde).

Friedman nahm an, dass die Umlaufgeschwindigkeit konstant ist und dass es idealerweise weder Inflation noch Deflation geben sollte (was P = 1 impliziert). Wenn das maximale reale Wachstum geschätzt wurde (das in einer reifen Volkswirtschaft im Durchschnitt etwa 3,5 Prozent pro Jahr beträgt), kann die Geldmenge stetig vergrößert werden, um dieses Wachstum ohne Inflation zu erreichen. Friedmans Theorie ist zwar nützlich für Gedankenexperimente, aber in der realen Welt völlig nutzlos. In der realen Welt ist die Umlaufgeschwindigkeit nicht konstant, das reale Wachstum wird durch strukturelle (also nicht-monetäre) Einschränkungen begrenzt und die Geldmenge ist unklar definiert. Aber abgesehen von diesen Kleinigkeiten ist die Theorie großartig.

Die heute vorherrschende Theorie richtet noch mehr Schaden an, wenn man auch die statistischen Eigenschaften von Risiko in Betracht zieht.

Die aufgeblähte Bilanz einer heutigen »Too big to fail«-Bank zeigt typischerweise eine Bilanzsumme von einer *Billiarde* Dollar, also eintausend Billionen Dollar, die auf einem winzigen Kapitalstock balancieren. Wie wird das Risiko, das eine solche Hebelung zwangsläufig mit sich bringt, gemanagt? Die heute vorherrschende Theorie wird als »Value at Risk« oder »VaR« bezeichnet. Diese Theorie geht davon aus, dass die Risiken in Long- und Short-Positionen sich gegenseitig aufheben, das Ausmaß von Kursschwankungen normal verteilt ist, extreme Ereignisse äußerst selten auftreten und Derivate auf der Basis eines »risikofreien« Zinssatzes angemessen bepreist werden können. Als jedoch AIG im Jahr 2008 kurz vor der Insolvenz stand, interessierte sich keiner der Geschäftspartner des

Versicherungsgiganten für seine *Netto*-Position; der Konzern war vielmehr drauf und dran, mit seiner *Brutto*-Position gegenüber jedem einzelnen Vertragspartner pleitezugehen. Entsprechende Daten zeigen, dass das zeitliche Auftreten von Kursschwankungen entlang einer Exponentialkurve verteilt ist, nicht entlang einer Normalverteilungskurve. Extreme Ereignisse sind keineswegs selten; sie treten ungefähr alle sieben Jahre auf. Und die Vereinigten Staaten, Emittent von »risikofreien« Anleihen, die im Anleihenmarkt als Referenzwerte gelten, mussten kürzlich eine Herunterstufung ihrer Kreditwürdigkeit hinnehmen, die zumindest ein kleines Ausfallrisiko impliziert. Kurzum: Alle vier Annahmen, auf denen die VaR-Theorie beruht, sind falsch.

Wenn die Werkzeuge von Neo-Keynesianern, Monetaristen und VaR-Anwendern veraltet sind, warum halten diese Leute dann hartnäckig an ihren Modellen fest? Diese Frage können wir am besten beantworten, indem wir eine andere stellen. Warum stellten im Mittelalter die Verfechter eines geozentrischen Sonnensystems ihre Theorie nicht infrage, als Beobachtungen zeigten, dass sie die Bewegungen der Planeten nicht erklären kann? Warum schrieben sie lieber neue Gleichungen, um diese »Anomalien« zu erklären, als das System zu verwerfen? Die Antworten liefert die Psychologie.

Glaubenssysteme sind beruhigend. Sie bieten Gewissheiten in einer ungewissen Welt. Für den Menschen hat jede Gewissheit einen Wert, selbst wenn sie unrichtig ist. Unrichtigkeit kann langfristige Folgen haben, aber beruhigende Gewissheit erleichtert es, kurzfristig über den Tag zu kommen.

Dieser Beruhigungsfaktor wird verinnerlicht, wenn es mathematische Modelle gibt, die ihn stützen. Die moderne Finanzmathematik ist entmutigend. Akademiker, die viele Jahre damit verbracht haben, diese Mathematik zu meistern, haben ein persönliches Interesse daran, eine glänzende Fassade aufrechtzuerhalten. Die Mathematik untermauert ihre Referenzen und schließt andere, die stochastische Integrationsverfahren nach Itō weniger souverän beherrschen, aus.

Die Finanzmathematik ist auch, was ihre Anwender »elegant« nennen. Wenn man das moderne Finanz-Paradigma akzeptiert, liefert die Mathematik ein Vielzahl von raffinierten Lösungen für schwierige Probleme, zum Beispiel die Bepreisung von Optionen. Niemand hält inne, um das Paradigma zu hinterfragen.

Diese finanzielle Fassade wird durch die Tyrannei der Erfordernisse einer erfolgreichen akademischen Karriere gestärkt. Ein junger Student in einem sehr selektiven Finanz-Studiengang ist zu Recht bemüht um Fellowships, Veröffentlichung seiner Arbeiten und eine Position als Dozent. Einen 60-jährigen Doktorvater mit einem Dissertationsentwurf anzusprechen, der widerlegt, wovon der Professor seit Jahrzehnten fest überzeugt war, ist kein sonderlich geschickter Karriere-Schachzug. Die meisten angehenden Ökonomen halten es daher für besser, beispielsweise die tausendste Variation eines dynamischen stochastischen Gleichgewichtsmodells unter Verwendung von autoregressiver konditionaler Heteroskedastizität zu produzieren, um die Wirkung von quantitativer Lockerung auf Swap-Spreads zu erklären. Das ist der beste Weg, um voranzukommen.

Und dann ist da noch die schlichte menschliche Trägheit, ungefähr so, als würde man an einem kalten Morgen im warmen Bett liegen bleiben. Neues Wissen ist wie ein Ritt in der Brandung auf einem Surfbrett mitten im Winter – belebend, erfrischend, aufregend, aber nicht jedermanns Sache.

Das Bedürfnis nach Gewissheit statt Ungewissheit, die Faszination eleganter Mathematik, die engstirnige akademische Mentalität und die menschliche Trägheit sind gute Erklärungen dafür, dass fehlerhafte Paradigmen sich halten können.

Wenn nur akademische Reputationen auf dem Spiel stünden, könnte die Welt geduldig abwarten – am Ende wird sich stets die rigorose Wissenschaft durchsetzen. Aber der Einsatz ist höher. Der Wohlstand der Welt steht auf dem Spiel. Wenn Wohlstand vernichtet wird, führt das zu sozialen Unruhen. Die Anleger können Politiker nicht länger gewähren lassen, die sich weigern, bessere Lösungen zu suchen, weil sie festhalten an dem, was alterprobt, aber leider nicht allzu bewährt ist.

In diesem Buch geht es um das, was funktioniert. Seit den 1960er-Jahren haben sich neue Zweige der Wissenschaft entwickelt. Seit den 1980er-Jahren hat billige Rechenleistung Laborexperimente über ökonomische Hypothesen ermöglicht, die nicht unter den Bedingungen der realen Welt getestet werden können. Der Aufstieg wissenschaftlichen Arbeitens im Team, das in der Medizin schon seit Langem üblich ist, erleichtert Entdeckungen, die über die Grenzen eines einzelnen Fachgebiets hinausreichen. Kürzlich konnte sich ein 250 Jahre altes Theorem, über das seit Jahrhunderten gespottet wurde, triumphierend durchsetzen, um anderweitig unlösbare Probleme zu lösen.

Die drei wichtigsten neuen Instrumente im Finanz-Werkzeugkasten sind Verhaltenspsychologie, Komplexitätstheorie und kausale Inferenz. Diese Werkzeuge können separat eingesetzt werden, um eine bestimmte Aufgabe zu lösen, sie können aber auch miteinander kombiniert werden, um robustere Modelle zu entwickeln.

Alle drei Werkzeuge scheinen auf den ersten Blick in ihrem prädiktiven Potenzial weniger genau zu sein als die aktuellen, von den Zentralbanken verwendeten Modelle. Aber dafür bieten sie ein weit besseres Abbild der Realität – es ist besser, ungefähr richtig zu liegen, als exakt falsch.

Die Verhaltenspsychologie wird von vielen Ökonomen verstanden und angenommen. Dem führenden Theoretiker der Verhaltenspsychologie, Daniel Kahneman, wurde 2002 sogar der Wirtschaftsnobelpreis verliehen. Der erfolgreichen Verwendung der Psychologie im Kontext der Ökonomik steht nicht mangelnde Wertschätzung im Weg, sondern die Art ihrer Anwendung. Finanzmodelle wie VaR basieren nach wie vor auf der Annahme von rationalem Verhalten und effizienten Märkten, lange nachdem Kahneman und seine Kollegen bewiesen haben, dass das menschliche Verhalten auf den Märkten irrational und ineffizient ist (jedenfalls wenn man davon ausgeht, wie Ökonomen diese Begriffe definieren).

Zum Beispiel zeigen Kahnemans Experimente, dass Versuchsteilnehmer, wenn sie vor die Wahl gestellt werden, 300 Dollar mit 100-prozentiger Gewissheit oder 400 Dollar mit 80-prozentiger Wahrscheinlichkeit zu erhalten, sich mit großer Mehrheit für die erste Option entscheiden. Eine einfache Multiplikation zeigt, dass die zweite Option einen höheren zu erwartenden Gewinn erbringt als die erste, nämlich 320 Dollar gegenüber 300 Dollar. Trotzdem zieht ein Normalbürger die sichere Sache der riskanten Option vor, die zwar einen höheren zu erwartenden Gewinn bietet, aber auch eine gewisse Möglichkeit offenlässt, ganz leer auszugehen.[7]

Viele Ökonomen waren schnell bei der Hand, die erste Entscheidung als irrational abzustempeln und die zweite als rational. Das führte zu der

Behauptung, dass Anleger, welche die erste Option bevorzugen, irrational seien – aber sind sie das wirklich?

Wenn Sie dieses Spiel hundertmal spielen, ist es durchaus richtig, dass die Option »400 Dollar mit 80 Prozent Wahrscheinlichkeit« Ihnen mit großer Sicherheit höhere Gewinne einbringen wird als die Entscheidung für die sicheren 300 Dollar. *Aber wie sieht es aus, wenn Sie dieses Spiel nur einmal spielen?* Die Gleichungen für den zu erwartenden Gewinn sind dieselben. Aber wenn Sie das Geld brauchen, haben die sicheren 300 Dollar einen unabhängigen Wert, der von diesen Gleichungen nicht erfasst wird.

Was Kahneman entdeckt hat, muss mit den Erkenntnissen der Evolutionspsychologie kombiniert werden, um neu zu definieren, was »rational« ist. Stellen Sie sich einmal vor, Sie wären ein Cro-Magnon-Mann während der letzten Eiszeit. Wenn Sie am Morgen Ihre Höhle verlassen, sehen Sie zwei Pfade, auf denen Sie Wild jagen können. Am einen Pfad gibt es reichlich Wild, aber es liegen große Felsbrocken am Wegesrand. Am zweiten Pfad gibt es zwar weniger Wild, aber keine Hindernisse. Im modernen Finanzjargon hat der erste Pfad einen höheren zu erwartenden Gewinn.

Dennoch bevorzugt die Evolution den Pfad mit weniger Wild. Aber warum? Nun, es könnte hinter den Felsbrocken am ersten Pfad ein Säbelzahntiger lauern. In diesem Fall könnten Sie sterben und Ihre Familie verhungern. Der Pfad mit weniger Wild ist keineswegs irrational, wenn *sämtliche* Kosten berücksichtigt werden. Der Säbelzahntiger ist das fehlende Säugetier der modernen Ökonomik. Ein Akademiker wird typischerweise die Nutzen ersten Grades (das Wild) quantifizieren und die Kosten zweiten Grades (den Tiger) ignorieren. Ein Anleger kann dieses Buch zu Rate ziehen, um die Säbelzahntiger zu sehen.

Das zweite neue Werkzeug im Werkzeugkasten ist die Komplexitätstheorie. Die entscheidende Frage in der Ökonomik ist heute, ob die Kapitalmärkte komplexe Systeme sind. Falls dies bejaht wird, sind *alle* in der Finanz-Ökonomik verwendeten Gleichgewichtsmodelle veraltet.

Die Physik liefert einen Weg zur Beantwortung dieser Frage. Ein dynamisches komplexes System besteht aus autonomen Akteuren. Welche Eigenschaften haben autonome Akteure in einem komplexen System? Generell sind es vier: *Vielfalt* (»*Diversity*«), *Vernetztheit* (»*Connectedness*«), *Interaktion* (»*Interaction*«) und *Anpassung* (»*Adaptation*«). Ein System, dessen Akteure diese Eigenschaften in schwachem Maße aufweisen, neigt zur Stasis (zum Stillstand). Ein System, dessen Akteure diese Eigenschaften in starkem Maße zeigen, neigt zum Chaos. Ein System, dessen Akteure alle vier Eigenschaften in genau dem richtigen Maße zeigen – nicht zu stark und nicht zu schwach ausgeprägt –, ist ein komplexes dynamisches System.

Vielfalt an den Kapitalmärkten zeigt sich im Verhalten von Bullen und Bären, Longs und Shorts sowie Angst und Gier. Unterschiedliches Verhalten ist die Quintessenz von Märkten.

Vernetztheit in den Kapitalmärkten ist ebenfalls offensichtlich. Angesichts der Verwendung von Dow Jones, Thomson Reuters, Bloomberg, Fox Business, E-Mail, Chats, SMS, Twitter und Telefon ist es schwierig, sich ein dichtmaschiger vernetztes System als die Kapitalmärkte vorzustellen.

Interaktion innerhalb den Kapitalmärkten wird anhand der unzähligen billionenschweren Transaktionen gemessen, die jeden Tag auf den Aktien-, Anleihen-, Devisen-, Rohstoff- und Derivatemärkten vollzogen werden und bei denen jeweils ein Käufer, ein Verkäufer, ein Makler oder eine Börse miteinander interagieren. Kein anderes gesellschaftliches System kommt im Hinblick auf Interaktionen auch nur annähernd an die Kapitalmärkte heran, wenn man sie an der Anzahl Transaktionen bemisst.

Anpassung ist ebenfalls eine Eigenschaft von Kapitalmärkten. Ein Hedgefonds, der an einer Position Verluste macht, wird schnell sein Verhalten anpassen, um aus dem Geschäft auszusteigen – oder vielleicht seinen Einsatz zu verdoppeln. Der Fonds ändert sein Verhalten aufgrund des Verhaltens von anderen Marktteilnehmern, wie es sich in den Kursentwicklungen abzeichnet.

Die Kapitalmärkte sind nachweislich komplexe Systeme; ja, die Kapitalmärkte sind komplexe Systeme, die ihresgleichen suchen.

Das Versagen der vorherrschenden Risikomodelle liegt daran, dass *komplexe Systeme sich völlig anders verhalten als Gleichgewichtssysteme.* Dies ist der Grund, warum die in Zentralbanken und an der Wall Street eingesetzten Gleichgewichtsmodelle durchweg schwache Ergebnisse liefern, wenn es um Vorhersagen und Risikomanagement geht. Jede Analyse beginnt mit denselben Daten; aber wenn man diese Daten in ein fehlerhaftes Modell einspeist, bekommt man fehlerhafte Ergebnisse. Anleger, die

Komplexitätstheorie nutzen, können die Mainstream-Analyseverfahren hinter sich lassen und zu besseren Vorhersagen kommen.

Das dritte Werkzeug neben Verhaltenspsychologie und Komplexitätstheorie ist die Bayes'sche Statistik, ein Zweig der Ätiologie (Lehre von den Ursachen), der auch als »kausale Inferenz« bekannt ist. Beide Begriffe gehen auf den *Satz von Bayes* zurück, eine Gleichung, die zuerst in einer Arbeit von Thomas Bayes beschrieben und posthum im Jahr 1763 veröffentlicht wurde. Eine andere Version dieses Lehrsatzes wurde 1774 unabhängig von Bayes und in systematischerer Weise von dem französischen Mathematiker Pierre-Simon Laplace ausgearbeitet. In den darauffolgenden Jahrzehnten setzte Laplace seine Arbeit an dem Theorem fort. Im 20. Jahrhundert haben verschiedene Statistiker rigorosere Formen dieses Lehrsatzes entwickelt.

Eine normale Wissenschaft, auch die Ökonomik, trägt große Datenmengen zusammen und setzt dann deduktive Methoden ein, um aus diesen Daten nachprüfbare Hypothesen abzuleiten. In solchen Hypothesen wird häufig auf Korrelationen und Regressionen zurückgegriffen, um zukünftige Ereignisse vorherzusagen, von denen vermutet wird, dass sie vergangenen Ereignissen ähneln werden. Bei ähnlichen Methoden wird Stochastik (die Untersuchung von Ereignissen und Prozessen, die vom Zufall abhängen) eingesetzt, wobei Monte-Carlo-Simulationen – High-output-Versionen von Würfel- oder Münzwürfen – durchgeführt werden, um auf die Wahrscheinlichkeit zukünftiger Ereignisse zu schließen.

Aber was ist, wenn anfänglich keine – oder fast keine – Daten vorhanden sind? Wie lässt sich beispielsweise die Wahrscheinlichkeit einer geheimen Absprache innerhalb einer kleinen Gruppe von Zentralbankiers einschätzen? Die Bayes'sche Statistik liefert die Mittel, um genau so etwas zu tun.

Mainstream-Ökonomen gehen davon aus, dass die Zukunft innerhalb bestimmter Grenzen, die durch Zufallsverteilungen definiert werden, der Vergangenheit ähneln wird. Der Satz von Bayes stellt diesen Ansatz auf den Kopf. Der Bayes'sche Wahrscheinlichkeitsbegriff postuliert, dass bestimmte Ereignisse *pfadabhängig* sind. Das bedeutet, dass manche zukünftigen Ereignisse eben *nicht* – wie zufällige Münzwürfe – voneinander unabhängig sind, sondern vielmehr von dem beeinflusst werden, was ihnen vorangegangen ist. Eine Analyse nach dem Bayes-Theorem beginnt mit einer fundierten Anfangshypothese, die induktiv aufgrund knapper Daten, historischen Wissens und gesunden Menschenverstands gebildet wird.

Bei der Bayes'schen Wahrscheinlichkeitsrechnung handelt es sich um fundierte Wissenschaft und keineswegs nur um bloßes Raten, da die Anfangshypothese durch später hinzukommende Daten getestet wird. In der Regel wird diese Hypothese von den neuen Daten entweder bestätigt oder widerlegt. Das Verhältnis dieser beiden Datenarten wird ständig aktualisiert, während neue Daten eintreffen. Aufgrund dieses aktualisierten Verhältnisses wird die Hypothese entweder verworfen (und eine neue gebildet) oder mit größerer Zuversicht angenommen. Kurz gesagt ist der Satz von Bayes ein Werkzeug, mit dem sich ein Problem lösen lässt, wenn anfänglich nicht genug Daten vorhanden sind, um den Anforderungen normaler Statistik genügen zu können.

Viele Ökonomen lehnen die Bayes'sche Wahrscheinlichkeitsrechnung wegen der schlampigen Raterei in den Anfangsphasen ab. Gleichwohl wird sie von Geheimdiensten in aller Welt intensiv eingesetzt. Ich bin in geheimen Abteilungen bei der CIA und im Los Alamos National Laboratory Analysten begegnet, die die Bayes'sche Wahrscheinlichkeitsrechnung einsetzten. Wenn man den nächsten 9/11-Anschlag vorhersagen soll, kann man nicht 50 weitere Anschläge abwarten, um einen Datenbestand aufzubauen; man muss das Problem sofort angehen, und zwar mit den Daten, die gerade zur Verfügung stehen.

Für die CIA-Analysten ist das Potenzial der Bayes'schen Wahrscheinlichkeitsrechnung ganz offensichtlich, auch um Ereignisse auf den Kapitalmärkten vorherzusagen. Bei geheimdienstlichen Analysen geht es darum, aufgrund spärlicher Informationen zukünftige Ereignisse vorherzusagen. Wenn reichlich Informationen zur Verfügung stünden, bräuchte man keine Spione. Ein Investor ist mit demselben Problem konfrontiert, wenn er sein Portfolio auf verschiedene Anlageklassen aufteilen will. Ihm fehlen ausreichend Informationen, wie normale statistische Verfahren sie erfordern. Wenn er zuerst genug Daten zu sammeln versucht, um Gewissheit zu erlangen, ist so viel Zeit vergangen, dass die Gewinnchance sich verflüchtigt hat.

Der Satz von Bayes ist nicht gerade elegant, aber immer noch besser als nichts. Er ist auch besser als die an der Wall Street üblichen Regressionen, die das Neue und Unvorhergesehene nicht erkennen. Dieses Buch erklärt, wie mithilfe der Bayes'schen Wahrscheinlichkeitsrechnung Vorhersagen erzielt werden können, die besser sind als jene der Federal Reserve oder des Internationalen Währungsfonds.

Dieses Buch geht einen anderen Weg als die »Big Four«-Denkschulen der Ökonomik – die klassische, die Österreichische, die keynesianische und die monetaristische, die natürlich dessen ungeachtet alle viel zu bieten haben.

Zu den Ökonomen der klassischen Denkschule zählen neben anderen Adam Smith, David Ricardo, John Stuart Mill und Jeremy Bentham. Sie finden auch deswegen so großen Anklang, weil keiner von ihnen einen Doktortitel trug. Sie waren Rechtsanwälte, Schriftsteller und Philosophen, die intensiv darüber nachdachten, was in den Wirtschaftssystemen von Ländern und Gesellschaften funktioniert und was nicht. Ihnen fehlten die modernen Rechenwerkzeuge, aber sie waren profunde Kenner des menschlichen Wesens.

Die Österreicher leisteten wertvolle Beiträge zur Erforschung von Entscheidungsprozessen und Märkten, aber ihre Betonung der erklärenden Macht des Geldes erscheint etwas eng. Geld ist wichtig, aber sich auf Kosten der Psychologie ausschließlich auf die Rolle des Geldes zu konzentrieren ist ein fataler Fehler.

Die keynesianische und die monetaristische Schule haben sich in der jüngeren Vergangenheit zum neoliberalen Konsens vereint, einer albtraumhaften Melange, die das Schlechteste aus beiden präsentiert.

Dieses Buch schreibe ich als Theoretiker, der Komplexitätstheorie, Bayes'sche Statistik und Verhaltenspsychologie anwendet, um Ökonomik zu studieren. Dieser Ansatz ist sehr ungewöhnlich und noch keine »Schule« des ökonomischen Denkens. In diesem Buch verwende ich darüber hinaus ein anderes Hilfsmittel, und zwar die Geschichte. Wenn ich gefragt werde, welche anerkannte ökonomische Denkschule ich am nützlichsten finde, antworte ich: »Die Historische Schule.«

Zu den bedeutenden Autoren der Historischen Schule der Nationalökonomie zählen der liberale Walter Bagehot, der Kommunist Karl Marx und der konservative österreichisch-katholische Joseph A. Schumpeter. Wenn man sich zur Historischen Schule bekennt, wird man dadurch nicht zu einem Liberalen, Kommunisten oder Anhänger der Österreichischen Schule. Vielmehr bedeutet es, dass man wirtschaftliche Aktivitäten für kulturell geprägtes menschliches Handeln hält.

In der natürlichen Welt gibt es den *homo oeconomicus* nicht. Es gibt Deutsche, Russen, Griechen, Amerikaner und Chinesen. Es gibt Reiche und Arme, die von Marx als »Bourgeoisie« und »Proletariat« bezeichnet wurden. Es gibt Vielfalt. US-Amerikaner haben eine Abneigung dagegen, über Klassenunterschiede zu sprechen, und über weich gespülte Konzepte wie Bourgeoisie und Proletariat. Dennoch ist es aufschlussreich, auch Klassenkultur in die Ökonomik miteinzubeziehen.

Dieses Buch wird diesen Themen – Komplexitätstheorie, Verhaltenspsychologie, kausale Inferenz und Geschichte – durch das dichte Gewebe der Kapitalmärkte des 21. Jahrhunderts folgen, in eine Zukunft, die anders sein wird als alles, was die Welt jemals gesehen hat.

KAPITEL 1:

DIES IST DAS ENDE

Wie schön, ach, wie schön,
So verschiedene Leute
Zusammen zu sehn.[8]

Aus dem Science-Fiction-Roman *Katzenwiege* von Kurt Vonnegut, 1963

Die Unterhaltung

Das Aureole ist ein elegantes Restaurant mit einem schicken, modernen Design und hohen Decken. Es befindet sich an der West 42nd Street in Manhattan zwischen dem von Touristen überlaufenen Times Square und dem Bryant Park, einer grünen Oase mitten in der Großstadt. Die neoklassizistische New York Public Library, deren Eingang von zwei marmornen Löwen namens »Patience« und »Fortitude« (»Geduld« und »Seelenstärke«) bewacht wird, liegt nicht weit entfernt.

An einem angenehmen Abend im Juni 2014 saß ich dort mit drei Gefährten an einem Fenstertisch. Wir hatten einen kurzen Spaziergang vom Hörsaal der Bibliothek, wo ich einen Vortrag über das internationale Finanzwesen gehalten hatte, ins Aureole gemacht.

Die Bibliothek gewährte kostenlosen Eintritt zu meinem Vortrag. Jedes kostenlos zugängliche Ereignis in New York City zieht ein eklektisches Publikum an, das wesentlich vielfältiger ist als bei einer meiner typischen Präsentationen in einer Institution. Ein Herr im Publikum trug einen orangefarbenen Anzug, Fliege, Sonnenbrille und einen leuchtend hellgrünen Derby-Hut. Er saß in der ersten Reihe. Seine Erscheinung erregte keinerlei Aufsehen.

Die New Yorker sind nicht nur in der Wahl ihrer Garderobe ausgesprochen kühn, sondern typischerweise auch ungewöhnlich clever. Als ich nach dem Vortrag Fragen aus dem Publikum beantwortete, hob ein Zuhörer die Hand und sagte: »Ich halte Ihre Warnungen vor systemischem Risiko für berechtigt, aber ich stecke in einem betrieblichen 401(k)-Pensionsplan fest. Was sollte ich tun?« Meine spontane Empfehlung war: »Kündigen Sie Ihren Job.«

Dann sagte ich: »Aber mal im Ernst: Schichten Sie die Hälfte Ihrer Anlagen von Aktien in Cash um. So haben Sie immer noch ein gewisses Gewinnpotenzial, aber mit weniger Volatilität, und Sie haben andere Optionen, wenn die Lage klarer wird.« Das war alles, was er tun konnte. Während ich ihm antwortete, wurde mir klar, dass Millionen von Amerikanern in der gleichen Aktienfalle sitzen.

Im Aureole war es Zeit für einen entspannten Abend. Das Publikum war die übliche Midtown-Mischung von Moguln und Models. Ich befand mich in Gesellschaft dreier brillanter Damen. Zu meiner Linken saß Christina Polischuk, eine frühere Top-Beraterin von Barclays Global Investors, die sich inzwischen zur Ruhe gesetzt hatte. Barclays Global Investors war eine der weltweit größten Vermögensverwaltungen, bis das Unternehmen 2009 von BlackRock übernommen wurde. Diese Akquisition beförderte BlackRock an die Spitze seiner Liga, mit fast fünf Billionen Dollar an Vermögenswerten (Assets) unter seiner Verwaltung – mehr als die Wirtschaftsleistung von Deutschland.

Mir gegenüber saß meine Tochter Ali. Sie hatte sich gerade selbstständig gemacht als Beraterin für digitale Medien, nachdem sie vier Jahre lang Hollywoodstars der ersten Liga beraten hatte. Zu meiner Rechten saß eine der mächtigsten, aber öffentlich kaum bekannten Frauen der Finanzwelt, nämlich die *Consigliere* von Larry Fink, dem CEO von BlackRock. Sie war BlackRocks Ansprechpartnerin für die Regierung, die sich nach dem Zusammenbruch von 2008 bemühte, das Finanzsystem an die Kandare zu nehmen. Als die Regierung an BlackRocks Tür klopfte, war sie es, die öffnete.

Bei einer Flasche Weißburgunder unterhielten wir uns über alte Zeiten, gemeinsame Freunde und das Publikum bei meinem Vortrag. Dabei hatte ich auch über die Komplexitätstheorie und zuverlässige Daten gesprochen, die zeigten, dass das Finanzsystem auf einen Zusammenbruch zusteuerte. Meine Gesprächspartnerin zur Rechten brauchte keine Vorträge über systemisches Risiko; in ihrer Rolle bei BlackRock stand sie dort, wo die Ansteckungsgefahren am größten waren.

Unter Larry Finks Führung hat sich BlackRock in den vorangegangenen 25 Jahren zum mächtigsten Unternehmen unter den Vermögensverwaltungen entwickelt. BlackRock verwaltet separate Konten für die größten Geldinstitute der Welt sowie Investmentfonds und andere Investitionsinstrumente für Investoren aller Größen. BlackRock sponsert milliardenschwere ETFs (»Exchange Traded Funds«, börsengehandelte Fonds) über seine iShares-Plattform.[9]

Von Fink eingefädelte Akquisitionen, darunter State Street Research, Merrill Lynch Investment Management und Barclays Global Investors, in Verbindung mit internem Wachstum und neuen Produkten haben BlackRock an die Spitze der Vermögensverwaltungen befördert. BlackRocks fünf Billionen Dollar an verwalteten Assets sind auf Aktien, festverzinsliche Anlagen, Rohstoffe, Devisen und Derivate verteilt, über Märkte auf fünf Kontinenten. Keine andere Vermögensverwaltung hat diese enorme Größe und Breite. BlackRock ist der neue Leviathan an den Finanzmärkten.

Fink wird zwanghaft getrieben von seinem Streben nach Asset-Wachstum und der damit einhergehenden finanziellen Macht. In der Regel steht er früh auf, saugt die Nachrichten auf, arbeitet seinen äußerst aufreibenden Terminplan ab, der nur von Power-Lunches und -Dinners aufgelockert wird, und geht abends um halb elf Uhr schlafen, um fit zu sein für den nächsten Tag, an dem das ganze Spiel von Neuem beginnt. Wenn er nicht zwischen seiner Wohnung in East Side Manhattan und seinem Büro in Midtown pendelt, ist er auf dem Parcours der globalen Machteliten anzutreffen, zum Beispiel in Davos im Januar, auf IWF-Meetings im April, zu »Weißen Nächten« im Juni in St. Petersburg und so weiter, rund ums Jahr und rund um den Globus, bei Meetings mit Kunden, Staatsoberhäuptern, Zentralbankiers und anderen weniger bekannten, aber dennoch auffällig mächtigen Zeitgenossen.

Eine solche Machtfülle bleibt in Washington nicht unbemerkt. Die US-Regierung operiert wie die Black Hand, ein Vorgänger der Mafia, die in dem Film *Der Pate – Teil II* dargestellt wird. Wenn Sie Schutzgeld in Form von Wahlkampfspenden zahlen, an die richtigen Stiftungen spenden, die richtigen Berater, Anwälte und Lobbyisten engagieren und sich der Regierungsagenda nicht widersetzen, werden Sie in Ruhe gelassen, um Ihren Geschäften nachzugehen.

Wenn Sie allerdings kein Schutzgeld zahlen, wird Washington Ihre Fenster einschlagen, um Sie zu warnen. In den Vereinigten Staaten des 21. Jahrhunderts schlägt die Regierung Ihre Fenster ein, indem sie Sie mit politisch motivierten Anschuldigungen wegen Steuervergehen, Betrug oder Kartellabsprachen überzieht. Sollte auch das Sie immer noch nicht zur Räson bringen, wird die Regierung Ihnen einen weiteren Besuch abstatten, um Ihren Laden niederzubrennen.

Die Obama-Regierung trieb die Kunst der politisch motivierten Strafverfolgung auf Höhen, die seit 1934 nicht mehr erreicht wurden. Damals betrieb die Roosevelt-Administration eine Anklage gegen Andrew Mellon, einen angesehenen ehemaligen Finanzminister. Mellons einzige Vergehen bestanden darin, dass er reich war und ein lautstarker Widersacher von Franklin Delano Roosevelt (FDR). Letztlich wurden sämtliche Anschuldigungen gegen ihn fallen gelassen, aber dennoch kam die politisch motivierte Strafverfolgung beim linken Flügel der Roosevelt-Kohorte gut an.

Jamie Dimon, der CEO von JPMorgan Chase, lernte diese Lektion auf die harte Tour, als er 2012 Obamas Bankenregulierungspolitik öffentlich kritisierte. Im Laufe der darauffolgenden zwei Jahre zahlte JPMorgan über 30 Milliarden Dollar an Geldstrafen und Compliance-Kosten, um eine Vielzahl von straf- und zivilrechtlichen Verfahren wegen Betrugs beizulegen, die vom Obama-Justizministerium und diversen Aufsichtsbehörden angestrengt worden waren. Die Obama-Administration wusste, dass es viel lukrativer ist, Großbanken in die Zange zu nehmen statt Einzelpersonen, wie Roosevelt es getan hatte. Unter dem Regime dieser neuen Schwarzen Hand zahlten Aktionäre die Kosten und CEOs konnten ihre Jobs behalten, wenn sie denn den Mund hielten.

Fink spielte das politische Spiel wesentlich geschickter als Dimon. In einem Bericht der Wirtschaftszeitschrift *Fortune* heißt es: »Fink ... ist ein überzeugtes Mitglied der Demokratischen Partei ... dem häufig nachgesagt wird, er strebe ein hohes Regierungsamt an, zum Beispiel als Finanzminister.«[10] Bis dahin war es Fink gelungen, die Angriffe zu vermeiden, denen seine Rivalen ausgesetzt waren.

Aber dann sah Fink sich mit einer Bedrohung konfrontiert, die massiver war als willkürliche Strafverfolgungen und Anfeindungen aus dem West Wing des Weißen Hauses. An dieser Bedrohung war zwar auch das Weiße Haus beteiligt, sie ging jedoch von den höchsten Ebenen des IWF und der G20 aus, dem Club der wichtigsten Wirtschaftsmächte. Sie ist unter der beruhigenden Bezeichnung »G-SIFI« bekannt, die Laien täuschen soll. Diese Abkürzung steht für »Globally Systemic Important Financial Institution« (»Global systemrelevante Finanzinstitution«). Eigentlich bedeutet G-SIFI nichts anderes als »Too big to fail«. Wenn ein Unternehmen auf der G-SIFI-Liste steht, wird es von der Regierung gestützt, weil sein Scheitern das globale Finanzsystem ins Wanken bringen würde. Auf dieser Liste stehen nicht nur große US-Banken, sondern eine ganze Reihe von riesigen Konzernen, welche die Finanzwelt dominieren. G-SIFI geht sogar über »Too big to fail« hinaus; auf dieser Liste stehen auch Organisationen, die zu groß sind, um in Ruhe gelassen zu werden. Die G20 und der IWF wollen die G-SIFIs nicht nur beobachten, sie wollen sie beherrschen.

Jedes größere Land hat seine eigene Liste von SIFIs und von »Systemically Important Banks« (SIBs), die ebenfalls »Too big to fail« sind. In den Vereinigten Staaten zählen JPMorgan und Citibank dazu sowie einige weniger bekannte Geldhäuser, etwa die Bank of New York, das Clearing-Nervenzentrum für den US-Staatsanleihen-Markt.

Mir waren diese Hintergründe bekannt, als ich mich an jenem Abend zum Dinner setzte. Die neueste Entwicklung war, dass Regierungen nicht nur Banken, sondern auch Finanzkonzerne, die keine Bank sind, in ihr Netz miteinbezogen.

Einige dieser Unternehmen waren leichte Beute, zum Beispiel der Versicherungsgigant AIG, der 2008 das Finanzsystem beinahe in den Abgrund gerissen hätte, und General Electric, dessen Kreditabteilung es während der Panik in jenem Jahr nicht gelungen war, ihre kurz laufenden Anleihen (Commercial Paper) umzuschulden. Weit mehr als das Versagen von Wall-Street-Banken versetzte das Einfrieren von General Electric den damaligen Fed-Chef Ben Bernanke am heftigsten in Panik. Der Zusammenbruch der General-Electric-Kreditabteilung zog sämtliche Konzerne in den USA in Mitleidenschaft, was direkt zu staatlichen Garantien für alle Bankeinlagen, Geldmarktfonds und kurzfristigen Unternehmensanleihen führte. Die Kernschmelze von General Electric war ein Moment allerhöchster Anspannung und alle Regierungen waren grimmig entschlossen, so etwas nie wieder zuzulassen.

Sobald GE und AIG gerettet worden waren, stellte sich die Frage, wie weit man das Netz für Nicht-Banken auswerfen sollte. Der Versicherungskonzern Prudential Insurance ging als Nächster ins Netz; etliche Regierungen versuchten, nicht nur die Banken und Großkonzerne zu kontrollieren, sondern auch die größten Vermögensverwalter der Welt. MetLife Insurance war das nächste Ziel auf der Abschussliste; BlackRock befand sich bereits im Fadenkreuz.

Ich fragte meine Tischnachbarin, »Wie läuft eigentlich diese ganze SIFI-Sache? Sie haben bestimmt eine Menge zu tun.«

Ihre Antwort erschreckte mich: »Es ist schlimmer, als Sie denken.«

Ich wusste, dass die Regierung versuchte, BlackRock der SIFI-Kategorie für Nicht-Banken zuzuweisen. Seit Monaten war hinter den Kulissen ein Kampf der BlackRock-Manager im Gange, diese Kategorisierung zu verhindern. Ihre Argumente waren ganz einfach: BlackRock sei ein Vermögensverwalter, keine Bank. Eine Vermögensverwaltung könne nicht pleitegehen; ihre Kunden dagegen schon.

BlackRock bestand darauf, dass Größe allein kein Problem sei. Die verwalteten Assets gehörten den Kunden, nicht BlackRock. Letztlich, so wurde argumentiert, sei BlackRock lediglich ein bezahlter Gehilfe für seine institutionellen Kunden und als solcher nicht wichtig.

Fink vertrat den Standpunkt, das systemische Risiko liege bei den Banken, nicht bei BlackRock. Banken leihen sich kurzfristig Geld von Einlegern und anderen Banken und verleihen dieses Geld dann langfristig als Hypotheken- oder Unternehmensdarlehen. Durch diesen Fristenkonflikt zwischen Forderungen und Verbindlichkeiten wird die Bank anfällig für den Fall, dass kurzfristige Gläubiger in einer Panik ihr Geld zurückfordern. Langfristige Forderungen können nicht kurzfristig liquidiert werden, es sei denn durch einen Notverkauf.

Die moderne Finanztechnologie verschlimmert dieses Problem noch, da Derivate die Möglichkeit schaffen, dass dieser Fristenkonflikt durch Hebelung noch verschärft und auf schwer nachvollziehbaren Wegen auf eine größere Zahl von Gegenparteien verteilt wird. Wenn eine Panik ausbricht, können selbst Zentralbanken, die bereit sind, als letztinstanzliche Kreditgeber einzuspringen, das Geflecht von Transaktionen nicht mehr rechtzeitig entwirren, um zu verhindern, dass wie bei einem Dominoeffekt eine Bank nach der anderen in den Abgrund gerissen wird. All das hat sich schon zur Genüge während der Panik von 2008 gezeigt und auch schon früher beim Zusammenbruch des Hedgefonds Long-Term Capital Management (LTCM) im Jahr 1998.

BlackRock hat keines dieser Probleme. Das Unternehmen ist schlicht und ergreifend eine Vermögensverwaltung. Seine Kunden vertrauen ihm ihre Vermögenswerte an, um sie anzulegen. Auf der anderen Seite der Bilanz stehen keine Verbindlichkeiten. BlackRock braucht keine Einleger oder Geldmarktfonds, um seine Operationen zu finanzieren. BlackRock agiert nicht als Auftraggeber von exotischen außerbilanziellen Derivaten, um die Assets seiner Kunden zu hebeln.

Ein Kunde engagiert BlackRock, stellt ihm gemäß einem Beratungsvertrag Vermögenswerte zur Verfügung und zahlt ein Honorar für die Beratungsleistung. Theoretisch ist das Schlimmste, was dem Unternehmen passieren kann, dass es Kunden verlieren oder weniger Honorar einnehmen könnte. Sein Aktienkurs könnte fallen. Aber selbst dann kann BlackRock keinen klassischen Bankrun erleiden, weil es keine kurzfristige Finanzierung braucht, um sein Geschäft zu betreiben, und nicht hochgradig gehebelt ist. BlackRock ist anders als eine Bank und sicherer.

Ich sagte: »Nun, ich weiß, was die Regierung tut. Sie wissen, dass ihr keine Bank seid und kein Finanzierungsrisiko habt. Sie wollen einfach nur Informationen. Sie wollen euch auf die SIFI-Liste für Nicht-Banken setzen, damit sie zu euch kommen, herumschnüffeln, sich eure Investments ansehen und diese Informationen dann in einer Krise an das Finanzministerium weitergeben können. Und sie werden das mit Informationen aus anderen Quellen verknüpfen. Solche Informationen liefern ihnen das Gesamtbild, wenn sie eine Panik ersticken müssen. Es ist lästig und es kostet viel Geld, aber ihr könnt das machen. Es sind lediglich zusätzliche Compliance-Kosten.«

Meine Gesprächspartnerin beugte sich zu mir herüber, senkte die Stimme und sagte: »Nein, das ist nicht das Problem. Damit könnten wir leben. Sie wollen uns vorschreiben, dass wir nicht verkaufen dürfen.«

»Wie bitte?«, erwiderte ich. Ich hatte sie durchaus verstanden, aber die Bedeutung dessen, was sie gesagt hatte, war erschreckend.

»In einer Krise wollen sie uns anrufen und anordnen, dass wir keine Wertpapiere verkaufen dürfen. Sie wollen unseren Betrieb einfach einfrieren. Letzte Woche war ich deswegen in Washington und nächste Woche fahre ich wieder hin für weitere Meetings. Wissen Sie, eigentlich geht es nicht um uns, sondern um unsere Kunden.«

Ich war schockiert, hätte es aber nicht sein sollen. BlackRock war ganz offenkundig ein Nadelöhr im Labyrinth der weltweiten Kapitalflüsse. Der Umstand, dass Aufsichtsbehörden Banken anweisen können, sich auf eine bestimmte Art und Weise zu verhalten, ist nicht weiter verwunderlich; die Bankenaufsicht kann eine Bank beinahe nach Belieben schließen. Ein Bankmanager weiß, dass seine Bank in einer Auseinandersetzung mit den Behörden stets den Kürzeren ziehen wird, also findet er sich mit den Anordnungen der Regierung ab. Aber der Staat hat keine offensichtliche rechtliche Macht über eine Vermögensverwaltung wie BlackRock.

Aber die täglichen Kapitalströme, die durch BlackRock hindurchfließen, sind gewaltig. BlackRock ist ein strategisches Nadelöhr wie die Straße von Hormus. Wenn die Öllieferungen durch die Straße von Hormus gestoppt werden, kommt die Weltwirtschaft zum Erliegen. Und in ganz ähnlicher Weise kommen die globalen Märkte zum Stillstand, wenn die Transaktionen bei BlackRock gestoppt werden.

In einer Finanzpanik will jeder sein Geld zurückhaben. Viele Anleger glauben, dass Aktien, Anleihen und Geldmarktfonds mit ein paar Mausklicks bei einem Online-Broker zu Geld gemacht werden können. In einer Panik wird das jedoch nicht immer möglich sein. Im besten Fall stürzen die Kurse ab und Ihr »Geld« verschwindet vor Ihren Augen. Im schlimmsten Fall setzen Fonds ihre Rückkäufe aus und Ihr Broker schaltet seine Systeme ab.

Generell können Politiker auf zwei Arten reagieren, wenn alle ihr Geld zurückhaben wollen. Die erste ist, Geld im Überfluss bereitzustellen und so lange immer mehr davon zu drucken, bis die Nachfrage gedeckt ist. Dies ist die klassische Funktion einer Zentralbank als letztinstanzlicher Kreditgeber, die man eigentlich etwas treffender als »letztinstanzliche Notenpresse« bezeichnen sollte.

Der zweite Ansatz ist, ganz einfach »Nein« zu sagen, also das System stillzulegen oder einzufrieren. Bei einem solchen »Lockdown« werden Banken und Börsen geschlossen und Vermögensverwalter angewiesen, nichts zu verkaufen. Während der Panik von 2008 entschieden sich die Regierungen für die erste Option: Die Zentralbanken druckten Geld und brachten es in Umlauf, um die Märkte wieder mit Liquidität zu versorgen und die Asset-Preise zu stützen.

Und jetzt schien es so, als wollten die Regierungen sich für die nächste Panik rüsten, indem sie sich auf die zweite Option vorbereiteten. Das bedeutet, dass die Regierung bei der nächsten Panik sinngemäß sagen wird: »Nein, ihr könnt euer Geld nicht zurückhaben. Das System ist geschlossen. Lasst uns den Schlamassel in Ordnung bringen und dann melden wir uns wieder bei euch.«

Das Geld, das bei BlackRock eingefroren würde, gehört nicht dem Unternehmen, sondern dessen Kunden. BlackRock managt Fonds für die größten Finanzinstitutionen der Welt, zum Beispiel für CIC (»Chinese Investment Corporation«, chinesischer Staatsfonds) und CalPERS (»California Public Employees' Retirement System«), dem Rentensystem für Beschäftigte im öffentlichen Dienst von Kalifornien. Wenn BlackRock eingefroren wird, kommt das dem Einfrieren von Verkäufen durch China, Kalifornien und anderen Staaten und Organisationen in aller Welt gleich. Der US-Regierung steht es nicht zu, China zu verbieten, seine Wertpapiere zu verkaufen. Da China jedoch seine Vermögenswerte BlackRock anvertraut, würde die Regierung ihre Macht über BlackRock nutzen, um die chinesischen Wertpapiergeschäfte einzufrieren. Die Chinesen wären die Letzten, die davon erführen.

Indem die US-Regierung ein finanzielles Nadelöhr – nämlich BlackRock – kontrolliert, kann sie die Assets von großen Investoren kontrollieren, die normalerweise außerhalb ihrer Reichweite liegen. BlackRock einzufrieren ist ein unverfrorener Plan, über den die Regierung ganz offenkundig nicht öffentlich sprechen kann. Dank meiner Gesprächspartnerin beim Dinner im Aureole war dieser Plan deutlich zutage getreten.

Ice-Nine

In dem 1963 erschienenen Roman *Cat's Cradle (Katzenwiege)* von Kurt Vonnegut, einer schwarzen Science-Fiction-Satire, ersann der Schriftsteller eine Substanz, die er »Ice-Nine« nannte und die von dem Physiker Dr. Felix Hoenikker entdeckt worden war. Ice-Nine war ein Polymorph – eine andere Erscheinungsform – von Wasser, das aus einer anders angeordneten Variante des Wassermoleküls H_2O bestand.

Ice-Nine hat zwei Eigenschaften, die es vom normalen Wasser unterscheiden. Die erste ist ein Schmelzpunkt von 114,4°F (45,8°C), was bedeutet, dass es bei Zimmertemperatur gefroren ist. Seine zweite Eigenschaft ist, dass ein Wassermolekül, wenn es mit einem Ice-Nine-Molekül in Berührung kommt, sich sofort in Ice-Nine verwandelt.

Hoenikker brachte einige Ice-Nine-Moleküle in kleine Fläschchen ein, versiegelte sie und gab sie seinen Kindern, bevor er starb. Die Handlung des Romans dreht sich um den Umstand, dass dieses Ice-Nine, wenn es aus den Fläschchen freigesetzt würde und mit einem großen Gewässer in Kontakt käme, bewirken würde, dass der gesamte Wasservorrat auf der Erde – Flüsse, Seen und Ozeane – über kurz oder lang einfrieren und alles Leben auf der Erde enden würde.

Ein solches Weltuntergangsszenario passte zu der Zeit, in der Vonnegut sein Buch geschrieben hat. *Katzenwiege* wurde unmittelbar nach der Kubakrise veröffentlicht, als die reale Welt gefährlich nah an den Abgrund der nuklearen Vernichtung geriet, die später von Wissenschaftlern »nuklearer Winter« genannt wurde.

Ice-Nine ist eine elegante Art, die Reaktion der Machteliten auf die nächste Finanzkrise zu beschreiben. Anstatt die Welt mit neuer Liquidität zu versorgen, werden die Eliten sie einfrieren. Das System wird stillgelegt werden. Natürlich wird Ice-Nine als »vorübergehende« Maßnahme bezeichnet werden, ebenso wie Präsident Richard Nixon am 15. August 1971 das Aussetzen der Dollar-Gold-Konvertibilität als »vorübergehend« bezeichnete.

Die Dollar-Gold-Konvertibilität zu einer festgelegten Parität wurde seither nicht wiederhergestellt. Das Gold in Fort Knox ist seit diesem Tag eingefroren. Das Gold der US-Regierung ist Ice-Nine.

Ice-Nine passt zu einer Auffassung der Finanzmärkte als komplexe dynamische Systeme. Ein Ice-Nine-Molekül kann nicht augenblicklich einen ganzen Ozean einfrieren; es friert nur die benachbarten Moleküle ein. Diese neuen Ice-Nine-Moleküle frieren dann wiederum andere ein, in immer größer werdenden Kreisen. Ice-Nine würde sich exponentiell ausbreiten, nicht linear. Dieser Prozess würde ablaufen wie eine nukleare Kettenreaktion, die damit beginnt, dass ein einziges Atom gespalten wird, wodurch sehr schnell so viele Atome gespalten werden, dass enorme Energie freigesetzt wird.

Finanzpaniken breiten sich auf die gleiche Weise aus. In der klassischen Version, wie sie sich zum Beispiel in den 1930er-Jahren abspielte, beginnt sie mit einem Run auf eine Bank in einer Kleinstadt. Dann breitet sich die Panik aus, bis sie Wall Street erfasst und dort einen Crash der Aktienmärkte auslöst. In der Version des 21. Jahrhunderts beginnt eine Panik mit einem Computer-Algorithmus, der vorprogrammierte Verkaufsorders auslöst, die sich in andere Computer ausbreiten, bis das ganze System außer Kontrolle gerät. Eine solche Verkaufsspirale entstand am 19. Oktober 1987, als der Dow Jones an einem einzigen Tag um 22 Prozent fiel – was beim heutigen Stand des Index einem Absturz um 4000 Punkte entsprechen würde.

Risikomanager und Aufsichtsbehörden verwenden das Wort »Contagion« (»Ansteckung«), um die Dynamik einer Finanzpanik zu beschreiben. Der Begriff Ansteckung ist mehr als eine Metapher; ansteckende Krankheiten wie Ebola breiten sich auf die gleiche exponentielle Weise aus wie Ice-Nine, Kettenreaktionen und Finanzpaniken. Ein Ebola-Opfer wird vielleicht zwei gesunde Menschen anstecken, dann diese beiden frisch infizierten Personen jeweils zwei weitere und so weiter. Über kurz oder lang kommt es zu einer Pandemie, die eine strenge Quarantäne notwendig macht, bis ein Impfstoff gefunden ist. Im Roman *Katzenwiege* gab es keinen »Impfstoff«; Ice-Nine-Moleküle wurden in versiegelten Fläschchen isoliert.

Bei einer Finanzpanik ist der »Impfstoff« die Notenpresse. Wenn dieser Impfstoff sich als wirkungslos erweist, ist die einzige Lösung Quarantäne. Das bedeutet, Banken, Börsen und Geldmarktfonds zu schließen, Geldautomaten außer Betrieb zu setzen und Vermögensverwalter anzuweisen, keine Wertpapiere mehr zu verkaufen. Die Eliten bereiten sich auf ein finanzielles Ice-Nine ohne Impfstoff vor. Sie werden Ihr Geld unter Quarantäne stellen, indem sie es innerhalb des Finanzsystems einschließen, bis die Ansteckungsgefahr schwindet.

Ice-Nine versteckt sich sozusagen in aller Öffentlichkeit – wenn man nicht danach sucht, wird man es auch nicht sehen. Sobald Sie wissen, dass Ice-Nine vorhanden ist, sehen Sie es überall; so erging es mir nach meinem Gespräch mit der Insiderin über das Einfrieren von Assets bei BlackRock.

Der Ice-Nine-Plan der Eliten ist weit ehrgeiziger als die sogenannten Bankentestamente (»Living wills«) und Bankenschließungsbefugnisse nach dem 2010 verabschiedeten Dodd-Frank-Gesetz. Ice-Nine ginge weit über die Banken hinaus und würde sich auch auf Versicherungs- und Industriekonzerne sowie Vermögensverwaltungen erstrecken. Es ginge über eine geordnete Liquidation hinaus und würde auch das Einfrieren von Transaktionen umfassen. Ice-Nine würde weltweit umgesetzt werden, nicht nur von Einzelfall zu Einzelfall.

Die bekanntesten Fälle, bei denen es in der jüngeren Vergangenheit zum Einfrieren von Kundengeldern kam, waren 2012 die Bankenkrise in Zypern und 2015 die Staatsschuldenkrise in Griechenland. Diese Krisen hatten längere Vorgeschichten, aber in Zypern und Griechenland spitzte sich die Lage dermaßen zu, dass die Banken den Einlegern den Zugang zu ihrem eigenen Geld verwehren mussten.

Zypern war bekannt als Schleuse für Kapital, das aus Russland floh und zum Teil auf illegale Weise von russischen Oligarchen erworben worden war. In der Zypernkrise wurden zwei führende Banken insolvent, nämlich die Laiki Bank und die Bank of Cyprus, was einen Run auf das gesamte Bankensystem auslöste. Zypern war Mitglied der Eurozone, wodurch die Krise systemisch wurde, ungeachtet der geringen Größe von Zyperns Wirtschaft. Eine sogenannte Troika, die aus der Europäischen Zentralbank (EZB), der Europäischen Kommission und dem Internationalen Währungsfonds (IWF) gebildet wurde, hatte verbissen darum gekämpft, den Euro während der Staatsschuldenkrise von 2011 zu retten, und wollte diese Arbeit nicht in Zypern zunichte gemacht sehen.

Zypern hatte nicht das politische Durchsetzungsvermögen, um hart verhandeln zu können. Es musste annehmen, was immer es an Hilfen bekommen konnte, ungeachtet der damit einhergehenden Bedingungen. Die Troika ihrerseits hatte beschlossen, dass die Tage von »Too big to fail«-Banken vorbei seien – in Zypern zog sie die Reißleine. Die Banken wurden vorübergehend geschlossen und Geldautomaten außer Betrieb gesetzt, woraufhin es zu einem panischen Gerangel um Bargeld kam. Die Menschen, die es sich leisten konnten, flogen aufs europäische Festland und kehrten mit dicken Bündeln an Euro-Scheinen zurück, die sie in ihr Gepäck gestopft hatten.

Die Laiki Bank wurde dauerhaft geschlossen, die Bank of Cyprus wurde durch die Regierung umstrukturiert. Einlagen in der Laiki Bank oberhalb der Einlagensicherungsgrenze von 100 000 Euro wurden in eine »Bad Bank« ausgelagert, wo die Aussichten auf Wiedererlangung ungewiss sind. Niedrigere Einlagen wurden an die Bank of Cyprus übertragen. Bei der Bank of Cyprus wurden 47,5 Prozent der ungesicherten Einlagen oberhalb von 100 000 Euro in Aktien der mit neuem Kapital ausgestatteten Bank umgewandelt. Diejenigen, die vor der Krise Aktien und Anleihen der Bank gehalten hatten, mussten Bewertungsabschläge hinnehmen und erhielten eine gewisse Menge an Aktien der Bank, um ihre Verluste zu kompensieren.

Das Zypernmodell wurde als »Bail-in« bezeichnet. Anstatt die Einleger von Verlusten freizuhalten (»Bail-out«), nutzte die Troika deren Geld, um die gescheiterten Banken zu rekapitalisieren. Ein Bail-in reduzierte die Kosten der Rettung für die Troika, vor allem für Deutschland.

Viele Anleger in aller Welt zuckten mit den Achseln und betrachteten Zypern als einmaliges Ereignis. Zypern ist ein armes Land. Einleger in entwickelteren Ländern vergaßen den Vorfall schnell und machten sich eine Einstellung zu eigen, die besagte: »Hier kann das nicht passieren.« Aber weit gefehlt – der Bail-in von Zypern im Jahr 2012 war die neue Blaupause für globale Bankenkrisen.

Am 15. November 2014, also kurz nach der Zypernkrise, fand im australischen Brisbane ein G20-Gipfel statt. Unter den teilnehmenden Staatsoberhäuptern und Regierungschefs auch Barack Obama und Angela Merkel. Das Abschlusskommuniqué enthält einen Bezug auf eine neue globale Organisation: das Financial Stability Board (FSB, »Finanzstabilitätsrat«). Dabei handelt es sich um eine globale Finanzaufsichtsbehörde, die von der

G20-Gruppe ins Leben gerufen wurde und den Bürgern der Mitgliedsländer keinerlei Rechenschaft schuldig ist. Im Kommuniqué heißt es: »Wir begrüßen den Vorschlag, das Financial Stability Board (FSB) einzurichten. ... Das FSB schreibt weltweit systemisch wichtigen Banken vor, zusätzliche Verlustausgleichsfähigkeiten vorzuhalten ...«[11]

Hinter diesen dürren Worten steht ein separater, 23 Seiten langer technischer Bericht des FSB, der die Blaupause für zukünftige Bankenkrisen liefert.[12] Darin heißt es, dass Verluste von Banken »von nicht abgesicherten und nicht versicherten Gläubigern ... getragen werden sollten«. In diesem Zusammenhang ist »Gläubiger« gleichbedeutend mit »Einleger«. Dann wird beschrieben, welche »Befugnisse und Werkzeuge den Behörden zur Verfügung stehen sollten«, um dieses Ziel zu erreichen. Dazu zählt auch die *Befugnis, ein Bail-in anzuordnen* ... [und] die nicht abgesicherten und nicht versicherten Verbindlichkeiten des Unternehmens abzuschreiben und in Eigenkapital umzuwandeln ... und zwar in dem Maße, wie es erforderlich ist, um die Verluste auszugleichen.«[13]

Der G20-Gipfel von Brisbane hat gezeigt, dass die Ice-Nine-Politik, wenn sie auf Bankeinleger angewendet wird, keineswegs auf abgelegene Länder wie Zypern beschränkt ist. Ice-Nine ist die Politik der größten Länder der Welt, auch der Vereinigten Staaten.

Während der Schuldenkrise in Griechenland wurde Bankeinlegern im Jahr 2015 eine weitere schmerzhafte Lektion erteilt über die Macht von Regierungen, Banken zu schließen. Die griechischen Staatsschulden waren seit 2009 ein anhaltendes Problem und in den seither vergangenen Jahren war die Krise immer mal wieder hochgekocht, um dann wieder abzuebben. Am 12. Juli 2015 spitzte sich die Lage zu, als die Deutschen die Geduld verloren und Griechenland auf einem Gipfeltreffen in Brüssel ein finanzielles Ultimatum stellten, das die Griechen schließlich akzeptierten.

Der typische griechische Bürger mag das dramatische Pokerspiel mit hohem Einsatz in Brüssel verfolgt haben oder auch nicht, aber die Folgen waren unausweichlich. Es war unklar, ob die griechischen Banken überleben oder ihre Einleger im Rahmen eines Bail-in nach den Regeln von Brisbane in Anspruch genommen werden würden. Die Banken hatten keine andere Wahl, als den Zugang zu Bargeld und Krediten zu blockieren, bis ihr Status geklärt war.

Die Geldautomaten in Griechenland hörten auf, Bargeld an griechische Karteninhaber auszuzahlen (Reisende mit ausländischen Debitkarten konnten am Flughafen von Athen etwas Bargeld bekommen). Griechische Kreditkarten wurden im Einzelhandel nicht mehr akzeptiert; also fuhren viele Griechen in benachbarte Länder und kehrten mit Einkaufstüten voller großer Euro-Scheine zurück. Die griechische Wirtschaft fiel fast über Nacht auf Barzahlung und Quasi-Tauschhandel zurück.

Da sie so bald nach dem Debakel in Zypern in Erscheinung trat, diente die griechische Version von Ice-Nine als Warnung; den Einlegern wurde klar, dass ihr Geld auf dem Bankkonto in Wirklichkeit kein Geld war und nicht ihnen gehörte. Ihr sogenanntes »Geld« war tatsächlich eine Verbindlichkeit der Bank und konnte jederzeit eingefroren werden.

Der in Brisbane beschlossene Ice-Nine-Plan der G20 war nicht nur auf Bankeinlagen beschränkt; das war nur ein Anfang. Am 23. Juli 2014 segnete die Securities and Exchange Commission (SEC, Wertpapier- und Börsenaufsicht) der USA mit einem Stimmenverhältnis von drei zu zwei eine neue Regel ab, die Geldmarktfonds gestattete, Rückkäufe von Anlegern zu suspendieren.[14] Diese SEC-Vorschrift erweitert Ice-Nine über den Bankensektor hinaus in die Welt der Investments. Jetzt konnten Geldmarktfonds wie Hedgefonds agieren und sich weigern, das Geld ihrer Anleger zurückzuzahlen. Pflichtgemäß verschickten die Fondsmanager Hochglanzbroschüren per Post sowie Online-Mitteilungen über diese Änderung ihrer Geschäftsbedingungen an ihre Investoren, die allerdings zweifellos diese Broschüre in den Papierkorb warfen und die Mitteilung übersahen. Aber die Vorschrift hat Gesetzeskraft und ist veröffentlicht worden; in der nächsten Finanzpanik werden nicht nur Ihre Bankeinlagen im Rahmen eines Bailin eingefroren werden, sondern auch Ihre Guthaben bei Geldmarktfonds.

Aber Ice-Nine wird noch schlimmer.

Eine Lösung, um dem Einfrieren von Assets nach Ice-Nine zu entgehen, besteht darin, Bargeld und Münzen zu halten. Vor 1914 war das gang und gäbe und dann wieder in den schlimmsten Phasen der Weltwirtschaftskrise von 1929 bis 1933. In seiner modernen Version besteht Bargeld aus 100-Dollar-Scheinen, 500-Euro-Scheinen oder 1000-Franken-Scheinen von der Schweizerischen Nationalbank. Dies sind die größten Nennwerte, die in harten Währungen verfügbar sind.

Als Münzen kommen zum Beispiel Ein-Unzen-Feingoldmünzen wie US-amerikanische Gold Eagles, kanadische Maple Leafs oder andere gängige Goldmünzen infrage. Eine Alternative wären Silbermünzen wie der US-amerikanische Silver Eagle, ebenfalls eine Feinunze schwer. Jeder Bürger kann, wenn er sich auf diese Weise Bargeld und Münzen zulegt, das Einfrieren seiner Konten nach Ice-Nine überstehen. Die globalen Eliten wissen das, und darum haben sie dem Bargeld den Krieg erklärt.

Historisch gesehen wurden Schließungen der Finanzmärkte dadurch umgangen, dass »Curb Exchanges« (»Freiverkehrsbörsen«) entstanden. Käufer und Verkäufer trafen sich am Straßenrand, um Aktien gegen Cash einzutauschen. Im 21. Jahrhundert werden die Aufsichtsbehörden versuchen, das Entstehen von digitalen Freibörsen zu unterdrücken, um den Prozess der Preisfindung zu verhindern und den Mythos des hohen Kursniveaus vor der Panik aufrechtzuerhalten. Freibörsen könnten online nach dem Muster von eBay organisiert werden, wobei in Bitcoin bezahlt würde oder persönlich in bar. Die Aktienbesitzrechte könnten in einer verteilten Datenbank unter Verwendung einer Blockchain gespeichert werden. Bargeld zu eliminieren hilft, das Entstehen alternativer Märkte zu unterdrücken, obwohl Bitcoin die Macht der Eliten vor neue Herausforderungen stellt.

Der zweite Grund, warum Bargeld eliminiert werden soll, ist, dass dann negative Zinsen durchgesetzt werden können. Die Zentralbanken stehen mit dem Rücken zur Wand in einer verlorenen Schlacht gegen deflationäre Trends. Ein Weg, um Deflation zu besiegen, besteht darin, Inflation in Verbindung mit negativen Zinssätzen zu fördern.

Zu negativen Realzinsen kommt es, wenn die Inflationsrate den nominalen Zinssatz auf geliehenes Geld übersteigt. Wenn die Inflationsrate bei 4 Prozent liegt und geliehenes Geld 3 Prozent kostet, ergeben sich Realzinsen von minus 1 Prozent (3 − 4 = −1). Die Inflation untergräbt den Wert des Dollars schneller, als durch den Kredit Zinsen auflaufen. Der Schuldner kann der Bank seine Schulden in billigeren Dollars zurückzahlen. Negative Realzinsen sind noch besser als kostenloses Geld, weil dann die Bank den Schuldner dafür bezahlt, dass er Schulden aufnimmt. Negative Realzinsen sind ein starkes Motiv, um Schulden zu machen, zu investieren und Geld auszugeben, was inflationäre Tendenzen verstärkt und der Deflation entgegenwirkt.

Wie können negative Realzinsen erzeugt werden, wenn die Inflationsrate beinahe bei null liegt? Selbst ein niedriger nominaler Zinssatz von 2 Prozent ergibt positive Realzinsen in Höhe von 1 Prozent, wenn die Inflationsrate nur 1 Prozent beträgt (2 − 1 = 1).

Die Lösung ist, negative Zinssätze einzuführen. Wenn die nominalen Zinsen negativ sind, ist ein negativer realer Zinssatz immer möglich, selbst wenn die Inflationsrate niedrig oder negativ ist. Wenn zum Beispiel die Inflationsrate gleich null ist und die nominalen Zinsen minus 1 Prozent, dann liegen die Realzinsen ebenfalls bei minus 1 Prozent (−1 − 0 = −1).

Innerhalb eines digitalen Bankensystems sind negative Realzinsen ganz einfach zu implementieren. Die Banken programmieren einfach ihre Computer, Ihnen von Ihren Guthaben etwas abzuziehen, anstatt Ihnen etwas zu zahlen. Wenn Sie 100 000 Dollar einzahlen und die Zinsen bei minus 1 Prozent liegen, haben Sie am Ende eines Jahres nur noch 99 000 Dollar auf dem Konto – ein Teil Ihres Geldes ist verschwunden.

Ein Sparer kann sich gegen negative Realzinsen wehren, indem er Bargeld hält. Nehmen wir an, ein Sparer würde 100 000 Dollar von seinem Bankkonto abheben und dieses Bargeld sicher in einem Tresor außerhalb einer Bank verwahren. Ein anderer Sparer lässt sein Geld auf der Bank liegen und »verdient« Zinsen in Höhe von minus 1 Prozent. Am Ende eines Jahres hat der erste Sparer nach wie vor 100 000 Dollar, der zweite dagegen nur noch 99 000 Dollar. Dieses Beispiel zeigt, warum negative Zinsen nur in einer Welt ohne Bargeld funktionieren. Die Sparer müssen in ein komplett digitales System gezwungen werden, bevor negative Zinsen eingeführt werden.

Für Institutionen und Konzerne ist die Schlacht bereits verloren. Für eine Einzelperson ist es schon schwierig genug, 100 000 Dollar in bar zu erhalten; für einen Konzern ist es so gut wie unmöglich, eine Milliarde Dollar in bar zu beschaffen. Große Einleger haben keine Möglichkeit, sich gegen negative Zinsen zu wehren, es sei denn, sie investieren ihr Bares in Aktien und Anleihen. Und genau das ist es, was die Eliten erreichen wollen.

Das Trommeln der Eliten gegen Bargeld und für negative Zinsen ist ohrenbetäubend.

Am 5. Juni 2014 führte EZB-Chef Mario Draghi negative Zinsen auf Euro-denominierte Einlagen von nationalen Zentralbanken und großen

Geschäftsbanken ein, die bei der EZB gehalten werden. Diese Banken führten rasch negative Zinsen für ihre eigenen Kunden ein. Unter dem Schirm negativer Zinssätze nahmen Goldman Sachs, JPMorgan, die Bank of New York Mellon und andere Banken allesamt Geld von den Konten ihrer Kunden.

Am 8. Dezember 2014 veröffentlichte das *Wall Street Journal* einen Bericht unter der Überschrift »Banken drängen Kunden, ihr Geld anderswohin zu bringen«.[15] Darin heißt es, große US-Banken hätten ihren Kunden mitgeteilt, dass sie »beginnen werden, für Konten Gebühren zu berechnen, die für große Kunden bisher kostenlos waren«. Eine Gebühr ist natürlich das Gleiche wie negative Zinsen; im Laufe der Zeit haben Sie immer weniger Geld auf dem Konto – lediglich eine andere Bezeichnung für die gleiche Sache.

Im 22. Januar 2015 führte die Schweizerische Nationalbank negative Zinsen auf Sichteinlagen im Schweizer Bankensystem oberhalb von 10 Millionen Franken ein.

Am 29. Januar 2016 stimmte die Bank of Japan dafür, Einlagen der Geschäftsbanken bei der Zentralbank, welche die vorgeschriebenen Reserven übersteigen, mit negativen Zinsen zu belegen.

Am 11. Februar 2016 sagte die Chefin der Federal Reserve bei einer Anhörung vor dem Kongress, die US-Zentralbank würde negative Zinssätze »in Erwägung ziehen«. Während ich dies schreibe, sind in den Vereinigten Staaten noch keine negativen Zinsen eingeführt worden.[16]

Am 16. Februar 2016 schrieb der frühere US-Finanzminister Larry Summers eine Kolumne für die *Washington Post*, in der er für die Abschaffung des 100-Dollar-Scheins plädierte.[17] Am 4. Mai 2016 kündigte die Europäische Zentralbank an, sie werde die Herstellung des 500-Euro-Scheins bis Ende 2018 auslaufen lassen. Vorhandene 500-Euro-Scheine wären auch danach noch gesetzliches Zahlungsmittel, könnten aber knapp werden. Aufgrund dieser Maßnahme könnte es dazu kommen, dass Käufer in digitaler Währung einen höheren Preis – zum Beispiel 502 Euro – für noch verfügbare 500-Euro-Scheine zahlen. Ein solcher Aufpreis läuft auf negative Zinsen für Bargeld hinaus, ein bis dato noch nie da gewesener Vorgang.

Am 30. August 2016 veröffentlichte Kenneth Rogoff, Harvard-Professor und früherer Chefökonom des IWF, ein Manifest mit dem Titel *Der Weg ins Verderben: warum unser Bargeld verschwinden wird)*. Dabei handelt es sich um einen Plan der Eliten, das Bargeld schrittweise völlig abzuschaffen.[18] Der Krieg gegen Bargeld und der Drang zu negativen Zinsen marschieren im Gleichschritt voran, zwei Seiten derselben Medaille.

Bevor Rinder zum Schlachten geführt werden, treibt man sie in Verschläge, damit sie besser kontrolliert werden können. Das Gleiche gilt für Sparer. Um Cash einfrieren und negative Zinsen durchsetzen zu können, werden Sparer in digitale Konten bei einer kleinen Anzahl von Mega-Banken getrieben. Heute sind die vier größten Banken der Vereinigten Staaten (Citibank, JPMorgan Chase, Bank of America und Wells Fargo) noch größer als 2008 und sie kontrollieren einen größeren Anteil der gesamten Vermögenswerte im US-Bankensystem. Diese vier Banken waren ursprünglich noch im Jahr 1990 37 separate Banken und im Jahr 2000 immerhin noch 19 eigenständige Banken. JPMorgan ist ein perfektes Beispiel: Die Großbank hat die Assets von Chase Manhattan, Bear Stearns, Chemical Bank, First Chicago, Bank One und Washington Mutual sowie anderen Vorgängern geschluckt. Was schon 2008 »Too big to fail« war, ist heute noch größer. Die Einlagen der Sparer sind heute dort konzentriert, wo die Aufsichtsbehörden mit ein paar Telefonanrufen Ice-Nine-Maßnahmen in die Wege leiten können. Die Sparer werden darauf vorbereitet, geschlachtet zu werden.

Der Ice-Nine-Plan macht aber nicht bei den Sparern halt; Ice-Nine kommt auch bei den Banken selbst zur Anwendung. Am 10. November 2014 präsentierte das Financial Stability Board unter der Schirmherrschaft der G20-Gruppe den Vorschlag, den 20 größten weltweit systemisch wichtigen Banken aufzuerlegen, Anleihen aufzulegen, die im Falle einer Finanzkrise vertraglich in Eigenkapital umgewandelt werden können.[19] Solche Anleihen sind ein automatisches Ice-Nine-Bail-in für Anleihenhalter, die keine weiteren Maßnahmen der Aufsichtsbehörden erfordern.

Am 9. Dezember 2014 nutzte die US-Bankenaufsicht die Bestimmungen des Dodd-Frank-Gesetzes, um den acht größten US-Banken strengere Eigenkapitalanforderungen aufzuerlegen, die als »Capital Surcharge« (»Kapitalzuschlag«) bezeichnet werden. Bis die großen Banken diesen Eigenkapitalanforderungen entsprochen haben, ist es ihnen verboten, Geld in Form von Dividenden und Aktienrückkäufen an ihre Aktionäre auszuzahlen. Dieses Verbot ist auf Bankaktionäre angewendetes Ice-Nine.

Das Ice-Nine in dem Buch *Katzenwiege* bedrohte jedes Wassermolekül auf der Erde. Das Gleiche gilt für finanzielles Ice-Nine. Wenn die Bankenaufseher Ice-Nine auf Bankeinlagen anwenden, wird es zu einem Run auf Geldmarktfonds kommen. Wenn Ice-Nine auch auf Geldmarktfonds angewendet wird, wird dieser Run auf die Anleihenmärkte übergreifen. Wenn irgendein Markt außerhalb des Ice-Nine-Netzes belassen wird, dann wird er sofort zum Ziel von Notverkäufen werden, sobald die anderen Märkte eingefroren sind. Damit der Ice-Nine-Plan der Eliten funktionieren kann, muss er auf *alles* angewendet werden.

Selbst Handelsverträge bieten keinen Ausweg aus Ice-Nine. Ein Handelsgeschäft mit einer gescheiterten Firma wird normalerweise eingefroren, wenn diese Firma Insolvenz anmeldet. Diese Regel, die im US-Recht als »Automatic Stay« (»Automatische Aussetzung«) bezeichnet wird, soll ein panisches Gerangel um Cash und Wertpapiere verhindern, das manche Gläubiger bereichert und andere benachteiligt. Die automatische Aussetzung im Insolvenzverfahren verschafft den Gerichten Zeit, um eine gerechte Verteilung der Vermögenswerte der insolventen Firma auszuarbeiten.

In den 1980er- und 1990er-Jahren führten die großen Banken eine hartnäckige Lobby-Kampagne, um die Rechtslage dahingehend zu ändern, dass Transaktionen wie Rückkaufvereinbarungen und Derivate von den Vorschriften über automatische Aussetzung ausgenommen wurden. Als im Jahr 2008 Unternehmen wie Lehman Brothers pleitegingen, nutzten die Großbanken unter den Gläubigern ihre »Early Termination Rights« (»Sonderkündigungsrechte«), um sich aus den noch vorhandenen Sicherheiten zu bedienen, wodurch weniger raffinierte Investoren wie lokale Gemeinden die Verluste tragen mussten.

Am 3. Mai 2016 kündigte die Federal Reserve einen formalen Regulierungsprozess an, um Derivatkontrakte zwischen US-Banken und ihren Gegenparteien einer 48-Stunden-Version der automatischen Aussetzung zu unterwerfen.[20] Diese neue Vorschrift war die Kodifizierung einer 2014 getroffenen Vereinbarung zwischen 18 bedeutenden globalen Banken unter der Schirmherrschaft der International Swaps and Derivatives Association, ihre Sonderkündigungsrechte aufzugeben. Die Vereinbarung von 2014 war das Ergebnis von Pressionen, die das Financial Stability Board der G20 im

Jahr 2011 ausgeübt hatte. Wichtig ist dabei, dass auch die Gegenparteien der Banken, etwa der Anleihengigant PIMCO und Vermögensverwaltungen wie BlackRock, ihre Sonderkündigungsrechte aufgaben. Großbanken und institutionelle Investoren werden jetzt ebenso behandelt werden wie Kleinsparer, wenn Ice-Nine angewendet wird – ihre Geschäfte werden eingefroren.

Der Ice-Nine-Plan ist nicht auf Einzelpersonen und Institutionen beschränkt, er wird sogar auf ganze Länder angewendet. Ein Land kann Anlegergelder durch Kapitalverkehrskontrollen einfrieren. Ein Dollar-Anleger in einer Nicht-Dollar-Wirtschaft ist auf die lokale Zentralbank angewiesen, wenn er sein Investment in Dollars liquidieren will. Eine Zentralbank kann Kapitalverkehrskontrollen einführen und es dem Dollar-Anleger verwehren, Erlöse in lokaler Währung wieder in Dollar zu konvertieren und außer Landes zu überweisen.

In den 1960er-Jahren waren Kapitalverkehrskontrollen selbst in entwickelten Wirtschaftssystemen durchaus üblich. Später verschwanden solche Kontrollen aus den entwickelten Volkswirtschaften weitgehend und in den Schwellenländern wurden sie erheblich gelockert, einerseits auf Drängen des IWF und andererseits, weil eine Volkswirtschaft durch freie Wechselkurse weniger anfällig für einen Bankrun wird.

Dennoch legte David Lipton, First Deputy Managing Director des IWF, am 24. Mai 2016 in einer bemerkenswerten Rede das Fundament für eine internationale Ice-Nine-Lösung:

Die Zeit ist gekommen, unsere globale Architektur neu zu überdenken. ... Welche Elemente der Architektur sind es wert, sie erneut zu betrachten?

Wir sollten überlegen, ob die Schnelligkeit und die Volatilität von Kapitalflüssen problematisch sind. ... Diese Kapitalflüsse können wegen ihrer Umkehrbarkeit einen nützlichen disziplinierenden Einfluss auf Schuldner ausüben, indem sie einen von den Märkten ausgehenden Anreiz für positive Reformen erzeugen. Aber diese Umkehrbarkeit hat auch einen Preis, wenn die Kapitalflüsse plötzlich stoppen. Wir sollten noch einmal überlegen, ob der Aufsichtsrahmen und die Steuersysteme der Quellenländer kurzfristige, schuldenerzeugende Kapitalflüsse übermäßig fördern.

Ich weiß, dass ... es ketzerisch ist, das zu sagen, aber wir sollten überlegen, ob ein besser koordinierter Ansatz zu Kapitalflussmaßnahmen und makro-aufsichtlichen Initiativen in den Kapitalzielländern gerechtfertigt sein könnte.[21]

Hinter diesem Jargon steckt der Aufruf, die Steuerpolitik und Bankenregulierung zwischen Kapital-»Quellenländern« (hauptsächlich den Vereinigten Staaten) und »Zielländern« (den Schwellenländern) zu koordinieren, um kurzfristigen Schulden entgegenzuwirken und stattdessen Investitionen in Aktien und lang laufende Anleihen zu fördern. In einer Liquiditätskrise können Aktien und langfristige Schulden leicht eingefroren werden, indem man Makler und Börsen schließt; noch verbleibende kurzfristige Anleihen können dann durch Kapitalverkehrskontrollen auf Länderebene eingefroren werden.

Am anderen Ende des Spektrums von großen Banken, institutionellen Investoren und Nationen steht der bescheidene Geldautomat. Dem Konsumenten ist vorgegaukelt worden, er könne jederzeit Bargeld erhalten, indem er seine Bankkarte in einen der allgegenwärtigen Geldautomaten steckt. Aber ist das wirklich so?

Schon heute sind Geldautomaten darauf programmiert, Abhebungen pro Tag auf ein vorgegebenes Limit zu begrenzen. Vielleicht dürfen Sie jeden Tag 800 Dollar oder gar 1000 Dollar abheben. Aber haben Sie schon einmal versucht, 5000 Dollar aus dem Automaten zu ziehen? Das wird Ihnen nicht gelingen. Aber wenn das Tageslimit 1000 Dollar beträgt, können die Banken die Maschinen auch ganz einfach umprogrammieren und es auf 300 Dollar senken, gerade genug für Benzin und Lebensmittel. Noch einfacher ist es, die Maschinen einfach auszuschalten, wie es 2012 in Zypern und 2015 in Griechenland gemacht wurde.

Bargeld am Bankschalter abzuheben ist keine praktikable Alternative zu stillgelegten Geldautomaten. Wenn Sie einen nennenswerten Betrag abheben wollen, wird der entsprechend ausgebildete und instruierte Kassierer seinen Chef herbeirufen, um Ihre Abhebung genehmigen zu lassen. Der Vorgesetzte wird ihm anraten, einen »Suspicious Activity Report« (SAR, »Bericht über verdächtige Aktivität«) beim US-Finanzministerium einzureichen. SARs waren ursprünglich dafür gedacht, Geldwäschern, Drogenhändlern und Terroristen auf die Schliche zu kommen. Aber obwohl Sie nichts davon sind, wird der Report trotzdem eingereicht werden. Die

Banken haben mehr Respekt vor der Bankenaufsicht als vor einem verärgerten Kunden. Es bringt ihr keinen Vorteil, Ihnen entgegenzukommen. Ihr Name wird in einer Akte beim Finanzministerium landen neben den Mitgliedern von Drogenkartellen und Al-Qaida.

Auch diese Selbsthilfemethode, um an Bargeld zu kommen, hat ihre Grenzen, da die Zweigstellen von Banken heutzutage nur noch relativ kleine Mengen an 100-Dollar-Scheinen vorhalten. Wenn ein echter Run auf Bargeld entstünde, würden die Kunden umso früher abgewiesen werden. Der 100-Dollar-Schein selbst ist durch Inflation ein schwindender Wert.

Dieser Überblick zeigt, dass Börsen geschlossen, Geldautomaten ausgeschaltet, Geldmarktfonds eingefroren, negative Zinsen eingeführt und Barabhebungen verweigert werden können, und das alles innerhalb weniger Minuten. Dann wird Ihr Geld Ihnen wie ein Juwel in einer Glasvitrine bei Cartier erscheinen: Sie können es sehen, aber nicht anfassen. Viele Sparer erkennen nicht, dass der Ice-Nine-Plan bereits umgesetzt ist und nur darauf wartet, durch eine Verfügung des Präsidenten und ein paar Telefonanrufe aktiviert zu werden.

»House Closed«

Eine typische Reaktion auf diesen Ice-Nine-Überblick lautet, dass er übertrieben zu sein scheint. Die Geschichte zeigt das Gegenteil. Geschlossene Märkte, geschlossene Banken und Konfiszierungen sind so amerikanisch wie Apple Pie. Eine Auswertung der Finanzpaniken der vergangenen 110 Jahre – beginnend mit der Panik von 1907 – zeigt, dass Banken- und Börsenschließungen, die Verluste für Einleger und Investoren mit sich bringen, nichts Ungewöhnliches sind.

Die Panik von 1907 entstand durch das große Erdbeben und den verheerenden Brand in San Francisco am 18. April 1906. Die Versicherungen an der Westküste verkauften Assets, um für die entstandenen Schäden aufkommen zu können. Diese Verkäufe setzten die Finanzzentren an der Ostküste unter Druck und führten zu einer Liquiditätsenge der New Yorker Banken. Bis Oktober 1907 war der Index der New York Stock Exchange von seinem 1906 erreichten Höchststand um 50 Prozent gefallen.

Am 14. Oktober 1907, einem Dienstag, wurde ein dilettantischer Versuch, durch Aufkauf den Wert der Aktien der United Copper Company in die Höhe zu treiben, aufgedeckt. Aufgrund des knappen Geldes wurde die finanzierende Bank schnell insolvent. Dann fiel der Verdacht auf eine größere Bank, die Knickerbocker Trust Company, die von einem Komplizen der Spekulanten kontrolliert wurde. Es entwickelte sich ein klassischer Bankrun. Einleger in New York und im ganzen Land standen Schlange, um Bargeld abzuheben und Gold – damals ein gesetzliches Zahlungsmittel – in Besitz zu nehmen.

Auf dem Höhepunkt der Panik, am Sonntag, dem 3. November 1907, berief John Pierpont Morgan ein Meeting der führenden Bankiers in der Bibliothek seines Stadthauses ein, das an der Kreuzung von 36th Street und Madison Avenue in Manhattan lag. Einer bekannten Anekdote zufolge ließ Morgan die Türen der Bibliothek abschließen, nachdem die Bankiers sich drinnen versammelt hatten. Er sagte ihnen, sie dürften erst wieder gehen, wenn sie einen Rettungsplan ausgearbeitet hätten.

Morgans Partner leiteten eine Krisensitzung, bei der in Windeseile die Bücher der Banken geprüft wurden. Man einigte sich auf eine Triage-Lösung. Von den gesunden Banken wurde erwartet, sich an einem Rettungsfonds zu beteiligen. Insolvente Banken ließ man pleitegehen. Aber dazwischen gab es auch Banken, die technisch solvent, aber vorübergehend illiquide waren. Von ihnen wurde gefordert, Sicherheiten für Cash zu stellen, das sie bekommen sollten, um die Abhebungen von Einlegern bedienen zu können. Zu keinem Zeitpunkt wurde auch nur daran gedacht, jede einzelne Bank in New York zu retten.

Man hoffte, dass sich die Panik allmählich legen, die Einlagen zurückkehren und die eingegangenen Verpflichtungen mit einem Gewinn für die Retter würden erfüllt werden können. Und genauso kam es dann auch. Bis zum 4. November hatte sich die Panik gelegt, aber trotzdem waren zahlreiche Einleger finanziell ruiniert. Wichtig ist jedoch, dass die Panik eingedämmt werden konnte und nicht auf jede andere Bank in der ganzen Stadt übergriff. Der Prozess ist der gleiche wie eine Quarantäne, unter die Ebola-Opfer gestellt werden, um eine Ausbreitung des Virus auf die gesamte Bevölkerung zu verhindern.

Dieses von Morgan organisierte Bankenrettungsmodell wurde 100 Jahre später, bei der Panik von 2008, fallen gelassen. Außer Lehman Brothers wurden alle großen Banken vom US-Finanzministerium und der Federal Reserve gerettet, ohne dass zwischen solventen und insolventen Geldhäusern unterschieden worden wäre.

Die Blaupause vom G20-Treffen in Brisbane kann als eine Rückkehr zu den Prinzipien von J. P. Morgan angesehen werden. In der nächsten Krise wird »Blut fließen«. Insolvente Institute werden permanent geschlossen werden und es wird zu breiteren Verlusten kommen.

Sieben Jahre nach der Panik von 1907 kam es zur Panik von 1914, kurz vor Ausbruch des Ersten Weltkriegs. Diese Panik wurde durch das Ultimatum ausgelöst, das Österreich am 23. Juli Serbien gestellt hatte. Sie griff weiter um sich und hielt länger an als die Panik von 1907.

Europäische Chronisten erinnern sich durchweg an die Monate vor diesem Ultimatum als die angenehmsten seit Menschengedenken. Die Ermordung des Erzherzogs Franz Ferdinand, Thronfolger der Österreichisch-Ungarischen Monarchie, und seiner Gemahlin Sophie am 28. Juni 1914 wurde zunächst für ein unglückseliges Symptom der Instabilität gehalten, die den Balkan seit Jahren geplagt hatte, nicht aber für den Auslöser eines Weltkrieges, zu dem sie letztlich wurde.

Der von Graf Franz Conrad von Hötzendorf geführte Generalstab der Donaumonarchie hatte schon lange auf einen Kampf mit Serbien gebrannt, wurde jedoch durch Franz Ferdinands mäßigenden Einfluss auf seinen Onkel Kaiser Franz Josef zurückgehalten. Das Attentat war ein doppelter Schlag gegen den Frieden – es vernichtete einen mäßigenden Einfluss und lieferte von Hötzendorf einen Grund, den serbischen Ambitionen auf dem Balkan entgegenzutreten. Am Freitag, dem 23. Juli 1914, stellte Österreich-Ungarn Serbien ein Ultimatum, das mit voller Absicht unannehmbar sein sollte. Während London und Paris einen herrlichen Sommer genossen, wurden des Krieges Hunde entfesselt.

Am 24. Juli ordnete Russland eine Teilmobilmachung seiner Land- und Seestreitkräfte an, um Serbien zu unterstützen. Am 25. Juli akzeptierte Serbien einige, aber nicht alle Bedingungen des österreichisch-ungarischen Ultimatums und ordnete eine Generalmobilmachung an. Daraufhin brach Wien seine diplomatischen Beziehungen zu Serbien ab und ordnete seinerseits eine Teilmobilmachung seiner Streitkräfte an.

Sobald die Marktteilnehmer sahen, dass ein Krieg unausweichlich war, agierten sie in der gleichen mechanischen Weise wie die Generäle mit ihren Mobilmachungs- und Zeitplänen. Die Zeit des klassischen Goldstandards unmittelbar vor dem Krieg, von 1870 bis 1914, lässt sich am besten als ein erstes Zeitalter der Globalisierung auffassen, als eine Vorahnung des zweiten Zeitalters der Globalisierung, das 1989 mit dem Fall der Berliner Mauer begann. Neue Technologien wie Telefon und Strom hatten die großen Finanzzentren zu einem dichten Netz von Schulden und Ausfallrisiken verknüpft. Schon 1914 waren die globalen Kapitalmärkte nicht weniger dicht vernetzt als heute. Beim Ausbruch des Krieges verkauften französische, italienische und deutsche Anleger allesamt ihre Aktien in London und forderten, ihnen auf dem schnellsten Wege die Erlöse in Gold zu liefern. Nach den damaligen Spielregeln war Gold die ultimative Form von Geld und es würde gehortet werden, um den Krieg zu führen. Im Gleichschritt mit der politischen Krise entstand eine globale Liquiditätskrise.

Die City von London war damals die konkurrenzlose Finanzhauptstadt der Welt. Verkäufe vom europäischen Festland erzeugten Druck auf die Londoner Banken, ihre eigenen Assets zu liquidieren, um Forderungen bedienen zu können. Was dann folgte, war kein klassischer Run auf die Banken, sondern eine komplexere Liquiditätskrise. In Pfund Sterling denominierte, von Londoner Banken garantierte Handelswechsel konnten nicht umgeschuldet werden. Es wurden keine neuen Wechsel mehr emittiert. Die Liquidität im liquidesten Geldmarkt der Welt trocknete aus. Diese Krise ähnelte auf beklemmende Weise dem Zusammenbruch des Marktes für Commercial Paper in den Vereinigten Staaten im Jahr 2008.

New York wurde angesteckt. Ebenso wie die französischen Banken Londoner Aktien verkauften, um an Gold zu kommen, verkauften Londoner Anleger aus demselben Grund New Yorker Aktien. Alle Welt riss sich um Hartgeld. Die Aktien- und Geldmärkte gerieten in höchste Not, als die Anleger ihre Wertpapiere abstießen und dafür Gold verlangten.

Am 28. Juli 1914 erklärte Österreich-Ungarn Serbien den Krieg. In den Tagen bis zum 30. Juli hatten die Börsen in Amsterdam, Paris, Madrid, Rom, Berlin, Wien und Moskau allesamt ihre Türen geschlossen und alle bedeutenden Protagonisten – mit Ausnahme Großbritanniens – hatten offiziell die Konvertibilität ihrer Währungen in Gold ausgesetzt. Am Freitag, dem 31. Juli 1914, tat auch die City das Undenkbare und schloss die London Stock Exchange. Ein kleines Schild am Mitgliedereingang verkündete schlicht: »House Closed«.[22]

Als die Londoner Börse geschlossen war, richtete sich der gesamte Verkaufsdruck aus der ganzen Welt auf New York, den letzten großen Handelsplatz, wo Aktien für Gold verkauft werden konnten. Schon in den Tagen vor der Schließung der Londoner Börse waren die Verkaufsaktivitäten in New York sehr intensiv gewesen. Am 31. Juli 1914, nur wenige Stunden nach der Schließung von London und 15 Minuten vor Handelsbeginn, schloss auch die New York Stock Exchange ihre Pforten, und zwar unter anderem, weil der US-Finanzminister William McAdoo darauf gedrängt hatte. Die New Yorker Börse sollte mehr als vier Monate lang geschlossen bleiben, nämlich bis zum 12. Dezember 1914.

Bei Ausbruch des Ersten Weltkriegs blieben die Vereinigten Staaten offiziell neutral und waren daher in der Lage, mit allen kriegführenden Ländern Handel zu treiben. Zwar war die Börse geschlossen, aber die Banken blieben geöffnet. Europäische Handelspartner, die beliebige Assets verkaufen wollten, konnten den Umtausch der Erlöse in Gold verlangen und es nach Hamburg, Genua oder Rotterdam verschiffen lassen.

Aktien wurden nach wie vor gehandelt, und zwar durch private Verhandlungen an der inoffiziellen »Curb Exchange« (»Freiverkehrsbörse«), die an der New Street in Lower Manhattan in einer Gasse hinter dem Gebäude der New York Stock Exchange entstanden war. Am Montag, dem 3. August 1914, wurde folgende Anzeige in der *New York Times* geschaltet: »Wir sind bereit, sämtliche Wertpapierklassen zu folgenden Konditionen zu kaufen oder zu verkaufen: Kaufangebote müssen von ausreichend Bargeld begleitet werden; Verkaufsangebote müssen von den ordnungsgemäß indossierten Wertpapieren begleitet werden.« Die Anzeige war mit »New York Curb« unterzeichnet.[23]

Manche Historiker sind zu dem Schluss gekommen, die New York Stock Exchange sei geschlossen worden, weil die Geschäftsleitung befürchtete, die Aktienkurse würden durch massive Verkäufe aus dem Ausland abstürzen. Recherchen, die William L. Silber für sein Buch *When Washington Shut Down Wall Street* angestellt hat, legen eine andere, wesentlich interessantere Erklärung nahe.[24] Silber zeigt, dass US-Käufer bereit gewesen wären, bei Verkaufsangeboten zu Schnäppchenpreisen von verzweifelten europäischen Verkäufern zuzugreifen, woraufhin die Aktienkurse sich stabilisiert hätten.

Laut Silber war der wahre Grund für die Schließung der New Yorker Börse – und der Grund, warum das US-Finanzministerium sich einmischte – nicht etwa das Niveau der Aktienkurse, sondern Gold. Europäische Verkäufer hatten einen Anspruch darauf, ihre Verkaufserlöse in Gold umzutauschen, und zwar im Gebäude einer Zweigstelle des Finanzministeriums, das sich gegenüber der Börse an der Wall Street befand. Das Finanzministerium befürchtete, dass den US-Banken schnell das Gold ausgehen würde, und unterband deswegen den Handel mit Aktien. Die Schließung der Börse war eine frühe Anwendung der Ice-Nine-Methode.

Die Weltwirtschaftskrise und die Jahre vor Ausbruch des Zweiten Weltkriegs brachten die radikalsten Ice-Nine-Einfrierungen im 20. Jahrhundert mit sich. Der Beginn der Krise in den Vereinigten Staaten wird üblicherweise auf den Zusammenbruch des Aktienmarkts im Oktober 1929 datiert. Aber die weltweite Wirtschaftskrise hatte sogar noch früher begonnen, und zwar in Großbritannien, das während der gesamten späten 1920er-Jahre wirtschaftliche Bedingungen erlebte, die einer Depression gleichkamen. In Deutschland begann 1927 ein wirtschaftlicher Abschwung. Von 1929 an stürzten in den Vereinigten Staaten Aktienkurse und industrieller Output ab und die Arbeitslosigkeit nahm massiv zu. Die schlimmste Phase der Weltwirtschaftskrise, einschließlich einer weltweiten Bankenpanik, konzentrierte sich auf die Jahre 1931 bis 1933.

Die europäische Bankenpanik begann in Österreich, und zwar mit dem Scheitern der Creditanstalt am 11. Mai 1931. Das führte schnell zu Bankruns in ganz Europa und dem völligen Eintrocknen kommerzieller Kredite in London in einer Dynamik, wie sie sich ganz ähnlich schon bei der Panik von 1914 entfaltet hatte. Die Bankiers der City teilten der Bank of England und dem britischen Finanzministerium mit, dass sie in wenigen Tagen insolvent sein würden, wenn die Regierung nicht eine Rettung organisierte.

Anders als 1914, als die Konvertibilität des Pfund Sterling in Gold formal aufrechterhalten wurde, setzte dieses Mal das britische Finanzministerium den Goldstandard aus und wertete das Pfund ab. Durch diese Abwertung wurde der Druck auf die Finanzmärkte in Großbritannien reduziert und auf die Vereinigten Staaten umgelenkt, die nach der Abwertung die stärkste Währung der Welt hatten. Die Vereinigten Staaten wurden zum Magneten für globale Deflation.

Im Dezember 1930 erlitt die Bank of United States (die ungeachtet ihres offiziell klingenden Namens eine private Bank war), deren Kunden hauptsächlich Einwanderer und Kleinsparer waren, einen Bankrun und schloss ihre Türen. Es kann durchaus sein, dass die Bank zu diesem Zeitpunkt noch solvent war, aber die großen Banken des New Yorker Clearing House weigerten sich dennoch, sie zu retten, wobei Vorurteile gegenüber Juden und Einwanderern unter ihren Kunden eine Rolle spielten.

Das Clearing House glaubte, der Schaden könne auf die Bank of United States begrenzt werden. Das war ein Irrtum. Bankruns breiten sich aus wie ein außer Kontrolle geratenes Buschfeuer. In manchen Gegenden der Vereinigten Staaten ging buchstäblich das Geld aus. In vielen Gemeinden behalf man sich damit, Tauschhandel zu treiben und »Wooden Nickels« (Fünf-Cent-Münzen aus Holz) zu benutzen, um Lebensmittel zu kaufen. Während der Weltwirtschaftskrise scheiterten in den Vereinigten Staaten über 9000 Banken. Viele Einleger verloren ihre Ersparnisse, als diese Banken liquidiert wurden.

Im Winter 1933 erbat US-Präsident Hoover die Zustimmung seines bereits gewählten, aber noch nicht im Amt befindlichen Nachfolgers Franklin D. Roosevelt, weil er – in welcher Form auch immer – eine Schließung sämtlicher Banken oder einen allgemeinen Schuldenerlass ankündigen wollte. Anstatt jedoch Hoover zu unterstützen, zog Roosevelt es vor, zu warten, bis er am 4. März 1933 vereidigt wurde. Die Panik wuchs sich zu epischen Proportionen aus. Im ganzen Land bildeten sich Warteschlangen vor, den Banken, weil die Sparer ihr Geld abheben wollten, um es in bar zu Hause zu verstecken, in einer Kaffeedose oder unter der sprichwörtlichen Matratze.

Roosevelt handelte entschlossen. Kaum 36 Stunden nach seiner Vereidigung, um ein Uhr morgens am Montag, dem 6. März 1933, verkündete er die Proclamation 2039, mit der sämtliche Banken in den Vereinigten Staaten geschlossen wurden. Roosevelt sagte nichts darüber, wann sie wieder geöffnet werden sollten.

Im Laufe der darauffolgenden Woche behauptete die Bankenaufsicht, sie würde die Bücher geschlossener Banken prüfen, um auf der Grundlage dieser Prüfungen vermeintlich solvente Banken wieder zu öffnen. Dieses Vorgehen ähnelt den »Stresstests«, die 2009 wegen einer neuerlichen Finanzpanik von US-Finanzminister Tim Geithner veranlasst wurden.

In solchen Fällen ist nicht der tatsächliche Zustand der Banken das Wichtigste, sondern die Frage, ob es der US-Regierung gelingt, mit einem entsprechenden »Gütesiegel« die Ängste der Sparer zu zerstreuen. Tatsächlich öffneten die Banken am 13. März 1933 wieder ihre Türen nach einem einwöchigen »Bank Holiday«. Das Vertrauen wurde wiederhergestellt. Und wieder bildeten sich Warteschlangen – aber dieses Mal nicht, um Bargeld abzuheben, sondern um es einzuzahlen.

Auf den »Bank Holiday« folgte am 5. April 1933 die berühmt-berüchtigte Executive Order 6102, mit der Roosevelt anordnete, dass sämtliches Gold im Besitz von US-Bürgern (mit einigen wenigen Ausnahmen) an das US-Finanzministerium herauszugeben sei; bei Nichtbefolgen drohte eine Haftstrafe. Roosevelt erließ auch das Verbot, Gold zu exportieren. Diese Einschränkungen in Bezug auf Gold wurden erst mit der Executive Order 11825 aufgehoben, die Präsident Ford am 31. Dezember 1974 erließ und mit der er sämtliche vorherigen Präsidentenverfügungen hinsichtlich Gold aufhob.

Kurz darauf wurden Proclamation 2039 und Executive Order 6102 angewendet, um sämtliches Gold und alle Bankguthaben in den Vereinigten Staaten gemäß Ice-Nine einzufrieren. Auch nach der heutigen Rechtslage hat die Exekutive durchaus die Macht, so etwas zu verfügen – der Kongress kann solche Maßnahmen nicht stoppen.

Nach 1933 stabilisierte sich das globale Finanzsystem, kollabierte dann allerdings wieder bei Ausbruch des Zweiten Weltkriegs im Jahr 1939. Die kriegführenden Nationen, allen voran Großbritannien, setzten abermals die Konvertibilität ihrer Währungen in Gold aus und verboten den Export von Gold. Da Gold damals Geld war, kamen diese Verbote einem weiteren Einfrieren des Systems gleich.

Als sich ein Sieg der Alliierten abzuzeichnen begann, taute das globale Finanzsystem allmählich wieder auf. Der entscheidende Wendepunkt war die Bretton-Woods-Konferenz im Juli 1944. Die Konferenz selbst war das Ergebnis von zwei Jahren intensiver Geheimverhandlungen zwischen den Vereinigten Staaten und Großbritannien, die jeweils von Harry Dexter

White und John Maynard Keynes geführt wurden und die Benn Steil in seinem Buch *The Battle of Bretton Woods* sehr anschaulich beschrieben hat.[25]

Eine Alternative zu wiederkehrenden Finanzpaniken und Einfrierungen ist ein System, das kohärent und kontrolliert ist und auf rigorosen Regeln beruht, wie es unter dem klassischen Bretton-Woods-System von 1944 bis 1971 der Fall war. Während dieses goldenen, 27 Jahre währenden Zeitalters koppelten die Signatarmächte der Vereinbarung von Bretton Woods ihre Währungen zu festen Wechselkursen an den US-Dollar, der wiederum zum Festpreis von 35 Dollar pro Unze an Gold gebunden war. Diese Goldbindung des Dollar bedeutete, dass auch die anderen Währungen – vor allem Pfund Sterling, Franc, D-Mark und Yen – über den Dollar indirekt an Gold und untereinander gebunden waren. Der US-Dollar war der gemeinsame Nenner des globalen Finanzwesens, genauso wie es White und sein Chef, US-Finanzminister Henry Morgenthau, beabsichtigt hatten.

Dabei ist wichtig, dass das Bretton-Woods-System über feste Wechselkurse hinausging. Das System sollte vom Internationalen Währungsfonds gesteuert werden, der de facto die Weltzentralbank ist. Die Führung des IWF war so strukturiert, dass die Vereinigten Staaten sich bei allen wichtigen Entscheidungen ein Vetorecht vorbehielten. Den Bretton-Woods-Teilnehmerländern war es erlaubt, über Kapitelverkehrskontrollen ihre Dollar-Reserven zu schützen und volatile Kapitalflüsse zu begrenzen, damit sie ihre Verpflichtungen unter dem System fester Wechselkurse erfüllen konnten. In den wichtigen westlichen Wirtschaftsmächten wurden eventuelle Kapitalverkehrskontrollen ab 1958 nach und nach aufgehoben, aber die volle Konvertibilität aller wichtigen Währungen wurde erst 1964 vollständig erreicht.

Die Bindung einer nationalen Währung an den Dollar war nicht in Stein gemeißelt. Ein Mitgliedsland konnte beim IWF eine Anpassung seines Wechselkurses beantragen. In solchen Fällen bot der IWF dem Land, dessen Währung unter Druck war, zunächst vorübergehende Kredite an. Damit wurde bezweckt, diesem Land Zeit zu verschaffen, um strukturelle Reformen umzusetzen, seine Handelsbilanz zu verbessern und seine Devisenreserven aufzustocken, sodass der feste Wechselkurs aufrechterhalten werden konnte. Sobald diese Anpassungen umgesetzt und die Reserven aufgestockt waren, konnte das Land seine Schulden beim IWF begleichen und das System weiterlaufen wie vorher.

In gravierenderen Fällen, bei denen vorübergehende Maßnahmen sich als unzureichend erwiesen, wurde eine Abwertung zugelassen. Die bekannteste Abwertung unter dem Bretton-Woods-System war die Sterling-Krise im Jahr 1967. Damals wurde der Sterling-Wechselkurs von 2,80 auf 2,40 Dollar gesenkt, eine Abwertung um 14 Prozent. Ein fester Wechselkurs, der nicht verändert werden durfte, war die Parität zwischen Dollar und Gold – die Verankerung für das gesamte System.

Das internationale, vom IWF und den Vereinigten Staaten beaufsichtigte System von Kapitalverkehrskontrollen und festen Wechselkursen wurde durch ein Regime finanzieller Repression ergänzt. Am Ende des Zweiten Weltkriegs betrug die Schuldenquote – also das Verhältnis zwischen Staatsschulden und BIP – der Vereinigten Staaten 120 Prozent. Im Laufe der darauffolgenden 20 Jahre fabrizierte das US-Finanzministerium ein monetäres Regime, bei dem die Zinssätze künstlich niedrig gehalten und moderate Inflationsraten zugelassen wurden. Weder Zinssätze noch Inflation gerieten außer Kontrolle. Dass die Inflationsraten aufgrund der finanziellen Repression geringfügig über den Zinssätzen lagen, wurde von der Öffentlichkeit kaum wahrgenommen; nach dem Krieg genossen die US-Bürger zunehmenden Wohlstand, steigende Aktienkurse, neue Annehmlichkeiten und eine herzerfrischende Kultur.

Finanzielle Repression ist die Kunst, für einen längeren Zeitraum die Inflationsraten ein klein wenig über den Zinssätzen zu halten. Die Last der alten Schulden schmilzt durch die Inflation dahin, während die Vergabe neuer Kredite durch die niedrigen Zinsen gedrosselt wird. Schon ein Unterschied von 1 Prozent zwischen Inflationsrate und Zinssätzen reduziert über einen Zeitraum von 20 Jahren den realen Wert einer Schuldenlast um 30 Prozent. Bis 1965 war die US-Schuldenquote um 40 Prozent zurückgegangen, eine erstaunliche Verbesserung gegenüber 1945.

Die Wertminderung des Dollar vollzog sich so langsam, dass kein Grund zu öffentlicher Beunruhigung zu bestehen schien. Es war, als würde man einem Eiswürfel beim Schmelzen zusehen – es geschieht zwar, aber ganz langsam.

In der ruhigen Zeit von 1945 bis 1965 gab es kaum Finanzkrisen. Russland und China waren nicht in das globale Finanzsystem integriert und Afrika war auf der finanziellen Weltkarte kaum zu erkennen. Die asiatischen

Schwellenländer hatten die Schwelle noch nicht erreicht und Indien stagnierte. Lateinamerika war der US-Hegemonie unterworfen.

Solange Öl floss, spielten aus Sicht der US-Wirtschaftsinteressen nur Europa, Japan und Kanada eine Rolle und sie waren in das Bretton-Woods-System eingebunden. Keine Ice-Nine-Lösung wurde umgesetzt, weil sie bereits vorhanden war – das Bretton-Woods-System war ein globales Ice-Nine. Die Vereinigten Staaten kontrollierten nicht nur mehr als die Hälfte des weltweiten Goldbestandes, sondern auch den Dollar – die einzigen Formen von Geld, auf die es ankam.

Im Jahr 1965 begann das Bretton-Woods-System schwer ins Schlingern zu geraten. Es hatte unter zahlreichen Rückschlägen zu leiden, nämlich steigenden Inflationsraten in den USA, der Abwertung des Pfund Sterling und einem Run auf das US-Gold. Die Vereinigten Staaten waren nicht bereit, die strukturellen Anpassungen selbst umzusetzen, die sie von anderen Ländern forderten. Im Februar 1965 rief der französische Staatspräsident Charles de Gaulle zu einem Ende der Dollar-Hegemonie und einer Rückkehr zu einem echten Goldstandard auf. De Gaulles Finanzminister Valéry Giscard d'Estaing nannte die Rolle des Dollar unter der Vereinbarung von Bretton Woods ein »exorbitantes Privileg«.

Großbritannien, Japan und Deutschland waren bereit, mitzuspielen bei dem falschen Spiel, der Dollar sei »so gut wie Gold«. Großbritannien war pleite; die nationale Sicherheit von Deutschland und Japan hing vom nuklearen Schutzschirm der Vereinigten Staaten ab. Keines dieser Länder war in einer so starken Position, dass es den USA die Stirn hätte bieten können.

Im restlichen Europa sah man die Lage – auf Drängen von de Gaulle – etwas anders. Frankreich, Spanien, Schweiz, Niederlande und Italien gingen vermehrt dazu über, ihre Dollarreserven in Gold umzutauschen. Es entwickelte sich ein regelrechter Run auf Fort Knox.

In dem bekanntesten Beispiel einer Ice-Nine-Lösung im 20. Jahrhundert verkündete Präsident Nixon am 15. August 1971, er habe den »Goldschalter geschlossen«. Für die US-Handelspartner war es fortan nicht mehr möglich, ihre Dollarreserven zu einem festen Preis in Gold umzutauschen. Nixon hatte das Schild »House Closed« so aufgehängt, dass die ganze Welt es sehen konnte.

Die Geldaufstände

Die Zeit von 1971 bis 1980 im internationalen Finanzwesen lässt sich am besten als »chaotisch« beschreiben, nicht nur im umgangssprachlichen, sondern durchaus auch im wissenschaftlichen Sinne. Das Gleichgewicht war gestört, die Preise sämtlicher Werte schwankten heftig. Die IWF-Mitgliedsländer versuchten, feste Wechselkurse zu neuen Paritäten und eine neue Dollar-Gold-Parität festzulegen – und scheiterten.

Monetaristen wie Milton Friedman drängten, Gold als Währungsanker aufzugeben. Freie Wechselkurse wurden zur neuen Normalität. Ein Land konnte seine Güter verbilligen, indem es seine Währung abwerten ließ, statt strukturelle Anpassungen vorzunehmen, um seine Produktivität zu verbessern.

Die Keynesianer begrüßten das neue System, weil durch Währungsabwertung erzeugte Inflation die realen Lohnstückkosten senkt. Die Arbeiter würden keine Lohnsenkungen mehr hinnehmen müssen; stattdessen würde ihnen ihr Lohn durch Inflation gestohlen, in der Erwartung, dass sie es nicht merken würden, bis es zu spät war. Monetaristen und Keynesianer hatten sich unter dem Banner der Geldillusion vereint.

In dieser schönen neuen Welt mit elastischer Geldmenge und ohne Gold wurden keine Ice-Nine-Lösungen mehr benötigt. Wenn von Panik gepackte Sparer ihr Geld zurückhaben wollten, war es nicht mehr nötig, das System einzufrieren – man konnte das Geld einfach drucken und es ihnen geben.

Der Ice-Nine-Prozess war umgekehrt worden. Durch freie Wechselkurse endete eine Eiszeit, die Gletscher schmolzen und die Welt war überflutet von einem Meer der Liquidität. Dies war die finanzielle Entsprechung der globalen Klimaerwärmung. Es gab kein Problem, das nicht durch niedrige Zinsen, leichtes Geld und noch mehr Schulden hätte gelöst werden können.

Aber die lockere Geldpolitik konnte dem Entstehen von Finanzkrisen keineswegs ein Ende setzen, bei Weitem nicht. Im Jahr 1982 begann eine Schuldenkrise in Lateinamerika, 1994 eine Peso-Krise in Mexiko, 1998 eine Finanzkrise in Asien und Russland, und 2007 bis 2009 die globale Finanzkrise. Darüber hinaus wurden hin und wieder die Märkte von einer Panik durchgeschüttelt, so zum Beispiel am 19. Oktober 1987, als der Dow-Jones-Index an einem einzigen Tag um 22 Prozent fiel. Andere Abstürze waren beispielsweise das Platzen der Dot-Com-Blase im Jahr 2000 sowie der Zusammenbruch der Märkte nach den Terroranschlägen vom 11. September 2001.

Neu war jedoch, dass keine dieser Krisen ausgedehnte Bankpleiten oder -schließungen mit sich brachte. Ohne Goldstandard war die Geldmenge elastisch. Die Zentralbanken konnten uneingeschränkt Liquidität bereitstellen, durch Gelddrucken, Garantien, Währungsswaps und Versprechungen einer auch weiterhin lockeren Geldpolitik, die als »Forward Guidance« (etwa: »vorausschauende Orientierung«) bekannt ist. Das Geld war kostenlos, oder beinahe kostenlos, und stand in unbegrenzten Mengen zur Verfügung.

Dieses neue System war nicht immer ordentlich und aufgeräumt; in den 1970er- und 1980er-Jahren erlitten zahlreiche Anleger Verluste auf den realen Wert ihres Kapitals. Dennoch konnte sich das eigentliche System über Wasser halten. Die Schuldenkrise in Lateinamerika wurde mit Brady-Anleihen beigelegt, die nach dem US-Finanzminister Nicholas Brady benannt wurden. Brady-Anleihen nutzten US-Schatzwechsel, um eine Teilrückzahlung neuer Anleihen zu garantieren, die verwendet wurden, um ausgefallene Kredite umzuschulden. US-Finanzminister Robert Rubin wandte sich 1994 an den Exchange Stabilization Fund (ESF), um Mexiko Hilfskredite bereitzustellen, als das Land nicht mehr in der Lage war, seine Schulden an der Wall Street zu refinanzieren. Der ESF war 1934 aus Profiten der Gold-Konfiszierung von Roosevelt geschaffen worden und existiert nach wie vor als Stabilisierungsfonds des US-Finanzministeriums. Der Weg über den ESF war eine Möglichkeit, den Kongress zu umgehen, der ein Bail-out für Mexiko abgelehnt hatte.

In der Krise von 1997/98 stellten nicht das US-Finanzministerium, sondern der IWF und die Federal Reserve die zur Rettung benötigten Gelder zur Verfügung. Die Krise begann im Juli 1997 mit der Abwertung des Thai Baht. In der ersten Phase dieser globalen Liquiditätskrise stellte der IWF Notkredite für Korea, Indonesien und Thailand bereit.

Die Krise ließ im Winter 1997 und Frühjahr 1998 nach, brach dann aber im Spätsommer mit voller Wucht wieder aus. Russland konnte seine

Schulden nicht mehr bedienen und wertete den Rubel am 17. August 1998 ab. Der IWF bereitete eine finanzielle Feuermauer rings um Brasilien vor, das man damals für den nächsten Dominostein hielt, der fallen würde. Aber nicht ein Land war der nächste Dominostein, sondern ein Hedgefonds – Long-Term Capital Management, LTCM. Der IWF war nicht ermächtigt, einen Hedgefonds zu retten, diese Aufgabe wurde der Federal Reserve Bank von New York überlassen, die als Bankenaufsicht für die Banken fungierte, die in Bedrängnis geraten würden, sollte LTCM tatsächlich pleitegehen.

Es folgten sechs Tage höchster Anspannung, vom 23. bis 28. September 1998, in denen die Wall Street unter den wachsamen Augen der Fed einen 4-Milliarden-Bail-out zusammenstoppelte, um den Hedgefonds zu stabilisieren. Sobald der Bail-out beschlossen war, griff der Fed-Chef Alan Greenspan den in Mitleidenschaft gezogenen Banken auf einer regulären Sitzung des Federal Open Market Committee (FOMC, »Offenmarktausschuss der Fed«) am 29. September 1998 mit einer Senkung der Leitzinsen unter die Arme.

Aber die Märkte beruhigten sich trotzdem nicht. Der mit neuem Kapital ausgestattete Hedgefonds LTCM machte innerhalb weniger Tage weitere Verluste von einer halben Milliarde Dollar. Wall Street hatte einen Hedgefonds gerettet; und wer sollte jetzt die Wall Street retten? Abermals intervenierte die Fed. Greenspan senkte am 15. Oktober 1998 erneut die Zinsen, ausnahmsweise unangekündigt. Während ich dies schreibe, war dies das einzige Mal seit 22 Jahren, dass die Fed ohne eine reguläre FOMC-Sitzung die Zinsen gesenkt hat.

Die Märkte hörten die Botschaft. Der Dow Jones stieg um 4,2 Prozent, sein dritthöchster Tagesgewinn, seit es ihn gibt. Die Anleihenmärkte beruhigten sich; der Aderlass bei LTCM hörte endlich auf. Die unangekündigte Zinssenkung der Fed war eine frühe Version dessen, was EZB-Chef Mario Draghi im Juni 2012 mit den Worten »Whatever it takes« angekündigt hatte: »Was immer auch getan werden muss.«

Die neue Politik, wiederkehrende Krisen mit Notmaßnahmen zu übertünchen, erreichte im Herbst 2008 einen Höhepunkt, als die US-Bankenaufsicht für jede Bankeinlage und jeden Geldmarktfonds der Vereinigten Staaten eine Ausfallgarantie aussprach. Die Fed schaltete sozusagen die

Notenpresse einen Gang höher und »druckte« etliche Billionen Dollar, um die US-Banken zu stützen. Außerdem organisierte sie Währungs-Swaps mit der EZB in Höhe von zig Billionen Dollar; die EZB brauchte diese Dollars, um die europäischen Banken zu stützen.

Die Liquiditätsschwemme funktionierte. Der Sturm legte sich, die Märkte beruhigten sich, die Volkswirtschaften wuchsen wieder (wenn auch langsam) und die Asset-Preise erklommen alte Höhen. Heute, im Jahr 2016, wird diese Politik, die Welt mit Liquidität zu fluten, weithin gelobt.

War der Ice-Nine-Ansatz von 1907, 1914, den 1930er-Jahren und Bretton Woods durch eine monetäre Klimaerwärmung ersetzt worden, die jetzt drohte, neue Wirbelstürme heraufzubeschwören? Gab es Grenzen für das, was eine elastische Geldmenge erreichen konnte? Gegen Ende 2016 war die Welt kurz davor, das herauszufinden.

Die außerordentlichen geldpolitischen Maßnahmen, die 2008 eingesetzt worden waren, waren bis 2016 zum größten Teil noch nicht zurückgefahren worden. Die Bilanzen der Zentralbanken waren nach wie vor aufgebläht. Die Währungs-Swaps zwischen Fed und EZB waren immer noch aktiv. Die globale Verschuldung hatte zugenommen. Die Schuldenquoten vieler Länder waren gestiegen. Bei Staatsanleihen, Junkbonds und in Schwellenländern drohten Verluste. Der Gesamtnennwert im Derivatemarkt überstieg eine Billiarde Dollar – mehr als das Zehnfache der globalen Wirtschaftsleistung pro Jahr.

Die globalen Eliten erkannten allmählich, dass ihre lockere Geldpolitik neue Blasen hatte entstehen lassen, anstatt ein solides Fundament zu schaffen. Die Weichen waren gestellt für den nächsten Zusammenbruch und die Eliten wussten das; aber inzwischen bezweifelten sie, ob sie noch einmal dasselbe Drehbuch würden umsetzen können.

Bis 2015 hatte die Fed ihre Bilanzsumme von 800 Milliarden auf 4,2 Billionen Dollar erhöht, um die Krise von 2008 zu ersticken. Was würde sie bei der nächsten Krise tun? Eine neuerliche Zunahme um den gleichen Prozentsatz würde ihre Bilanzsumme auf 20 Billionen Dollar aufblähen, was ungefähr der Wirtschaftsleistung der Vereinigten Staaten entspricht.

Andere Zentralbanken standen vor dem gleichen Dilemma. Sie hatten gehofft, dass die Volkswirtschaften wieder nachhaltiges Wachstum kreieren würden; dann hätten die Zentralbanken ihre lockere Geldpolitik zurückfahren und sich zurückziehen können. Das geschah aber nicht, das Wachstum blieb schwach. Die Märkte verließen sich darauf, dass die Zentralbanken das Spiel mit ihrem leichten Geld am Laufen halten würden. Sieben Jahre Selbstzufriedenheit hatten die Märkte hinsichtlich der Risiken von Leverage und Intransparenz sanft entschlummern lassen.

Im Sommer 2014 begannen die Eliten, Alarm zu schlagen. Am 29. Juni 2014 legte die Bank for International Settlements (BIS, »Bank für internationalen Zahlungsausgleich«) ihren Jahresbericht vor. Er enthielt die Warnung, die Märkte seien »euphorisch«, und weiter hieß es darin: »Immer wieder ... hat sich herausgestellt, dass vermeintlich solide Bilanzen ungeahnte Schwachstellen verschleiern.«[26]

Am 20. September 2014 folgte eine weitere Warnung, dieses Mal von den Finanzministern der G20-Mitgliedsländer, die sich in Cairns im australischen Queensland trafen. In ihrem Kommuniqué hieß es: »Wir sind uns der Möglichkeit bewusst, dass sich in den Finanzmärkten exzessive Risiken aufbauen könnten, vor allem in einem Umfeld niedriger Zinsen und geringer Volatilität der Asset-Preise.«[27]

Nur wenige Tage später legte ein Thinktank mit hervorragenden Beziehungen zu den Mächtigen der Welt, nämlich das International Center for Monetary and Banking Studies (ICMB) in Genf, seinen jährlichen »Geneva Report« über die Weltwirtschaft vor.[28]

Nach jahrelangen Beteuerungen von zahllosen Politikern, die Welt würde ihre Verschuldung zurückfahren, lieferte das ICMB folgende schockierende Zusammenfassung: »Im Gegensatz zu weithin vorherrschenden Überzeugungen ist die Weltwirtschaft sechs Jahre nach Beginn der Finanzkrise ... immer noch nicht auf dem Weg zur Reduzierung ihrer Schulden. Tatsächlich ist vielmehr das Verhältnis von globaler Gesamtverschuldung ... zur Wirtschaftsleistung ... immer weiter gestiegen ... und hat neue Höchststände erreicht.« Der Bericht bezeichnete die Auswirkungen exzessiver Verschuldung auf die Weltwirtschaft als »toxisch«.

Es folgten weitere Warnungen. Kurz nach Veröffentlichung des Geneva Report schlug am 11. Oktober 2014 auch der IWF Alarm. Der Vorsitzende seines mächtigen Politikausschusses sagte, die Kapitalmärkte seien »anfällig für ›finanzielle Ebola-Seuchen‹, die zweifellos ausbrechen werden«.[29]

Aber auch die US-Regierung konnte vor dem aufziehenden Sturm nicht mehr die Augen verschließen. Das Office of Financial Research des US-Finanzministeriums warnte in seinem Jahresbericht an den Kongress, dass »die Risiken für die Stabilität des Finanzwesens zugenommen haben. Die drei wichtigsten sind die Neigung, exzessive Risiken einzugehen, ... Anfälligkeiten aufgrund der abnehmenden Liquidität der Märkte sowie die Verlagerung finanzieller Aktivitäten in undurchsichtige und weniger widerstandsfähige Bereiche des Finanzsystems.«[30]

Am 5. Dezember 2014 warnte die BIS erneut vor finanzieller Instabilität. Claudio Borio, Leiter der Abteilung für Währungspolitik bei der BIS, sagte unter Bezug auf die extreme Volatilität der Märkte und das plötzliche Verschwinden von Liquidität: »Das extrem Unnormale ist im Begriff, unbehaglich normal zu werden. ... Es hat irgendwie etwas Beunruhigendes, wenn das Undenkbare zur Routine wird.«[31]

Diese Warnungen wurden 2014 ausgesprochen, als klar wurde, dass die lockere Geldpolitik das Wirtschaftswachstum nicht wiederherstellen würde. Der ersten Welle von Warnungen folgten ausdrücklichere Warnungen in Jahresberichten und Meetings für die nachfolgenden Jahre. Leverage, Asset-Preise und das Handelsvolumen von Derivaten nahmen unvermindert weiter zu.

Die Warnungen richteten sich nicht an Anleger; die meisten von ihnen sind mit den beteiligten Organisationen und dem verwendeten technischen Jargon nicht vertraut. Diese Warnungen waren vielmehr für den kleinen Kreis elitärer Experten gedacht. Die Eliten warnten nicht etwa die Normalbürger, sondern sie warnten sich untereinander.

BIS, IWF, G20 und andere internationale Organisationen der Währungspolitik warnten eine kleine Gruppe von Finanzministern, Staatsfonds, Banken und privaten Fonds wie BlackRock und Bridgewater. Ihnen wollte man Zeit verschaffen, damit sie ihre Portfolios anpassen und jene Verluste würden vermeiden können, die den Kleinanleger überraschen würden.

Außerdem legten die Eliten eine Grundlage, damit sie, wenn die nächste Krise ausbrach, einigermaßen glaubwürdig würden sagen können: »Ich habe euch gewarnt.« Und das ungeachtet der Tatsache, dass die meisten Anleger kaum etwas von diesen Warnungen wussten, als sie verkündet wurden. Diese Grundlage macht es einfacher, Ice-Nine-Lösungen durchzusetzen. Da die Anleger deutliche Warnungen ignoriert hätten, würden sie niemandem die Schuld geben können als sich selbst.

Gegen Ende 2016 waren die Weichen gestellt. Die systemischen Risiken waren auf ein alarmierendes Niveau angestiegen. Die Symptome waren nicht nur im US-Finanzsystem zu beobachten, sondern auch in China, Japan und Europa. Der Ice-Nine-Apparat stand bereit, um SIFI-Banken zu beschlagnahmen, Geldmarktfonds einzufrieren, Börsen zu schließen, den Zugang zu Bargeld einzuschränken und Geldmanager anzuweisen, Rückkäufe von Kunden auszusetzen.

Bevor das System weltweit eingefroren wurde, hatten die Eliten bestimmte Kumpanen gewarnt und sich vor Kritik geschützt. Es blieb nur noch eine Frage offen: Würde Ice-Nine funktionieren? Die Fähigkeit der Regierung, Ice-Nine durchzusetzen, stand außer Frage. Aber würden die Bürger sich damit abfinden, wie sie es 1914 und 1933 getan hatten, oder würde die Gesellschaft ins Chaos abgleiten?

Falls Geldaufstände ausbrechen sollten, waren die staatlichen Stellen auch darauf vorbereitet.

Seit Präsident Bush mit Proclamation 7463 am 14. September 2001 den nationalen Notstand ausgerufen hat, befinden sich die Vereinigten Staaten im Ausnahmezustand.[32] Dieser Notstand ist seit 2001 von den Präsidenten Bush und Obama jedes Jahr erneuert worden. Der Ausnahmezustand verleiht dem Präsidenten außerordentliche exekutive Befugnisse, auch das Standrecht.

Dies ist keineswegs der Stoff von Verschwörungstheorien. Ein Ausnahmezustand und ähnliche Befugnisse werden durch Kongressbeschluss und »Executive Orders« (Verfügungen des Präsidenten ohne parlamentarische Zustimmung, Dekret) autorisiert. Seit der Amtszeit von Präsident Harry S. Truman (1945-1953) ist es immer häufiger zu solchen Akten gekommen. Erhebliche Erweiterungen dieser Befugnisse wurden von den Präsidenten Kennedy und Reagan angeordnet, um den Realitäten des Kalten Krieges gerecht zu werden.

Die außerordentlichen Befugnisse der Regierung im Ausnahmezustand wurden fortlaufend von jeder Regierung durch militärische Übungen getestet. Während einer solchen Übung im Jahr 1956 ordnete Präsident

Dwight D. Eisenhower einen simulierten Atomschlag gegen die Sowjetunion an – auf der Basis der simulierten militärischen Lage in der Übung zu diesem Zeitpunkt.

Zwar wurden die gesetzlichen Vorschriften, die Standrecht autorisieren, im Hinblick auf die Möglichkeit eines Atomkrieges verabschiedet, aber sie sind keineswegs auf ein solches Szenario beschränkt. Sie können in jeder Notlage eingesetzt werden, also zum Beispiel auch, sollte es nach einem Zusammenbruch des Finanzsystems und Einfrieren von Vermögenswerten gemäß Ice-Nine zu Geldaufständen kommen.

Zusätzlich zu den weitreichenden Notstandsbefugnissen, die bei jeder Notlage eingesetzt werden können, hat der Kongress dem Präsidenten diktatorische Befugnisse verliehen, um ganz spezifisch auf Finanzkrisen zu reagieren. Diese sind über die Jahrzehnte immer mehr erweitert worden, seit dem Trading with the Enemy Act of 1917 (»Gesetz gegen Feindhandel«) bis hin zum International Emergency Economic Powers Act (IEEPA, »Gesetz zu wirtschaftlichen Befugnissen bei einer internationalen Notlage«) von 1977.

Gemäß IEEPA ist der Präsident befugt, bei einer Bedrohung der nationalen Sicherheit, die eine Verbindung ins Ausland hat, Vermögenswerte und Institutionen einzufrieren oder zu beschlagnahmen. In globalisierten Märkten hat jede Finanzkrise Verbindungen ins Ausland. Systemische Krisen bedrohen die nationale Sicherheit, wenn sie nicht unter Kontrolle gebracht werden. Deswegen liegt die rechtliche Hürde, um die Konfiszierungsbefugnisse des IEEPA anzuwenden, ziemlich niedrig.

Finanzminister Hank Paulson und Fed-Chef Ben Bernanke haben wiederholt gesagt, ihnen habe die Macht gefehlt, während der Panik von 2008 Lehman Brothers zu beschlagnahmen. Das ist nicht richtig. Nach dem IEEPA hatten sie durchaus diese Macht. Entweder sind die Anwälte des Finanzministeriums nicht darauf gekommen oder das Finanzministerium hat sich entschieden, diese Macht nicht einzusetzen.

Die Anwendung von diesen Notstandsbefugnissen und Standrecht ist eine auf mehr Zwang beruhende Version des Ice-Nine-Plans, Konten einzufrieren. Ice-Nine ist dafür gedacht, Zeit zu kaufen und die Märkte zu beruhigen, während die Eliten an Plänen arbeiten, die Verluste zu verteilen und das System über Special Drawing Rights (SDRs, »Sonderziehungsrechte«)

vom IWF mit neuer Liquidität zu versorgen. Falls die Ereignisse schneller außer Kontrolle geraten, als die Eliten erwartet haben, können radikalere Maßnahmen notwendig werden; dazu könnte zum Beispiel auch die Beschlagnahme von Privatbesitz zählen. Ein Ausnahmezustand und IEEPA ermöglichen uneingeschränkte Konfiszierungen durch den Staat; falls Widerstand geleistet wird, können die Verfügungen des Präsidenten gemäß Standrecht von militärisch ausgerüsteten örtlichen Polizeikräften, der Nationalgarde oder regulären Militärkräften durchgesetzt werden.

In einer Finanzkrise, die unter Kontrolle gebracht werden kann, wie wir sie zum Beispiel 1998 und 2008 erlebt haben, werden solche Notstandsmaßnahmen nicht eingesetzt werden. Aber das ist nicht die Art von Krise, die auf uns zukommt. Die nächste Finanzkrise wird exponentiell größer und ohne außerordentliche Maßnahmen unmöglich unter Kontrolle zu bringen sein.

Wenn die nächste Krise ausbricht und dann immer schlimmer wird, werden die hier beschriebenen Maßnahmen umgesetzt, eine nach der anderen: Zuerst werden Assets eingefroren und Börsen geschlossen, dann wird unter Androhung von Waffengewalt konfisziert. Das wirft die Frage auf: Werden die Bürger sich das gefallen lassen?

Diese Frage hat sich in den Vereinigten Staaten seit 1933 nicht mehr gestellt, als Präsident Franklin D. Roosevelt das Gold der Bürger konfiszierte. Während der schlimmsten Phase der Weltwirtschaftskrise und eines landesweiten Runs auf die Banken akzeptierten die Amerikaner die Konfiszierung ihres Goldes als einen Preis, den sie zahlen mussten, damit die gesellschaftliche Ordnung wiederhergestellt werden konnte. Man setzte großes Vertrauen in den frisch gewählten Roosevelt und hatte ein gewisses Sendungsbewusstsein, um das Land vor einer Katastrophe zu bewahren.

Seither ist derart Dramatisches nicht mehr geschehen. Marktzusammenbrüche kamen und gingen, zahllose Anleger haben Verluste erlitten, aber trotzdem sind keine flächendeckenden Beschlagnahmen angeordnet worden. Die Reaktion auf Krisen war stets, die Zinsen zu senken, Geld zu »drucken« und das System wieder mit neuer Liquidität zu versorgen. Falls notwendig, werden gezielt einzelne Banken geschlossen, ohne massenhafte Konto-Einfrierungen. Der Ice-Nine-Ansatz wäre für fast jeden heute lebenden US-Bürger etwas Neues.

Beispiele aus anderen Ländern sind nicht so leichtblütig, sondern blutig. Während der globalen Finanzkrise 1997/98 kosteten Unruhen in Indonesien und Korea zahlreiche Todesopfer – es floss buchstäblich Blut. Bei gewaltsamen Protesten seit der Finanzkrise 2008 in Griechenland, Spanien und Zypern gab es ebenfalls Tote zu beklagen.

Umfragen zeigen, dass die US-Bürger heute der Regierung, den Banken und den Medien weit weniger Vertrauen entgegenbringen als jemals zuvor. Die politische Polarisierung in den Vereinigten Staaten ist auf ein extremes Niveau angestiegen. Die Einkommensungleichheit ist so hoch wie seit 1929 nicht mehr. Ein gemeinsames Gefühl der Sinnhaftigkeit der Führung des Präsidenten ist verschwunden. Es ist anzunehmen, dass die Bevölkerung in der nächsten Krise Konfiszierungen nicht passiv hinnehmen wird, sondern dass es zu Widerstand kommt.

Auch darauf sind die Eliten vorbereitet.

Mount Weather, Virginia, und Raven Rock Mountain, Pennsylvania, sind zwei der wichtigsten Einrichtungen der Regierung, von denen die meisten US-Bürger noch nie etwas gehört haben. Bei einem globalen Krieg, einer weltweiten Katastrophe oder ausgedehnten Geldaufständen wird die zivile und militärische Führung der USA sich in diese Einrichtungen zurückziehen, um von dort aus ihre Regierungsarbeit unter den Bedingungen eines nationalen Notstandes fortzusetzen.

Mount Weather (offiziell Mount Weather Emergency Operations Center) liegt an einem Highway in Loudoun County, Virginia, unweit der Blue Ridge Mountains. Die Einrichtung wird vom Department of Homeland Security (Heimatschutzministerium) betrieben und ist die Zentrale des FEMA National Radio System. In offiziellen Kreisen ist sie unter dem Codenamen »High Point Special Facility« bekannt.

In Mount Weather gibt es ein Netzwerk unterirdischer Bunker, »Area B« genannt, um es von den überirdischen Einrichtungen, »Area A«, zu unterscheiden. Während der Anschläge vom 11. September in New York und in Washington wurden die führenden Kongressmitglieder per Hubschrauber vom Capitol Hill in die Area B von Mount Weather gebracht.

Raven Rock Mountain liegt im Adams County, Pennsylvania, ganz in der Nähe von Camp David. Es ist das wichtigste militärische Operationszentrum im Falle eines nuklearen Angriffs oder einer anderen Katastrophe, die den normalen Betrieb des Pentagon unmöglich macht. Die Befehlszentrale trägt den Codenamen »Site R« und wird häufig einfach »The Rock« genannt.

Raven Rock ist das militärische Gegenstück zu Mount Weather. Falls es dazu kommt, dass die gesellschaftliche Ordnung zusammenbricht, wird die zivile Führung nach Mount Weather evakuiert werden und die militärische nach Raven Rock. Gemeinsam werden diese beiden, etwa 50 Kilometer voneinander entfernt liegenden und über zahlreiche abgesicherte Kommunikationskanäle miteinander verbundenen Einrichtungen Washington, D.C., als Sitz der Regierungsmacht ersetzen.

Das Heimatschutzministerium führt geheime Übungen durch, um den Betrieb in Mount Weather zu trainieren. Die jüngste dieser Übungen wurde »Eagle Horizon 2016« genannt und fand am 16. Mai 2016 statt. Bei früheren Versionen von Eagle Horizon wurden Angriffe mit schmutzigen Bomben, Cyber-Angriffe und andere Formen von Terrorismus simuliert. Das genaue Szenario von Eagle Horizon wird geheim gehalten, könnte aber auch einen globalen Zusammenbruch der Banken mit darauffolgenden Geldaufständen in aller Welt einschließen.

Sowohl Mount Weather als auch »The Rock« werden nach einem hochgeheimen Plan betrieben, dem »Continuity of Operations Plan«, nach dem die Arbeit der US-Regierung im Falle eines Angriffs, finanziellen Zusammenbruchs oder einer Naturkatastrophe fortgesetzt werden soll. Während der Anschläge vom 11. September 2001 aktivierte Präsident George W. Bush den Continuity of Operations Plan, obwohl das seinerzeit nicht öffentlich eingeräumt wurde.

Diese Kombination aus Notfalleinrichtungen und Notstandsbefugnissen ist darauf ausgelegt, jedem militärischen, natürlichen oder finanziellen Schock standhalten zu können. Die Regierung der Vereinigten Staaten ist auf eine Katastrophe vorbereitet, doch die amerikanischen Bürger sind es nicht.

Eine globale Finanzkrise, die schlimmer sein wird als jede andere vor ihr, steht unmittelbar bevor, aus Gründen, die in diesem Buch erklärt werden. Eine Liquiditätsinjektion wie 1998 und 2008 wird nicht genügen, da die Zentralbankbilanzen ohnehin schon angespannt sind. Es wird kaum genug Zeit bleiben, um zu reagieren. Konten werden gemäß Ice-Nine eingefroren werden, um Zeit zu kaufen, während die globalen Eliten eine internationale Währungskonferenz einberufen. Sie werden versuchen, mithilfe von Special Drawing Rights (SDRs) des IWF das System wieder flottzumachen.

SDRs könnten funktionieren. Aber wahrscheinlicher ist, das die Bürger das Betrugsmanöver, eine Papiergeldkrise mit noch mehr Papiergeld lösen zu wollen, durchschauen werden. Die Anleger werden die Geduld mit Ice-Nine verlieren – sie werden ihr Geld zurückhaben wollen. Die Geldaufstände werden beginnen.

Regierungen gehen nicht kampflos unter. Die Reaktion auf Geldaufstände werden Konfiszierungen und rohe Gewalt sein. Die regierenden Eliten werden sicher sein in ihren Befehlszentralen in ausgehöhlten Bergen; die privaten Eliten werden auf sich selbst gestellt sein, in ihren Jachten, Hubschraubern und von Mauern umgebenen Siedlungen, die sie zu bewaffneten Festungen umbauen lassen werden.

In den Straßen wird Blut fließen, nicht im übertragenen Sinne, sondern buchstäblich. Neofaschismus wird um sich greifen, Ordnung auf Unordnung folgen, die Freiheit verloren gehen.

In seinem 1922 veröffentlichten Gedicht *The Waste Land (Das öde Land)* hatte T. S. Eliot eine Vision dessen, was dann zu erwarten ist:[33]

Wer sind nur diese vermummten Horden, die schwärmen
Über die endlose Steppe, bleiben in rissiger Erde stecken
Die nur der flache Horizont umgibt
Was ist diese Stadt dort über den Bergen
Bricht und baut sich und birst in der lila Luft
Fallende Türme
Jerusalem Athen Alexandria
Wien London
Unwirklich

Geldaufstände erscheinen unwirklich. Aber trotzdem werden sie kommen.

Kapitel 2

Eine Währung, eine Welt, eine Ordnung

Dank der Krise sind in den vergangenen fünf Jahren enorme Fortschritte gemacht worden. Ich persönlich hoffe nur, dass nicht noch eine Krise nötig sein wird, um noch weitere Fortschritte zu machen.[34]

Christine Lagarde, Direktorin des IWF, Davos, Schweiz, am 22. Januar 2015

Man sollte nie eine ernste Krise ungenutzt verpuffen lassen.[35]

Rahm Emanuel, 21. November 2008

SPECTRE ist eine fiktive kriminelle Verschwörung, die der Bestsellerautor Ian Fleming sich ausgedacht hat. Der Name ist eine Abkürzung für »Special Executive for Counterintelligence, Terrorism, Revenge and Extortion« (»Spezielle Einsatzgruppe für Spionageabwehr, Terrorismus, Rache und Erpressung«). Sie taucht zum ersten Mal in Flemings 1961 erschienenem Thriller *Thunderball (James Bond 007 – Feuerball)* auf als Widersacher seines Geheimagenten und Helden James Bond, dem MI6-Agenten 007 mit der Lizenz zum Töten.[36]

Zwar ist SPECTRE kriminell, aber es ist ähnlich strukturiert wie eine moderne Nichtregierungsorganisation (NGO) oder der IWF. Es ist eine transnationale Organisation mit Hauptsitz in Paris. SPECTRE hat ein Direktorium von 20 Mitgliedern (das IWF-Direktorium hat 24) mit Repräsentanten aus Ländern in aller Welt; die Organisation orientiert sich nicht an einem bestimmten Land oder einer Ideologie. In *Thunderball* liegen SPECTREs Büros hinter einer Deckorganisation, die Flüchtlingen Hilfe anbietet.

Die neueste fiktionale Darstellung ist in dem gleichnamigen Film von 2015 mit Daniel Craig als James Bond zu bewundern. In dem Film wird gezeigt, wie das SPECTRE-Direktorium sich rings um einen großen, dunklen Holztisch versammelt, in einem Konferenzzimmer mit hohen Decken irgendwo in Rom. Zu der illustren Runde zählen Mitglieder diverser Ethnien und Kulturen und es finden sich auch Frauen in wichtigen Führungsrollen. Auf der Tagesordnung stehen Berichte von Führungskräften über die Leistungen und Profite von bestimmten Geschäftszweigen. In diesen Berichten verschwimmen die Grenzen zwischen kriminellen und legalen Unternehmungen.

Wenn man bedenkt, wie die heutigen globalen Finanzeliten operieren, drängt sich unweigerlich das Bild von SPECTRE auf. Deren Top-down-Ontologie kommt Verschwörungstheoretikern gerade recht. Manchmal scheint das wahre Leben ein Kunstwerk nachzuahmen, zum Beispiel die alljährlichen geschlossenen und geheimnistuerischen Treffen der elitären Bilderberg-Gruppe, die stets an einem luxuriös-gediegenen Versammlungsort stattfinden. Aber so real die Bilderberg-Gruppe ist, es gibt kaum Hinweise auf die Existenz eines Zentralkomitees, das die Menschheit unterdrücken soll. Außerdem ist ein Top-down-Herrschaftsprozess gar nicht nötig, um die Welt über Geld zu regieren – der tatsächliche Prozess ist viel subtiler.

Die wahren Eliten operieren innerhalb von Einflusssphären, zum Beispiel Finanzen, Medien, Technologie, Militär und Politik. Die Mitglieder einer jeden Sphäre bevorzugen ihre eigenen Versammlungszeiten und -orte. Die Medieneliten versammeln sich jedes Jahr im Juli auf der Allen & Company Sun Valley Conference in Idaho. Zentralbankiers finden sich alljährlich im August auf einem Treffen in Jackson Hole, Wyoming, ein, das von der Kansas City Federal Reserve gesponsert wird. Hochrangige Militärs und die Eliten von Geheimdiensten treffen sich jedes Jahr Anfang Februar auf der Sicherheitskonferenz in München. Meinungsführer und einflussreiche Intellektuelle können sich aussuchen, ob sie lieber am Weltwirtschaftsforum in Davos, an der Milken Institute Global Conference in Beverly Hills oder der TED (Technology, Entertainment, Design) Conference in Vancouver teilnehmen wollen.

Diese Treffen der Supereliten sind keine alltäglichen Industriekongresse. Entweder erhalten nur geladene Gäste Zutritt oder es gelten Einlass- und Sponsorship-Bedingungen, die den Kreis der Teilnehmer automatisch auf die Mitglieder der Machteliten begrenzen. Man begegnet

Staatsoberhäuptern, Kabinettsmitgliedern, CEOs und Milliardären – der gemeine Pöbel bleibt außen vor.

Die exklusivste dieser Veranstaltungen – und jene, welche die meisten Verschwörungstheorien provoziert – ist das Bilderberg-Treffen, das seit 1954 an jährlich wechselnden Orten abgehalten wird. An diesen Treffen nimmt eine Kerngruppe von etwa 40 Stammgästen teil sowie eine größere Gruppe von etwa 100 geladenen Gästen, die sich von Jahr zu Jahr ändert – je nachdem, welche Themen und welche Politiker auf der weltpolitischen Bühne gerade eine wichtige Rolle spielen. Die Gruppe der Stammgäste setzt sich hauptsächlich aus Mitgliedern der Finanz- und Industrie-Eliten zusammen; bei den alljährlich wechselnden Gästen handelt es sich überwiegend um Politiker und bekannte Intellektuelle.

Als ich vor einigen Jahren den Bilderberg-Chef im Rockefeller Center in Manhattan diskret briefte (ich kann es beschwören, er war nicht gehörnt!), zeigte er sich höflich und sehr interessiert an meinen Ansichten über den Euro. Ich versicherte ihm und seinen Begleitern, dass der Euro uns erhalten bleiben werde, und das zu einer Zeit, als viele Ökonomen seinen unmittelbar bevorstehenden Niedergang prophezeiten. Am Ende unseres Gesprächs gab er mir netterweise ein Präsent, eine schwedische Vase, die einem tiefblauen, durchsichtigen Wasserstrudel nachempfunden war und die ich nach wie vor in meinem Schreibstudio im Blickfeld habe.

Bei diesen und ähnlichen Versammlungen werden ideologische Differenzen beiseitegelegt. An der Konferenz im Sun Valley im Juli 2016 nahmen unter anderem Rupert Murdoch, der Eigentümer von Fox TV, und Brian Roberts, der Eigentümer von MSNBC, teil. Die elitäre Ideologie, die Murdoch und Roberts gemein haben, ist wichtiger als die politisch motivierten, für die Massen in Szene gesetzten Schreiduelle. Die Letzteren sind Unterhaltung; in Sun Valley geht es um Macht.

Auf diesen Konferenzen finden die wichtigen Aktivitäten der Eliten nicht im Rahmen von vorher angekündigten Podiumsdiskussionen statt, sondern beim privaten Dinner, einem Drink in der Hotelsuite oder in einem abgelegenen Bungalow, abseits vom Hauptschauplatz des Geschehens. Als ich an der Milken Institute Global Conference teilnahm, fanden in der Bar des Peninsula Hotels, einen Straßenblock entfernt vom Hauptevent, mehr wichtige Gespräche statt als auf den Bühnen.

Die Einflusssphären der Eliten schweben umher und überlappen sich wie in einem interaktiven, dreidimensionalen Venn-Diagramm. Schnittpunkte entstehen, verschmelzen und verschwinden wieder. In den Zwischenräumen sitzen Elitemenschen, die Macht von einer Sphäre in die andere kanalisieren; Chris Dodd ist dafür ein gutes Beispiel. Als Mitglied des US-Senats seit fünf Amtszeiten und einer der Initiatoren des Dodd-Frank-Gesetzes ist er sowohl in der politischen als auch der finanziellen Sphäre fest verankert. Darüber hinaus ist er als Vorsitzender der Motion Picture Association of America (MPAA) auch in der Mediensphäre verankert. Wenn Medieneliten und politische Eliten zusammenkommen wollen, verläuft einer der Kanäle über Dodds Schreibtisch.

Diese Struktur aus separaten Einflusssphären, Schnittpunkten und bestimmten Kanälen definiert, wie die globale Machtelite regiert. Dieses Modell kann die Realität besser erklären als irgendein eingebildetes Top-down-Komitee zur Beherrschung der Welt. Solch ein Komitee könnte, wenn es denn existieren würde, relativ leicht erkannt, beobachtet und angeprangert werden. Dagegen ist ein Modell mit umherschwebenden Einflusssphären amorph und seine Existenz schwierig zu beweisen. Wenn ein einzelnes Mitglied durch einen Skandal oder durch Pech diskreditiert wird, wird es rasch geopfert (mit der Möglichkeit, sich später wieder zu rehabilitieren), damit das System überlebt. Die Medien haben kein Interesse daran, diesem System auf den Grund zu gehen; es übersteigt das Vorstellungsvermögen des einzelnen Reporters, während die CEOs der Medienkonzerne daran teilnehmen.

Ein weiteres, unter Verschwörungstheoretikern beliebtes Mem besagt, die globale Elite sei eine böse Macht. Viel gravierender als von den Eliten verübte Schandtaten ist, dass sie davon überzeugt sind, Gutes zu tun! Diese Überzeugung schützt sie davor, sich selbst zu hinterfragen.

Zwar ist die globale Elite amorph, aber es gibt Einzelpersonen – etwa George Soros –, die Zugang haben zu allem, was in der finanziellen und politischen Welt Rang und Namen hat; sie fungieren im Programm der Eliten als »Supercarrier« (größter US-Flugzeugträgertyp). Zwar ist Soros nicht der inoffizielle Vorsitzende der Machtelite (es gibt keine Einzelperson, die diese Funktion innehätte), aber sein Zugang zu allen Eliten und sein geduldiges Akzeptieren des »Piecemeal Social Engineering« (»Sozialtechnik der kleinen Schritte«) von Karl R. Popper machen ihn zu einem Vorbild für Eliten.[37] Andere »Supercarriers« sind zum Beispiel Christine Lagarde, Michael Bloomberg und Warren Buffett. Präsidenten und Premierminister sind nicht unwichtig, aber sie kommen und gehen; »Supercarrier« der Eliten bewahren sich dagegen ihren Einfluss über Jahrzehnte.

Wie sieht die Agenda der Eliten aus? Sie ist unverändert und wurde schon vor Jahrhunderten von Cäsar und Napoleon verfolgt und im 20. Jahrhundert von den Dynastien der Rockefellers, Roosevelts und Bushs. Heute gedeiht diese Agenda in Institutionen mit wohlklingenden Namen wie »Vereinte Nationen« und »Internationaler Währungsfonds«. Die Agenda ist ganz einfach: Weltgeld, Weltbesteuerung und Weltordnung.

Weltgeld

Eine weltweit geltende Form von Geld ist kein neues Konzept; es hat sie vielmehr im gesamten Verlauf der Geschichte gegeben. Dieses Weltgeld ist Gold. Die Agenda der Eliten ist, möglichst viel Gold zu horten und es durch Sonderziehungsrechte als Währung des Welthandels und des globalen Finanzsystems zu ersetzen.

Andere Formen von Geld, zum Beispiel Muscheln, Federn und Papier, sind zu bestimmten Zeiten und Orten verwendet worden, mit Zustimmung der Stammesältesten oder der Macht des Gesetzes. Jedes Medium kann als Geld verwendet werden, wenn die Menschen darauf vertrauen, dass es bis zum Zeitpunkt eines zukünftigen Handels seinen Wert behalten wird. Aber Gold ist das einzige Geld, das jederzeit und allerorten gern genommen wird, und ist daher eine echte Weltwährung.

Vor der Renaissance existierte Weltgeld als Edelmetallmünzen oder -barren. Cäsaren und Könige horteten Gold, gaben es an ihre Truppen aus, kämpften darum und stahlen es voneinander. Seit der Antike war Grund und Boden eine weitere Form von Wohlstand, aber Land wurde nie als Geld genutzt, weil es – im Gegensatz zu Gold – nicht leicht getauscht werden kann und keine einheitliche Qualität aufweist. Vor einem Jahrhundert fasste J. P. Morgan den uralten Stand der Dinge in seiner bekannten kryptischen Bemerkung zusammen: »Money is gold, and nothing else.«[38]

Im 14. Jahrhundert nahmen Bankiers (die so genannt wurden, weil sie auf einer *banco* saßen, wenn sie in einer Piazza von Florenz oder einem anderen Stadtstaat arbeiteten) Goldeinlagen entgegen, die sie mit einer Note quittierten, also einem Schuldschein, mit dem sie versprachen, das Gold gegen Vorlage der Note zurückzugeben. Diese Noten ließen sich bei Handelsgeschäften bequemer tauschen als physisches Gold. Noten konnten über weite Entfernungen transportiert werden und in jeder der Zweigniederlassungen einer florentinischen Familienbank, sei es in London oder Paris, in Gold umgetauscht werden. Eine Banknote war keine unbesicherte Verbindlichkeit, sondern eine Quittung über das eingezahlte Gold.

Die Bankiers der Renaissance erkannten, dass sie das Gold, das man ihnen zur Verwahrung anvertraut hatte, auch anderweitig nutzen konnten, indem sie es zum Beispiel an einen Prinzen verliehen. Das führte dazu, dass mehr Noten im Umlauf waren als physisches Gold in Verwahrung. Die Bankiers verließen sich darauf, dass die ausgegebenen Noten nicht alle zur selben Zeit präsentiert werden würden, sodass sie rechtzeitig das Gold vom Prinzen und anderen Parteien zurückholen konnten, um Rückzahlungsforderungen erfüllen zu können. Dies war die Geburtsstunde des »Fractional Reserve Banking« (»Teilreserve-Bankensystem«), bei dem physisches Gold nur zu einem gewissen Anteil der auf dem Papier gemachten Versprechen vorgehalten wird. Seither ist es durch dieses System zu endlosen Betrügereien gekommen.

Trotz des Aufkommens von Banken, Banknoten und Teilreserven hat sich physisches Gold seine wichtigste Rolle als Weltgeld bewahrt. Prinzen und Händler trugen auch weiterhin goldene Münzen in ihren Geldbörsen mit sich herum und verwahrten Gold in ihren Panzerschränken. Goldbarren und papierene Versprechen existierten Seite an Seite.

Silber spielte eine ähnliche Rolle, was sich zum Beispiel am Erfolg des spanischen Dollars zeigt, einer Acht-Real-Münze, die auf Spanisch *Real de a ocho* heißt (englisch: *Piece of Eight*, deutsch: *Achterstück*). Der spanische Dollar enthielt 0,885 Unzen reines Silber; er war eine 22-Karat-Münze im Gesamtgewicht von 0,96 Unzen, da dem Silber ein anderes Metall zugesetzt wurde, um die Legierung haltbarer zu machen. Das spanische Kolonialreich prägte den *Real de a ocho* als Münze, die mit dem Joachimstaler des Heiligen Römischen Reiches konkurrieren sollte. Der Joachimstaler war eine Münze, die in der böhmischen Bergbaustadt Sankt Joachimsthal (heute Jáchymov, im äußersten Nordwesten von Tschechien gelegen) geprägt wurde. Der Name »Joachimstaler« wurde später auf das Wort »Taler« verkürzt, aus dem wiederum das englische Wort »Dollar« hervorgegangen ist.

Sowohl der spanische Dollar als auch der deutsche Taler waren Vorgänger des Silberdollars der Vereinigten Staaten. Bis 1857 war der spanische Dollar in den Vereinigten Staaten ein gesetzliches Zahlungsmittel. Noch bis 1997 wurden an der New York Stock Exchange Aktien in Stückelungen von einem Achteldollar gehandelt, ein Erbe des ursprünglichen *Real de a ocho* aus Silber.

Ähnliche Silbermünzen wurden im 17. Jahrhundert in Burgund, in den Niederlanden (dort unter der Bezeichnung *leeuwendaalder*, also »Löwentaler«) und in Mexiko eingeführt. Der spanische Dollar war weltweit im Handel sehr beliebt. Silber war praktisch der einzige Rohstoff, den China im Tausch gegen chinesische Erzeugnisse akzeptierte, bis ins 19. Jahrhundert hinein. China versah die spanischen Münzen mit einem eigenen Stempel und machte sie dadurch zu einer in China zirkulierenden Währung. Wenn Gold das erste Weltgeld war, dann war Silber die erste Weltwährung.

Die Beliebtheit von Silber als Währungsstandard beruhte auf Angebot und Nachfrage. Gold war schon immer knapp gewesen; Silber war dagegen leichter verfügbar. Karl der Große erfand im 9. Jahrhundert die »quantitative Lockerung«, indem er Gold- durch Silbermünzen ersetzte, um die Geldmenge in seinem Königreich zu vergrößern. Im 16. Jahrhundert griff Spanien zum gleichen Mittel.

Die meisten der Vorzüge von Gold hat auch Silber aufzuweisen. Das Edelmetall ist von einheitlicher Qualität, formbar, relativ knapp und schön anzuschauen. Auch nachdem die Vereinigten Staaten 1933 den Besitz von Gold unter Strafe gestellt hatten, blieben Silbermünzen legal und ungehindert im Umlauf. Bis 1964 prägten die USA Münzen mit einem Silbergehalt von 90 Prozent; 1965 wurde begonnen, den Wert dieser Münzen zu mindern. Je nach Münze – *dime* (10-Cent-Stück), *quarter* (25-Cent-Stück) oder *half Dollar* (50-Cent-Stück) – wurde der Silberanteil von 90 auf 40 Prozent verringert und in der Zeit bis Anfang der 1970er-Jahre letzten Endes auf null. Seither bestehen die Münzen, die in den Vereinigten Staaten im Umlauf sind, aus Kupfer und Nickel.

Von der Antike bis zur Mitte des 20. Jahrhunderts war es durchaus üblich, dass sogar nicht sonderlich wohlhabende Bürger ein paar Gold- oder Silbermünzen besaßen. Heute sind keine Gold- und Silbermünzen mehr im Umlauf. Die Münzen, die es noch gibt, dienen als Wertanlage und werden unter Verschluss gehalten.

Das Verschwinden von Gold und Silber aus dem Zahlungsverkehr hat Weltgeld keineswegs überflüssig gemacht – nur die Form des Weltgeldes hat sich geändert. Parallel zur Verringerung der Rolle von Gold und Silber vollzog sich der Aufstieg von Banknoten als Zahlungsmittel, auch als »Fiatgeld« oder »ungedecktes Papiergeld« bekannt.

Papiergeld-Kritiker zeigen auf den 15. August 1971 als den Tag, als Gold aufhörte, Geld zu sein. An diesem Tag suspendierte Präsident Richard Nixon vorübergehend die Konvertibilität von ausländischen Dollarbeständen in physisches Gold. Diese Suspendierung allein war noch nicht entscheidend, da Frankreich – neben anderen Ländern – hoffte, die Vereinigten Staaten würden unter einer neuen Parität zum Gold zurückkehren. Formal gesehen bestand der Goldstandard in den USA auch weiterhin, wobei jedoch der Dollar von 35,00 auf 38,00 Dollar pro Unze Gold abgewertet wurde, gemäß dem am 18. Dezember 1971 getroffenen Smithsonian Agreement. Im Oktober 1973 wurde der Dollar abermals abgewertet, dieses Mal auf 42,22 Dollar pro Unze Gold. Diese Paritäten waren rein formaler Art, da die Vereinigten Staaten nach dem August 1971 nie wieder zur Konvertibilität des Dollars in Gold zurückkehrten. Am 19. März 1973 gaben die meisten wichtigen Handelsländer ihre Wechselkurse frei; im Juni 1974 verkündete der IWF offiziell das Ende von Gold als Geld und führte ein Währungssystem ein, das auf den schon erwähnten Sonderziehungsrechten (SDR) aufbaut. (Die 1969 geschöpften SDRs waren ursprünglich an Gold gebunden, aber schon 1973 waren SDRs nur noch eine weitere Form von ungedecktem Papiergeld.) 1976 verabschiedete der US-Kongress eine Gesetzesänderung, mit der sämtliche Bezüge auf Gold und Silber aus der Definition des Dollars getilgt wurden.

Dennoch ist der Abstieg des Goldes weit komplizierter und interessanter, als die offizielle Chronologie vermuten lässt. Nixon und der IWF waren nur die Totengräber, welche die letzte Schaufel Erde auf den Sarg warfen. Der klassische Goldstandard war bereits am 28. Juli 1914 gestorben mit dem Ultimatum Österreich-Ungarns an Serbien und dem Ausbruch des Ersten Weltkriegs. Die 60 Jahre von 1914 bis 1974 können betrachtet werden als der Prozess, den Leichnam Gold für die Bestattung herzurichten. Diese Zeit ebnete den Weg für die Eliten, neue Formen von Weltgeld zu schaffen.

Nach dem Ultimatum Österreich-Ungarns gerieten die Ereignisse außer Kontrolle. In schneller Folge kam es zu Mobilmachungen, Invasionen und Kriegserklärungen. Am 14. August 1914 befanden sich Großbritannien, Frankreich und Russland (also die Mitglieder der Triple Entente von 1907) im Kriegszustand mit Deutschland, Österreich-Ungarn und dem Osmanischen Reich, den sogenannten Mittelmächten. Die Vereinigten Staaten waren offiziell neutral.

Die Kriegsparteien von 1914 wussten, dass Gold ein bestimmender Faktor für den Sieg sein würde. Sofort nach Kriegseintritt setzten sie die Umtauschbarkeit von Banknoten in Gold aus. Für die Dauer des Krieges liefen ihre Volkswirtschaften mit ungedecktem Papiergeld, einer Art erzwungener Darlehen von den Bürgern. Man ging davon aus, dass nach dem Sieg die Gold-Konvertibilität wiederhergestellt würde – obwohl das natürlich problematisch werden konnte, wenn das betreffende Land den Krieg verlor. Es folgte ein wildes Gerangel um Gold. Die Bürger wurden aufgefordert, das in ihrem Besitz befindliche Gold herauszugeben und gegen Kriegsanleihen einzutauschen. Es regte sich kein Widerstand gegen solche Maßnahmen, sie wurden weithin akzeptiert. Krieg ist existenziell.

Es gab zwei wichtige Ausnahmen von der Suspendierung der Konvertibilität zwischen Papiergeld und Gold im Jahr 1914, nämlich die Vereinigten Staaten und Großbritannien, aber aus sehr unterschiedlichen Gründen.

Im Juli 1914 war London die unbestrittene Finanzmetropole der Welt. Instrumente, die auf dem Pfund Sterling basierten und von einer führenden Bank in Großbritannien garantiert wurden, waren das Herzblut des Welthandels. Sterling-Wechsel schmierten das Getriebe des Welthandels. Bei Kriegsausbruch brach eine Finanzpanik aus und es wurden zahlreiche Schuldenmoratorien erklärt.

Die französische Regierung verkaufte in London Wertpapiere für Pfund Sterling und verlangte, dass die Erlöse in Gold umgetauscht und nach Paris verschifft würden. Um Gold zu beschaffen, verkauften britische Banken Wertpapiere in New York und verlangten ebenfalls Gold für die in Dollar erzielten Erlöse. Der enorme Verkaufsdruck führte dazu, dass sämtliche großen Börsen in Europa und New York geschlossen wurden. Dennoch ließ die Nachfrage nach Gold nicht nach.

Funktionäre des britischen Finanzministeriums und der Bank of England neigten anfänglich dazu, die Konvertibilität des Pfundes in Gold auszusetzen. John Maynard Keynes, der damals das Finanzministerium beriet, argumentierte allerdings überzeugend, dass Großbritannien im Goldstandard bleiben sollte.[39] Keynes wusste, dass solides Geld der Schlüssel zum militärischen Sieg war. Londons Fähigkeit, den Krieg zu finanzieren, hing von New Yorks Vertrauen in Großbritanniens Kreditwürdigkeit ab.

Keynes' Vision erwies sich als sehr weitblickend. Im Oktober 1915 organisierte John Pierpont »Jack« Morgan, der Sohn von J. P. Morgan, einen Konsortialkredit in Höhe von 500 Millionen Dollar an Großbritannien und Frankreich, der nach heutiger Kaufkraft einem Wert von 11,7 Milliarden Dollar entspräche. Für Deutschland warb das House of Morgan überhaupt kein Geld ein.

Die US-Banken bewältigten die Goldnachfrage, so gut sie konnten, doch der deutsche U-Boot-Krieg im Atlantik machte es schwierig, Gold nach London zu verschiffen. Für solche Transporte war keine Versicherung zu bekommen. Die U-Boot-Angriffe machten auch den Export landwirtschaftlicher Erzeugnisse nach Großbritannien unmöglich, mit dem die Vereinigten Staaten das geschuldete Gold zurückverdienen wollten. In ihrer Verzweiflung eröffnete die Bank of England ein Zweigdepot in Ottawa, Kanada, und so konnte Gold ohne das Risiko deutscher U-Boot-Angriffe per Eisenbahn von New York nach Ottawa geliefert werden.

Das US-Finanzministerium intervenierte mit einem von der Regierung gesponserten Versicherungssystem, sodass die Goldtransporte über den Atlantik wieder aufgenommen werden konnten. Bis November normalisierten sich die Goldflüsse und die New York Stock Exchange wurde am 5. Dezember 1914 wieder geöffnet.

Ungeachtet Keynes' Rat und Morgans Finanzakrobatik diente die fortgesetzte Gold-Konvertibilität in Großbritannien hauptsächlich dazu, den schönen äußeren Schein zu wahren. Den Bürgern Großbritanniens wurde eingeredet, es sei unpatriotisch, Gold zu horten; vielmehr wurde von ihnen erwartet, ihr Gold von einer Bank verwahren zu lassen. Und den Banken wurde mit der Möglichkeit gedroht, ihr Gold könne konfisziert werden, falls sie es nicht für Zwecke der Wirtschaft in Umlauf brächten.

Goldmünzen wurden aus dem Umlauf genommen und zu 400-Unzen-Barren eingeschmolzen, die seither den »London good delivery standard« definieren. Den Banken wurde erst nahegelegt und dann befohlen, ihr Gold an die Bank of England auszuliefern, wo es in einer zentralen Stahlkammer gelagert wurde.

Auch Privatpersonen durften solche Goldbarren besitzen, aber sie waren nicht im Umlauf wie zuvor die Münzen aus Gold. Nur vermögende Menschen besaßen Barren, da sie mit einem Gewicht von 400 Unzen (12,441 Kilogramm) zu teuer waren, als dass eine weniger vermögende Person sie sich hätte leisten können.

Kaum jemand beklagte sich über das Fehlen von Gold aufgrund kriegsbedingter Erfordernisse und bis zum Ende des Krieges im Jahr 1918 hatten sich die Gewohnheiten geändert. Banknoten zu halten setzte sich durch, nicht nur in Großbritannien, sondern in ganz Europa und zunehmend auch in den Vereinigten Staaten. Nach wie vor gab es Gold in Privatbesitz und immer noch waren Banknoten durch Gold gedeckt. Aber trotzdem hatte sich etwas verändert: Nach 1918 existierte das meiste Gold in Form von unhandlichen Anlagebarren, die in den Stahlkammern von Banken tief unter der Erde verschwunden waren – aus den Augen und aus dem Sinn.

Die Zentralisierung der Verwahrung von Gold erreichte am 5. April 1933 einen Höhepunkt, als US-Präsident Franklin D. Roosevelt die Executive Order 6102 erließ, mit der die US-Bürger unter Strafandrohung aufgefordert wurden, ihr privates Gold an die Steuereintreiber der Regierung auszuliefern.

Die Bürger waren nicht die einzigen Opfer von Roosevelts Goldjagd. Der Gold Reserve Act, der mit Roosevelts Unterschrift am 30. Januar 1934 Gesetzeskraft erlangte, schrieb vor, dass sämtliches Anlagegold in den

Vereinigten Staaten, auch jenes im Besitz der Federal-Reserve-Banken, an das Finanzministerium zu übertragen sei.

Die zwölf regionalen Fed-Banken von Boston bis San Francisco, die sich im Privatbesitz befinden, besaßen Gold, das ursprünglich von ihren Eigentümern eingelegt worden war, nachdem sie das System 1913 gegründet hatten. Der Gold Reserve Act ordnete an, dieses Gold ans US-Finanzministerium zu übertragen. Im Gegenzug erhielten sie Gold-Zertifikate, die seither in den Büchern der Federal Reserve stehen.

Bis 1936 hatte das US-Finanzministerium mehr Gold in Besitz genommen, als es in den bereits vorhandenen Einrichtungen sicher hätte verwahren können. Daher wurde 1937 das US Bullion Depository in Fort Knox, Kentucky, eröffnet, eine Hochsicherheitseinrichtung, in der das 1933 und 1934 beschlagnahmte Gold verwahrt werden sollte. Darüber hinaus wurden in etlichen US-Prägeanstalten und der militärischen Festung in West Point Gold-Stahlkammern gebaut. Ein riesiger Goldbestand, der sich vorher auf Millionen Tresore und Geldbörsen im ganz Land verteilt hatte, befand sich jetzt in einigen wenigen, von der US-Armee gesicherten Stahlkammern.

Zwischen 1914 und 1934 wanderte das US-Gold aus privatem Besitz zunächst in den Besitz von Banken, dann von Zentralbanken, dann in den des Finanzministeriums. Das glich dem Prozess, der in Großbritannien und anderen entwickelten Wirtschaftsmächten stattfand – die Regierungen sorgten dafür, dass das Gold verschwand.

Als 1939 der Zweite Weltkrieg ausbrach, wurde die Gold-Konvertibilität, soweit sie denn überhaupt noch vorhanden war, abermals ausgesetzt. Die Goldlieferungen zwischen Ländern kamen fast völlig zum Erliegen.

Der einzige bedeutende Händler von offiziellem Gold während des Zweiten Weltkriegs war die BIS im schweizerischen Basel. Sie machte rege Geschäfte als Maklerin für Nazi-Gold, darunter auch Gold, das Juden und anderen Holocaust-Opfern abgenommen worden war. Die Erlöse flossen in die Kriegskasse der Nazis und halfen ihnen, Amerikaner und deren Alliierte umzubringen. Während des Krieges wurde die BIS von dem US-Amerikaner Thomas McKittrick geleitet. Auch heute noch ist sie der wichtigste einzelne Agent für Goldlieferungen zwischen souveränen Staaten und Großbanken.

Als der Zweite Weltkrieg zu Ende ging, hatte Gold aufgehört, als Währung zu zirkulieren. Mit der im Juli 1944 getroffenen Bretton-Woods-Vereinbarung wurde wieder ein Goldstandard eingeführt, zumindest für Staaten, wenn auch nicht für deren Bürger. Der Wert einer jeden Währung der 44 Teilnehmerländer war zu einem festen Wechselkurs an den US-Dollar gebunden. Und der Dollar wiederum war an Gold gebunden, zum Wert eines Fünfunddreißigstels einer Unze. Gold war immer noch Weltgeld, aber es zirkulierte nicht mehr selbst, sondern der Dollar.

Im Laufe der folgenden paar Jahrzehnte verdienten die Handelspartner der USA Dollar, indem sie den wohlhabenden Amerikanern nach dem Krieg alle möglichen Güter verkauften, vom Transistorradio über den VW Käfer bis hin zu französischem Wein. Diese Exportländer tauschten ihre in Dollar erzielten Erlöse in Gold um. In den meisten Fällen wurde dieses Gold nicht ins Ausland verschifft, sondern blieb in den Vereinigten Staaten liegen, im Tresorraum der Fed of New York in der Liberty Street in Lower Manhattan. Das Eigentum selbst an solchem Gold wurde von den Vereinigten Staaten an ein anderes Land übertragen, aber das Gold blieb an Ort und Stelle. Eine Ausnahme war Frankreich, das sein Gold physisch nach Paris geliefert haben wollte und es auch bekam; dort befindet es sich noch heute.

Im Jahr 1968 war das Bretton-Woods-System am Ende. Es entwickelte sich so etwas Ähnliches wie ein Bankrun, allerdings mit dem Unterschied, dass es sich bei der »Bank« um das Gold-Depot in Fort Knox handelte. Mittlerweile hatten sich die Schweiz und Spanien Frankreich angeschlossen und forderten ebenfalls ihr Gold. Nixon schloss das »Gold Window«, um den Run zu stoppen und das zu bewahren, was von den US-Goldbeständen noch übrig geblieben war.

Die Jahre 1971 bis 1974 boten ein ziemliches Durcheinander. Die führenden Wirtschaftsmächte waren unsicher, ob sie – bei neuen Paritäten – zu einem Goldstandard zurückkehren oder ihre Wechselkurse freigeben sollten.

Der Niedergang des Bretton-Woods-Systems fiel mit dem Maximum an Einfluss des Ökonomen Milton Friedman von der University of Chicago zusammen. Friedman verdankte seinen akademischen Ruf der erstmals 1963 erschienenen monumentalen Studie *A Monetary History of the United States, 1867-1960*, die er zusammen mit seiner Koautorin Anna Jacobson

Schwartz verfasst hatte.[40] Friedman befürwortete eine Geldpolitik, die auf der Quantitätstheorie des Geldes basiert (eine Theorie, die schon früher von Irving Fisher und anderen vorgelegt worden war). Friedman vertrat die These, dass die Weltwirtschaftskrise durch die zu straffe Geldpolitik der Fed vor dem Zusammenbruch des Aktienmarkts im Jahr 1929 und in den unmittelbar darauffolgenden Jahren verursacht wurde.

Friedmans Lösung war eine elastische Geldmenge. Damit meinte er die Fähigkeit von Zentralbanken, je nach Bedarf Geld zu schöpfen, um den Folgen einer Rezession und vorübergehend schwacher Nachfrage nach Gütern und Leistungen entgegenzuwirken. Eine elastische Geldmenge bedeutet, den Goldstandard *und* feste Wechselkurse aufzugeben, da beides die Fähigkeit einer Zentralbank begrenzt, die Geldmenge zu vergrößern. Ben Bernankes und später Janet Yellens Reaktionen auf die globale Finanzkrise von 2008 und deren Nachwirkungen waren sehr von Friedman beeinflusst. Dessen Forschungsarbeit und seine Geldtheorie beeindruckten die Welt; 1976 wurde er mit dem Wirtschaftsnobelpreis ausgezeichnet.

Aber Friedmans Annahmen waren fehlerhaft. Die aufgrund seiner Arbeit empfohlenen politischen Maßnahmen erwiesen sich als unzulänglich. Friedman glaubte an effiziente Märkte und rationale Erwartungen, zwei Hypothesen, die mittlerweile sowohl empirisch als auch durch Fortschritte in den Verhaltenswissenschaften widerlegt wurden. Vor allem glaubte Friedman – und vor ihm Fisher –, dass die Umlaufgeschwindigkeit des Geldes konstant sei. Friedman erkannte nicht, dass sie aufgrund rekursiver Funktionen in emergentem adaptiven Verhalten von Marktteilnehmern schwankt. Ohne eine konstante Geldumlaufgeschwindigkeit ist die Quantitätstheorie des Geldes als geldpolitisches Werkzeug nutzlos, obgleich sie durchaus nützlich ist für Gedankenexperimente, um die Auswirkungen von diversen Randbedingungen zu testen.

Es ist nicht fair, Friedman für diesen blinden Fleck verantwortlich zu machen. Während der gesamten aktiven Laufbahn von Friedman, also von 1950 bis 1990, blieb die beobachtete Umlaufgeschwindigkeit des Geldes konstant. Erst mit der globalen Finanzkrise 1998 destabilisierte sie sich, eine Entwicklung, die sich bei der nächsten Krise im Jahr 2008 noch beschleunigte. Aber auch Anfang der 1930er-Jahre nahm die Umlaufgeschwindigkeit stark ab – eine Tatsache, die Friedman bekannt gewesen sein muss. Friedmans Analyse, der Absturz der Umlaufgeschwindigkeit in den 1930er-Jahren sei auf den Goldstandard und feste Wechselkurse zurückzuführen – was laut Friedman die Fähigkeit der Federal Reserve einschränkte, die Wirtschaft durch eine lockere Geldpolitik anzukurbeln –, war zu eng und hat sich letztlich als falsch erwiesen.

In Friedmans schöner neuer Währungswelt wurden erleuchtete Zentralbankiers durch Eliminieren des Goldstandards und fester Wechselkurse in die Lage versetzt, die Geldmenge sorgfältig darauf abzustimmen, dass ein möglichst hohes reales Wirtschaftswachstum bei einer noch niedrigen Inflationsrate erreicht wurde. Im Jahr 1971 sagte Richard Nixon: »In Sachen Wirtschaft bin ich heute Keynesianer«; das war eine Variation des bekannteren Ausspruchs von Friedman: »Heute sind wir alle Keynesianer.« Nixon hätte ebenso gut sagen können: »Heute sind wir alle Friedmanianer.«

Keynes' Einfluss auf die Fiskalpolitik und Friedmans Einfluss auf die Währungspolitik entwickelten sich zu einer Quelle der Anmaßung in der Ökonomik. Es schien fast so, als gebe es kein makroökonomisches Problem in einer entwickelten Volkswirtschaft mehr, das nicht durch das richtige Maß an Staatsausgaben und Gelddrucken hätte gelöst werden können. Heute reichen sich Keynes und Friedman die Hände zu einer hybriden Theorie, die als »helicopter money« (aus Hubschraubern abgeworfenes Geld) bekannt ist.

Friedmans Meinungen hatten maßgeblichen Einfluss auf die Entscheidung des IWF, Gold zu entmonetarisieren, sowie auf unilaterale Entscheidungen großer Wirtschaftsmächte, das System der festen Wechselkurse zu verlassen. Bis 1974 waren die letzten Überreste des Goldstandards verschwunden. Freie Wechselkurse waren der neue Standard. Geld war nicht mehr am Gold verankert; Geld war nicht einmal mehr an anderem Geld verankert. Das Geld hatte keinen Anker mehr; in der Vorstellungswelt der Ökonomen brauchte es keinen.

Von 1974 an war Geld das, was die Zentralbanken so nannten. Von 1980 bis 2010 entwickelte sich unter der Führung zweier Fed-Chairmen, nämlich Paul Volcker und Alan Greenspan, und zweier US-Finanzminister, nämlich James Baker und Robert Rubin, ein De-facto-Dollarstandard. Während dieses starken Dollarstandards kam es in den 1980er- und 1990er-Jahren unter den Präsidenten Reagan, Bush senior und Clinton zu robustem

Wirtschaftswachstum in den USA. Ab 2010 degenerierte dieser Dollarstandard unter dem Gewicht der Kriegsausgaben von Bush junior und Obamas Haushaltsdefiziten zu Währungskriegen, die seither wüten.

In einer kurzen Zeitspanne von 60 Jahren, von 1914 bis 1974, wandelte sich Gold vom Geld der Menschen zum Geld der Banken zum Geld der Staaten, bis es schließlich überhaupt kein Geld mehr war. Der letztere Zustand ist aus weltgeschichtlicher Perspektive ungewöhnlich. Der Umstand, dass das heutige ungedeckte Papiergeld unter anderem auf Friedmans fehlerhaften Annahmen basiert, sollte uns zumindest zu denken geben.

Eine Lücke von 70 Jahren für Weltgeld geht zu Ende. Dass Gold seit 1974 durch ungedecktes Papiergeld ersetzt wurde, war nur möglich, weil Akademiker als Zentralbankiers posierten, die Handelspartner der USA mitspielten und die Bevölkerung zu vertrauensselig war. Diese drei Pfeiler sind mittlerweile ins Wanken geraten. Stagnierendes Wachstum, Asset-Blasen, Einkommensungleichheit, Finanzpaniken und Währungskriege sind vorhersehbare Folgen des Umstandes, dass es kein Weltgeld mehr gibt.

Doch die globalen Eliten ziehen Ordnung vor. Der nächste Kollaps wird dazu führen, dass sich wieder ein Weltgeld durchsetzt. Der Plan der Eliten ist, die »Spielregeln« des internationalen Währungssystems neu zu schreiben, ganz ähnlich wie es 1922, 1944 und 1974 der Fall war. Aber dieses Mal wird das dafür gewählte Instrument weder der Dollar noch Gold sein, sondern SDRs.

Sonderziehungsrechte wurden 1969 vom IWF geschaffen, um etwas gegen den Vertrauensschwund in den US-Dollar zu tun. Die Länder, die durch ihre Exporte Dollars verdienten, stießen ihre Dollars für Gold ab. Es gab nicht genug Gold, um bei einem festgelegten Preis von 35 Dollar pro Unze den gesamten Welthandel zu ermöglichen. Denkbare Lösungen waren, die Knappheit von Gold zu ignorieren, es neu zu bewerten oder es aufzugeben. Jede dieser Lösungen war damals für mindestens eine der großen Wirtschaftsmächte keine Option und deswegen wurde eine vierte Möglichkeit ersonnen: das SDR. Dahinter steckte die Absicht, ein Reserve-Asset zu schaffen, das weder Dollar noch Gold war, sondern ein Hybrid. Das SDR behob gleichzeitig die Dollar-Schwemme und die Gold-Knappheit. Ein SDR war eine papierene Forderung gegen die gesamten Ressourcen des IWF, gebunden an eine bestimmte Menge Gold. Daher heftete sich von Anfang an die Bezeichnung »Papiergold« an SDRs.

Im Jahr 1973 wurde die ursprüngliche Bindung des SDR an Gold aufgehoben. Fortan waren SDRs lediglich eine weitere Form von Papiergeld, die vom IWF gedruckt wird. Aber das SDR existiert nach wie vor. Manche Beobachter glauben, das SDR sei durch einen Korb harter Währungen gedeckt, aber das ist es nicht. Der Währungskorb dient ausschließlich dazu, den Wechselkurs des SDR zu bestimmen. Das SDR ist nicht durch harte Währungen gedeckt. SDRs können vom IWF nach Belieben gedruckt werden, sobald sein Vorstand zugestimmt hat.

SDRs werden nur selten emittiert; in den vergangenen 47 Jahren, seit das SDR erfunden wurde, ist das nur viermal geschehen. Die jüngste Emission fand im August 2009 statt, nahe dem Höhepunkt der globalen Rezession nach der Panik von 2008; die letzte Emission davor hatte schon 1981 stattgefunden. Bis zum 30. September 2016 waren 204,1 Milliarden SDRs emittiert worden, die zum damaligen Wechselkurs etwa 285 Milliarden Dollar entsprachen.

Eine interessante Eigenschaft des SDR ist, dass es das sogenannte Triffin-Dilemma löst. Diese ökonomische Zwickmühle wurde von dem belgischen Ökonomen Robert Triffin in einer Anhörung vor dem US-Kongress im Jahr 1960 dargelegt.[41] Triffin hatte erkannt, dass der Emittent einer globalen Reservewährung ständig Handelsbilanzdefizite fahren muss, um die Welt mit ausreichend Reservemitteln für den normalen Handel zu versorgen. Aber ein Land, das lange genug Defizite fährt, geht pleite. In diesem Zusammenhang bedeutet »pleitegehen«, dass die Handelspartner das Vertrauen in die Wertstabilität der Reservewährung verlieren und sie zugunsten von Alternativen ablehnen. SDRs lösen dieses Problem, da der Emittent – nämlich der IWF – kein Land ist und keine Defizite fährt. Das Vertrauen in SDRs hängt nicht von der Menge der emittierten Sonderziehungsrechte ab. Der IWF hat keine Handelspartner, die sein Geld ablehnen könnten – er bezieht sämtliche Handelspartner mit ein.

SDRs werden nicht im Rahmen der normalen Geldpolitik emittiert. Sie werden nicht herausgegeben, um einzelne Unternehmen oder gar Länder zu retten. SDRs existieren hauptsächlich, um Liquidität aus dem Nichts zu schaffen, wenn es zu einer Liquiditätskrise kommt oder das Vertrauen in andere Formen von Geld verloren geht. SDRs sind eine Weltgeld-Feuer-wehr mit der Aufgabe, finanzielle Buschfeuer zu löschen. SDRs sind die perfekte Ergänzung für Ice-Nine. In dem kommenden Kollaps wird das Finanzsystem zunächst eingefroren werden, da die Zentralbanken nicht mehr in der Lage sind, das System erneut mit Liquidität zu versorgen, wie ihnen das in der Vergangenheit immer wieder gelungen ist. Die G20 wird eine Dringlichkeitssitzung einberufen, wie im November 2008, und den IWF anweisen, das System über SDRs mit Liquidität zu fluten. Falls das erfolgreich sein sollte, werden die Banken und Börsenmakler allmählich wieder ihre Türen öffnen. Ihren Kunden wird wieder der Zugang zu Cash gewährt werden. Transaktionen in bar und in Wertpapieren werden nach wie vor in Dollar, Euro und Yen abgerechnet werden; aber hinter dieser Fassade des Erfolgs wird die Welt eine völlig andere sein. Der SDR, nicht mehr der Dollar, wird der Wertmaßstab – der *Numéraire* – für Welthandel und -finanzen sein.

Der Dollar wird als lokale Währung dienen, so ähnlich wie der mexikanische Peso. Der Wert einer jeden lokalen Währung wird in SDRs bemessen werden, kontrolliert von der G20-Gruppe und unter der kollektiven Führung von China, den Vereinigten Staaten, Deutschland, Russland und einigen anderen Mitgliedsländern. Es wird ein nahtloser Übergang sein, den kaum jemand durchschauen wird. Sehr bald wird ein robuster SDR-Anleihenmarkt entstehen, der die weltweiten Reserven aufsaugen kann.

Dieser Übergang ist seit Jahrzehnten im Gang. Die SDR-Emissionen von 1970 bis 1972, 1979 bis 1981 und 2009 sind Beispiele für das langsame, stetige, bereits erwähnte »Piecemeal Social Engineering«, für das sich Soros und seinesgleichen einsetzen. Am 25. März 2009 sagte der damalige US-Finanzminister Tim Geithner, er habe nichts dagegen, vermehrt SDRs einzusetzen. Auf die Frage eines Reporters nach vermehrten SDR-Emissionen antwortete er: »Solchen Maßnahmen stehen wir ziemlich aufgeschlossen gegenüber.«[42] Diese Bemerkung wurde keineswegs für radikal gehalten: Sie war lediglich ein weiterer kleiner Schritt auf dem langsamen Weg zum Niedergang des Dollars.

Noch ein Schritt auf dem Weg zum Weltgeld war eine im November 2015 getroffene Entscheidung des IWF-Vorstands, den chinesischen Yuan als Referenzwährung in den SDR-Währungskorb mitaufzunehmen. Die anderen Währungen im Korb sind US-Dollar, Euro, Yen und Pfund Sterling. Diese Entscheidung hatte ausschließlich politische Gründe; der Yuan erfüllte nicht die Kriterien, die an eine echte Reservewährung gestellt werden, und wird sie wahrscheinlich auch mindestens weitere zehn Jahre nicht erfüllen. Eine Reservewährung braucht einen tiefen, liquiden Staatsanleihenmarkt, mit Hedging-Instrumenten, Repo-Finanzierung, Abrechnungs- und Clearing-Stellen sowie Rechtssicherheit. China hat nichts davon zu bieten. Ohne die Infrastruktur eines Anleihenmarkts haben die Halter von Reservewährungen kaum Anlagemöglichkeiten.

Aber trotzdem ist die politische Symbolik der IWF-Entscheidung über den Yuan wichtig. Ihre Wirkung ist, China die höheren Weihen als vollwertiges Mitglied des internationalen Währungssystems zu verleihen. Nur wenige Wochen nach der Entscheidung des IWF, den Yuan in den SDR-Währungskorb aufzunehmen, schummelte Paul Ryan, der Sprecher des US-Repräsentantenhauses, eine Klausel in einen Haushaltsentwurf, die China bei Abstimmungen im IWF mehr Stimmrechte verleiht. Das bekräftigte noch einmal, dass China dem exklusiven Club der Länder angehört, die das Weltwährungssystem steuern.

Diese Triumphe für die chinesischen Machthaber gingen Hand in Hand mit Chinas manischen Anstrengungen seit 2006, Gold zu erwerben. Man kann dies als »Aufnahmegebühr« für diesen exklusiven Club verstehen. Einerseits äußern sich Funktionäre der USA und anderer großer Wirtschaftsmächte in der Öffentlichkeit zwar verächtlich über Gold; aber andererseits horten diese Mächte ebendieses Gold, um sich für den Tag zu wappnen, an dem das Vertrauen in jedwedes Papiergeld zusammenbrechen wird. Die Vereinigten Staaten haben über 8000 Tonnen Gold, die Länder der Eurozone über 10 000 Tonnen und der IWF hat fast 3000 Tonnen. China hat bis jetzt still und heimlich 4000 Tonnen erworben und kauft nach wie vor immer mehr; dadurch hat es sich einen Sitz am Tisch mit den anderen Gold- und SDR-Mächten erworben.

Ein kurioser Aspekt des Aufstiegs von SDRs zum Weltgeld ist, dass Normalbürger sie nicht bekommen können. SDRs werden vom IWF an seine Mitgliedsländer ausgegeben. Der IWF ist außerdem ermächtigt, SDRs an multilaterale Organisationen auszugeben – etwa die Vereinten Nationen oder die Weltbank. Diese können ihrerseits mit den SDRs Infrastrukturmaßnahmen gegen den Klimawandel oder Maßnahmen zur Bevölkerungskontrolle finan-zieren. Die Empfänger von SDRs können damit untereinander zahlen oder sie nach Bedarf in andere harte Währungen umtauschen. Privatpersonen können sie dagegen nicht bekommen – noch nicht.

Doch nach und nach wird ein privater Markt für SDRs entstehen. Groß-konzerne wie General Electric, IBM oder Volkswagen werden auf SDR lau-tende Anleihen ausgeben. Großbanken wie Goldman Sachs werden Märkte für solche SDR-Anleihen schaffen und als Hedging-Instrumente SDR-De-rivatkontrakte anbieten. SDR-Bankeinlagen werden genauso wachsen wie die Eurodollar-Einlagen in den 1960er-Jahren. Unmerklich wird der Dollar zu lediglich einer weiteren lokalen Währung werden; wichtige Transaktio-nen wird man in SDRs abrechnen. Das Weltgeld wird sich auf Zehenspit-zen heranschleichen.

Hedgefonds und Hightech-Milliardäre werden feststellen, dass sie nur noch in US-Dollar Milliardäre sind. Der Dollar selbst wird gegen SDRs ab-gewertet werden, unter der Kontrolle einer kleinen Clique von Ländern au-ßerhalb der Reichweite von Milliardären und ihren Bankiers. Weltgeld be-deutet, dass der Dollar nur so viel wert sein wird, wie G20 und IWF es zulassen – nur Gold ist immun.

Weltbesteuerung

Zu Beginn meiner Karriere beriet ich zehn Jahre lang die Citibank zu in-ternationalen steuerrechtlichen Fragen, damals die mächtigste Privatbank. Citibank hatte in mehr Ländern Zweigstellen als die USA Botschaften. Un-ter der Führung ihres legendären CEO Walter Wriston war die Bank eine größere Plattform als das US-Außenministerium.

Anfang der 1980er-Jahre bereiteten meine Kollegen und ich eine Kör-perschaftsteuererklärung vor, die eine Null als Steuerschuld auswies, und das zu einer Zeit, als Citibank hochgradig profitabel war. Wriston erhob Einspruch. Er sagte, es schicke sich nicht für die größte Bank der Verei-nigten Staaten, keine Steuern in den USA zu zahlen. Er wies uns an, ei-nen kleinen Betrag an Steuern zu entrichten. »Ihr müsst nicht viel bezah-len; vielleicht zwei oder drei Prozent. Es macht einen schlechten Eindruck, wenn wir gar nichts zahlen.«

Wir hatten die Kunst, *keine* Steuern zu zahlen, gemeistert, aber einen *kleinen* Betrag an Steuern zu zahlen, das erwies sich als Herausforderung. Wir hatten zahlreiche Stellschrauben und Hebel zur Verfügung. Wir machten im Ausland gezahlte Steuern und bestimmte Investitionen steuermindernd geltend oder Abschreibungen auf mehrere Boeing 747s und die Alaska-Pipeline, die uns rechtlich gehörten und die wir an Kunden verleasten.

Wir nutzten auch steuerbefreite Kommunalanleihen und in unserem Ermessen stehende Kreditausfallrückstellungen, um unsere Steuerschuld zu drücken. Im dritten Stock unserer Konzernzentrale in der 399 Park Avenue stand in einer Ecke eine Plastikpalme. Sie symbolisierte die Citibank-Zweigstelle in Nassau, unser Buchungszentrum, das von den umliegenden Schreibtischen aus betrieben wurde. Auch die Cayman Islands und die Niederländischen Antillen machten sich nützlich.

Die Herausforderung für uns bestand darin, dass die Steuererklärung der Citibank eine fein abgestimmte Maschinerie war. Sobald man einen Hebel betätigte, konnte es passieren, dass ein anderer Hebel sich von selbst bewegte aufgrund der komplexen Interaktionen von Krediten, Abzügen und Ermessensspielräumen im US-Steuerrecht. Wir verbrachten ein ganzes Jahr damit, die Maschinerie abzustimmen; jetzt mussten wir ein kleines Teil ausbauen, ohne unsere gesamte Arbeit zu ruinieren. Wir hatten die Zeit und die qualifizierten Leute, um einen geringen Betrag an Steuern zu zahlen; aber die darin enthaltene Lektion habe ich mir gemerkt: Für große, komplexe Unternehmen ist es keine Notwendigkeit, Steuern zu zahlen, sondern eine Option.

Für entwickelte und hoch verschuldete Länder ist es dagegen *nicht* optional, ihre Schulden zu zahlen. Staatsschulden müssen bedient werden, weil sonst die Weltwirtschaft ins Chaos gestürzt wird. Steuern sind das wichtigste Mittel für entwickelte Wirtschaftsnationen, die Fassade von Solvenz aufrechtzuerhalten. Wenn diese Fassade intakt ist, kann ein verschuldetes Land seine fällig werdenden Schulden mit neuen Schulden zurückzahlen.

Dieser Konflikt zwischen der Notwendigkeit für ein Land, Steuern einzunehmen, und der Möglichkeit für Unternehmen, keine Steuern zu zahlen, hat zu einem verdeckten Kampf zwischen der Macht des Staates und der Macht von Konzernen geführt. Am Ende gewinnt stets die Staatsmacht, da einer Regierung schlachtentscheidende Mittel zur Verfügung stehen, auch der Einsatz von Gewalt. Dennoch ist die Fähigkeit von Konzernen, ein Land durch Lobbyarbeit zu korrumpieren, auf kurze Sicht ausreichend, um sich die Staatsmacht vom Leibe zu halten.

In einem dezentralisierten System von entwickelten Hochsteuerländern und Steueroasen mit niedrigen Steuern können globale Konzerne leicht Wege zur Steuervermeidung finden. Zu den üblichen Tricks zählen der Transfer von geistigem Eigentum, etwa Patenten oder Software, in eine Steueroase. Sobald es dort registriert ist, verdient geistiges Eigentum Lizenzgebühren, ohne an das neue Gastgeberland Steuern zahlen zu müssen.

Eine andere Technik ist die Transferpreisgestaltung. Ein Konzern in einem Hochsteuerland bezahlt überhöhte Kostenrechnungen einer Tochtergesellschaft in einer Steueroase. Dadurch werden Gewinne in die Steueroase verlagert und im Hochsteuerland Kosten erzeugt. Etwas raffiniertere Techniken sind zum Beispiel das Ansiedeln eines Netting-Zentrums in einem Hochsteuerland, wo die Ein- und Verkäufe weltweit gebucht werden. Gewinn und Verlust aus diesen Aktivitäten ergeben einen Saldo nahe null, was bedeutet, dass im Gastgeberland keine Steuern fällig werden; Bruttogewinne werden dagegen an Vertragspartner in Niedrigsteuerländern verteilt.

Auch grenzüberschreitende Steuerabkommen sind ein fruchtbarer Nährboden für die Steuervermeidung von Konzernen. Zahlungen eines Konzerns überschreiten Grenzen in Form von Zinsen, Dividenden oder Lizenzgebühren, je nach Standort von Zahlungspflichtigem und -empfänger. Viele Ländern erheben Quellensteuern auf solche Zahlungen, weil sie keine andere Möglichkeit haben, Steuern vom Zahlungsempfänger einzutreiben. Der Zahlungspflichtige muss die Steuer einbehalten und der Zahlungsempfänger erhält seine Zahlung abzüglich der Quellensteuer.

Die meisten entwickelten Länder haben bilaterale Steuerabkommen mit ihren Handelspartnern getroffen, durch die solche Quellensteuern reduziert werden, manchmal sogar ganz auf null. Dahinter steckt folgende Theorie: Wenn das Empfängerland Steuern erhebt, braucht das Quellenland dies nicht ebenfalls zu tun, weil Doppelbesteuerung durch Abzüge gemildert wird. Wenn allerdings 100 Länder jeweils ein bilaterales Abkommen mit 100 anderen Ländern unterschreibt, ist das Ergebnis ein dichtes Netzwerk von 10 000 Verträgen mit leicht unterschiedlichen Bestimmungen und Steuersätzen. Ein solches Gewebe aus 10 000 Verträgen ist eine großartige Spielwiese für Steueranwälte, die Gegengeschäfte nutzen, um auf die anfängliche Zahlung keine Quellensteuer und im letzten Zielland keine Körperschaftsteuer entrichten zu müssen.

Steueroptimierte Leasingmodelle sind ebenfalls ein effektives Werkzeug. Verschiedene Länder haben unterschiedliche Regeln, die bestimmen, ob eine Finanzierungstransaktion ein Darlehen oder ein Leasinggeschäft ist. Wenn ein Gerät angeschafft wird, kann ein solches Geschäft in einem Land als Darlehen (um die Zinsen steuermindernd als Aufwand geltend zu machen) und in einem anderen Land als Leasinggeschäft (um den Wertverlust steuermindernd abzuschreiben) gestaltet werden. Die Parteien reduzieren ihre Steuern zweimal mit einem einzigen Gerät.

Diese Darlehen-Leasing-Doppelmasche wird mit Steuerabkommen-Gegengeschäften kombiniert, um gleichzeitig die Steuerlast in mehreren Ländern zu drücken. Als Steuerberater für Citibank habe ich Dreifach-Leasinggeschäfte gesehen, bei denen eine einzige Boeing 747 gleichzeitig in Südafrika, Großbritannien und Australien abgeschrieben wurde. Die separaten Steuerbehörden wussten überhaupt nicht, wie ihnen geschah.

Andere Maschen werden genutzt, um normale Gewinne in Kapitalgewinne umzuwandeln, die steuerlich bevorzugt behandelt werden. Preisnachlässe beim Kauf von Anleihen verschleiern verdeckte Zinszahlungen, die in den Preisnachlässen enthalten sind. Ein Steueraufschub ist ebenso wirkungsvoll wie niedrige Zinsen, da der reale Wert der Steuerschuld durch Inflation abnimmt. Wenn eine Steuerverbindlichkeit zehn Jahre lang aufgeschoben werden kann, sinken dadurch die realen Kosten ganz erheblich, bis die Steuern gezahlt werden müssen.

Derivate, die in Steuerabkommen nicht eindeutig behandelt werden, kommen noch zu dem Instrumentarium hinzu, das eingesetzt wird, um die Steuerbehörden auszutricksen. In den wichtigsten entwickelten Ländern werden Lobbyisten engagiert, um dafür zu sorgen, dass solche Schlupflöcher nicht geschlossen werden.

Angesichts all dieser Tricks – Verlagerung von geistigem Eigentum, Transferpreisgestaltung, Netting, Ausnutzen von Steuerabkommen, Leasing,

Gewinnumwandlung, Steueraufschub und Derivate – ist es kein Wunder, dass die Maßnahmen zum Eintreiben von Steuern von Großkonzernen auf der Ebene einzelner Länder löchrig wie ein Sieb sind. Das Geld von Konzernen läuft durch dieses Sieb hindurch und erhöht ihren Gewinn; die Länder stehen mit leeren Händen da.

Die politischen Eliten in den Vereinigten Staaten, Deutschland, Großbritannien und Japan kennen diese Tricks sehr gut. Die Mitglieder dieser Eliten haben die gleichen Universitäten und Studiengänge besucht wie die Berater der Großkonzerne. Die Drehtür zwischen Regierungs- und Wirtschaftseliten führt dazu, dass hochkarätige Steuerexperten ständig die Seiten wechseln, vom Steuereintreiber zum Steuervermeider und wieder zurück. Es ist ein Spiel der Eliten.

Es mag vielleicht ein Spiel sein, aber die G20-Mitgliedsländer können darüber nicht mehr lachen. Die drückende Last ihrer Staatsschulden und ihre Unfähigkeit, Wachstum zu erzeugen, haben bei der G20 den Entschluss reifen lassen, die globale Steuervermeidung zu beenden. Der Plan der Eliten sieht eine weltweit einheitliche Besteuerung durch koordiniertes Handeln und Weitergeben von Informationen vor. Sobald die Steuerbehörde eines entwickelten Landes sämtliche Seiten einer Transaktion – statt nur den inländischen Teil – sehen kann, ist diese Transaktion wesentlich einfacher anzugreifen.

Diese Mission, Steuerschlupflöcher zu schließen, wurde von der G20 an die G7 (Vereinigte Staaten, Japan, Großbritannien, Frankreich, Deutschland, Kanada und Italien) delegiert. In den G7-Ländern sind die reichsten Konzerne ansässig und sie haben die höchsten Steuersätze. Die G7 haben durch Steuervermeidung der großen Konzerne am meisten zu verlieren, also sind sie auch am stärksten motiviert, dieses Verhalten zu stoppen.

Die G7 nutzen die Organisation für wirtschaftliche Zusammenarbeit und Entwicklung (OECD) als ihr technisches Sekretariat.[43] Häufig delegieren die G20- und G7-Eliten ihre Missionen an den IWF, nutzen aber hin und wieder auch andere multilaterale Organisationen für spezielle Aufgaben. Die Vereinten Nationen sind der bevorzugte Kanal für die Klimawandel-Agenda. Die OECD wird für den Weltbesteuerungsplan eingesetzt, weil sie die höher entwickelten Wirtschaftsländer repräsentiert, denen am meisten daran gelegen ist, Steuervermeidung zu bekämpfen.

Der Weltbesteuerungsplan wird nicht so bezeichnet, weil das zu offensichtlich wäre. Solchen Plänen werden technische Bezeichnungen gegeben, um ihre Zielsetzungen zu verschleiern. Weltgeld wird als »Special Drawing Right« bezeichnet, weil das eher wie eine Wohltat klingt. Der Weltbesteuerungsplan wird »BEPS« genannt, was für »Base Erosion and Profit Shifting« (etwa: »Untergraben der Bemessungsgrundlage und Gewinnverlagerung«) steht. Falls Sie irgendwo die Bezeichnung »OECD BEPS« sehen, übersetzen Sie das ganz einfach in »Weltbesteuerungsplan der Eliten«, dann sind Sie auf dem richtigen Weg.

Die Eliten geben sich keine Mühe, ihre Agenda zu verheimlichen; sie werben sogar dafür, aber in undurchsichtigem Jargon auf obskuren Websites, die nur wenige Menschen lesen und noch weniger verstehen. Lesen Sie, was die G7-Staatsoberhäupter, unter ihnen auch Barack Obama und Angela Merkel, am 27. Mai 2016 über ihren Weltbesteuerungsplan sagten:

Stetige, konsequente und konzertierte Implementierung des G20/OECD-Pakets »Base Erosion and Profit Shifting« (BEPS) ist ausschlaggebend ... um weltweit die gleichen Voraussetzungen für alle wirtschaftlichen Akteure zu schaffen. Wir haben uns verpflichtet, mit gutem Beispiel voranzugehen. Um eine möglichst weitreichende Implementierung des BEPS-Pakets sicherzustellen, ermutigen wir alle relevanten und interessierten Länder und Gerichtsbarkeiten, sich darauf zu verpflichten, das BEPS-Paket umzusetzen und an dem neuen inklusiven Regelwerk teilzunehmen. ...

Wir bekräftigen noch einmal den Aufruf der G20 an alle relevanten Länder, einschließlich aller Finanzzentren und Gerichtsbarkeiten, darüber nachzudenken, ... gegen unkooperative Länder Defensivmaßnahmen zu ergreifen. ...

Wir freuen uns auf die ersten Vorschläge ... über Mittel und Wege, die Umsetzung der internationalen Standards zu verbessern, und zwar auch über die Verfügbarkeit nützlicher Eigentumsdaten und ihren internationalen Austausch.[44]

Trotz des verklausulierten Jargons ist klar, was gemeint ist. Die G20-Länder bestehen darauf, dass weltweit jede Transaktion vollständig offengelegt wird. Diese Informationen wollen sie nutzen, um nach Gutdünken Steuern einzutreiben. Gegenüber Ländern, die sich weigern, dabei zu kooperieren, sollen »Defensivmaßnahmen« ergriffen werden. Das ist ein höfliche Art zu umschreiben, dass sie von den Kanälen des internationalen Zahlungsverkehrs abgeschnitten und wirtschaftlich vernichtet werden sollen, wenn sie nicht mitspielen. Die Einladung, entweder zu kooperieren oder vernichtet zu werden, könnte sich die Cosa Nostra ausgedacht haben.

Die Steuervermeidung durch Großkonzerne ist ein Luxus, den entwickelte Wirtschaftsmächte sich nicht mehr leisten können. Die globalen Konzerne sitzen auf über sieben Billionen Dollar Cash, von denen ein großer Teil in Steueroasen gebunkert ist, das Ergebnis raffinierter Steuervermeidungstricks. Dieses Geld ist ein zu verlockendes Ziel für Regierungseliten, um darauf zu verzichten, selbst wenn ihre Kumpane in den Großkonzernen dessen Nutznießer sind. Eine simple Abgabe in Höhe von 25 Prozent auf diese sieben Billionen würde für die G7-Länder Einnahmen in Höhe von 1,75 Billionen Dollar ergeben, was die Staatsschulden ganz ordentlich verringern würde.

Es ist eine fruchtlose Aufgabe, große Konzerne einzeln prüfen zu wollen, einen nach dem anderen und jedes Jahr aufs Neue. Ein Betriebsprüfer kann höchstens einige wenige der von Konzernen eingesetzten Steuervermeidungstricks durchschauen. Will man einzelne Steueroasen unter Druck setzen, ist das wie bei dem Arcade-Spiel »Whack-A-Mole« – sobald man einen Maulwurf außer Gefecht gesetzt hat, taucht auch schon der nächste auf. Die Liste der Steueroasen ist so lang – Cayman Islands, Malta, Zypern, Macao, Isle of Man, British Virgin Islands und so weiter –, dass ein Großkonzern, wenn eine davon unter Druck gesetzt wird, rasch mit ein paar Dokumenten und Mausklicks seine Gewinne in eine andere Oase verschieben kann.

Trotzdem werden die Steueroasen sich gegen Änderungen ihrer internen Gesetze wehren. Vor Kurzem haben einige Steueroasen bei Anti-Geldwäsche-Maßnahmen kooperiert, weil es sie relativ wenig kostet, das Geld illegaler Kunden aufzugeben, wenn sie dadurch legale Unternehmen wie Apple und Amazon als Kunden behalten können. Sobald legale Konzerne belagert werden, weil sie alle legalen Möglichkeiten nutzen, keine Steuern zu zahlen, werden die Steueroasen sich womöglich wehren und sich mit den Konzernen verbünden.

Die Lösung, an der die G7-Staaten arbeiten, ist eine weltweit einheitliche Besteuerung. Sie fängt mit einer zentralen Datenbank mit steuerrelevanten Daten an, die von den entwickelten Ländern gemeinsam genutzt wird. Steuervermeidung wäre dann, als wolle man mit aufgedeckten Karten Poker spielen – man könnte zwar spielen, aber niemals gewinnen. Das geplante weltweite Steuersystem ist ziemlich ausgefeilt. Das Problem, das die Steuerbehörden heutzutage haben, ist, dass sie zwar die Seite einer Transaktion im eigenen Land sehen können, aber nicht die andere Seite, da die Gegenpartei des Geschäfts in einem anderen Land ansässig ist. Eine Steuerbehörde kann von Fall zu Fall um Daten aus anderen Ländern bitten, aber einzelne Anfragen sind mühsam und langwierig. Das neue weltweite Steuersystem ist darauf ausgelegt, Transparenz zu schaffen und die Bearbeitung zu erleichtern – man kann es sich als einen automatisierten digitalen Betriebsprüfer vorstellen.

Jeder Steuerzahler und seine Geschäftspartner erhalten eine eindeutige Identifizierungsnummer. Jedem Transaktionstyp – Lizenzgebühren, Zinsen, Dividenden und so weiter – wird ein ID-Code zugewiesen. Die Gegenpartei für jede Transaktion wird anhand ihrer eindeutigen Nummer identifiziert.

Sämtliche Transaktionen von Großkonzernen werden mit diesen digitalen Kennzeichen versehen und in einer zentralen, gemeinsam genutzten Datenbank gespeichert. Dies ist wie eine Kennzeichnungskampagne, bei der Haie eine Erkennungsmarke bekommen und dann wieder freigelassen werden. Danach weiß die zuständige Organisation stets, wo er zu finden ist – mag er noch so furchterregend aussehen.

Die weltweite Steuerdatenbank wird allen Teilnehmern zur Verfügung stehen, auch den G20-Ländern. Sie würde auf Hochleistungsrechnern gespeichert werden unter Verwendung ausgefeilter Algorithmen und prädiktiver Analytik. Wie der Hai könnten die Konzerne die Flucht ergreifen, aber sie könnten sich nicht mehr verstecken.

Sobald die Computer einen Steuertrick ausgemacht haben, kann die G20 rechtlich aktiv werden. Transferpreisgestaltung, Verlagerung von geistigem Eigentum, anrüchige Leasinggeschäfte und Ausnutzen von Steuerabkommen werden durch breit gefasste Gesetzgebung gegen Steuervermeidung erschwert werden. Eine Steueroase, die sich widersetzt, wird feststellen, dass ihre internationalen Zahlungsverkehrsverbindungen gekappt werden, wie es 2015 in Belize geschah. Internationale Banken wurden vom US-Finanzministerium gezwungen, ihre Beziehungen zu Banken in Belize abzubrechen. Durch diesen Würgegriff der G20 wurde den Banken von Belize die Luft genommen und alsbald ging die Wirtschaft des Landes zu Boden. Bald kooperierten die Banken von Belize mit Auskunftsersuchen aus den G20-Mitgliedsländern und der finanzielle Sauerstoffhahn wurde nach und nach wieder aufgedreht. Die Veröffentlichung der berüchtigten »Panama Papers«, die Kundendaten einer Anwaltskanzlei enthielten, die Steuervermeidung erleichterte, ist ein weiteres Beispiel aus der jüngeren Vergangenheit.

Aber was ist denn verkehrt daran, wenn Steuern effektiv eingetrieben werden? Warum sollten nicht auch Konzerne und sehr vermögende Menschen ihren fairen Anteil zahlen? Das sollten sie durchaus, aber darüber, was ein »fairer Anteil« ist, lässt sich trefflich streiten und es ändert sich ständig. Die G20-Staaten haben Schulden gemacht, die sie sich nicht leisten können, um einige große Banken zu retten. Diese Schulden müssen entweder über direkte Steuern zurückgezahlt werden oder aber durch Inflation – eine versteckte Steuer, die hauptsächlich Sparer zahlen müssen. Die G20-Regierungen werden keine fairen Steuersätze anwenden; vielmehr werden sie die Steuersätze so hoch festlegen, wie es notwendig ist, um ihre Schulden zu senken. Die von der G20 anvisierte Höhe der Steuern liegt deutlich über dem aus einer Wachstumsperspektive optimalen Satz, unter anderem aufgrund früherer Verschwendungssucht. Großunternehmen und Reiche sind leichte Beute für gierige Steuereintreiber.

Der Staat ist unersättlich. Die Geschichte zeigt: Sobald eine Regierung genug Steueraufkommen gesichert hat, um die kurzfristigen Staatsschulden zu bedienen, wird sie einfach immer mehr für ihre Lieblingsprojekte ausgeben, aber auf keinen Fall werden jemals die Staatsausgaben zurückgefahren, nie und nimmer. Die Konzerne verwandeln sich von leichter Beute in gebratene Gänse. Die Erfolgreichen werden ohne viel Federlesens ausgeplündert. Das Steueraufkommen zu optimieren bedeutet in diesem Stadium, möglichst viel zu nehmen, ohne den Konzern zu zerstören.

BEPS ist eine mächtige neue Waffe bei der Attacke der Eliten an der Steuerfront. Selbst ohne BEPS ist der Krieg der Staaten gegen die

Steuerzahler schon ziemlich weit gediehen. Im Jahr 2010 wurde in den Vereinigten Staaten der Foreign Account Tax Compliance Act (FATCA) verabschiedet. Er verlangt von allen Banken weltweit, der US-Steuerbehörde Internal Revenue Service (IRS) Daten über die Konten von US-Steuerzahlern zu liefern. Jede Bank muss sich beim IRS registrieren lassen und bekommt daraufhin eine Global Intermediary Identification Number (GI-IN). Ausländische Banken, die das unterlassen, müssen mit formellen und informellen Vergeltungsmaßnahmen rechnen – so können zum Beispiel ihre Korrespondenzkonten bei US-Clearing-Banken geschlossen werden. Für die meisten Banken ist es ein Todesurteil, wenn sie nicht mehr in der Lage sind, Zahlungen in US-Dollar über Korrespondenzbanken abzuwickeln; also fügen sie sich dem US-Diktat.

Außerdem ermächtigt FATCA das US-Finanzministerium, Abkommen mit ganzen Ländern zu schließen (sogenannte »Intergovernmental Agreements« oder IGAs), anstatt mit jeder Bank einzeln verhandeln zu müssen. Ein solches IGA schreibt jeder Bank im betreffenden Land vor, dass sie FATCA befolgen muss. IGAs werden mit Zwangsmaßnahmen durchgesetzt. Wenn ein Land sich weigert, ein solches Abkommen zu unterschreiben, wird seinen Bürgern von Zinszahlungen auf US-Staatsanleihen eine Quellensteuer abgezogen. Die ausländischen Banken setzen ihre eigenen Regierungen unter Druck, das betreffende IGA zu unterschreiben. Die Vereinigten Staaten haben ihre Steuergesetzgebung ihren globalen Steuereintreibungsoperationen angepasst.

IWF, OECD und die G20-Mitgliedsländer haben allesamt diese Bemühungen abgesegnet und ihre eigenen Forderungen für das internationale Sammeln und Weitergeben von Daten aufgestellt. Das Abschlusskommuniqué nach dem G20-Gipfel vom November 2014 im australischen Brisbane enthielt technische Papiere, in denen beschrieben ist, wie ein solches Datensammelprogramm umgesetzt werden kann.

Prominente Ökonomen wie der Nobelpreisträger Joseph Stiglitz und Thomas Piketty haben sich den Forderungen nach einem weltweiten Steuersystem angeschlossen. Vor allem Piketty hat die These vertreten, dass hohe Steuern kein Wachstumshindernis seien.[45] Seine These strotzt nur so von Fehlern, hat aber dennoch im Kreise der globalen Eliten eine Gefolgschaft angelockt. Piketty räumt ein, dass hohe Steuern seine Umverteilungsziele nicht erreichen können, wenn das Eintreiben dieser Steuern durch Steuervermeidung vereitelt wird. Er ergänzt seine Theorien über hohe Steuern mit dem Aufruf nach globaler Besteuerung, sodass die von ihm vorgeschlagenen Steuern auch tatsächlich eingetrieben werden können.

Das globale Steuer-Schleppnetz beschränkt sich nicht auf Einkommen- und Körperschaftsteuern. Auch andere Transaktionssteuern wie Verbrauchsteuer, Umsatzsteuer und Mehrwertsteuer sind attraktive Ziele, weil sie pauschal an der Quelle erhoben werden und nicht durch Berechnen der zulässigen Abzüge verkompliziert werden. Eine Mehrwertsteuer kann vermieden werden, indem man Einkäufe in Steueroasen bucht; das heißt, dass auch die Mehrwertsteuer reif für den Austausch von Steuerdaten ist, um Tricks wie die Transferpreisgestaltung zu bekämpfen.

Eine einflussreiche, international tätige Steueranwältin erzählte mir vor Kurzem, das US-Finanzministerium habe es »aufgegeben«, die Einkommen- und Körperschaftsteuern zu reformieren, weil das zu kompliziert sei; außerdem sei es schwierig, derartige Reformvorhaben durch den Kongress zu bringen. Stattdessen würden sich das Finanzministerium und der Steuerausschuss des Kongresses darauf konzentrieren, eine Mehrwertsteuer einzuführen, die in den Vereinigten Staaten als »nationale Umsatzsteuer« bezeichnet wird. Im April 2014 erhöhte Japan seine Mehrwertsteuer um 60 Prozent. Diese Trends sind Bestandteile der globalen Bemühungen, die Besteuerung von Nettobeträgen – wie Einkommen- und Körperschaftsteuer – auf Bruttobeträge zu verlagern, die leichter zu berechnen und einzutreiben sind.

Die Fusion von globalem Datenaustausch, globaler Durchsetzung von Steuergesetzen und globaler Besteuerung von Bruttoeinkünften versetzt entwickelte Wirtschaftsmächte in die Lage, die maximale Menge an Wohlstand aus den produktiven Sektoren zu extrahieren, um damit unproduktive Eliten zu versorgen. Das geht so lange gut, bis das gesellschaftliche Gefüge zusammenbricht – das übliche Schicksal von Zivilisationen, die eine späte Stufe parasitären Prälatentums erreichen.

Wer die Konzerne als unerwünschte autonome Akteure betrachtet, sollte vorsichtig sein im Hinblick auf das, was er sich wünscht. Unter den Ökonomen herrscht Einigkeit darüber, dass Konzerne nicht die wahren Kosten der Besteuerung tragen. Konzerne sind lediglich ausführende Akteure eines enormen Netzwerks von Kunden, Lieferanten, Investoren und Beschäftigten. Der globale Angriff auf Konzerne an der Steuerfront ist ein Angriff auf privates Kapital. Außerdem beschränkt sich dieser Angriff keineswegs auf Konzerne; sie sind lediglich die prominentesten Ziele. Die Techniken, die von der G20 auf Unternehmen angewendet werden, sind auch auf Personen anwendbar.

Die G20 ist, unter der Führung der Vereinigten Staaten und mithilfe von Akteuren beim IWF und bei der OECD, schon ziemlich weit vorangeschritten auf dem Weg zum beinahe perfekten Sammeln und Tauschen von Daten. Wenn diese Daten auf Hochleistungsrechnern mithilfe ausgefeilter Data-Mining-Algorithmen verarbeitet werden, ist das Ergebnis ein Quantensprung in der Fähigkeit von Regierungen, Wohlstand vom privaten Sektor zu extrahieren – sowohl von Konzernen als auch Personen. Die Notwendigkeit, Staatsschulden zu bedienen, beschleunigt diesen Prozess. Durch den verschwenderischen Umgang mit öffentlichen Mitteln werden die Steuern in die Höhe getrieben, in einem Teufelskreis aus höheren Staatsausgaben, höheren Steuern, effektiverem Eintreiben von Steuern, konsequenterem Durchsetzen von Steuergesetzen und höheren Staatsschulden – bis der Punkt des Zusammenbruchs erreicht ist.

Die weltweite Besteuerung ist schon da, kaum noch verschleiert. Bald wird der Schleier gänzlich fallen und die Extraktion von Wohlstand beginnen. Es wird kein Versteck geben und keine Möglichkeit, die Maschinerie zu stoppen.

Weltordnung

Die neue Weltordnung ist nicht neu. Seit Jahrtausenden haben verschiedene Zivilisationen verschiedene Formen einer Weltordnung entwickelt, denn die Alternative zur Ordnung ist das Chaos. Nur selten bringt eine solche Ordnung auch Freiheit oder Gerechtigkeit mit sich; vor allem beendet sie Unordnung und dämmt Gewalt ein. Daraus bezieht die Ordnung ihre Legitimation. Die nächste Weltordnung ist im Begriff zu entstehen.

Neu an dieser »Weltordnung« ist, dass sie nicht mehr auf eine klar definierte »Welt« wie das römische oder chinesische Reich begrenzt sein wird.

Die nächste Weltordnung wird den gesamten Globus und all seine Zivilisationen zugleich erfassen.

Die römische Weltordnung erstreckte sich über die südlich der Donau und westlich des Rheins gelegenen Regionen Europas sowie weite Teile der heutigen Türkei, Nordafrikas und der Levante. Sie war auf Eroberungen, staatsbürgerliche Pflichterfüllung, Militärdienst und oberflächliche Anbetung staatlich sanktionierter Götter aufgebaut. Wie jede Weltordnung verfügte auch Rom über eine hervorragende Bürokratie und effiziente Methoden, um Steuern einzutreiben. In der Regel hielt Rom es nicht für nötig, zu zerstören, was es vorfand. Wenn die Königreiche und Kulturen an der Peripherie des Reichs bereit waren, sich der römischen Ordnung zu unterwerfen, wurde es ihnen freigestellt, ihre lokalen Gebräuche und Religionen zu behalten. Freundschafts- und Handelsabkommen, in denen es um Tributzahlungen, Frieden und exklusive Handelsrechte ging, reichten aus, um das Imperium zusammenzuhalten. Es war eine Strategie von Zuckerbrot und Peitsche – der Handel war das Zuckerbrot, die Legionen waren die Peitsche. Diese Weltordnung war Roms bedeutendster Export.

Auf den Niedergang Roms folgten in Westeuropa die finsteren Zeiten des frühen Mittelalters, in denen die katholische Kirche die Institution war, welche die Zivilisation zusammenhielt. Als im 9. Jahrhundert, der Zeit der karolingischen Renaissance, Karl der Große sein Reich schuf, entstand eine teilweise erfolgreiche neue Weltordnung. Karl der Große verband militärische Macht und Religion mit besserer Bildung sowie Alphabetisierung und einer Währungsreform, um ein vereintes Reich zu schaffen, das sich über die westliche Hälfte des früheren Römischen Reiches sowie weite Teile Nord- und Zentraleuropas erstreckte, die nie von Rom erobert worden waren. Diese neue Weltordnung war eine Weile erfolgreich, überdauerte aber nach dem Tod Karls des Großen im Jahr 814 kaum 75 Jahre, bevor sie wieder zerfiel.

Nach dem Ende dieser ersten Renaissance ging es in Europa weiter mit einem Flickenteppich aus feudalen Königreichen und Fürstentümern, die sich untereinander bekriegten, bis die zweite Renaissance anbrach, die vom 14. bis zum 16. Jahrhundert andauerte. Das Heilige Römische Reich (deutscher Nation) war meistenteils eine Fassade, außer in dem halben Jahrhundert von 1506 bis 1556, als Karl V. während seiner Herrschaft die Kronen von Burgund, Habsburg und dem Heiligen Römischen Reich sowie Eroberungen in der Neuen Welt zu einem einzigen großen Reich verband. Doch auch dieses Erbe erwies sich nicht als dauerhaft. Der Kaiser dankte ab und sein Reich zerfiel in separate Königreiche. Fortan hatte der gewohnte Krieg um Ländereien, Eigentumsrechte und Reichtümer eine weitere Komponente, nämlich die tief greifende religiöse Spaltung zwischen Katholiken und Protestanten.

Die Religionskriege des späten 16. Jahrhunderts gipfelten zu Beginn des 17. Jahrhunderts im Dreißigjährigen Krieg. Von 1618 bis 1648 verzehrte sich Europa in dem ersten totalen Krieg seit der Antike. Die Zivilbevölkerung wurde ausgehungert und abgeschlachtet, die Städte zerstört auf eine Art und Weise, wie man es seit den Kriegszügen der Heiden nicht mehr gesehen hatte. Beendet wurden die Verheerungen durch den Westfälischen Frieden, aus dem das moderne System von souveränen Staaten und diplomatischen Beziehungen erwuchs, wie wir es seitdem kennen.

In der durch den Westfälischen Frieden geschaffenen Ordnung existierten die Staaten innerhalb anerkannter Grenzen. Die Souveränität eines jeden Staates wurde von allen anderen anerkannt. Man einigte sich auf den Grundsatz der Nichteinmischung. Religiöse Unterschiede zwischen den Staaten wurden toleriert. Ein Staat konnte entweder eine Monarchie oder eine Republik sein. Die Staatsräson – oder *raison d'état* – war das organisierende Prinzip der internationalen Beziehungen. Der Krieg war noch nicht völlig ausgemerzt, wurde jedoch durch Diplomatie und das Streben nach einem Gleichgewicht der Mächte entschärft. Das Ziel eines solchen Gleichgewichts bestand darin, zu verhindern, dass ein Staat so mächtig wurde, dass er einen anderen erobern und damit die Weltordnung zerstören konnte.

Im gesamten 18. und 19. Jahrhundert war Frankreich die Bedrohung, gegen die das Gleichgewicht der Mächte aufrechterhalten werden musste. Im späten 19. und frühen 20. Jahrhundert entwickelten sich Deutschland und Russland zu den primären Bedrohungen. Großbritannien und später die Vereinigten Staaten bildeten die wichtigsten Gegengewichte, zuerst gegen die französische, dann gegen die deutsche und die russische Macht.

Das System des Westfälischen Friedens brach unter den Schrecken des Ersten und dann des Zweiten Weltkrieges völlig zusammen. In der Zeit zwischen den Kriegen, von 1919 bis 1939, wurden Anstrengungen unternommen, eine neue Weltordnung auf der Grundlage multilateraler Organisationen, etwa dem Völkerbund, aufzubauen. Diese Bemühungen scheiterten jedoch aufgrund der Nachwirkungen des unversöhnlichen Versailler Vertrages von 1919. Dieser Vertrag gab dem deutschen Revanchismus Auftrieb und ließ unweigerlich Rachegelüste emporkommen.

Nach dem Zweiten Weltkrieg entwickelte sich eine andere Weltordnung, nämlich die bipolare Welt der US-amerikanischen und russischen Hegemonie über ihr jeweiliges Reich. Die Vereinigten Staaten setzten ihre Interessen über Bündnisse wie die NATO durch, die gestützt wurden durch Gold, Atomwaffen und imposante Seestreitkräfte; Russland gebot über ein Riesenreich auf dem Festland, die Union der Sozialistischen Sowjetrepubliken (UdSSR), und über Stellvertreterländer wie Kuba, Nordkorea und Nordvietnam.

Dieses Nachkriegs-Kondominium bezog Elemente der durch den Westfälischen Frieden geschaffenen Ordnung mit ein, so zum Beispiel staatliche Selbstständigkeit, Souveränität und Diplomatie, inzwischen ergänzt durch robustere Versionen der gescheiterten multilateralen Organisationen aus der Zeit zwischen den Weltkriegen. Die Vereinten Nationen, der Internationale Währungsfonds, die Weltbank und später die G20-Gruppe waren eine neue multilaterale Metastruktur, die dem Staatensystem aufgesattelt wurde, um den Frieden zu bewahren, Wachstum zu fördern und ein stabiles Währungssystem zu gewährleisten.

Dieser Überblick konzentriert sich absichtlich auf das Abendland. In anderen Weltregionen hatten die Mongolen, China und der Islam ihre eigenen Weltordnungen entwickelt. Das Mongolenreich, zu dem während seiner Blütezeit auch China gehörte, hatte im 13. und 14. Jahrhundert Bestand. Die Mongolen eroberten das größte zusammenhängende Reich aller Zeiten, bevor es sich in kleinere Khanate und lokale Kulturen auflöste. Chinas Weltordnung beruhte auf der Göttlichkeit des Kaisers und einer geschlossenen Kultur, die äußere Einflüsse als barbarisch abwies. Die islamischen Kalifate beruhten auf der Unterwerfung unter Allahs Willen, offenbart durch den Propheten Mohammed und niedergeschrieben im Koran. Im Gegensatz zu China mauerte der Islam sich nicht gegenüber der Außenwelt ein, sondern eroberte vielmehr weite Teile davon mit großem Erfolg. Im 8. Jahrhundert erstreckte sich das Kalifat der Umayyaden von

Spanien bis zum Indus, während der Islam selbst sich letztlich noch weiter ausbreitete, über Ostafrika bis nach Indonesien und darüber hinaus. Trotz der Langlebigkeit und der geografischen Ausdehnung des chinesischen und des islamischen Reiches konnten diese Weltordnungen das frühe 20. Jahrhundert nicht überdauern, und zwar aufgrund ihrer technologischen Rückständigkeit, durch westlichen Imperialismus und das Aufkommen des totalen Kriegs. Das letzte bedeutende islamische Kalifat, das Osmanische Reich, brach 1922 in den Nachwehen des Ersten Weltkriegs endgültig zusammen. Sein Kadaver wurde von europäischen Diplomaten zerlegt und untereinander aufgeteilt, zuerst in Form des geheimen Sykes-Picot-Abkommens von 1916 und später im Rahmen des Versailler Vertrags von 1919. Die imperiale Ordnung Chinas brach 1912 zusammen, und zwar mit dem Fall der Qing-Dynastie, gefolgt von einer gescheiterten Republik, von Warlords geführten Bürgerkriegen, einer japanischen Invasion und einer kommunistischen Revolution. Ohne dem Westen robuste Alternativen entgegenhalten zu können, wurden China und der Islam zu Randerscheinungen der modifizierten westfälischen bipolaren Welt, wie sie sich nach 1945 entwickelt hatte. Zum ersten Mal im Laufe der Geschichte existierte eine Weltordnung, welche die ganze Welt umfasste.

In seinem Buch *Weltordnung* liefert Henry Kissinger einen brillanten Überblick über diese geschichtlichen Entwicklungen.[46] Kissingers Betrachtungen sind so umfassend, dass man sagen könnte, er habe einen Hang zur Ordnung erkannt, der die internationalen Beziehungen durchdringt und sich der Unordnung von Kriegen und Zerstörung entgegenstellt, die von so unterschiedlichen Figuren wie Napoleon oder Hitler heraufbeschworen wurden. Stark vereinfacht ausgedrückt erzeugen Eroberer Unordnung, während die Völker und die meisten Herrscher Ordnung bevorzugen. Der Antipol zur Unordnung ist eine wie auch immer geartete Ordnung, sei in Form eines Reiches wie jenem der Römer oder Karolinger oder eines Staatensystems wie nach dem Westfälischen Frieden.

Ordnung setzt keineswegs Demokratie voraus. Ordnung ist ein Zustand, der sich mit diversen Wertesystemen verträgt. Demokratie und Freiheit sind wünschenswert und vertragen sich gut mit kapitalistischen Wirtschaftssystemen. Aber diese Werte werden nicht universell geschätzt. Interessanterweise sind die gescheiterten chinesischen und islamischen

Weltordnungen im 21. Jahrhundert wieder aufgetaucht, Erstere in Form einer zentralisierten kommunistischen Bürokratie und Letztere in einer radikalen Form als eine dezentralisierte Schreckensherrschaft. Weder China noch der Islam fördern Demokratie oder Freiheit. Liberale Wertvorstellungen werden sich, sofern überhaupt möglich, durch Kultur und Bildung durchsetzen müssen, nicht notwendigerweise mit Unterstützung durch eine neue Weltordnung.

Unordnung hat sich stets kinetisch manifestiert. Der Preis der Unordnung ist Tod und Zerstörung. Schon als Bronze durch Stahl ersetzt wurde, als man Segel und Steigbügel erfand und das Schwert durch Schusswaffen abgelöst wurde, blieb eine Konstante im Kampf zwischen Ordnung und Unordnung stets dessen physische Form. Wohlstand als wichtiges Gegenstück zum Krieg existierte ebenfalls in physischer Form, und zwar als Edelmetall, Schmuck, Kunstwerke, Nutzvieh oder Eigentumsrechte an Grund und Boden.

Aber der Wettbewerb zwischen staatlichen und nicht staatlichen Akteuren spielt sich immer häufiger in digitalen Domänen ab, wenn zum Beispiel staatliche Cyber-Brigaden beziehungsweise kriminelle Banden in Computersysteme eindringen. Die Grenze zwischen angeheuerten Cyber-Kriegern und Kriminellen kann verwischt werden, um Racheakten vorzubeugen. Eine »Distributed denial of service«-Attacke (DdoS, Lahmlegen einer Website durch koordinierte Verarbeitungsanforderungen von zahlreichen Rechnern über das Netz) ist die harmloseste Form eines solchen Angriffs. Schwerwiegender ist es, wenn Hacker in Systeme eindringen und die Kontrolle über kritische Einrichtungen übernehmen, etwa in Staudämmen oder Elektrizitätsnetzen, sodass sie zu einem vorher bestimmten Zeitpunkt eine Überflutung oder einen Stromausfall in Gang setzen können.

Am bedrohlichsten sind schlafende Angriffsviren, die tief in die Betriebssysteme von Börsencomputern eingeschleust werden, wo sie dann darauf warten, als Bestandteil einer koordinierten Attacke aktiviert zu werden. Solche Schläfer-Viren können auch dazu dienen, das Land, in dem sich ein infiziertes System befindet, von einem Angriff abzuschrecken. Ein solcher von einem russischen Militärgeheimdienst eingeschleuster Angriffsvirus wurde im Jahr 2010 im Betriebssystem-Code von Rechnern der NASDAQ-Aktienbörse entdeckt.[47] Dieser Virus konnte zwar unschädlich gemacht werden, aber niemand weiß, wie viele weitere unentdeckte Viren in Wartestellung lauern.

Viren können Kundenkonten spurlos löschen. Wenn sie offensiv eingesetzt werden, kann mit ihrer Hilfe eine unkontrollierbare Flut von Verkaufsorders für beliebte Aktien wie Apple oder Amazon erzeugt werden. Die Militärdoktrin fordert, die Kräfte durch Nutzen von »force multipliers« zu verstärken. Zum Beispiel könnte ein Angreifer auf einen Tag warten, an dem der Aktienmarkt ohnehin schon um fünf Prozent gefallen ist, vielleicht um 900 Punkte im Dow Jones, und dann einen Angriff starten, um diese Abwärtsdynamik noch zu verstärken. Das könnte dazu führen, dass der Dow Jones an einem einzigen Tag um 5000 Punkte abstürzt und die New York Stock Exchange notgedrungen geschlossen wird. Dieser nahezu sofortige Verlust an Wohlstand wirkt auf die Zivilbevölkerung noch demoralisierender als eine konventionelle Bombardierung.

Freilich haben digitale Bedrohungen physische Gewaltanwendung keineswegs verdrängt. Die Ukraine, Syrien und Libyen zeigen, dass physische Zerstörung und entsetzliche Gewalt nach wie vor ein Mittel bleiben, um politische oder religiöse Ziele zu erreichen. Kissingers Mahnung, auf diplomatischem Weg nach Lösungen zu suchen und nur dann zu den Waffen zu greifen, wenn es absolut notwendig ist, ist immer noch aktuell.

Dennoch hat sich die virtuelle Kriegsführung – vor allem in der Finanzwelt – mit erschreckender Geschwindigkeit aus dem Reich der Fantasie in die überaus raffinierte Realität verlagert.

Wie stehen im digitalen Zeitalter die Aussichten für Ordnung und Unordnung, für Krieg und Frieden?

Aus Sicht der Eliten erfordert die neue Realität eine neue Weltordnung, die post-staatlich und post-national ist. Diese Ordnung betrachtet souveräne Staatlichkeit und das Gleichgewicht der Mächte – das klassische Rahmenwerk nach dem Muster des Westfälischen Friedens – als überholt. Wenn die neue Weltordnung sich entwickelt, werden neue finanzielle Arrangements und neue Regierungsformen gebraucht werden, um sie zu unterstützen. Diese neue Weltordnung bildet den Rahmen, in dem Weltgeld und Weltbesteuerung umgesetzt werden können.

Klimaveränderung ist ein nützliches Steckenpferd für die Eliten, das sie reiten können, um die Umsetzung einer neuen Weltordnung voranzutreiben.

Die wissenschaftliche Debatte zur Klimaveränderung tut nichts zur Sache; es gibt hitzige Ansichten auf beiden Seiten, manche wissenschaftlichen Erkenntnisse sind gesichert, andere dagegen nicht. Die globalen Eliten behandeln die Debatte, als sei sie beendet, um ein übergeordnetes Projekt zu verschleiern. Für die Eliten beschwört ein globales Problem, wenn es denn erst einmal definiert ist, eine globale Lösung herauf. Das Thema Klimaveränderung ist die perfekte Plattform, um ihre versteckte Agenda von Weltgeld und Weltbesteuerung umzusetzen.

Initiativen zur Klimaveränderung gehen zumeist von den Vereinten Nationen aus, vor allem von der Klimarahmenkonvention der Vereinten Nationen sowie von Protokollen, die aus dieser Konvention erwachsen. Für sich betrachtet scheint Klimaveränderung kaum etwas mit Weltgeld zu tun zu haben; tatsächlich sind die beiden jedoch im Rahmen der neuen Weltordnung eng miteinander verknüpft.

In jedem G20-Gipfel-Abschlusskommuniqué seit Beginn der Serie im November 2008 haben sich die Staatsoberhäupter zur Klimaveränderung geäußert. Auf jedem halbjährlichen IWF-Treffen und in zahlreichen öffentlichen Statements der IWF-Chefin wird über Klimaveränderung und die Notwendigkeit gesprochen, sie auf der globalen Ebene zu bekämpfen.

Die Vereinten Nationen haben ein Projekt gestartet, um das Finanzsystem zu kapern und Kapital in das umzulenken, was sie als nachhaltige Entwicklung bezeichnen. Im Oktober 2015 veröffentlichten die Vereinten Nationen einen 112-seitigen Bericht unter dem Titel: »The Financial System We Need«.[48] Eine Empfehlung in diesem Bericht enthält unter der Überschrift »Harnessing the Public Balance Sheet« Ratschläge zu der Frage, »wie sich die Bilanz des öffentlichen Sektors einspannen lässt«.

Am 25. April 2016 enthüllte der UN-Projektberater Andrew Sheng den Plan der Eliten, Weltgeld einzuführen, und zwar in einem Artikel, den er mit Xiao Geng unter dem Titel »How to Finance Global Reflation« verfasste. Darin heißt es:

Investitionen in globale öffentliche Güter – nämlich die Infrastruktur, die gebraucht wird, um die Bedürfnisse der Schwellenländer zu decken und die Klimaveränderung zu bremsen – könnten eine globale Reflation in Gang setzen. Allein um die Klimaerwärmung zu bekämpfen, werden im Laufe der kommenden 15 Jahre Infrastruktur-Investitionen in Höhe von schätzungsweise sechs Billionen Dollar pro Jahr notwendig sein. ...

Da die USA, Emittent der wichtigsten globalen Reservewährung, nicht bereit oder nicht in der Lage sind, die Liquidität bereitzustellen, die gebraucht wird, um die Infrastruktur-Investitionslücke zu schließen, sollte eine neue, ergänzende Reservewährung eingeführt werden – und zwar eine, deren Emittent nicht vom Triffin-Dilemma betroffen ist. Das lässt nur eine Option offen: das Sonderziehungsrecht (SDR) des Internationalen Währungsfonds.

Eine schrittweise Erweiterung der Rolle des SDR in der neuen globalen Finanzarchitektur, die darauf abzielt, den geldpolitischen Übertragungsmechanismus wirksamer zu machen, kann ohne größere Meinungsverschiedenheiten erreicht werden, und zwar weil konzeptionell mehr SDRs einer Erhöhung der Bilanzsumme der globalen Zentralbank (quantitative Lockerung) gleichkommen. ...

Stellen wir uns ein Szenario vor, nach dem die Zentralbanken der Mitgliedsländer ihre SDR-Allokation in den IWF um vielleicht eine Billion Dollar erhöhen würden. Eine fünffache Hebelung würde den IWF in die Lage versetzen, entweder seine Darlehensvergabe an Mitgliedsländer oder die Infrastruktur-Investitionen über multilaterale Entwicklungsbanken um mindestens fünf Billionen Dollar zu erhöhen. Darüber hinaus könnten multilaterale Entwicklungsbanken ihr Eigenkapital hebeln, indem sie sich an den Kapitalmärkten verschulden. ...

Der IWF und die bedeutenden Zentralbanken sollten sich dieses neue Wissen zunutze machen und gegen langfristige Darlehen für Infrastruktur-Investitionen Eigenkapital und Liquidität bereitstellen. ...[49]

Die Zusammenhänge zwischen Klimaveränderung, SDRs, dem IWF, der Weltbank und der Notwendigkeit für globale Koordination könnten kaum expliziter sein.

Auf dem Weg in diese neue, auf digitalem Wohlstand und Weltgeld – statt auf staatlicher Souveränität nach dem Muster des Westfälischen Friedens – beruhende Weltordnung gibt es einige Hindernisse. Wichtige Länder wie Russland und der Iran sind dem Westen aktiv feindlich gesinnt. Zwischen den Vereinigten Staaten und China steigen die Spannungen.

»Schurkenstaaten« wie Nordkorea und gescheiterte Staaten wie Venezuela bleiben vom Plan der Eliten ausgenommen.

Aus Sicht dieser »Schurkenstaaten« und auf Konfrontation ausgerichteten Länder ermöglicht die Dominanz des digitalen US-Dollars eine inakzeptable Hegemonie der USA. Unter der Führung von China entwickeln die Schwellenländer alternative digitale Zahlungssysteme, um eine Abhängigkeit von den Vereinigten Staaten zu vermeiden. Außerdem sind sie dabei, Tausende Tonnen von physischem Gold zu erwerben – ein nicht-digitales Asset, das die Vereinigten Staaten weder durch Hacker-Angriffe vernichten noch einfrieren können. Diese rivalisierenden Goldbestände umfassen heute weniger als 10 000 Tonnen, können sich also bis jetzt noch nicht mit den 22 000 Tonnen messen, die gemeinsam von den Vereinigten Staaten, Europa und IWF gehalten werden. Gold wird auch in den kommenden Jahren seine Wanderung von West nach Ost fortsetzen, um das Gleichgewicht wiederherzustellen.

Es könnte sich eine bipolare Finanzwelt entwickeln, in der Asien, Afrika und Südamerika – unter der Führung von China und Russland und unterstützt vom Iran und der Türkei – das eine digitale Zahlungssystem einsetzen, während die Vereinigten Staaten, Europa und die früheren Commonwealth-Länder ein anderes verwenden. Jedes dieser Systeme würde durch etwa 20 000 Tonnen Gold gestützt werden – eine beklemmende Erinnerung an den Rüstungswettlauf im Kalten Krieg und noch frühere Kämpfe um das Gleichgewicht der Mächte.

Aber wegen seines Potenzials für Unordnung ist dies nicht das wahrscheinlichste Szenario. Die Chinesen wollen als gleichberechtigtes Mitglied in den Club der westlichen Länder aufgenommen werden, sie wollen ihn nicht zerstören. Ein wahrscheinlicheres Szenario ist, dass eine Technik angewendet wird, die als »Schock-Strategie« bekannt ist. Die Vereinigten Staaten werden, wenn sie in die nächste Finanzpanik verwickelt und deswegen nicht mehr in der Lage sein werden, die privilegierte Rolle des Dollar zu verteidigen, sich sehr rasch an einen reformierten IWF wenden, in dem Chinas Stimme ein höheres Gewicht hat. Dieser neue IWF wird nach den Vorgaben der G20 eine von Panik geschüttelte Welt durch hemmungsloses Drucken von SDRs mit neuer Liquidität fluten. Die wichtigsten Projekte zur Bekämpfung der Klimaveränderung werden rasch umgesetzt werden. Ein weltweites Besteuerungssystem wird eingeführt werden, um diese Projekte zu finanzieren. Durch internationalen Datenaustausch und globale Kooperation werden Konzerne und wohlhabende Personen schutzlos dastehen. Koordiniertes Handeln in Form von globaler Extraktion von Wohlstand wird die frühere Praxis des wirtschaftlichen Wettbewerbs souveräner Staaten ersetzen. Die globalen Machteliten werden die Beute unter sich aufteilen.

Die Agenda der Eliten steht; jetzt warten sie auf einen neuen Schock.

Die Schock-Strategie

In ihrem 2007 erschienenen Buch *Die Schock-Strategie* hat Naomi Klein eine Technik beschrieben, die Eliten einsetzen, um ihre versteckten Agenden voranzutreiben.[50] Die Eliten formulieren Pläne für die Weltordnung, die sie gerne umgesetzt sehen würden. Sie warten auf einen Schock mit äußeren Ursachen – eine Naturkatastrophe oder Finanzkrise – und nutzen dann die durch diesen Schock erzeugte Angst, um ihre Vision voranzutreiben. Eine neue Politik wird präsentiert, um diese Ängste zu dämpfen. Diese Politik ist ein Weg, um den Plan für die neue Weltordnung voranzutreiben. Die Idee ist ganz einfach, aber um die Schock-Strategie einzusetzen, sind jahrzehntelange unermüdliche Anstrengungen notwendig. Schocks sind unvorhersehbar, aber der Plan der Eliten bleibt.

Klein beschrieb diesen Prozess aus der Sicht eines Außenseiters, aber der ultimative Insider Rahm Emanuel, Obamas erster Stabschef, hat die Existenz der Schock-Strategie bestätigt, als er sagte: »Man sollte nie eine ernste Krise ungenutzt verpuffen lassen.« Diese Äußerung war eine Reaktion auf die Finanzpanik von 2008.

Präsident Obama und Rahm Emanuel nutzten die Krise von 2008, um ein »Konjunkturprogramm« in Höhe von 813 Milliarden Dollar durchzupeitschen, das am 17. Februar 2009 verabschiedet wurde – ein Musterbeispiel für den Einsatz der Schock-Strategie. Dieses Programm hat die Wirtschaft nicht angekurbelt; der Aufschwung seit 2009 ist der schwächste in der Geschichte der Vereinigten Staaten. Das Ausgabenprogramm lieferte freilich einen Grabbeltisch von Wohltaten für bevorzugte Klientelen wie Lehrer, Gewerkschaften und Beschäftigte im öffentlichen Dienst. Diese

Wählergruppen hatten acht Jahre lang – solange die Bush-Regierung an der Macht war – auf ihre Geschenke warten müssen. Wenn die Schock-Strategie eingesetzt werden soll, zahlt es sich aus, geduldig zu sein.

Ein weiteres, außerordentlich folgenschweres Beispiel für den Einsatz der Schock-Strategie war die Verabschiedung des USA Patriot Act (das steht für »Uniting and Strengthening America by Providing Appropriate Tools Required to Intercept and Obstruct Terrorism Act of 2001«, zu Deutsch: »Gesetz zur Einigung und Stärkung Amerikas durch Bereitstellung geeigneter Instrumente, um Terrorismus aufzuhalten und zu blockieren«) am 26. Oktober 2001, im Kielwasser der Anschläge vom 11. September. Der Patriot Act enthielt notwendige Verbesserungen des Informationsaustauschs zwischen FBI, CIA und Anklagejurys. Eine gewisse Lockerung der Überwachungsgesetze drängte seinerzeit.

Aber der Patriot Act war auch die Kodifizierung einer Überwachungsstaat-Wunschliste, die schon seit einiger Zeit unterhalb der Oberfläche der politischen Landschaft gegärt hatte. Gewisse Bestimmungen im Patriot Act, die vom US-Finanzministerium vorangetrieben worden waren und die Bankenfusionen verhinderten und das Einziehen von Vermögenswerten ermöglichten, hatten weniger mit Al-Qaida zu tun als vielmehr mit dem laufenden »Krieg gegen Bargeld« des Finanzministeriums. Diese Bestimmungen wurden aus dem Giftschrank geholt, in dem das Finanzministerium seinen Wunschzettel aufbewahrt, und den erweiterten Befugnissen im Gesetz hinzugefügt. Heute ist der Patriot Act eine viel zu breit angelegte und permanente Bedrohung, die eingesetzt wird, um politische Gegner von Staats wegen zu überwachen. Laut Schock-Strategie brauchte das Finanzministerium lediglich einen Schock, um sich seine Wünsche erfüllen zu können, und diesen Schock lieferten die Anschläge vom 11. September.

Die neue Weltordnung ist passgenau auf die Anwendung der Schock-Strategie zugeschnitten. Wie immer, wenn diese Strategie angewendet werden soll, existieren bereits Elemente des angestrebten Ziels und warten darauf, in Reaktion auf einen neuen Schock ausgeweitet und dauerhaft umgesetzt zu werden. Der IWF ist für alle praktischen Zwecke die Welt-Zentralbank. SDRs sind Weltgeld in einer Form, die kein Normalbürger verstehen kann. Die G20-Gruppe ist de facto ein Vorstand für diese neue Weltordnung. Die strafbewehrte Eliminierung von Bargeld, selbst wenn es im Besitz unbescholtener Bürger ist, sorgt dafür, dass es keine Alternativen zu digitalen Zahlungsmitteln mehr gibt. Virtueller Besitz kann aufgespürt, besteuert und abgeschaltet werden, je nach Wohlverhalten des Besitzers – nach der Definition der globalen Eliten. Das System ist als Anwendungsfall für die Schock-Strategie ausgelegt.

Die Schock-Strategie ist wie ein Zahnkranz mit Klinkensperre, der sich nur in eine Richtung drehen lässt und dann blockiert, eine sogenannte »Ratsche«. Er kann sich immer nur weiter in dieselbe Richtung drehen, aber nie in die andere. Politische Maßnahmen, die nach der Schock-Strategie eingeführt werden, bleiben noch lange nach der Krise, die sie ausgelöst hat, erhalten. Der Trend geht beharrlich in Richtung mehr Staatsmacht, höhere Steuern und weniger Freiheit.

Die Schock-Strategie ist ein ideales Werkzeug für das bereits erwähnte »Piecemeal Social Engineering« des Philosophen Karl R. Popper (im Deutschen als »Sozialtechnik der kleinen Schritte« bezeichnet).[51] Heute ist der bekannteste Anhänger Poppers George Soros. Dessen wichtigstes Instrument für diese »Sozialtechnik« sind die Open Society Foundations, die nach Poppers bekanntestem Buch *The Open Society and Its Enemies (Die offene Gesellschaft und ihre Feinde)* benannt wurden.[52]

Die Eliten sind sich des Umstandes bewusst, dass ihre Ansichten in demokratischen Gesellschaften keineswegs breite Akzeptanz finden. Sie wissen, dass ihre Programme über Jahrzehnte in kleinen Schritten umgesetzt werden müssen, um heftigen Widerstand zu vermeiden. Die Schock-Strategie berücksichtigt die generell ablehnende Haltung gegenüber Eliten. Wenn ein Schock auftritt, machen die Eliten sich sofort daran, einen weiteren Schritt ihres Programms umzusetzen; dabei kommt es darauf an, dass sie schnell genug handeln, bevor der Schock nachlässt. Die »Ratsche« sorgt dafür, dass diese Fortschritte nicht so bald wieder aufgegeben werden müssen. Dann ruht der Prozess wieder – bis zum nächsten Schock.

Und daraus ergibt sich die wahre Typologie der globalen Eliten: eine Struktur von schwebenden, sich überlappenden Einflusssphären. Die Kommunikation findet auf Kongressen und über »Supercarrier« statt, die Konzepte zwischen den Sphären übermitteln. Die Inhalte kommen von öffentlich bekannten Intellektuellen; ihr Bindemittel ist die gleiche Gesinnung, ihre Stärke ist Geduld, ihre Methode ist »Piecemeal Social Engineering«.

Ihr Skalpell ist die Schock-Strategie; ihr Erfolg am Ende wird durch die »Ratsche« garantiert. Und das alles dient der Agenda: »Eine Währung, eine Welt, eine Ordnung«.

KAPITEL 3

WÜSTENSTADT
DER WISSENSCHAFT

Keynes fragte mich, welche Haltung ich meinen Klienten empfehle.
»Sich von der kommenden Krise so weit als möglich fernzuhalten und den Markt
zu meiden«, antwortete ich.
Keynes war entgegengesetzter Meinung. »Es kommt keine Krise mehr in unserer
Zeit«, insistierte er. ... »Von woher soll denn eine Krise kommen?«
»Vom Unterschied zwischen Schein und Wirklichkeit. Ich habe noch nie so schwere
Unwetter heraufziehen gesehen«, antwortete ich.[53]
Mit Keynes im Jahr 1927 geführtes Gespräch, nacherzählt von Felix Somary in
seinen

Erinnerungen aus meinem Leben (1955)

Nichts kann die Rätsel der Kapitalmärkte leichter entschlüsseln als die
Komplexitätstheorie. Die formale Theorie wurde in den 1960er-Jahren entwickelt, aber natürlich sind Beobachtungen über komplexe Dynamiken so
alt wie die Menschheit. Ein prähistorischer Sternengucker, der am nächt-
lichen Firmament eine Supernova entdeckte, beobachtete Komplexität in
Aktion. Niemals wurde Komplexität in den Dienst einer dringenderen Sache gestellt als Mitte der 1940er-Jahre des vergangenen Jahrhunderts in Los
Alamos, New Mexico, USA.

Los Alamos

Die Landschaft entlang der Strecke von Santa Fe, der Hauptstadt des
US-Bundesstaates New Mexico, zum Forschungszentrum »Los Alamos National Laboratory« ist trostlos, aber wunderschön. Die Straße windet sich

mit einer leichten Steigung durch die Wüste, da das Forschungszentrum etwas höher liegt als die Stadt. Heute ist die Straße zu einem zweigeteilten Highway ausgebaut, etwas ganz anderes als die gefährlichen Schotterpisten, die von den ersten Wissenschaftlern bewältigt werden mussten, die ab Ende 1942 in Los Alamos am »Manhattan Project« arbeiteten. Die umgebende Ebene ist durchbrochen von Tafelbergen und Canyons, die oben von rosa gleißender Wüste eingefasst sind und unten in dunklen Felsschluchten enden.

Ein bisschen seltsam an dieser Fahrt ist, dass man kaum Tagesausflügler, Wohnmobile, Bootsanhänger und ähnliche, für US-Straßen typische Reisende zu Gesicht bekommt. Ab einer bestimmten Abbiegung führt die Straße nur noch an ein Ziel, nämlich das Forschungszentrum selbst, und es gibt keinen Grund, auf dieser Straße zu sein, wenn man nicht die erforderliche Sicherheitsfreigabe hat, um eine der am strengsten gesicherten Einrichtungen der Welt besuchen zu dürfen.

Das Los Alamos National Laboratory, kurz LANL, ist eine von 17 staatlichen Forschungseinrichtungen, in denen äußerst anspruchsvolle Forschungs- und Entwicklungsarbeit in Bereichen wie Nanotechnologie, Materialforschung, Hochleistungs-Datenverarbeitung, Magnetik, erneuerbare Energien und Grundlagenforschung geleistet wird. Los Alamos ist eines von nur drei nationalen Forschungszentren, die auf Nuklearwaffen spezialisiert sind, neben den Sandia National Laboratories in Albuquerque, New Mexico, und dem Lawrence Livermore National Laboratory in Livermore, Kalifornien.

Die Aktivitäten dieser nationalen Forschungszentren werden ergänzt durch ein Netzwerk privater Forschungslabors, die zumeist mit Elite-Universitäten zusammenarbeiten, geheime staatliche Forschungsaufträge durchführen und unter strikten Sicherheitsvorkehrungen arbeiten. Dazu gehören zum Beispiel streng gesicherte Außenbereiche und Zugangsbeschränkungen für Personen, die keine Freigabe für die höchste Geheimhaltungsstufe mit Zugang zu den sensibelsten Informationen vorweisen können. Die bekannteste dieser privaten Forschungseinrichtungen ist das Applied Physics Laboratory an der Johns Hopkins University. Das Jet Propulsion Laboratory unweit von Los Angeles ist ein öffentlich-privates Hybridmodell, das von der NASA finanziert und vom California Institute of Technology betrieben wird.

Gemeinsam bilden diese privaten und öffentlichen Einrichtungen einen Forschungsarchipel, der sich von der Ost- bis zur Westküste erstreckt und den Vereinigten Staaten ihren Vorsprung sichert vor den Russen, Chinesen und anderen Rivalen im Bereich von Systemen, die für Verteidigung, Weltraumforschung und nationale Sicherheit wichtig sind. Sie verleihen den Vereinigten Staaten ihre Vormachtstellung auf der weltpolitischen Bühne.

Das LANL ist das Kronjuwel in dieser Konstellation.[54] Es ist nicht das älteste dieser Forschungszentren, hat aber im Laufe der Jahrzehnte seit seiner Gründung die kritischsten Projekte durchgeführt.

Ab 1942 war das LANL einer von mehreren »Manhattan Project«-Standorten, an denen die Atombombe entwickelt und gebaut wurde, die den Zweiten Weltkrieg zu einem früheren Ende brachte, was bewirkte, dass vielleicht eine Million Menschenleben verschont wurden, sowohl aufseiten der Alliierten als auch der Japaner.

Im Rüstungswettlauf gegen russische und später auch chinesische Atomwaffenprogramme, der sich in den Jahren nach dem Bau der ersten Atombomben entspann, spielte das LANL eine entscheidende Rolle.

Die Technologie für den Bau von Atombomben machte rapide Fortschritte, von den relativ primitiven Kernspaltungswaffen von 1945 bis hin zu den thermonuklearen Wasserstoffbomben, die in den 1950er- und 1960er-Jahren konstruiert wurden. Diese neueren Bomben nutzen Kernspaltung für eine Initialzündung, die dann eine sekundäre Fusionsimplosion verursacht; sie setzen wesentlich mehr Energie frei und entfesseln ein noch nie da gewesenes Zerstörungspotenzial.

Dieser technologische Fortschritt und die von ihm ermöglichte Zerstörungskraft waren keineswegs Selbstzweck; vielmehr folgten sie der neuen Doktrin zur Führung eines Atomkriegs, die ursprünglich von der Denkfabrik RAND Corporation entwickelt und dann an der Harvard University und anderen Elite-Universitäten erweitert wurde. Diese Doktrin, die »Mutually Assured Destruction« (MAD, »gegenseitig garantierte Vernichtung«), war ein Ergebnis der Spieltheorie, nach der ein Spieler seine nächste Aktion von den erwarteten Reaktionen der anderen Spieler bestimmen lässt, die wiederum selbst aufgrund der erwarteten Reaktion des ersten Spielers handeln und rekursiv immer so weiter, bis sich ein Gleichgewicht des Verhaltens einstellt.

Was die RAND Corporation erkannt hatte, war der Umstand, dass es destabilisierend wirkt, ein nukleares Wettrüsten zu gewinnen, und wahrscheinlich zu einem Atomkrieg führen würde. Wenn entweder die Vereinigten Staaten oder die Sowjetunion in der Lage gewesen wären, ein so großes Atomwaffenarsenal aufzubauen, dass sie den Gegner durch einen Erstschlag hätten vernichten können, ohne die Chance eines Gegenschlages durch das Opfer, wäre die überlegene Macht motiviert, den Erstschlag auszuführen und so den Krieg zu gewinnen. Es erschien weniger attraktiv, abzuwarten, bis ein zunächst unterlegener Gegner die Fähigkeit zu einem entscheidenden Erstschlag erlangt hatte, als selbst zuerst zuzuschlagen.

Eine Lösung war, dass beide Seiten *noch mehr* Waffen bauten, sodass das Opfer eines Erstschlags danach noch genug Waffen übrig haben würde, um zurückschlagen und den Angreifer vernichten zu können. Kalte Krieger bezeichneten dieses Modell als »zwei Skorpione in einer Flasche« – jeder der Skorpione kann dem anderen einen tödlichen Stich versetzen, aber das Opfer würde gerade noch genug Kraft übrig haben, um reflexhaft gegen den Angreifer zurückzuschlagen, bevor es starb. Beide würden sterben. Man hatte die Hoffnung, dass Staatsoberhäupter rationaler als die Skorpione handeln und schon den Erstschlag vermeiden würden. Ein ungefähres Gleichgewicht – das »Gleichgewicht des Schreckens« –, das im Rahmen dieser frühen theoretischen Arbeiten ausgearbeitet wurde, hält bis zum heutigen Tage an.

Zwar mag die schlimmste Phase des nuklearen Wettrüstens inzwischen vorbei sein, aber die Gefahr eines Atomkriegs ist keineswegs gebannt. Das LANL steht auch weiterhin im Mittelpunkt der Kernwaffentechnologie und der entsprechenden Tests.

Das Forschungszentrum ist eine der am strengsten gesicherten Einrichtungen der Welt. Es befindet sich auf einem Tafelberg, ringsum gesichert durch 150 Meter hohe, steil abfallende Felswände und mehrere gestaffelte Sicherheitszäune. Der Luftraum darüber ist gesperrt, obwohl es nicht weit entfernt eine Landebahn für genehmigte Flüge gibt. Besucher, die mit dem Auto kommen, müssen mehrere militärische Checkpoints passieren. Falls jemand den Versuch unternehmen sollte, zu Fuß hier einzudringen, müsste er meilenweit durch die Wüste gehen und etliche Canyons durchqueren, um den Tafelberg zu erreichen, dann dessen Steilwand erklettern und den gesicherten Außenbereich überwinden. Bewegungs-, Geräusch- und Infrarotsensoren und schwer bewaffnete Sicherheitskräfte sorgen dafür, dass kein unerwünschter Besucher so weit kommen kann.

Am 8. April 2009 saß ich zusammen mit Physikern und Experten für nationale Sicherheit in einem Kleinbus der US-Regierung, um an geheimen Besprechungen über neue Initiativen am LANL teilzunehmen. Das Forschungszentrum und die von der Regierung erbaute Stadt, die es umgibt, war in der Wüstenhitze flirrend am Horizont zu erkennen, als wir uns von Santa Fe auf der Zugangsstraße näherten. Meine Gefährten und ich wollten an diesem Tag das LANL nicht besuchen, um über Nuklearwaffen zu sprechen; vielmehr suchten wir Lösungen für das Problem eines möglichen systemischen Zusammenbruchs des globalen Finanzsystems.

Kapital und Komplexität

Die Systemdynamiken einer nuklearen Kettenreaktion und einer Aktienmarkt-Kernschmelze ähneln sich. Beide Prozesse sind Beispiele für Komplexität in Aktion. Es führt ein direkter Weg von Los Alamos zur Wall Street. Aber kaum jemand ist diesen Weg gegangen, was sich daran zeigt, dass die Geldpolitik der Zentralbank und das private Risikomanagement nach wie vor von veralteten Gleichgewichtsmodellen dominiert werden.

Die moderne Komplexitätstheorie begann 1960 mit der Arbeit von Edward Lorenz, einem Mathematiker und Meteorologen am Massachusetts Institute of Technology (MIT). Lorenz entwickelte Modelle für Strömungen in der Erdatmosphäre und entdeckte, dass winzige Veränderungen des Ausgangszustands zu völlig anderen Strömungsverhältnissen führen können. In einer bahnbrechenden, 1963 veröffentlichten Arbeit berichtete Lorenz über seine Erkenntnisse:

> Zwei Zustände, die sich auf so geringfügige Weise unterscheiden, dass es nicht wahrnehmbar ist, können sich zu zwei sehr unterschiedlichen Zuständen entwickeln. Falls es also beim Beobachten des aktuellen Zustandes zu einem noch so winzigen Fehler kommen sollte – und bei jedem real existierenden System scheinen solche Fehler unvermeidlich zu sein –, kann es unmöglich sein, einen Zustand zu einem bestimmten Zeitpunkt in der fernen

Zukunft mit akzeptabler Genauigkeit vorherzusagen. ... Vorhersagen über eine hinreichend ferne Zukunft sind mittels keiner [bekannten] Methode möglich, sofern nicht die aktuellen Umstände exakt bekannt sind. Angesichts der unvermeidlichen Ungenauigkeit und Unvollständigkeit von ... Beobachtungen scheint es unmöglich zu sein, genaue Vorhersagen über sehr lange Zeiträume zu treffen.[55]

Lorenz schrieb seine Arbeit über die Atmosphäre, aber seine Schlussfolgerungen finden breite Anwendung auf alle komplexen Systeme. Lorenz' Forschungsarbeit ist die Quelle des weithin bekannten Schmetterlingseffekts, bei dem durch den Flügelschlag eines Schmetterlings viele Tausend Meilen entfernt ein Hurrikan verursacht wird. Der Schmetterlingseffekt ist eine fundierte wissenschaftliche Erkenntnis; das Problem ist freilich, dass nicht jeder Schmetterling einen Hurrikan verursacht und nicht jeder Hurrikan von einem Schmetterling verursacht wird. Dennoch ist es nützlich, zu wissen, dass Wirbelstürme unerwartet und aus nicht vorhergesehenen Gründen entstehen. Das Gleiche gilt für Kernschmelzen an den Finanzmärkten.

Nur weil die Ursache eines *bestimmten* Hurrikans nicht schon lange vorher vorausgesagt wurde, bedeutet das keineswegs, dass die Gefahr, dass Miami durch einen Wirbelsturm verwüstet werden könnte, in aller Ruhe ignoriert werden könnte. Es ist so gut wie sicher, dass Miami über kurz oder lang von einem Hurrikan getroffen wird; daher sind geeignete Vorsichtsmaßnahmen stets angebracht. Entsprechend bedeutet der Umstand, dass eine *bestimmte* Börsenpanik nicht auf den Tag genau vorhergesagt werden kann, keineswegs, dass man keine belastbaren Erkenntnisse über die Intensität und Häufigkeit von Finanzpaniken gewinnen könnte. Das kann man durchaus. Börsenaufseher, die solche Erkenntnisse missachten, ignorieren Hurrikanwarnungen, während sie in tief liegenden Bungalows sitzen, die bald überflutet werden.

Die Komplexitätstheorie und das mit ihr verwandte Feld der Chaostheorie sind zwei Teilgebiete übergeordneter Wissenschaften, nämlich der nichtlinearen Mathematik und der Analyse von Systemen, die sich in einem kritischen Zustand befinden. Am Los Alamos National Laboratory wurde von Anfang an Pionierarbeit auf diesen Gebieten geleistet. Bedeutende Fortschritte in den 1970er-Jahren beruhten auf leistungsfähigeren

Computern und bauten auf früheren theoretischen Arbeiten auf, die in den 1940er- und 1950er-Jahren von ikonischen Persönlichkeiten wie John von Neumann und Stanislaw Ulam geleistet worden waren.

Theoretische Konstrukte wurden mit massiver Rechenleistung gepaart, um Phänomene wie hydrodynamische Turbulenzen zu simulieren. Wenn man einen schnell fließenden Strom bei Sonnenuntergang beobachtet, ist das ein ästhetisches Erlebnis, dessen Schönheit zahlreiche Dichter mit ihren Versen einzufangen versucht haben. Aber dennoch wäre es eine Herausforderung, wollte man versuchen, mathematische Gleichungen zu entwickeln, die das Auf- und Absteigen, sämtliche Drehungen und Bewegungen eines jeden einzelnen H2O-Moleküls in dem Strom präzise modellieren, nicht nur zu einem bestimmten Zeitpunkt, sondern dynamisch im Zeitablauf. Eine turbulente Wasserströmung mathematisch zu beschreiben ist eines der schwierigsten bekannten Probleme im Bereich dynamischer Systeme. Und im Los Alamos National Laboratory machte man sich daran, genau solche Probleme zu lösen.

Die Menge an komplexen Systemen, die sich am besten anhand von Modellen verstehen lassen, die auf nichtlinearer Mathematik und der Analyse von kritischen Zuständen beruhen, ist riesig. Das Klima, biologische Phänomene, Sonneneruptionen, Waldbrände, Verkehrsstaus und diverse andere natürliche und menschengemachte Vorgänge können allesamt mithilfe der Komplexitätstheorie beschrieben werden. Lorenz' Beobachtung, dass langfristige Voraussagen in nichtlinearen Systemen wegen winziger Unterschiede im Ausgangszustand unmöglich sind, bedeutet keineswegs, dass aus diesen Modellen keine wertvollen Informationen gewonnen werden könnten.

Die angewandte Komplexitätstheorie ist interdisziplinär. Alle komplexen Systeme haben bestimmte Eigenschaften gemein, unterscheiden sich jedoch von einem Bereich zum anderen in ihren Dynamiken. Zu einem Team, das den Code angewandter Komplexitätstheorie knacken will, würden Physiker, Mathematiker, Computer-Modellierer und Experten aus dem jeweiligen Fachgebiet gehören, um das es gerade geht. Um Modelle für bestimmte Systeme zu entwickeln, arbeiten Biologen, Klimatologen, Hydrologen, Psychologen und Experten aus anderen Disziplinen zusammen. In diesem Zusammenhang sind Finanzexperten Neulinge. Mein Besuch in

Los Alamos war Teil einer Initiative mit dem Ziel, die Kluft zwischen Komplexitätswissenschaft und Kapitalmärkten zu überbrücken. Am LANL war eine Reihe von mathematischen Verfahren entwickelt worden, die – mit problemspezifischen Modifikationen – auf diverse Problemkreise angewendet werden können. Diese Werkzeuge wurden im Rahmen des Hauptaufgabenfelds des LANL, der Kernwaffenforschung, entwickelt. Meine Aufgabe bestand darin, herauszufinden, wie diese Werkzeuge an der Wall Street eingesetzt werden könnten.

Eines der wichtigsten Probleme, an dem im LANL gearbeitet wird, ist die Einsatzbereitschaft und das Potenzial des US-Nuklearwaffenarsenals. Solche Waffen werden nach außerordentlich präzisen Spezifikationen konstruiert und gebaut; aber selbst die sorgfältigste Ingenieursarbeit erfordert Tests, um Mängel zu finden und Verbesserungsmöglichkeiten aufzuzeigen.

Konventionelle Waffen versagen häufig und zünden dann nicht. Aber bei Bedarf können sie leicht ersetzt werden und sie können praktisch ohne Einschränkungen getestet werden. Wenn jedoch eine feindliche Macht zu der Überzeugung gelangen sollte, die Nuklearwaffen der USA seien Blindgänger, hätte das wesentlich schwerwiegendere Konsequenzen. Wenn ein Feind glaubt, das Nuklearwaffenarsenal der USA sei unzuverlässig, könnte er versucht sein, einen Erstschlag zu wagen. Eine solche Annahme würde sehr destabilisierend wirken. Die Vereinigten Staaten und die Welt müssen sich darauf verlassen können, dass die Kernwaffen der USA wie erwartet funktionieren werden, um das Gleichgewicht des Schreckens aufrechterhalten und von einem Atomkrieg abschrecken zu können. Das letzte Mal, dass die Vereinigten Staaten eine Nuklearwaffe zu Testzwecken gezündet haben, war am 23. September 1992, also vor fast einem Vierteljahrhundert. Wie testen die Vereinigten Staaten heute ihre Atomwaffen, vor allem moderne und kleinere Konstruktionen, ohne sie zu zünden?

Die vom LANL eingesetzte Lösung besteht darin, konventionelle Explosionswaffen so zu staffeln, dass sie einige der Implosionsdynamiken von Kernwaffen simulieren und dabei neue Kernfusionsdynamiken auf subkritischen Niveaus testen. Es werden sogenannte hydronukleare Tests mit einer Sprengkraft von weniger als 0,1 Tonne durchgeführt. Neue Konstruktionen werden außerdem über Computersimulationen getestet, wobei

Messdaten aus vergangenen Explosionen mit neuen Ergebnissen aus aktuellen experimentellen und theoretischen Forschungen kombiniert werden. Solche Simulationen laufen auf den schnellsten und leistungsfähigsten Supercomputern der Welt. Praktisch könnte man sagen, dass Kernwaffen in Supercomputern zur Explosion gebracht werden.

Die Modelle, die eingesetzt werden, um solche Tests durchzuführen, zählen zu den kompliziertesten, die jemals entwickelt wurden. Meine Aufgabe war es, herauszufinden, wie diese Modelle und die entsprechende Rechenleistung auf eine andere Art von Explosion angewendet werden können, nämlich auf Zusammenbrüche am Aktienmarkt.

Diese Arbeit kann damit beginnen, die auf dem Satz von Bayes basierende Bayes'sche Statistik anzuwenden, die manchmal auch als kausale Inferenz bezeichnet wird.[56] Der Satz von Bayes ist am nützlichsten, wenn kaum Daten vorliegen oder ein Problem unklar definiert ist und mit konventionellen, auf umfangreichen Datenbeständen basierenden statistischen Methoden, die auf Regression und Kovarianz zurückgreifen, nicht gelöst werden kann. Bayes'sche Verfahren werden von der CIA und anderen Geheimdiensten eingesetzt, um Probleme zu lösen, zu denen kaum Daten vorhanden sind.

Nach den Anschlägen vom 11. September 2001 war die CIA mit dem Problem konfrontiert, dass sie den nächsten spektakulären Terroranschlag vorhersagen sollte. Bis dato hatte es nur einen einzigen solchen Anschlag auf dem Staatsgebiet der Vereinigten Staaten gegeben. Geheimdienstanalysten konnten sich nicht den Luxus leisten, zehn weitere Anschläge mit 30 000 Toten abzuwarten, um ein belastbares statistisches Muster zu finden. Wir mussten mit den bereits vorhandenen Daten in den Krieg ziehen.

Um den Satz von Bayes anzuwenden, formuliert man eine Hypothese (oder mehrere) als Startpunkt und adaptiert sie dann aufgrund von nach und nach verfügbar werdenden Daten. Der Satz von Bayes wurde früher als »inverse Wahrscheinlichkeit« bezeichnet, weil er Rückschlüsse aus neuen Daten zieht, um eine vorher aufgestellte Schlussfolgerung zu überarbeiten. Die Bayes'schen Verfahren sind nicht perfekt, aber sie versetzen den Analysten in die Lage, wohlbegründete Schlüsse zu ziehen, während der konventionell arbeitende Statistiker noch auf Daten wartet.

In einer vereinfachten mathematischen Form lautet der Satz von Bayes folgendermaßen:

$$P(A|B) = P(B|A)\,P(A) \;/\; P(B)$$

Hierbei ist:

P(A) die A-priori-Wahrscheinlichkeit des Ereignisses A, unabhängig von Ereignis B

P(B) die A-priori-Wahrscheinlichkeit des Ereignisses B, unabhängig von Ereignis A

P(A|B) die bedingte Wahrscheinlichkeit des Ereignisses A unter der Bedingung, dass Ereignis B eingetreten ist

P(B|A) die bedingte Wahrscheinlichkeit des Ereignisses B unter der Bedingung, dass Ereignis A eingetreten ist

Vereinfacht ausgedrückt besagt diese Formel, dass man einen Ablauf besser verstehen lernt, wenn man seine anfängliche Deutung dieses Ablaufs aufgrund unvoreingenommener neuer Informationen anpasst.

In seiner mathematischen Form kann der Satz von Bayes verwendet werden, um die Wahrscheinlichkeit vorherzusagen, dass Ereignis A eintritt. Ereignis A kann alles Mögliche sein, von einer im kritischen Zustand ausgelösten nuklearen Kettenreaktion bis hin zu einer Zinserhöhung durch eine Zentralbank. Auf der linken Seite der Gleichung steht eine erste Schätzung der Wahrscheinlichkeit, mit der ein Ereignis unabhängig von anderen Ereignissen eintritt, die auf einem Mix aus Daten, historischen Beobachtungen, Intuition und logischen Schlussfolgerungen beruht. Neue Informationen fließen in die rechte Seite der Gleichung ein. Die Wahrscheinlichkeit, mit der neue Informationen zutage treten, wenn die anfängliche Schätzung zutrifft oder nicht zutrifft, wird separat berechnet. Dann wird die Wahrscheinlichkeit der ersten Schätzung neu berechnet, sobald neue Informationen eintreffen. Dieser Prozess wird immer dann wiederholt, wenn neue Daten eintreffen. Im Laufe der Zeit wird die erste Schätzung stärker oder schwächer. Am Ende kann eine belastbare erste Schätzung als Entscheidungsgrundlage dienen, solange keine besseren Informationen vorhanden sind.

Die Quintessenz des Satzes von Bayes ist, dass eine Ereigniskette ein Gedächtnis hat. Ein neues Ereignis ist nicht unabhängig von vorherigen Ereignissen wie zum Beispiel ein Münzwurf; vielmehr hängt es vom vorangegangenen Ereignis ab. Die an der Wall Street und in Zentralbanken verwendeten Modelle gehen davon aus, dass jedes Ereignis diskret (das heißt von anderen unabhängig) sei; jeder Würfel- oder Münzwurf habe eine vom vorigen Wurf unabhängige Wahrscheinlichkeit. So verhält sich das zwar bei Münzwürfen, aber nicht in der realen Welt. Eine Atomexplosion findet nicht unabhängig von einer vorherigen Neutronenfreisetzung statt. Eine Kapitalmarkt-Kernschmelze ist nicht unabhängig von übermäßiger vorheriger Verschuldung. Dies ist der Grund dafür, warum die Vorhersagen von Zentralbanken so miserabel sind und warum Bankiers es nie schaffen, eine Panik im Voraus kommen zu sehen. Die Banken verwenden veraltete, nicht-Bayes'sche Modelle.

Die Bayes'schen Modelle, über die wir im LANL sprachen, waren die fortgeschrittensten, die es überhaupt gab; aber trotzdem unterschieden sie sich nicht konzeptionell von dem grundlegenden Satz von Bayes. Der wichtigste Fortschritt bestand darin, dass wir eine Kaskade separater Hypothesen aufstellten, die jeweils ihre eigene Bayes-Gleichung enthielten. Diese Kaskade war von oben nach unten strukturiert, so ähnlich wie ein Wasserfall. Jede Hypothese ist in ihrer eigenen Zelle enthalten. Wenn man sie grafisch darstellt, sieht eine solche Zell-Kaskade aus wie ein Mosaik.

In der obersten Reihe von Hypothesen-Zellen befinden sich die jeweils ersten in einer Sequenz, gewöhnlich diejenigen mit den höchsten Anfangswahrscheinlichkeiten. Darunter sind andere Zellen, die später in der Sequenz kommen und niedrigere Anfangswahrscheinlichkeiten aufweisen. Bei einer Simulation tröpfelt der Output aus der obersten Reihe nach unten, als Input für die mittleren und unteren Reihen. Aufgrund dieses Inputs werden die unteren Reihen mit neuen Wahrscheinlichkeiten aktualisiert. Einige untergeordnete Pfade werden verworfen, wenn ihre Wahrscheinlichkeiten aufgrund der Aktualisierungen gefallen sind; andere

Pfade werden hervorgehoben, wenn ihre Wahrscheinlichkeiten aufgrund der Aktualisierungen gestiegen sind.

Ein solches Mosaik kann Abermillionen von Zellen enthalten. Wenn immer mehr Zellen aufgegeben oder hervorgehoben werden, zeichnet sich im Mosaik ein Bild ab, das vorher nicht sichtbar war. Das Erscheinen dieses Bildes hat eine mystische Qualität, so ähnlich wie ein Hurrikan, der an einem sonnigen Tag ohne erkennbaren Grund mitten auf dem Ozean entsteht. Dennoch handelt es sich dabei um solide Wissenschaft. Der Supercomputer zündet eine Atomwaffe im digitalen Raum, ohne dass die Erde erbebt.

Der Schlüssel zu einem robusten Bayes'schen Modell-Mosaik ist, dass die oben liegenden Zellen, welche die Kettenreaktion in Gang setzen, richtig konzipiert sein müssen. Wenn eine der oberen Zellen falsch konzipiert wurde, ist der nachgeordnete Output weitgehend wertlos. Die Kunst besteht darin, ein Postulat möglichst richtig zu definieren und die wahrscheinlichen Pfade daraus entstehen zu lassen.

Als ich dort saß und den Physikern zusah, wie sie mithilfe Bayes'scher Verfahren Nuklearwaffen testeten, kamen mir zahlreiche mögliche Anwendungen in Bezug auf die Kapitalmärkte in den Sinn – tatsächlich gibt es davon eine ganze Menge.

Die Komplexitätstheorie ist ein Zweig der Physik. Der Satz von Bayes ist angewandte Mathematik. Beide ergänzen sich perfekt, um Probleme an den Kapitalmärkten zu lösen. Die Kapitalmärkte sind komplexe Systeme ohnegleichen. Ein Marktteilnehmer muss ständig Vorhersagen treffen, um seine Tradingstrategien und Portfoliostruktur zu optimieren. Es ist trügerisch, an den Kapitalmärkten Vorhersagen treffen zu wollen, weil sie sich nicht entsprechend der Markow'schen Stochastik verhalten, die weithin an der Wall Street eingesetzt wird. Eine Markow-Kette hat kein Gedächtnis, die Kapitalmärkte dagegen sehr wohl. Die Kapitalmärkte produzieren Überraschungen, ganz ähnlich wie der 1960 von Lorenz erkannte Schmetterlingseffekt. Seit 2009 habe ich durch Anwenden der Komplexitätstheorie und des Satzes von Bayes hervorragende Ergebnisse erzielt, um die unbekannten Gewässer systemischer Risiken sicher zu durchschiffen.

Eine einfache Anwendung des Satzes von Bayes kann Erkenntnisse über Vereinbarungen liefern, die eigentlich geheim sind. Ein gutes Beispiel ist der Shanghai Accord; so wird das formlose Abkommen bezeichnet,

das die Vereinigten Staaten, China, Japan und die Eurozone am Rande des
G20-Treffens von Finanzministern und Zentralbankiers am 26. Februar
2016 in Schanghai getroffen haben. Auf diese vier G20-Mitglieder entfal-
len zwei Drittel der globalen Wirtschaftsleistung; de facto bilden sie eine
G4-Gruppe innerhalb der G20.

Das Problem, mit dem sich die G4-Staaten in Schanghai konfrontiert sahen, war das bedrohlich abnehmende Wirtschaftswachstum in China und
den Vereinigten Staaten, das wiederum das globale Wachstum schwächte.
Strukturelle Reformen wurden durch eine völlig festgefahrene politische
Konstellation unmöglich gemacht. Staatliche Konjunkturprogramme wurden durch die ohnehin schon ausufernden Staatsschulden behindert. Die
Geldpolitik wurde immer wirkungsloser, gar kontraproduktiv. Da strukturelle Reformen, staatliche Konjunkturprogramme und eine lockere Geldpolitik nicht mehr zur Verfügung standen, blieb als einziger Kanal zur Sti-
mulierung der Wirtschaft die Rückkehr zu Währungskriegen.

Ein billigerer Yuan verleiht der chinesischen Wirtschaft vorübergehend
Auftrieb, wenn auch auf Kosten ihrer Handelspartner. Im August und
im Dezember 2015 wertete China einseitig seine Währung ab. Beide Male stürzten die US-Aktienmärkte anschließend ab. Die G4 mussten einen
Weg finden, den Yuan billiger zu machen, ohne den US-Aktienmarkt zu
destabilisieren.

Die Lösung war, den festen Wechselkurs zwischen Yuan und Dollar
aufrechtzuerhalten und dann den Dollar abzuwerten. Dadurch wird der
Yuan billiger gegenüber Euro und Yen, während die Bindung zwischen
Yuan und Dollar unverändert bleibt.

Das bedeutete, dass Japan und Europa unter einer stärkeren Währung
und Nachteilen im internationalen Handel zu leiden haben würden. So
läuft das in einem Währungskrieg – für jeden Gewinner, in diesem Fal-
le China und die Vereinigten Staaten, gibt es Verlierer, in diesem Falle
Japan und Europa. Seit 2013 war der Yen billiger gewesen, seit 2014 der
Euro. Japan hatte es versäumt, die notwendigen strukturellen Reformen
umzusetzen, und inzwischen war es zu spät. Eine neue Phase mit billigem
Yuan und billigem Dollar brach an. Die zwei größten Volkswirtschaften der
Welt – China und die Vereinigten Staaten – brauchten Hilfe. Dies war die
Quintessenz des Shanghai Accord.

Die Herausforderung für Analysten bestand darin, dass zunächst keinerlei Belege für das Abkommen existierten. Das G4-Meeting wurde geheim gehalten und weder eine explizite Pressemitteilung noch andere Informationen wurden veröffentlicht. Diverse Analysten machten sich lustig über die Idee eines Shanghai Accord; der bekannte Devisenexperte Marc Chandler von Brown Brothers Harriman schrieb über den Shanghai Accord: »Amoklauf der Verschwörungstheorien.«

Mit dem Satz von Bayes kann ein Analyst etwas Besseres hervorbringen als Verschwörungstheorien. Eine weltpolitische Aktion wie der Shanghai Accord, für die es kaum Belege gibt, ist genau die Art von Ereignis, die zu bestätigen der Satz von Bayes gedacht ist. Die Methode ist vergleichbar mit einem Detektiv, der ein Verbrechen aufklären will, für das es keine Zeugen gibt: Er sammelt Beweise und befragt Verdächtige, bis er eine plausible Theorie hat.

Um das zu veranschaulichen, wollen wir uns zehn diskrete Ereignisse ansehen. Jedes hat ein binäres Resultat; das heißt, es sind zwei Ergebnisse möglich, die eine anfängliche Hypothese eher stützen oder eher entkräften. Nennen wir die beiden möglichen Ergebnisse »Kopf« und »Zahl«.

Es gibt zwei Arten solcher Ereignisse mit einem binären Resultat. Der erste Typ ist *zufällig*, wie zum Beispiel ein Münzwurf. Das Ergebnis kann »Kopf« oder »Zahl« sein, mit der gleichen Wahrscheinlichkeit, aber man kann nicht im Voraus wissen, welches dieser Ergebnisse eintreten wird. Das Ergebnis eines jeden Münzwurfs ist unabhängig von den vorherigen Würfen. Der zweite Typ ist *pfadabhängig*. Das bedeutet, dass jedes Ereignis von vorherigen Ereignissen abhängt oder im Zusammenhang mit einem einzelnen bestimmenden Ereignis steht.

Falls die Hypothese, dass es einen Shanghai Accord gibt, zuträfe, wären die relevanten Ereignisse pfadabhängig. Sämtliche Entscheidungen von Zentralbanken würden durch das geheime Abkommen beeinflusst. Eine politische Entscheidung wäre kein zufälliger Münzwurf; der Lauf der Ereignisse würde von dem Geheimabkommen mehr oder weniger beeinflusst werden.

Der nächste Schritt ist, sich die Aktionen von Zentralbanken anzusehen und zu überlegen, welche Entscheidungen man jeweils von ihnen erwarten würde, wenn die Hypothese von der Existenz eines Shanghai Accord richtig oder falsch ist.

Wenn man eine Münze wirft, wie hoch ist dann die Wahrscheinlichkeit, dass das Ergebnis zehnmal nacheinander »Kopf« ist? Bei jedem Wurf besteht eine Wahrscheinlichkeit von 50 Prozent, dass »Kopf« kommt; kein Wurf wird von einem anderen beeinflusst. Die Wahrscheinlichkeit, dass zehnmal in Folge »Kopf« fällt, beträgt ungefähr eins zu tausend. In mathematischer Form lässt sich das als $1/2^{10}$ schreiben – oder auch als $0,5 \times 0,5 \times 0,5 \times 0,5 \times 0,5 \times 0,5 \times 0,5 \times 0,5 \times 0,5 \times 0,5 = 0,0009765625 \approx 0,001$.

Eine Chance von eins zu tausend ist nicht völlig ausgeschlossen; falls sie jeden Tag einmal vorkommt, würde das betreffende Ereignis ungefähr alle drei Jahre einmal eintreten. Dennoch stehen die Chancen dagegen sehr hoch; kein Investor würde bei einer Erfolgschance von 1:1000 zugreifen, obwohl sie nicht ausgeschlossen werden kann.

Lassen Sie uns jetzt einmal zehn kritische Ereignisse betrachten, die zwischen dem 26. Februar und dem 15. April 2016 tatsächlich eingetreten sind. Jedes dieser Ereignisse hatte eines von zwei möglichen Ergebnissen. Bezeichnen wir solche, die den Shanghai Accord bestätigen, als »Kopf«, und solche, die den Shanghai Accord widerlegen, als »Zahl«. Warten Sie noch ein wenig, bevor Sie sich ein Urteil darüber bilden, ob diese Ereignisse zufällig oder pfadabhängig waren.

Hier sind die Ereignisse:

- 26. Februar 2016: Noch vor Ende des G20-Treffens sagt die Fed-Gouverneurin Lael Brainard in New York: »Es ist nur natürlich, zu überlegen, ob Koordination zu besseren Ergebnissen führen kann. ... Kooperation kann durchaus hilfreich sein.«[57] Kopf.
- 27. Februar 2016: Am Ende des G20-Treffens in Schanghai sagt der US-Finanzminister Jack Lew: »Wir werden uns gegenseitig auf dem Laufenden halten. ... Wir werden es unterlassen, uns gegenseitig zu überraschen.«[58] Kopf.
- 27. Februar 2016: Ebenfalls auf dem G20-Treffen in Schanghai sagt IWF-Chefin Christine Lagarde: »Es war ein erneutes Gefühl der Dringlichkeit zu spüren und ein erneutes Bedürfnis, gemeinsam zu handeln.«[59] Kopf.
- 10. März 2016: Die EZB *strafft* ihre Geldpolitik gegenüber den Erwartungen, indem sie verkündet, sie habe keine Pläne für weitere Lockerungen. Kopf.

- 15. März 2016: Die Bank of Japan *strafft* ihre Geldpolitik gegenüber den Erwartungen, indem sie ihr Programm von quantitativer und qualitativer Lockerung nicht ausweitet. Kopf.
- 16. März 2016: Die Federal Reserve *lockert* ihre Geldpolitik gegenüber den Erwartungen, indem sie auf ihrer Pressekonferenz einen gemäßigten Ton anschlägt. Kopf.
- 29. März 2016: Fed-Chefin Janet Yellen bringt ihre neue gemäßigte Politik bei einer Rede vor dem Economic Club of New York zum Ausdruck.[60] Kopf.
- 13. April 2016: Luc Everaert, der Chef der IWF-Mission in Japan, sagt in Bezug auf den Vorschlag, im Markt zu intervenieren, um den Yen zu schwächen: »Es gibt keinen guten Grund für Japan, jetzt zu intervenieren.«[61] Kopf.
- 14. April 2016: Christine Lagarde warnt Japan, dass die Vorbedingungen des IWF, um zur Schwächung des Yen auf den Devisenmärkten zu intervenieren, nicht erfüllt seien. Sie sagt außerdem, sie »freue sich«, dass die Fed eine gemäßigte Haltung eingenommen habe, basierend auf »dem internationalen Status der Wirtschaft.«[62] Kopf.
- 15. April 2016: Ein nicht genannter EZB-Funktionär sagt der Nachrichtenagentur Reuters: »Es bestand grundsätzlich Einigkeit über die Devisen-Wechselkurse, die im G20-Abschlusskommuniqué zum Ausdruck gebracht wurde.«[63] Kopf.

Es gibt noch weitere Datenpunkte, aber diese Liste ist lang genug, um Schlussfolgerungen ziehen zu können.

Was zeigt die vorstehende Sequenz? Wurde da zufällig eine Münze geworfen und zehnmal nacheinander ist »Kopf« gefallen, obwohl eine Wahrscheinlichkeit von 1000 zu 1 dagegenspricht? Oder haben wir *genau* das gesehen, was zu erwarten wäre, falls es den Shanghai Accord tatsächlich gibt?

Es ist sehr wahrscheinlich, dass diese Sequenz *nicht* zufällig ist, sondern pfadabhängig. Diese späteren Ereignisse hängen alle von einem anfänglichen Ereignis ab – dem geheimen Shanghai Accord.

Dabei ist zu beachten, dass es keineswegs notwendig war, bis zum 15. April 2016, also dem Ende dieses Zeitraums, zu warten, um Schlussfolgerungen zu ziehen. Die Hypothese wurde am 26. Februar aufgestellt aufgrund der offiziellen Verlautbarungen am Ende des G20-Meetings und Brainards Rede. Spätere Daten bestätigten die Hypothese, waren aber nicht notwendig, um sie aufzustellen. Die Hypothese wurde einfach im Laufe der Zeit aufgrund der bedingten Wahrscheinlichkeiten immer stärker.

Indem er den Satz von Bayes anwendete, konnte ein Anleger mit großer Zuversicht eine Gewinnerstrategie – Long-Positionen in Euro, Yen und Gold, eine Short-Position im Dollar – fahren, während die Wall Street immer noch über »Verschwörungstheorien« jammerte. Man muss nur die Mathematik von Los Alamos auf die Märkte übertragen.

Komplexität

Das Bayes'sche Verfahren ist keine eigenständige Wissenschaft, sondern die praktische Anwendung eines mathematischen Werkzeugs mit robusten prädiktiven Eigenschaften. Die primäre Wissenschaft der Kapitalmärkte ist die Komplexitätstheorie.

Die Kapitalmärkte sind komplexe Systeme, aber in der Finanzökonomik wird Komplexität kaum verstanden und noch weniger angewendet. Von der globalen Liquiditätskrise 1998 über das Platzen der Technologieblase im Jahr 2000 bis hin zur Finanzpanik von 2008 haben die politischen Eliten die Welt in einen Crash nach dem anderen geführt. Und der Grund dafür ist, dass sie es versäumt haben, die Komplexitätstheorie anzuwenden.

Die Argumente, die für die Komplexitätstheorie sprechen, sind ganz einfach. Sie ist nicht schwer zu begreifen. Und jeder Anleger, der seinen Wohlstand bewahren will, muss sie *jetzt* begreifen – wenn die nächste Panik ausbricht, wird es zu spät sein. Die Ice-Nine-Lösung wird dazu führen, dass Vermögenswerte eingefroren werden, ohne dass es möglich sein wird, sich dagegen zu wehren.

Komplexe Systeme hat es seit Urzeiten gegeben. Die Entstehung des Universums im »Big Bang« vor über 13 Milliarden Jahren führte sofort zu komplexen Dynamiken in Sternen, Gaswirbeln, Galaxien und schließlich Planeten. Neu daran ist lediglich unsere Auffassung von Komplexität als formale Wissenschaft, die auf die Experimente von Edward Lorenz im Jahr 1960 zurückgeht.

Der Zeitpunkt von Lorenz' bahnbrechender Arbeit war kein Zufall. Vor 1960 hatten nur relativ wenige Wissenschaftler Zugang zu hoher Rechenleistung, die zumeist auf Probleme der traditionellen Physik und der ökonomischen Systemanalyse angewendet wurde; bis zur Erfindung des Personalcomputers würden noch etliche Jahrzehnte vergehen. Aber zu Beginn der 1960er-Jahre bekamen immer mehr Wissenschaftler diverser Disziplinen Zugang zu Rechenleistung auf Großrechnern, sogenannten »Mainframes«, und das galt auch für Lorenz' Fachgebiet, die Meteorologie.

Ohne massive Rechenleistung ist es unmöglich, die Ereignispfade komplexer dynamischer Systeme in grafischer Form zu beobachten. Der Mensch kann die Ergebnisse sehen, etwa bei Tsunamis, Waldbränden oder Überflutungen. Aber er kann nicht die Dynamiken erkennen, die dahinterstecken – das änderte sich jedoch mit dem Aufkommen leistungsfähiger Computer.

Um Komplexität zu verstehen, ist es nützlich zu wissen, was sie *nicht* ist. Viele Systeme sind kompliziert, aber nicht unbedingt komplex. Eine handgefertigte Schweizer Uhr ist kompliziert, produziert aber nicht das extrem unerwartete Verhalten, das komplexe Systeme an den Tag legen.

Alltägliche Phänomene wie zum Beispiel ein Würfel- oder Münzwurf oder das Drehen eines Roulettekessels sind keine komplexen Phänomene. Solche zufälligen Vorgänge sind sehr gut vorhersagbar. Sie wissen zwar nicht, ob der nächste Münzwurf »Kopf« oder »Zahl« ergeben wird, aber Sie wissen durchaus, dass Sie, wenn Sie die Münze eintausendmal werfen, etwa fünfhundertmal »Kopf« und fünfhundertmal »Zahl« bekommen werden. Die Wahrscheinlichkeit, neunhundertmal »Kopf« zu werfen und einhundertmal »Zahl«, ist so verschwindend gering, dass man sie praktisch als null ansehen kann.

Darüber hinaus haben zufällige Vorgänge wie Würfel- oder Münzwürfe kein Gedächtnis. Das bedeutet, dass ein vorheriger Münzwurf keinerlei Einfluss auf den nächsten hat. Manche Spieler, die dreimal nacheinander »Kopf« sehen, glauben, die Chancen würden gut stehen, dass der nächste Wurf »Zahl« ergeben würde. Diesen Glauben bezeichnet man als *gambler's fallacy* (Spielerfehlschluss), weil er auf einer falschen Annahme beruht. Die Chancen bei jedem Münzwurf stehen immer 50 zu 50. Das ist der Grund dafür, dass tausend Münzwürfe ungefähr fünfhundertmal »Kopf« und fünfhundertmal »Zahl« ergeben werden, selbst wenn eine kleinere Stichprobe hin und wieder eine lange Folge von »Kopf« oder »Zahl« produzieren kann. Wenn aufgrund einer kleinen Stichprobe eine solche Verzerrung entstehen sollte, können Sie sicher sein, dass nachfolgende Münzwürfe die Gesamtverteilung wieder in Richtung 50:50 verschieben werden, ein Phänomen, das als *mean reversion* (Rückkehr zum Mittelwert) bekannt ist.

Komplexe Systeme sind dagegen ausgesprochen schlecht vorhersagbar. Ein komplexes System kann unerwartete Ergebnisse produzieren, die scheinbar aus dem Nichts kommen. Auf den Kapitalmärkten sind Phänomene wie Marktzusammenbrüche, Paniken und reihenweise Bankpleiten Beispiele für Komplexität in Aktion.

Was ist Komplexität? Wie kann ein Investor sein Wissen um Komplexität nutzen, um seinen Wohlstand zu bewahren?

Komplexe Systeme sind überall; es gibt sie nicht nur im Labor oder in subatomaren Strukturen. Falls Sie jeden Tag eine verkehrsarme Straße entlangfahren, aber eines Tages dort ohne ersichtlichen Grund in einen Stau geraten, haben sie Komplexität in Aktion erlebt. Zu entscheiden, ob Ihr Lieblingsrestaurant an einem Freitagabend überfüllt sein wird oder ob sich der Aktienmarkt in einer Blase befindet, sind Übungen im Lösen komplexer Probleme. Komplexität ist allgegenwärtig.

Komplexe Systeme sind natürlich, menschengemacht oder eine Kombination aus beidem. Ein Wirbelsturm ist ein natürliches komplexes System. Ein Aktienmarkt ist ein menschengemachtes komplexes System. Eine nukleare Explosion ist eine Kombination der beiden, da die natürliche Komplexität von Uranatomen von Wissenschaftlern so manipuliert wird, dass der hyperkritische Zustand entsteht, durch den die Zerstörungskraft der Bombe entfesselt wird.

Die Komplexitätstheorie beginnt mit zwei Werkzeugen. Das erste davon ist der *Akteur*. Ein Akteur kann zum Beispiel im Fall eines Kapitalmarktes ein Mensch sein, im Fall einer Bombe ein Uranatom. Der Akteur ist die kleinste, nicht weiter reduzierbare Einheit, die das Verhalten hinter komplexen Dynamiken erzeugt.

Das zweite Werkzeug ist *Feedback* (Rückkopplung). Das bedeutet, dass anfängliches Verhalten einen Output erzeugt, der nachfolgendes Verhalten beeinflusst. Aus diesem Grund sagt man, komplexe Systeme hätten ein

Gedächtnis. Wenn ein Akteur in einem komplexen System agiert, steht er unter dem Einfluss vorheriger Aktionen, die bedingen, was er als Nächstes tun wird. Eine andere Bezeichnung für diesen Vorgang ist *adaptives Verhalten*. Ein Akteur passt seine nächste Aktion an das an, was er aus früheren Aktivitäten im System gelernt hat.

Zufällige Systeme wie Würfel- oder Münzwürfe oder ein Roulettekessel kennen keine Rückkopplungsschleifen. Eine Münze passt ihr Verhalten nicht an. In komplexen Systemen kommt es dagegen ständig zu Verhaltensanpassungen. Anpassung ist einer der Gründe, warum Komplexität unerwartete Ergebnisse hervorbringt.

Feedback ist endogen oder exogen. *Endogenes* Feedback kommt von innen – der Akteur lernt aus Fehlern. Eine Katze, die auf eine heiße Herdplatte springt, lernt, dass sie das nicht wieder tun sollte. *Exogenes* Feedback kommt von außen – ein Aktienhändler beobachtet das Verhalten von anderen, das sich am Markt zu auf- und absteigenden Aktienkursen verdichtet. Die Märkte können steigen, können fallen oder sich überhaupt nicht rühren, aber auf jeden Fall beobachtet der Händler dieses Verhalten, bevor er sein nächstes Geschäft anbahnt.

Akteure und Feedback sind die Bausteine komplexer Systeme. Was wird außerdem gebraucht? Nun, es hilft, wenn die Akteure *unterschiedlich* sind. Wenn die Akteure gleich sind, ist das Feedback schwach, weil das Verhalten des einen Akteurs lediglich das Verhalten der anderen bestätigt, anstatt es zu verändern. Auf den Aktienmärkten gibt es verschiedene Akteure in Form von Bullen und Bären, Longs und Shorts, Reichen und Armen, Alten und Jungen. Die Akteure auf den Kapitalmärkten sind sehr unterschiedlich.

Eine weitere Anforderung an ein komplexes System: Die Akteure müssen in irgendeiner Form miteinander *kommunizieren* und *interagieren*. 50 Höhlenmänner, die in 50 verschiedenen Höhlen sitzen, mögen sehr unterschiedlicher Meinung sein über die beste Methode, ein Mammut zu jagen, aber wenn sie nicht aus ihren Höhlen herauskommen und miteinander kommunizieren, kommt diese Meinungsvielfalt nicht zum Tragen. Erst wenn die Männer ihre Höhlen verlassen, sich rings um ein Lagerfeuer versammeln und anfangen, ihre Ideen auszutauschen, wird daraus komplexes Verhalten entstehen.

Wenn unterschiedliche Akteure interagieren, beginnt die Anpassung ihres Verhaltens. Sobald die Höhlenmenschen am Lagerfeuer ihre Erfahrungen austauschen, werden einige von ihnen ihre Jagdmethoden verändern, weil andere erfolgreicher waren. Ein Höhlenmensch, der sich nicht auf diese Weise anpasst, wird unter Umständen verhungern. Eine Gesellschaft effizienterer Jäger beginnt sich zu entwickeln – eine schlechte Nachricht für die Mammuts, aber eine gute für die Höhlenmenschen.

Stellen Sie sich nun statt der Höhlenmenschen eine wesentlich größere Gruppe von Aktienhändlern vor, die stets auf der Jagd nach den besten Trades sind. Sie haben sehr unterschiedliche Meinungen. Sie kommunizieren über Bloomberg, Reuters, E-Mail und das Internet. Ihre Interaktionen bemessen sich in Billionen von Dollar, dem Volumen der Transaktionen, die sie täglich umschlagen. Wenn ein Portfolio Verlust macht, muss der Vermögensverwalter schnell sein Verhalten anpassen. Er lernt von anderen und andere lernen von ihm. Passt einer sein Verhalten nicht an, verliert er Kunden – oder gleich seinen Job. Sehr bald ist er aus dem Spiel. Kurzum: Kapitalmärkte zeigen *alle* typischen Eigenschaften von komplexen Systemen in sehr ausgeprägter Form.

Diese Bausteine von komplexen Systemen sind leicht zu verstehen. Es werden autonome Akteure mit unterschiedlichen Eigenschaften gebraucht. Die Akteure brauchen Kommunikationskanäle, über die sie interagieren können. Ihre Interaktionen erzeugen neue Informationen, die über eine Rückkopplungsschleife den Akteuren wieder zufließen. Daraufhin passen die Akteure ihr Verhalten an, um in Zukunft bessere Ergebnisse zu erzielen.

Komplexe Modelle haben keinerlei Ähnlichkeit mit den stochastischen Modellen, die von Zentralbankiers verwendet werden – aber sie haben große Ähnlichkeit mit der realen Welt.

Feedback

Komplexität in Kapitalmärkten kann in sozialen Begriffen veranschaulicht werden. Gibt es harte empirische Belege für die Behauptung, dass Kapitalmärkte komplexe Systeme sind? Gibt es reproduzierbare Experimente, die diese Behauptung nach streng wissenschaftlichen Methoden beweisen? Die Antwort auf beide Fragen lautet »Ja«.

Adaptives Verhalten entsteht in zahlreichen gesellschaftsbasierten Systemen, etwa auf Märkten, in Verkehrsströmen oder bei der Partnersuche.[64] Das Motiv für die Anpassung erwächst aus dem Wettbewerb um knappe Ressourcen. Wenn wertvolle Ressourcen in unbegrenzten Mengen zur Verfügung stehen, braucht man keine Überlebensstrategien oder adaptives Verhalten – man nimmt sich einfach, was man haben will. Die Knappheit ist es, die das Individuum veranlasst, Strategien zu entwickeln, um sich seinen Anteil an den Ressourcen zu sichern. Das Problem, knappe Ressourcen zu verteilen, ist die Grundlage der Wirtschaftswissenschaften.

Auf den Kapitalmärkten ist Wohlstand die knappe Ressource. Im Straßenverkehr ist es eine Expressspur oder ein Parkplatz. Bei der Partnersuche ist die knappe Ressource der ideale Partner. Wenn Sie um knappe Ressourcen konkurrieren, müssen Sie clevere Entscheidungen treffen, die Ihre Gewinnchancen bei einem extrem wettbewerbsorientierten Spiel verbessern. Falls Sie an der Börse Verluste machen, keinen Parkplatz finden können oder keine(n) Partner(in), sollten Sie sich einmal umsehen, wie die Gewinner es anstellen – das ist adaptives Verhalten.

Ein Beispiel ist Warren Buffett – ein Gewinner, wenn es um Reichtum geht. Die US-Wertpapier- und Börsenaufsicht SEC verlangt von Buffetts Firma Berkshire Hathaway, quartalsweise ihr Portfolio offenzulegen. Wenn andere Anleger sehen, was Warren Buffett macht, kopieren sie seine Investitionen in der Hoffnung, auch Gewinner zu werden.

Dieses Verhalten führt zur Bildung einer *Crowd*; das Verhalten der Mitglieder dieser Gruppe bestätigt das Verhalten der anderen Mitglieder der gleichen Gruppe. Das Problem dabei ist, dass im Laufe der Zeit die Gewinnerstrategie zu beliebt wird und dann nicht mehr funktioniert. Der erste Hipster, der eine neu eröffnete Bar in Brooklyn mit fantastischer Livemusik findet, kann dort vielleicht ein paar euphorische Wochenenden verbringen; aber bald spricht sich der neue Szene-Treff herum, die Bar wird von Tag zu Tag überfüllter und der Hipster muss immer mehr drängeln, um überhaupt noch an einen Drink zu kommen. Die Gewinnerstrategie, in einer coolen Bar abzuhängen, wird zu einer Verliererstrategie: nur noch Stehplätze. Der Hipster zieht weiter. Und so macht es auch Buffett.

Dieses adaptive Verhalten zeigt Feedback und Gedächtnis. Wenn Sie die Bar als cool und nicht zu voll erinnern, werden Sie wieder hingehen.

Wenn Sie die Bar dagegen als überfüllt und zu laut erinnern, dann vielleicht nicht (obwohl es ja durchaus Menschen gibt, die laute und überfüllte Bars mögen).

Um das Verhalten von Gruppen zu analysieren, haben Physiker das Entstehen von *Antigruppen* postuliert. Eine Antigruppe zieht Menschen an, die das Gegenteil der ursprünglichen Gruppe tun. Solche Verhaltenskonstellationen mit Gruppen und Antigruppen zeigen eine Menge Gedächtnis und Feedback. Was Gruppe und Antigruppe voneinander trennt, sind ihre Erwartungen.

Bleiben wir bei dem Beispiel mit der Bar. An manchen Abenden ist die Bar überfüllt, an anderen gibt es dagegen leere Tische – man weiß es einfach nicht im Voraus. Die Akteure machen Vorhersagen aufgrund der besten Informationen, die sie bekommen können. Solche Informationen könnten zum Beispiel Updates über soziale Medien von Freunden in der Bar sein. Informationen in Echtzeit beschleunigen die Reaktionen eines Akteurs, negieren sie aber nicht.

Leute, die überlegen, in die Bar zu gehen, oder Investoren, die überlegen, eine bestimmte Aktie zu kaufen, fallen für Vorhersagezwecke in drei Kategorien. Die Gruppe glaubt, dass die Zukunft ähnlich sein wird wie die Vergangenheit. Die Antigruppe glaubt, dass die Zukunft anders sein wird als die Vergangenheit. Die dritte Gruppe hat keine Vorhersage, sondern wirft im Geist eine Münze und handelt aufgrund des zufälligen Ergebnisses.

Ein Vorhersagemodell zu haben ist noch keine Erfolgsgarantie. Vielleicht wird Ihr Gedächtnis Ihnen sagen, dass die Bar am vergangenen Wochenende überfüllt war, und deswegen beschließen Sie, dieses Wochenende zu Hause zu bleiben, weil Sie annehmen, dass die Bar wieder zu voll sein wird. Dieses Modell besagt, dass die Zukunft ähnlich sein wird wie die Vergangenheit. Wenn genügend Menschen das gleiche Modell anwenden und zu Hause bleiben, wird die Bar am kommenden Wochenende eher nicht überfüllt sein. Ihr Gedächtnis lässt Sie einen schönen Abend mit Livemusik verpassen.

Umgekehrt erinnert sich auch die Antigruppe daran, dass die Bar am vergangenen Wochenende zu voll war und zieht daraus den Schluss, dass die Leute am kommenden Wochenende woanders hingehen werden. In ihrem Modell ist die Zukunft anders als die Vergangenheit. Sie entschließen sich, es am kommenden Wochenende noch einmal mit der Bar zu versuchen – und wenn sie Glück haben, werden sie einen guten Tisch bekommen.

Aber wenn die Antigruppe zu groß wird, kann es gut sein, dass die Bar wieder überfüllt sein wird. Dann würden vielleicht einige Mitglieder der Antigruppe zur Gruppe überlaufen und nächstes Mal zu Hause bleiben, wodurch die Bar vielleicht wieder leere Tische haben würde, und so weiter.

Bei seltenen Gelegenheiten könnten die Mitglieder der dritten, zufallsgesteuerten Gruppe sich alle gleich entscheiden (so ähnlich, als ob fünfmal nacheinander »Kopf« käme), was dann dazu führen würde, dass Mitglieder der Gruppe zur Antigruppe überlaufen oder umgekehrt, je nachdem, wie adaptives Verhalten sich manifestiert. Dieses zufällige Verhalten wirkt als Katalysator für wechselnde Loyalitäten zwischen Gruppe und Antigruppe – wie eine Schneeflocke, die eine Lawine auslöst.

Etliche Wissenschaftler haben Experimente durchgeführt, um diese Gruppen-Antigruppen-Dynamiken zu erforschen. Eine Gruppe von Individuen beginnt mit einer Vorliebe in ihrem Vorhersagemodell. Durch Erfahrung und Feedback trennen sie sich auf dem Wege der *Selbstorganisation* in Gruppe, Antigruppe und zufallsgesteuerte Akteure. Gruppe und Antigruppe ziehen die ganz überwiegende Mehrheit der Teilnehmer an, in ungefähr gleicher Zahl, während die zufallsgesteuerten Akteure eine kleine Minderheit bilden. Dieser Vorgang illustriert eine der machtvollsten Eigenschaften von Komplexität: die *Emergenz* (das »Auftauchen« oder »Zutagetreten«). Klar definierte opponierende Gruppen »emergieren« oder bilden sich durch das Wirken von Feedback und Gedächtnis aus einer undifferenzierten Masse heraus, ohne Zwang und ohne vorherige Absprachen.

Emergentes Verhalten ist in der Komplexitätsforschung gut dokumentiert; auch auf der intuitiven Ebene ist es einleuchtend. Ein Wall-Street-Klischee besagt: »Für jeden Käufer gibt es einen Verkäufer.« In einem Bullenmarkt sind die Käufer eine Gruppe, die glaubt, die Zukunft werde ähnlich sein wie die Vergangenheit. Die Verkäufer sind die Antigruppe, die glaubt, dass die Zukunft anders sein wird als die Vergangenheit. Wenn beide zu gleichen Anteilen vorhanden sind, können die Märkte funktionieren. Aber wie steht es um die kleine Minderheit von »mentalen Münzwerfern«? Ihr individuelles Verhalten ist zufällig. Sorgen sie dafür, dass die Märkte insgesamt zufällig sind? Oder bewirken sie, dass die Bullen zu Bären werden und umgekehrt, wodurch sie nicht-zufällige Beharrlichkeit produzieren würden?

Die Physiker Neil Johnson, Pak Ming Hui und Paul Jefferies haben eine Reihe von Studien durchgeführt, die aufgrund von Finanzmarktdaten zeigen, dass das Muster der Preisschwankungen an den Märkten nicht dem Modell vom sogenannten *random walk* (»Zufallsweg« oder »Irrfahrt«), dem Fundament der modernen Finanzökonomik, entspricht.[65] Vielmehr folgt dieses Muster den Prognosen von Komplexitätstheoretikern, die auf den Prinzipien von Feedback und adaptivem Verhalten basieren.

Das Verhalten von Teilnehmern an den Finanzmärkten kann auf binäre Entscheidungen heruntergebrochen werden, die als »Ja/nein«- oder »Entweder/oder«-Antworten auf eine Serie von Fragen ausgedrückt werden können: Werden Sie heute mit Aktien handeln? Werden Sie in Betracht ziehen, mit IBM-Aktien zu handeln? Werden Sie kaufen oder verkaufen? Werden Sie große oder kleine Transaktionen abschließen? Und so weiter. Jede dieser Fragen hat eine »Ja/nein«-Antwort. Im binären Code kann »ja« als die Ziffer »1« ausgedrückt werden, »nein« als die Ziffer »0«. Die Antworten auf eine Serie solcher Fragen können als Kette von Einsen und Nullen ausgedrückt werden, zum Beispiel »0011010011«. Solche Ketten können im Computer codiert und auf Muster untersucht werden, die in großen Datenbeständen oder langen Zeiträumen vorkommen. Die Ergebnisse sind sehr aufschlussreich, wenn man herausfinden will, wie Märkte tatsächlich funktionieren.

Das »Random walk«-Modell geht auf eine Hypothese von Burton G. Malkiel zurück, Professor der Ökonomik an der Princeton University, die besagt, dass solche Entscheidungen dem Weg eines Betrunkenen ähneln, der die Straße entlanggeht. Jeder seiner Schritte ist ungewiss – er könnte vor oder zurück gehen, der Betrunkene weiß es selbst nicht. Jeder Schritt ist zufällig, unbeeinflusst von dem Schritt davor. Es gibt kein Gedächtnis, es gibt kein Feedback.

Das »Random walk«-Modell und das »Gruppen/Antigruppen«-Modell sollten völlig unterschiedliche Muster von Nullen und Einsen produzieren, da der »Random walk« kein Gedächtnis hat, die Gruppe dagegen sehr wohl. Die von jedem dieser Modelle produzierten Muster werden quantifiziert und die Modell-Projektionen mit empirischen Daten verglichen.

Neil Johnson und seine Kollegen haben das erreicht, indem sie mit einem Gedankenexperiment begannen.[66] Stellen Sie sich den Markt als eine Person vor, die von einem Startpunkt aus eine bestimmte Zeit lang geht. Der Geher kann vor oder zurück gehen, ganz so, wie der Markt nach oben oder unten gehen kann. Sie wollen die vom Geher zurückgelegte Strecke berechnen. Das Ziel des Experimentes ist, herauszufinden, ob die Märkte ein »Random walk« sind oder etwas anderes.

Der Einfachheit halber weisen die Wissenschaftler dem Startpunkt den Wert 10 zu. Bei jedem Schritt nach vorn wird zu dieser Position eine 1 addiert, bei jedem Schritt zurück eine 1 subtrahiert. Wenn Sie vom Startpunkt 10 ausgehen und zwei Schritte vor und einen zurück gehen, ist Ihre Endposition 11 (10 + 1 + 1 − 1 = 11). Dieser Vorwärts/rückwärts-Wert entspricht dem gleichen binären Ergebnis wie die oben beschriebenen Ja/nein-Anlegerentscheidungen und ermöglicht eine binäre Codierung sowie anschließende Analyse.

Dieses binäre Wegmuster von einer Startposition 10 bedeutet, dass sich der Geher nach neun Schritten entweder auf Position 19 (10 + 9 = 19) oder auf Position 1 (10 − 9 = 1) befinden wird oder irgendwo zwischen 1 und 19, je nach Muster seines zurückgelegten Weges.

Wenn Sie zum Beispiel an Position 10 starten und 9 Schritte nach vorn machen, befinden Sie sich an Position 19. Von dieser Startposition aus bildet die neue Position nach jedem Schritt dieses Muster: 10 11 12 13 14 15 16 17 18 19. Das scheint nicht zufällig zu sein; der Pfad scheint gerichtet zu sein. Ein Wissenschaftler würde ein solches Muster hochgradig *geordnet* nennen.

Um dieses Experiment auf alle Wegarten zu verallgemeinern, haben Wissenschaftler einen Parameter erdacht, der die zurückgelegte Strecke als Funktion der abgelaufenen Zeit beschreibt. Diese Funktion wird als t^a ausgedrückt, wobei t die Anzahl der Schritte, a ein Exponent und t^a die zurückgelegte Strecke ist. Sowohl t als auch t^a können in entsprechenden Experimenten empirisch beobachtet werden. Der Exponent a wird aus den beobachteten Werten von t und t^a abgeleitet.

In unserem geordneten Beispiel war $t = 9$, die Anzahl der Schritte, und $t^a = 9$, weil das die zurückgelegte Strecke war. Daher ist in diesem Beispiel $a = 1$; wenn ein Exponent von 1 auf eine Zahl angewandt wird, ergibt sich daraus genau diese Zahl. In diesem hochgradig geordneten Fall gilt $9 = 9^1$; die Anzahl der gemachten Schritte gleicht der gesamten zurückgelegten Strecke.

Was passiert, wenn die Schritte rein zufällig sind? In diesem Fall wäre die gesamte zurückgelegte Strecke kaum einmal gleich der Anzahl der gemachten Schritte, da einige Schritte rückwärts und andere vorwärts führen und sich zum Teil aufheben würden. Die Anzahl der gemachten Schritte ist größer als die zurückgelegte Strecke, was bedeutet, dass $t > t^a$. Aber wenn das zutrifft, dann ist $a < 1$, da nur bei einem Exponenten kleiner eins t größer als t^a sein kann.

Für den zufallsgesteuerten Geher kommen viele Sequenzen infrage, da zahlreiche Kombinationen aus Vorwärts- und Rückwärtsschritten möglich sind, wenn neun Schritte gemacht werden. Jeder Schritt, den der Geher macht, ist wie ein Münzwurf, der »Kopf« oder »Zahl« ergeben kann. Nehmen wir für Zwecke der Analyse an, dass »Kopf« = 1 ist und »Zahl« = 0, jede 1 ein Schritt vorwärts von der vorherigen Position ist und jede 0 ein Schritt zurück.

Als Experiment habe ich neunmal eine Münze geworfen und die Sequenz »110001001« erhalten, insgesamt viermal »Kopf« und fünfmal »Zahl«. Ausgehend von Startposition 10 und entsprechend dem Weg, den diese zufälligen Münzwürfe repräsentieren, ergibt sich folgende Sequenz von Positionen: 10 11 10 9 8 9 8 7 8. Bei diesem Zufallsweg bewegte sich der Geher um zwei Positionen (10 − 8 = 2) in neun Schritten. Diese zufällige Sequenz wird von Wissenschaftlern als *ungeordnet* bezeichnet, weil sie keine ausgeprägte Tendenz in die eine oder andere Richtung zeigt.

Wenn dieses Experiment 1000-mal wiederholt wird, was mithilfe eines Computers kein Problem ist, wird die ab der Startposition durch den Zufallsweg von 9 Schritten zurückgelegte Strecke im Durchschnitt 3 sein, die Quadratwurzel aus 9. In unserem Modell ist die Strecke $3 = t^a$. Wenn $t = 9$ (die Anzahl der insgesamt gemachten Schritte) und $t^a \approx 3$ (die Anzahl der insgesamt zurückgelegten Positionen entsprechend dem Output des Zufallsweges), dann ist $a \approx 0{,}5$. Die insgesamt zurückgelegten Positionen nach dem Zufallsweg von 9 Schritten ist $3 = 9^{0{,}5}$.

Bei einem hochgradig *geordneten* Weg ist $a = 1{,}0$. Bei einem zufälligen oder *ungeordneten* Weg ist $a = 0{,}5$. Welche Art von Weg nehmen die real existierenden Märkte? Oder formal ausgedrückt: Welcher Wert von *a* ergibt sich aus den tatsächlichen Kursschwankungen am Markt?

Eine typische Eigenschaft von komplexen Systemen ist, dass sie *weder* hochgradig geordnet *noch* zufällig sind. Komplexe Systeme schwanken zwischen Ordnung und Unordnung. Dieses Schwanken beruht darauf, dass diverse Akteure von der Gruppe zur Antigruppe überlaufen oder umgekehrt. Ein komplexes System, das mit zufälligem Verhalten beginnt, kann durch Feedback und adaptives Verhalten geordnet werden. Entsprechend kann ein hochgradig geordnetes System in Unordnung abstürzen.

Komplexe Systeme schwanken vor und zurück, genauso wie die Märkte, die von der Hausse zur Baisse übergehen, wenn die vorherrschende Anlegerstimmung sich von Angst in Gier verwandelt. Anpassungsprozesse produzieren Muster, die beständiger sind als ein »Random walk« und zu der Tendenz führen, dass sich eine Ordnung herausbildet. Dennoch wird sich das System aufgrund der Gruppen-Antigruppen-Dynamik nicht zu vollständiger Ordnung entwickeln. Anders ausgedrückt: Der Wert des Exponenten *a* sollte in einem komplexen System irgendwo zwischen 0,5 und 1,0 liegen.

Empirische Untersuchungen an Aktienmärkten in aller Welt über längere Zeiträume haben gezeigt, dass der Wert von *a* an real existierenden Märkten etwa 0,7 beträgt. Dieses empirische Ergebnis liegt zwischen 0,5 und 1,0, also irgendwo zwischen zufällig und geordnet – genauso, wie die Komplexitätstheorie es vorhersagt. Dies ist ein starkes Indiz dafür, dass Kapitalmärkte komplexe Systeme sind.

Die Kapitalmärkte entsprechen nicht nur einer deskriptiven, auf Vielfalt, Vernetztheit, Interaktion und adaptivem Verhalten aufbauenden Definition von komplexen Systemen, sondern darüber hinaus zeigen empirische Belege, dass auch das tatsächliche Verhalten an den Märkten den Prognosen eines theoretischen Modells entspricht. Diese Erkenntnisse beruhen auf streng wissenschaftlichen Grundsätzen.

Die Implikationen dieses Ergebnisses sind beunruhigend. Professor Neil Johnson fasst sie schonungslos zusammen:

> Das Standardmodell, das weithin in der Finanzwelt verwendet wird, um zu berechnen, wie die Märkte sich entwickeln werden, ist fehlerhaft. ...

Finanzmärkte sind komplexe Systeme, die nicht durch irgendetwas anderes als eine Theorie komplexer Systeme zutreffend beschrieben werden können. Vielleicht wird die Standard-Finanztheorie vermeintlich eine Weile funktionieren, aber letztlich wird sie versagen, zum Beispiel in Momenten, wenn sich aufgrund von Gruppenverhalten starke Kursschwankungen auf dem Markt zeigen. Und dies ist keineswegs ein kleiner Mangel, denn genau in solchen Momenten ist Ihr Geld am stärksten gefährdet.[67]

Ein Verständnis der Komplexitätstheorie ist ein mächtiges Werkzeug, um Risiken an den Kapitalmärkten einzuschätzen. Wir sehen, wie heterogen zusammengesetzte Gruppen von Akteuren sich selbst zu Gruppe und Antigruppe organisieren können, die einen einigermaßen stabilen, aber nicht zufälligen Markt produzieren. Er tendiert zum Beharren, ist aber nicht völlig geordnet.

Panik entsteht, wenn Gruppe und Antigruppe sich gleich verhalten. Ein völlig geordneter Markt ist einer, auf dem *alle* Verkäufer sind und es *keine* Käufer gibt. Solch ein Markt würde sofort zusammenbrechen und alle Kurse würden auf null fallen. Wie wahrscheinlich ist ein solches Szenario? In natürlichen komplexen Systemen kommt es hin und wieder zu solchen Zusammenbrüchen.

Die »New Madrid Seismic Zone« in Missouri und den benachbarten US-Bundesstaaten war über 200 Jahre lang relativ stabil. Trotzdem entstanden hier in den Jahren 1811 und 1812 vier der größten Erdbeben in der bekannten Geschichte Nordamerikas mit einer geschätzten Magnitude von mindestens 7,0 MW (die Einheit MW bemisst die Stärke eines Erdbebens auf der Momenten-Magnituden-Skala, der Nachfolgerin der Richter-Skala). Etliche Seismologen erwarten, dass das nächste Erdbeben in dieser Zone eine Magnitude von 7,7 MW erreichen könnte, die ungefähr der Stärke des Erdbebens von 1906 in San Francisco entspricht. Diese Schätzungen gehen aus von 86 000 Todesopfern und zwei Millionen Menschen, die obdachlos werden. Seismische Verwerfungszonen sind komplexe Systeme, ebenso wie die Aktienmärkte.

Der Umstand, dass komplexe Systeme zwischen Zufälligkeit und Ordnung schwanken, bedeutet nicht, dass solche Systeme stabil wären oder von sich aus ihr Gleichgewicht halten würden. Komplexe Systeme überstehen

Phasenübergänge zum Chaos oder Kollaps erstaunlich gut. Die Art von Bayes'schen Simulationen, die im Los Alamos National Laboratory durchgeführt werden, helfen dem Analysten, sich eine Reihe von Folgen in einem komplexen System vorzustellen, etwa das finanzielle Äquivalent einer Wasserstoffbombe.

Die finanziellen Folgen, um die es in diesem Buch geht, hat es bereits gegeben. In einem Marktzusammenbruch verlieren viele Anleger viel Geld, aber die Märkte erholen sich wieder. Manche Zusammenbrüche sind hervorragende Kaufgelegenheiten für Beobachter mit Geld in der Hand, die inmitten der Trümmer echte Schnäppchen finden. Selbst diejenigen, die Verluste erleiden, können sie wieder wettmachen, wenn sie ihre Positionen halten, anstatt während der Panik zu verkaufen. Die meisten Märkte gewinnen im Laufe der Zeit an Wert. Die wenigen Glückspilze, die zu Höchstpreisen verkaufen und nach einem Crash kaufen, werden Ergebnisse erzielen, die über dem Marktdurchschnitt liegen.

Desgleichen scheint das Scheitern bekannter Banken ein Problem zu sein, das zu managen die Gesellschaft gelernt hat. Anleger werden womöglich Verluste erleiden, aber Einleger und Kontoinhaber werden routinemäßig über Einlagensicherungssysteme und staatliche Garantien schadlos gehalten. Selbst Verluste an den Aktienmärkten sind zu bewältigen, wenn sie Bestandteil eines größeren, diversifizierten Portfolios sind. Nach den Zusammenbrüchen von 1987, 1998, 2000 und 2008 hat der Markt sich schnell wieder erholt und neue Höchststände erklommen. Warum also sollte ein Anleger sich Sorgen machen über einen Zusammenbruch?

Der Archetyp eines Zusammenbruchs in einem komplexen System ist nicht etwa das Erdbeben von New Madrid oder San Francisco, sondern Krakatau. Im Jahr 1883 explodierte die zwischen Sumatra und Java in der Sundastraße gelegene Vulkaninsel Krakatau mit einer Gewalt, die 14 000-mal größer war als die der Hiroshima-Bombe. Die Gewalt dieser Explosion war zehnmal so groß wie die Sprengkraft, die 1954 bei dem Test der Atombombe »Castle Bravo« auf dem Bikini-Atoll entfesselt wurde. Sie war viermal so groß wie die gewaltigste nukleare Explosion aller Zeiten, der Test der »Zar-Bombe« mit 50 Megatonnen Sprengkraft, den die Sowjetunion 1961 durchführte.

Nach der Krakatau-Explosion im Jahr 1883 blieb nichts von der Insel übrig. Der Grund, warum Investoren sich Sorgen machen, liegt darin, dass manche systemischen Zusammenbrüche so gewaltig sind, dass das System sich davon nicht wieder erholen kann. Das System hört auf zu existieren.

KAPITEL 4:

VORBEBEN 1998

Ich habe lange über die Krise um Long-Term Capital Management nachgedacht. Was ich dabei am erstaunlichsten finde, ist der Umstand, dass es sich bei der Geschichte von LTCM ... um eine sehr moderne Krise handelt, die aber auf fast die gleiche Weise beigelegt wurde, wie solche Krisen schon immer beigelegt wurden. Die Zentralbank wurde herbeigerufen und verteilte ein paar Kopfnüsse. Es war umstritten, ob es richtig war, dass sie sich einmischte, aber letzten Endes wurde so die Krise beigelegt.[68]

Stanley Fischer, Vice Chairman des Federal Reserve Board

Gott gab Noah das Zeichen des Regenbogens, kein Wasser mehr, aber beim nächsten Mal Feuer.

»Oh Mary Don't You Weep«, Gospelsong

Die Geldmaschine

Die Finanzpanik von 2008 inspirierte eine Vielzahl von Büchern und Filmen, darunter auch eine denkwürdige Erzählung, nämlich das Buch *Too Big to Fail* von Andrew Ross Sorkin.[69] Nach allem, was man so hört, erlitt das Finanzsystem in jenem Jahr einen Herzanfall. Diese medizinische Metapher ist keineswegs an den Haaren herbeigezogen; das globale Finanzsystem erlitt wirklich einen Herzanfall, bei dem der Patient beinahe starb. Die Fed war der behandelnde Arzt mit einem Defibrillator. An der Krise von 2008 fand ich am erschreckendsten, dass ich diesen Film schon einmal gesehen hatte.

Fast auf den Tag genau zehn Jahre zuvor hatte das Finanzsystem seinen ersten globalen Herzanfall erlitten. Auch damals retteten Ärzte von der Fed den Patienten. Aber nach 1998 nahm der Patient seine Laster wieder

auf – Zigarren, ausgiebiges Trinken, keine Bewegung. Ein zweiter Herzanfall war nur eine Frage der Zeit.

Hätte ein Marktdiagnostiker 1998 die Symptome und den Verlauf dieser Panik untersucht, hätte das Debakel von 2008 vermieden werden können. Aber nichts dergleichen geschah. Die Lektionen von 1998 wurden
nicht gelernt. An den Märkten wurde sogar das vorherige destruktive Verhalten in noch größerem Umfang wieder aufgenommen, mit dem Segen
der Banken und Aufsichtsbehörden.

Rückblickend sieht die Panik von 1998, die von dem Staatsbankrott
Russlands und dem Kollaps des Hedgefonds LTCM ausgelöst wurde, klein
aus. Viele Menschen haben noch nie davon gehört. Im Vergleich zur Panik
von 2008 erscheint der Spätsommer 1998 als weit entfernt und belanglos.

Oberflächlich betrachtet schien es so, als ob die Probleme von 1998 verschwanden. Ein paar Banken, vor allem die UBS, mussten beträchtliche
Abschreibungen vornehmen. Einige Bankmanager wurden gefeuert. Alan
Greenspan senkte zweimal den Leitzins, einmal bei einem planmäßigen
Treffen der Fed am 29. September 1998 und dann noch einmal bei einem
unangekündigten Treffen – was sehr selten vorkommt – am 15. Oktober
1998. Die zweite Zinssenkung hatte Erfolg: Sie sagte den Märkten, dass die
Fed sie beobachtete und alles Notwendige tun würde, um die Ruhe wiederherzustellen. Es kehrte wieder Normalität ein. Die Credit Spreads (»Ren-
ditespannen«, Unterschied zwischen einer risikobehafteten Rendite und
einem risikofreien Referenzzins), die vorher in unglaublicher Weise ausei-
nandergelaufen waren, schnurrten allmählich wieder zusammen. Der Aktienmarkt tat die LTCM-Panik mit einem Achselzucken ab und setzte eine der beeindruckendsten Kursrallyes der Geschichte fort. Vom 1. Oktober
1998 bis 31. Dezember 1999 stieg der Dow-Jones-Index steil an, von 7633
auf 11 497, eine Zunahme um 51 Prozent in nur 15 Monaten. Nachdem LT-
CM aus den Schlagzeilen verschwunden war, schien es so, als wäre nichts
passiert.

Aber es war etwas passiert, das bis dahin noch nie passiert war: Wichtige Aktien- und Anleihenmärkte in aller Welt waren nur noch Stunden von
einem totalen Zusammenbruch entfernt gewesen und die größten Banken
der Gefahr ausgesetzt, wie Dominosteine zu fallen, eine nach der anderen, angefangen bei der notorischen Schwachstelle Lehman Brothers. Und

viele Anleger hatten in relativen Begriffen wesentlich höhere Verluste erlitten, als es 2008 der Fall war. Darüber wurde damals nicht öffentlich berichtet, obwohl die Medien sich intensiv auf LTCM und dessen öffentlichkeitsscheuen Gründer John Meriwether eingeschossen hatten. Nur einige wenige Insider von LTCM, der Fed, dem US-Finanzministerium sowie einige ausländische Finanzministerien sahen das Gesamtbild und verstanden seine Bedeutung. Die Eliten brachten Schaum auf der Landebahn aus und holten LTCM zu einer sicheren Landung herunter, obwohl alle vier Triebwerke in Flammen standen. Denn globale Investoren saßen im Flugzeug, angeschnallt und ohne Notausgang. Was im Rückblick so unbedeutend aussieht, war tatsächlich ein denkbar knappes Entkommen von einem Unglück potenziell katastrophaler Dimensionen.

Die Insider, die das System retteten, waren damals ziemlich prominent. Einige von ihnen wurden in späteren Jahren noch berühmter – oder berüchtigter. Peter Fisher leitete den Notfalleinsatz der Fed; später wurde er Vize-Chairman der riesigen Vermögensverwaltung BlackRock. Der Bridge spielende Jimmy Cayne, Chef von Bear Stearns, war LTCMs Makler. Von allen Outsidern war er am besten über LTCMs Marktrisiken informiert. Im typischen Wall-Street-Stil weigerte sich Cayne, seine Informationen an die anderen Bankenchefs weiterzugeben, und machte dadurch beinahe die Rettung zunichte.

Jon Corzine, der Chef von Goldman Sachs, war einer der führenden Köpfe bei der Rettung von LTCM, neben den CEOs von Citigroup, JPMorgan und Merrill Lynch. Corzine, ein enger Freund von Meriwether, war während der Rettungsverhandlungen abgelenkt, weil er mit seinen eigenen Positionen Milliardenverluste machte. Corzines Debakel bei MF Global, das 2011 im Bankrott endete, konnte niemanden überraschen, der seine abenteuerlichen Zockereien bei Goldman mitbekommen hatte.

Auf dem Höhepunkt der Panik von 1998 kaperte Goldman Sachs Dateien mit LTCMs Derivate-Positionen und nutzte diese Informationen, um die eigenen Trades zu decken und seinen Konkurrenten zuvorzukommen (Front-Running). Die Leute von Goldman Sachs versuchten auch, den LTCM-Rettungsdeal um fünf vor zwölf an die Wand zu fahren, indem sie der Fed mit einem konkurrierenden Angebot zuvorkamen, das von Corzine, Warren Buffett und AIG-Chef Hank Greenberg unterschrieben war.

AIG besiegelte den eigenen Niedergang im Rahmen eines Bail-out im Jahr 2008. Cayne und Corzine zählten zu den Oberhäuptern der »vierzehn Familien«, den 14 Wall-Street-Banken, die an dem LTCM-Bail-out beteiligt waren.

Ohne die diskrete Intervention des legendären Bankenkrisen-Maestros Bill Rhodes wäre die Rettung von LTCM nicht gelungen. Er konnte ausländische Bankiers und Finanzminister von der Notwendigkeit überzeugen, Schulden zu erlassen, während die 14 Familien sich untereinander zankten. Outsider konnten nicht wissen, dass LTCM einen unbesicherten Kredit in Höhe von beinahe einer Milliarde Dollar aufgenommen hatte, und zwar von einem internationalen Syndikat aus 19 Banken. Um die Rettung unter Dach und Fach zu bringen, mussten diese Banken auf ihre Forderungen verzichten und die 14 Familien dazu gebracht werden, neues Kapital bereitzustellen. Rhodes schaffte es, diese Verzichtserklärungen zu bekommen.

Schon bald darauf wurde LTCMs Geschichte ausführlich erzählt, und zwar von Roger Lowenstein in seinem hervorragenden Buch *Der große Irrtum*.[70] Wir wollen uns diese Geschichte hier noch einmal ansehen, weil sie zeigt, wie die Panik von 2008 von den Ereignissen im Jahr 1998 vorhergesagt wurde. Zwar herrschten 1998 und 2008 unterschiedliche Umstände, aber die Dynamiken waren die gleichen. Beunruhigenderweise wird heute die nächste Panik sowohl von 1998 als auch 2008 vorhergesagt. Es wurde keine einzige Lektion gelernt; die Eliten vergrößerten schlicht jedes Mal die Rettungsanstrengungen. Das Problem ist nur: Beim nächsten Mal wird die Panik zu groß sein und der Bail-out zu klein, um sie beenden zu können.

Die Zutaten für die Krise – etwa übermäßige Verschuldung, Derivate und blindes Vertrauen in veraltete Risikomodelle – waren 1998 und 2008 die gleichen. Der Zusammenbruch von 2008 hätte vermieden werden können, wenn die Lektionen aus dem LTCM-Debakel gelernt und beachtet worden wären. Stattdessen haben Wall Street und Washington die Augen verschlossen vor dem, was 1998 passiert war. Die Verantwortlichen, darunter Fed-Chef Alan Greenspan und Finanzminister Larry Summers, ließen sich in ihrem Glauben an fehlerhafte Risikomodelle nicht beirren. Anstatt ihre Lektion zu lernen, verschlimmerten sie die Lage noch, indem sie die Aufhebung des Glass-Steagall-Gesetzes und die Deregulierung des

Derivatehandels unterstützten, wodurch der Zusammenbruch von 2008 unvermeidlich wurde.

Heute ist erneut zu beobachten, dass diese Lektionen ignoriert werden. Wall Street ist zur Tagesordnung zurückgekehrt und verlässt sich nach wie vor auf irreführende Modelle wie Value at Risk (VaR). Die nächste Katastrophe wird um ein Vielfaches größer sein als die vorherigen beiden – vom nächsten Mal wird die Welt sich nicht wieder erholen.

Die Experten

Im Februar 1994 fing ich bei LTCM an und berichtete direkt John Meriwether, dem Firmengründer und legendären Anleihentrader, auch als »JM« bekannt. Ich kam an Bord, bevor der Fonds den Geschäftsbetrieb aufnahm, und blieb, bis er zusammengebrochen, gerettet und abgewickelt worden war, also bis August 1999. Zu den Gründungspartnern zählten zwei künftige Nobelpreisträger und andere Väter des modernen Finanzwesens. Es hatten sich noch nie so viele und so großartige Talente an einem Ort versammelt wie bei LTCM, einschließlich Universitäten und Thinktanks.

LTCM entstand aus dem Beinahe-Tod der Investmentbank Salomon Brothers im Jahr 1991. An diesen Namen erinnert sich heute kaum noch jemand, aber in den 1980er-Jahren stand er für riesige Wetten mit Anleihen sowie komplexe Tradingstrategien, die zum großen Teil von Meriwether erfunden worden waren. Im August 1990 und im Mai 1991 spekulierte Paul Mozer, ein Untergebener von Meriwether, illegalerweise mit Zwei-Jahres-Schatzwechseln und belog die Fed über seine Geschäfte. Gegenüber Meriwether gestand Mozer seine Straftaten, der sie sofort John Gutfreund, dem CEO von Salomon Brothers, sowie dem Präsidenten Tom Strauss und dem Justiziar Don Feuerstein der Bank berichtete. Diese drei Verantwortlichen verpfuschten die interne Untersuchung und unterließen es, Mozers Straftaten rechtzeitig an die Aufsichtsbehörden zu melden.

Am 18. August 1991 trat der Skandal in eine kritische Phase ein, als das Finanzministerium Salomon Brothers untersagte, bei Staatsanleihen-Auktionen mitzubieten. Salomons größter Investor Warren Buffett wusste, dass dies ein Todesurteil war und dass die Bank daraufhin einen Insolvenzantrag würde stellen müssen, wodurch seine Anteile wertlos werden würden. Aber Buffett machte sich Sorgen um weit mehr als seine eigene Investition. Nachdem erst 1990 der Wall-Street-Gigant Drexel Burnham seinen Bankrott erklärt hatte, befürchtete Buffett, dass die weitere Pleite eines Anleihenhändlers innerhalb so kurzer Zeit das globale Finanzsystem destabilisieren könnte. Unter Umständen war ein Drexel-Salomon-Doppelhaken mehr, als die Märkte würden verkraften können.

Buffett rief Finanzminister Nicholas F. Brady an und erreichte, dass das Bieteverbot für Salomon vier Stunden später zum Teil wieder aufgehoben wurde. Im Gegenzug versprach Buffett, bei Salomon aufzuräumen, neues Kapital zur Verfügung zu stellen und das laufende Geschäft zu leiten, bis das Unternehmen sich stabilisiert hatte.

Gutfreund, Strauss und Feuerstein wurden unter Druck gesetzt und traten zurück. Meriwethers Fall war etwas schwieriger gelagert, weil er Mozers Fehlverhalten intern angezeigt hatte. Aber immerhin war er Vize-Chairman. Und angesichts des aktuellen Geschreis in den Medien hielt die Fed es für notwendig, das gesamte Top-Management zu entlassen. Meriwether wurde zugestanden, von sich aus zu kündigen, aber seine Karriere an der Wall Street war zu Ende. JM war, wie man im Wall-Street-Jargon zu sagen pflegt, »on the beach«, »gestrandet«.

Meriwether machte sich daran, eine neue Firma aufzubauen – einen Hedgefonds, der weder von der Fed noch der SEC reguliert werden würde. So konnte er seine komplexen Tradingstrategien diskret weiterentwickeln, ohne dass ihm Aufsichtsbehörden, Medien oder andere Banken dabei zusahen. Systematisch warb er frühere Salomon-Kollegen und neue Gesichter aus der akademischen Welt an. Die neue Firma nannte er Long-Term Capital Management. Zur Firmengründung erschien am 5. September 1993 unter der Überschrift »John Meriwether Rides Again« ein Bericht in der *New York Times*.[71]

LTCM ließ sich in Greenwich, Connecticut, nieder. Zu den LTCM-Gründungspartnern zählten neben Meriwether zwei künftige Nobelpreisträger, Myron Scholes und Robert C. Merton, sowie ein früherer Vize-Chairman des Federal Reserve Board, David Mullins jr. Aber die Häufung von Talenten ging weit über diese schlagzeilenträchtigen Namen hinaus; weniger bekannt, aber ebenso beschlagen war zum Beispiel Alberto Giovannini, ein italienischer Wirtschaftswissenschaftler, der das Design-Team geleitet hatte, das für die Entwicklung des Euro verantwortlich gewesen war. Eine weitere Schlüsselfigur war Greg »The Hawk« Hawkins von der Fakultät für Finanzwissenschaften an der University of California in Berkeley, wo er ein Kollege von Janet Yellen gewesen war. Zu den jüngeren Talenten zählten Matt Zames, heute aussichtsreichster Anwärter auf die Nachfolge von Jamie Dimon von JPMorgan.

Das Spinnennetz von LTCM reichte weit über die Partner hinaus und erfasste auch Finanziers für den Fonds. Ein großer Investor war das italienische Finanzministerium; diese Verbindung war sehr wichtig, da LTCM der größte Trader in italienischen Staatsanleihen war. Ein weiterer Investor war die Kuomintang, die Partei, die Taiwan seit Jahrzehnten dominiert.

Einige der größten Banken der Welt, darunter die japanische Sumitomo Bank, die Deutsche Bank und die schweizerische UBS, tätigten große Investitionen, die sie euphemistisch als »strategische Beziehungen« bezeichneten. Das bedeutete, dass zwischen LTCMs Tradern und dem Top-Management der Banken in beide Richtungen Informationen fließen würden. Inzwischen saß LTCM im weltweiten Finanz-Spinnennetz ziemlich genau in der Mitte.

Was all diese Talente vereinte, war der unerschütterliche Glaube an die Dogmen der modernen Finanzwissenschaften: effiziente Märkte, Rückkehr zum Mittelwert, rationale Erwartungen und Normalverteilung von Risiko. Praktisch bedeutete das: Wenn zwei Anlageinstrumente im Wesentlichen das gleiche Ausfallrisiko und den gleichen Cashflow-Gegenwartswert zeigen, müssten sie zu ähnlichen Kursen gehandelt werden. Die Märkte wurden mithilfe raffinierter Modelle und enormer Rechenleistung analysiert, um Situationen zu erkennen, in denen das Verhältnis zwischen zwei Kursen nicht angemessen war.

Ein Beispiel: Ein US-Schatzwechsel mit fünf Jahren Laufzeit, der vor drei Jahren emittiert wurde, wird in zwei Jahren fällig. Das US-Finanzministerium gibt auch neue Zwei-Jahres-Schatzwechsel heraus. Ein alter Fünf-Jahres-Schatzwechsel, der in zwei Jahren fällig wird, und ein neuer Zwei-Jahres-Schatzwechsel mit der gleichen Fälligkeit sollten eigentlich zu Kursen gehandelt werden, die bis zur Fälligkeit der beiden Wechsel eine fast gleich hohe Rendite erbringen. Es gibt keinen materiellen Unterschied zwischen den beiden, da sie von derselben Regierung emittiert wurden und zur gleichen Zeit fällig werden.

Manchmal stimmten diese Renditen aber nicht überein. Zwei US-Schatzwechsel können aus Gründen, die nichts mit Kreditwürdigkeit oder Cashflow zu tun haben, zu unterschiedlichen Renditen gehandelt werden. Die Gründe für solche Kursdifferenzen können zum Beispiel die Liquiditätspräferenzen institutioneller Anleger sein. Manche Investoren wollen nur neue oder sogenannte On-the-run-Schatzwechsel haben und meiden alte Off-the-run-Schatzwechsel. Diese Präferenz setzen sie bei Wertpapier-Auktionen der Regierung um, wo sie ihre alten Wechsel verkaufen und die Erlöse verwenden, um neue On-the-run-Schatzwechsel zu kaufen. Das führt dazu, dass die Liquiditätspräferenzen bestimmter Investoren vorübergehend die Kurse von alten Schatzwechseln drücken und diejenigen von neuen anheben.

Für Anhänger der Markteffizienzhypothese ergeben Liquiditätspräferenzen keinen Sinn, da die beiden Schatzwechsel in Bezug auf Kreditwürdigkeit und Cashflow identisch sind. Unter solchen Umständen betrachtete LTCM eine solche Kursdifferenz als Anomalie und machte sie sich zunutze, indem es den alten Wechsel kaufte und den neuen ohne Deckung (»short«) verkaufte. Letztlich agierte LTCM als Gegenpartei für den Trade des Anlegers; indem es den »billigen« Schatzwechsel kaufte und den »teuren« verkaufte, konnte LTCM die Kursdifferenz zwischen den beiden Wechseln einstreichen.

Im Laufe der Zeit würden sich die Märkte normalisieren. Der neue Wechsel wurde auf dem Markt zu einem »alten«. Die Kursdifferenz zwischen den beiden Wechseln verringerte sich auf null. Dann wickelte LTCM den Trade ab, indem es seine Long-Position verkaufte, sich für seine Short-Position eindeckte und die Kursdifferenz als Profit einstrich. Da beide Wechsel das gleiche Risiko repräsentierten und LTCM Long- und Short-Positionen hatte, die sich gegenseitig aufhoben, galt diese Strategie als praktisch risikofrei – die Gewinne entstanden, indem man die irrationalen Liquiditätspräferenzen gewisser Anleger ausnutzte.

Es gab endlose Variationen solcher risikofreien Arbitragegeschäfte. Kursdifferenzen entstanden auch in Situationen außerhalb von Versteigerungen neuer Anleihen. Vielleicht wurden Wertpapiere unterschiedlich besteuert und aus der Steuerbuchhaltung ergab sich eine Arbitrage. Vielleicht entstanden Differenzen aus den Kursen von Anleihen in verschiedenen Währungen. Dann wurden die Kurse um das Währungsrisiko angepasst, das mit einem separaten Trade abgesichert werden konnte. Wann immer sich eine solche Kursdifferenz zeigte, standen die Computer von LTCM bereit, um die billige Anleihe zu kaufen und die teure zu shorten. Dann konnte LTCM sich bequem zurücklehnen, abwarten, bis die Kursdifferenz verschwand, und dann einen risikofreien Gewinn einstreichen. LTCM verhielt sich rational, wann immer die Märkte irrational waren.

Ein Problem mit dieser Strategie war, dass die Gewinne aus jedem Handel zwar stetig, aber klein waren. Die Kräfte des Marktes sorgten dafür, dass die Kurse nicht zu weit auseinanderdrifteten. LTCM löste dieses Problem durch Leverage. Der Gewinn aus einem Trade mochte zwar klein sein, vielleicht zwei Prozent im Jahr, aber wenn dieser Trade mit 20 zu 1 gehebelt wurde, entstand aus den zwei Prozent eine Rendite von 40 Prozent.

LTCM war keine Bank, obwohl es sich wie eine verhielt. Wie konnte sich ein Hedgefonds genug Geld leihen, um eine Hebelung von 20 zu 1 zu erreichen? Durch »Repurchase Agreements« oder »Repos« (»Rückkaufvereinbarungen«). Bei einem Repo wird eine Anleihe, die von dem einen Händler gekauft wurde, einem anderen Händler versprochen, um mit dem Erlös noch mehr Anleihen zu kaufen. Das Ergebnis ist eine auf dem Kopf stehende Pyramide aus Anleihen, Versprechen und Krediten, die auf einem winzigen Kapitalfundament balanciert.

Eine andere Hebelungsmethode besteht darin, bestimmte Trades mithilfe von Swaps außerhalb der Bilanz zu verstecken. Ein Swap ist ein Vertrag mit den wirtschaftlichen Eigenschaften einer Anleihe, ohne jedoch selbst eine Anleihe zu sein. Swap-Vertragspartner vereinbaren eine feste Verzinsung, Fälligkeit und Währung, wodurch der erwünschte Cashflow synthetisch reproduziert wird, ohne dass eine Anleihe gekauft werden müsste. Mit Swaps kann eine höhere Leverage erzielt werden als mit Repos, weil Swaps bei der Gegenpartei – einer Bank – außerbilanziell verbucht werden. Für Swap-Geschäfte sind die Kapitalanforderungen an die Bank niedriger als bei Repos. Hätte man damals die außerbilanziell verbuchten Swaps ebenso behandelt wie Repos, wäre der tatsächliche Leverage-Faktor bei LT-CM nicht 20 zu 1 gewesen, sondern 300 zu 1. Das Volumen der Swap-Verträge von LTCM betrug am Ende über eine Billion Dollar.

Diese Arbitrage- und Leverage-Strategien funktionierten. Wenn jemand in den Fonds investierte, erzielte er 1994 eine Rendite von 20 Prozent, 1995 waren es 43 Prozent, im Jahr 1996 41 Prozent und 1997 17 Prozent. In vier Jahren hatte LTCM das Geld seiner Investoren fast verdreifacht, und zwar durch vermeintlich risikofreie Trades. Von außen sah es so aus, als habe LTCM ein Perpetuum mobile erfunden, das Geld erzeugt. Hohe Gewinne und die hohen Gebühren, die LTCM berechnete, bedeuteten, dass die LTCM-Partner persönlich Hunderte von Millionen Dollar einnahmen. Außenstehende wussten nicht, dass 1997 die größten Investoren die LTCM-Partner selbst waren.

Es waren euphorische Zeiten. Professoren und Politiker gaben sich die Klinke in die Hand, um herauszufinden, was des Rätsels Lösung war. Solche Büro-Rundgänge wirkten immer etwas bemüht, weil es nicht viel zu sehen gab. Der Panoramablick über den Greenwich Harbor war schön, aber seltsam friedlich. Im Gegensatz zu dem hektischen Geschrei auf dem Börsenparkett an der Wall Street war es bei LTCM fast immer sehr ruhig; die Arbeit erledigten die Computer. LTCMs Tradingstrategie bedeutete, dass ein Trade, wenn er denn erst einmal in den Büchern stand, monate- oder jahrelang dort bleiben konnte, während die Kursdifferenzen langsam konvergierten und risikofreie Profite hereinrollten. Die Partner diskutierten über ihre Strategien in Meetings, die eher einem akademischen Seminar glichen als den Messerstechereien, die in manch einer Bank an der Tagesordnung sind. Bei schönem Wetter waren Meriwether und seine Partner eher auf dem Golfplatz des nahe gelegenen Winged Foot Country Club anzutreffen als auf dem Handelsparkett. Es gab keinen Grund, nicht Golf zu spielen; die Computer hatten alles unter Kontrolle.

JMs öffentliches Image war das von einem unerschrockenen, tollkühnen »Master of the Universe« von der Wall Street. So wurde er jedenfalls in zwei kurzweiligen Büchern dargestellt, in Tom Wolfes 1987 erschienenem Roman *Fegefeuer der Eitelkeiten* und in Michael Lewis' 1989 veröffentlichten komischen Erinnerungen *Wall Street Poker*. Wolfe erzählt die Geschichte des überlebensgroßen Anleihen-Traders Sherman McCoy, der in einer ähnlichen Position ist wie John Meriwether bei Salomon Brothers; die Parallelen sind unmöglich zu übersehen. Lewis berichtet eine Anekdote aus dem wahren Leben, von einer Wette um eine Million Dollar, die Meriwether und Gutfreund auf dem Handelsparkett von Salomon Brothers abschlossen, bei einem einzigen Spiel »Liar's Poker« – eine Legende, die JM hartnäckig nachhing.

Tatsächlich sprach JM eher leise und war sogar ein bisschen schüchtern. Er traf sich gern mit Freunden auf dem Golfplatz oder beim Pferderennen, mied aber die Medien und die gesellschaftlichen Kreise, die normalerweise dazugehören, wenn man in der Welt der Hedgefonds erfolgreich ist. JM begeisterte sich für Pferderennen und besaß etliche Vollblüter. Zu seinen wenigen Aktivitäten außerhalb von LTCM zählte eine Mitgliedschaft im Vorstand der New York Racing Association, Betreiber der drei größten Pferderennbahnen in New York, darunter auch Belmont Park, wo die Belmont Stakes ausgetragen werden, das letzte Rennen der Triple Crown. Ein Tag auf der Pferderennbahn war ein typischer Betriebsausflug für die LTCM-Belegschaft, um den Teamgeist zu fördern.

Rennpferde, Golfplätze und die Ruhe von Greenwich passten nicht so recht zu der gängigen Vorstellung, bei LTCM herrsche ein hektisches Gewimmel von testosterongesteuertem Geschrei und hemmungslos eingesetzten Ellbogen. So war es nicht. Die Gewinne wurden von mathematischen Modellen und schnellen Computern produziert. Die Partner waren die Piloten eines Flugzeugs mit Autopilot – vielleicht griffen sie hin und wieder ein, um ein unerwartetes Gewitter zu umfliegen, aber ansonsten ließen sie das Flugzeug vom Autopiloten an sein Ziel lenken. Solange der Autopilot richtig programmiert war, konnte nichts schiefgehen.

Jede große Bank auf der Welt wollte ein Stück vom Kuchen abhaben. Ausländische Banken standen Schlange, um investieren zu dürfen; auch sie wünschten sich die Art von »strategischer Beziehung«, welche die ersten Banken unter den Investoren genossen. Andere rissen sich darum, Swap-Vertragspartner zu werden. Eine Bank konnte LTCM-Trades buchen, die Risiken an den Markt auslagern und so ihre eigenen risikofreien Profite verbuchen. Häufig wurden solche Risiken bei Banken abgeladen, die andere Swaps mit LTCM abgeschlossen hatten. Es war das reinste Risikokarussell, das sich immer weiter drehte und immer weiter, aber die Risiken landeten immer an derselben Stelle – bei den Banken. Es schien fast so, als würde das Karussell nie aufhören, sich zu drehen.

LTCMs Finanztechnologie beschränkte sich nicht auf die Arbitrage mit festverzinslichen Wertpapieren, die Meriwether in den 1980er-Jahren erfunden hatte. Es wurden neue gewinnträchtige Strukturen entdeckt. LTCM zählte 1994 zu den Erfindern des Marktes für »Sovereign Credit Default Swaps« (»Staatsbankrott-Ausfallversicherungen«), etwa zur selben Zeit wie eine bekanntere Initiative von JPMorgan-Bankern an einem verlorenen Wochenende in Miami, wie es in Gillian Tetts brillantem Buch *Fool's Gold* erzählt wird.[72]

LTCM war der größte Halter italienischer Staatsschulden, als Bestandteil einer komplexen Arbitrage mit italienischen Zinssätzen, verschiedenen Schuldenklassen und italienischer Quellensteuer auf Zinsen, die an ausländische Anleger ausgezahlt wurden. LTCM konnte sich gegen Zins- und Wechselkursschwankungen sowie steuerliche Risiken absichern, aber ein Risiko, gegen das der Hedgefonds sich nicht absichern konnte, war der Staatsbankrott Italiens. Dieses Risiko war zwar verschwindend gering, aber nicht gleich null. LTCMs Position italienischer Staatsanleihen war so groß, dass selbst ein triviales Risiko zu einem riesigen zu erwartenden Verlust führte, wenn man es statistisch analysierte. LTCM musste das Risiko eines italienischen Staatsbankrotts verschwinden lassen. Wir brauchten eine Versicherung, die es damals noch nicht gab – also erfanden wir sie.

Der LTCM-Trader Arjun Krishnamachar und ich bildeten ein Team, um diese neue Art von Versicherung zu erfinden. Die Niederlassung der japanischen Großbank Sumitomo in Mailand war gerne bereit, für solche Verträge als Gegenpartei zu fungieren; sie besaß Vermögenswerte in Italien und war bereit, Verbindlichkeiten des italienischen Staates abzusichern, wenn der Preis stimmte. Arjuns Job war, die Formeln zu entwickeln, die den Preis solcher Versicherungen bestimmen sollten. Mein Job als Justiziar bestand darin, einen Vertrag auszuarbeiten, der definierte, welche Ereignisse einen »Bankrott« konstituieren. Dies war lange Zeit bevor die Branche die Konditionen von »Default Swaps« (»Kreditausfallversicherungen«) standardisierte. Wir fingen mit einem leeren Blatt Papier an.

Wenn der Staat seine Verbindlichkeiten nicht mehr begleichen kann, ist er bankrott, soviel war klar – das war der einfachste Fall. Aber es gibt zahlreiche andere Möglichkeiten für eine Regierung, ihre Verpflichtungen gegenüber Besitzern ihrer Staatsanleihen nicht einzuhalten, zum Beispiel Kapitalverkehrskontrollen, Quellensteuern, Einfrieren von Vermögenswerten und Hyperinflation. Wir mussten sie alle berücksichtigen, weil sonst die Versicherung möglicherweise nicht zahlen würde, wenn es notwendig war. Das wäre ungefähr so, als würde man sich gegen Wirbelstürme versichern, aber nicht gegen eine Sturmflut. Wir wollten sicher sein, dass wir auch gegen eine Überflutung versichert waren. Der »Sovereign Credit Default Swap« war unsere erste Innovation – aber er sollte nicht die letzte bleiben.

Habgier

Nach dem anfänglichen Erfolg und milliardenschweren Gewinnen griff immer stärker die Gier um sich. Fieberhaft wurde nach neuen Möglichkeiten gesucht, mit Leverage und Derivaten Geld zu machen.

Die Partner erweiterten das Betätigungsfeld von LTCM auf Arbitrage am Aktienmarkt im Kontext von »Mergers and Takeovers« (»Fusionen und Übernahmen«). Die »Merger Arb« beruhte auf der Differenz zwischen dem Preis, den ein Unternehmen für den Kauf eines anderen anbot, und dem aktuellen Aktienkurs des Übernahmeziels.

Wenn Firma A anbot, Firma B für 25 Dollar pro Anteil zu kaufen, zahlbar in Aktien von Firma A, und die Aktien von Firma B wurden zum Kurs von 21 Dollar gehandelt, war es kinderleicht, Firma A zu shorten und Firma B zu kaufen. In diesem Fall strich LTCM die Differenz von vier Dollar pro Aktie ein. Der Trade wurde abgewickelt, indem LTCM zum Handelsschluss seine Aktien von B lieferte, im Gegenzug die Aktien von A erhielt, damit die Short-Position in Aktien von A deckte und sich vier Dollar Profit pro Aktie in die Tasche steckte.

Das Risiko bei solchen Geschäften besteht darin, dass der Deal platzen kann und dann die Aktien von B wieder auf einen niedrigeren Kurs fallen. Die LTCM-Partner wussten das, aber sie argumentierten, dass statistisch gesehen die meisten Deals klappen und die dadurch entstandenen Profite die gelegentlichen Verluste durch geplatzte Deals ausgleichen. Der Schlüssel dazu war, bei den gelungenen Trades riesige Gewinne einzufahren, und der Schlüssel dazu war außerbilanzielle Leverage.

LTCM handelte nicht tatsächlich mit den Aktien von Übernahmekandi-daten. Die LTCM-Partner wussten nicht viel über den Aktienmarkt; ihr Me-tier war die Mathematik. Im Rahmen einer Übernahme Aktien zu kaufen oder zu verkaufen ist teuer – durch Maklerprovisionen und »Margin Inte-rest« (Finanzierungszinsen) auf Short-Positionen. LTCM verwendete statt-dessen einen durch seinen wichtigsten Broker Bear Stearns bereitgestellten »Equity Basket Swap« (»Aktienkorb-Swap«). Dabei wird eine Höchstgren-ze für den Wert des Korbes festgelegt; im Falle des zwischen LTCM und Bear Stearns vereinbarten Swaps enthielt der Korb Aktien im Wert von 15 Milliarden Dollar. Mit einem Anruf beim Bear-Stearns-Swapdesk konnte LTCM Positionen in den Korb aufnehmen oder wieder herausnehmen. Der Swap brachte LTCM den gleichen Gewinn oder Verlust ein wie der tatsäch-liche Besitz von Aktien, aber ohne die damit einhergehenden Kosten und die durch Aktienbesitz bedingten Kapitalanforderungen.

Arbitrageuren der alten Schule war es ein Rätsel, wie LTCM in ihrem Markt handelte. Sie hatten Jahrzehnte damit verbracht, analytische Model-le zu entwickeln, die ihnen sagen sollten, ob ein Deal klappen oder platzen würde. Sie kauften und verkauften tatsächlich Aktien und zahlten dabei hohe Finanzierungskosten. Ein geplatzter Deal war ihr schlimmster Alb-traum. LTCM wusste so gut wie nichts über Aktien und kümmerte sich nicht um den gelegentlichen geplatzten Deal; LTCMs Vorteile waren ho-he Leverage und statistische Wahrscheinlichkeiten – lediglich ein weiteres mathematisches Spiel.

Diese Strategie setzten die Partner bei den größten Übernahme-Deals jener Tage um, darunter Lockheed/Boeing, MCI/WorldCom und Citicorp/Travelers. LTCM suchte Aktien für Long- und Short-Positionen aus und legte sie in den Aktienkorb; Bear Stearns setzte dann diese Vorgaben in tatsächliche Aktien-Trades um und deckte dadurch seine offenen Positi-onen entsprechend dem Inhalt des Korbes. Sowohl LTCM als auch Bear Stearns waren abgesichert. Bear Stearns bekam billige Finanzierung, weil sie Händler waren. LTCM bekam billige Finanzierung, weil sie einen au-ßerbilanziellen Swap einsetzten. Es gab nur Gewinner, alle waren abgesi-chert. So schien es jedenfalls.

Im Jahr 1996, nahe dem Höhepunkt von LTCMs Profiten und Lor-beeren, machte JPMorgan das Angebot, 50 Prozent von LTCM für fünf

Milliarden Dollar zu kaufen, ein angemessener Preis angesichts der Tatsache, dass die Vermögensverwalter allein an Verwaltungsgebühren über 300 Millionen Dollar im Jahr kassierten. Außerdem rechneten die JPMorgan-Leute sich aus, dass sie als Anteilseigner einen bevorzugten Status als Investoren genießen und so die Gelegenheit bekommen würden, Profite aus LTCMs Eigenhandel zu vereinnahmen. Doch das Angebot wurde abgelehnt. Einer der LTCM-Partner sagte dazu: »Wenn wir so viel wert sind, warum sollten wir dann verkaufen?« Diese Ablehnung war überheblich. Wenn die Partner verkauft hätten, wäre LTCM im Jahr 1998, als die Krise ausbrach, ein Teil von JPMorgan gewesen. JPMorgan hätte LTCM gerettet, um den eigenen guten Ruf zu schützen. So gehörte beispielsweise der Bank of America damals der Hedgefonds D. E. Shaw, der 1998 ebenfalls milliardenschwere Verluste machte. In der darauffolgenden Panik unterstützte die Bank ihren Hedgefonds ganz diskret. Heute wächst und gedeiht er wieder als Verwalter von 37 Milliarden Dollar an Vermögenswerten und als Technologiefirma. D. E. Shaw hatte einen großen Bruder, LTCM dagegen nicht.

Das Abdriften der Geschäftsstrategie zur »Merger Arb« und die Ablehnung von JPMorgans Buy-out-Angebot von 1996 waren die ersten Nägel in LTCMs Sarg. Der letzte Nagel wurde 1997 eingeschlagen, unmittelbar vor dem Zusammenbruch, als die Partner auf die Idee kamen, ihre ursprünglichen Investoren auszuzahlen. Sie wollten selbst das Eigentum an der Vermögensverwaltung und dem eigentlichen Fonds erwerben. Dieser Plan hätte ihnen Tür und Tor geöffnet zu dynastischem Reichtum.

Bis September 1997 war LTCMs Fondskapital auf fast sieben Milliarden Dollar angewachsen, ein riesiger Sprung, wenn man bedenkt, dass wir 1994 mit einer Milliarde angefangen hatten. Aber die Renditen sanken. LTCMs Größe in bevorzugten Trades bedeutete abnehmende marginale Erträge, obwohl diese Trades sogar noch größer wurden. Zahlreiche Banken kopierten LTCMs Strategien, wodurch solche Trades für alle Beteiligten weniger profitabel wurden. Die LTCM-Partner erkannten, dass ihnen ein größeres Stück vom Kuchen gehören würde und sie mehr Gewinn selbst einstreichen konnten, wenn sie ihre ursprünglichen Investoren hinausdrängten. Um sich selbst zu bereichern, wollten sie ihre Geldgeber aus der Zeit der Firmengründung in die Wüste schicken.

Der Plan bestand aus zwei Teilen. Der erste Teil war ganz einfach: Den Externen sollte durch eine erzwungene Rückzahlung ihr Geld zurückgegeben werden. Das wurde zum 31. Dezember 1997 in die Tat umgesetzt mit einer Verteilung von drei Milliarden Dollar. Durch diese Rückzahlung schrumpfte LTCMs Kapital auf etwa vier Milliarden Dollar. Den LTCM-Partnern persönlich gehörten davon etwa 2,6 Milliarden, der Rest war in den Händen von Dritten.

Der zweite, von Myron Scholes dirigierte Teil des Plans bestand aus einer genialen Optionsstrategie, mit der die Partner eine weitere Milliarde des Fondskapitals unter ihre Kontrolle bringen wollten. LTCM überredete UBS, den Partnern eine Kaufoption am Geld über Anteile an ihrem eigenen Fonds im Wert von einer Milliarde Dollar und mit sieben Jahren Laufzeit anzubieten. Diese Option erlaubte es den Partnern, zu einem beliebigen Zeitpunkt zwischen 1997 und 2004 eine Milliarde Dollar zu zahlen, um diesen Anteil am Fonds zu kaufen, plus Leistungszuschläge auf eine Milliarde Dollar ab dem Tag, an dem die Option verkauft wurde. Praktisch sicherten sich die Partner dadurch das Eigentum an der zukünftigen Performance von einer Milliarde Dollar Fondskapital.

UBS berechnete den Partnern für diese Option etwa 300 Millionen Dollar. Dieser Betrag basierte auf Scholes' eigener Formel zur Berechnung des Preises für eine Kaufoption. UBS sicherte die Option durch eine Investition in den Fonds in Höhe von einer Milliarde Dollar ab. Je mehr Geld LTCM machte, desto mehr würde UBS den Partnern unter der Option schulden, während die Profite aus der Investition in LTCM diese Verbindlichkeit kompensieren würden. UBS hatte sich im Hinblick auf die Option abgesichert und konnte den Kaufpreis von 300 Millionen Dollar einstreichen.

Das Geld aus dem neuen Investment von UBS wurde verwendet, um einen Teil der 1997 vorgenommenen Verteilung an die Externen zu finanzieren. Als sich Anfang 1998 die Wogen geglättet hatten, besaß der Fonds vier Milliarden Dollar, von denen 2,6 Milliarden Dollar den Partnern gehörten, eine Milliarde UBS und 400 Millionen mehreren ausländischen Banken in Form von »strategischen Beziehungen«. Da den Partnern letztlich durch die rechtliche Struktur der Option auch das Investment von UBS gehörte, betrug ihr tatsächliches wirtschaftliches Eigentum 3,6 Milliarden Dollar, also 90 Prozent des Fonds. LTCM war auf dem Weg, sich von einem

Hedgefonds in ein Multi-Family-Office zu verwandeln, an dem überhaupt keine externen Investoren mehr beteiligt waren.

Etwas seltsam an der Eine-Milliarde-Dollar-Option, die UBS den Partnern verkauft hatte, war, dass sie UBS nur gegen zukünftige Gewinne absicherte. UBS sicherte sich nicht gegen zukünftige Verluste ab. Niemand war je auf die Idee gekommen, dass LTCM Verluste machen könnte. Bei UBS glaubte man, ein unsinkbares Schiff versichert zu haben, und stieg beschwingten Schrittes die Gangway zur *Titanic* hinauf.

Malstrom

In den ersten Monaten des Jahres 1998 war es ruhig an den Kapitalmärkten. LTCMs Profite waren niedrig, aber stetig. Der Fonds war auf dem Weg in ein gutes, wenn auch nicht spektakuläres Jahr.

Im Jahr zuvor war in Asien eine Finanzkrise ausgebrochen, die im Juli 1997 mit einer Abwertung des Thai Baht begonnen hatte. Diese Abwertung führte zu einer massiven Kapitalflucht von »Hot Money«, das dort dem Carry Trade hinterherjagte. Mitte der 1990er-Jahre hatten sich vermeintlich clevere Investoren billige Dollars geliehen, in Baht umgetauscht und sie in ertragreiche Projekte zur Entwicklung von Hotelanlagen und anderen Immobilien investiert. Es galt als relativ risikolos, Dollar in Baht umzutauschen, da die thailändische Zentralbank einen festen Wechselkurs zum Dollar aufrechterhielt und der Baht frei konvertierbar war. Völlig unerwartet hob Thailand am 2. Juli 1997 diese Dollarbindung auf, woraufhin der Baht sofort um 20 Prozent abstürzte. Zahlreiche Gläubiger erlitten kolossale Verluste. Thailand wandte sich mit der Bitte um technische Unterstützung an den IWF. Ausländische Investoren stießen ihre Investments ab und zogen ihr Geld aus Thailand ab. Eine weltweite Panik griff um sich.

Als Nächstes packte der Aufruhr Indonesien und Südkorea, die eine ähnliche Währungspolitik wie Thailand verfolgt hatten. Am 14. August hob Indonesien die Bindung der Rupie an den Dollar auf, woraufhin die Rupie ebenfalls abstürzte. Auf den Straßen machte sich Panik breit. Geldaufstände brachen aus. Die Polizei reagierte mit Gewalt, einige der Aufrührer wurden getötet. Der IWF verhängte Sparmaßnahmen, welche die Lage noch verschlimmerten.

Investoren in aller Welt verloren das Vertrauen in die Wechselkurspolitik von Schwellenländern und wollten ihr Geld zurückhaben. In den entwickelten Wirtschaftsnationen machte sich Entsetzen breit. Am 27. Oktober 1997 fiel der Dow-Jones-Index um 554 Punkte, der höchste Tagesverlust aller Zeiten. Zum ersten Mal, seit 1989 das neue Zeitalter der Globalisierung angebrochen war, war in Finanzkreisen vielfach das Wort »Contagion« (»Ansteckung«) zu hören.

Der IWF agierte als Katastrophenhelfer, um die finanziellen Buschfeuer zu löschen. Er stellte Südkorea, Indonesien und Thailand Finanzhilfen zur Verfügung, damit diese Länder ihre Devisenreserven wieder aufstocken konnten. Im Gegenzug verhängte der IWF scharfe Auflagen wie Haushaltskürzungen, Steuererhöhungen, Abwertungen und andere drakonische Maßnahmen, die darauf ausgelegt waren, Banken und Anleihenhalter auf Kosten der Normalbürger zu retten. Trotz grassierender Not funktionierte die vom IWF verschriebene Rosskur; bis Januar 1998 schien die Lage unter Kontrolle zu sein. Der IWF-Feuerwehrmann hatte den asiatischen Brand gelöscht.

Vom beschaulichen Greenwich aus beobachteten die LTCM-Partner diese Ereignisse nicht etwa beunruhigt, sondern voller Neugier. Wenn Märkte so plötzlich zusammenbrachen, mussten unterbewertete Assets übrig bleiben, welche die Computer finden konnten. Meriwether trug seinen Analysten auf, indonesische Unternehmensanleihen zu finden, die billig zu haben waren. Auf den Straßen floss Blut, aber für die Partner und Computer in Greenwich war Indonesien lediglich ein weiterer Trade.

Im April 1998 machte LTCM plötzlich Verluste; die Partner wussten nicht genau, warum. Die Märkte schienen ruhig zu sein – aber unter der Oberfläche hatte die Erde zu beben begonnen.

Am 6. April 1998 kündigten Travelers Group und Citicorp, die Muttergesellschaft der Citibank, eine 140-Milliarden-Dollar-Fusion an, die bis dahin größte Unternehmensfusion aller Zeiten. Travelers wurde von der Wall-Street-Legende Sandy Weill kontrolliert. Diese Fusion war der krönende Abschluss von Weills Comeback, nachdem er 1985 aus dem Kreditkartenanbieter American Express hinausgedrängt worden war. In dem Jahr vor dem Citicorp-Deal, am 24. September 1997, kündigten Weill und Travelers Pläne an, Salomon Brothers von Warren Buffett zu kaufen. Damit begann Buffetts Rückzug, nachdem er Salomon Brothers 1991 gerettet hatte. Damals ahnten wir nicht, dass die Verquickung von Weills Salomon- und Citicorp-Deals LTCM zum Untergang verdammte.

Bei Salomon Brothers hatte Meriwether seine Karriere begonnen. Und so war es kein Wunder, dass ein neuer Kader von Tradern, die Meriwether ausgebildet hatte, seine Strategien kopierte. Solche Spread-Trades waren volatil; Spreads konnten noch weiter auseinanderlaufen, bevor sie wieder konvergierten. In einem solchen Fall erschienen Verluste aus Wertberichtigungen in den Büchern. Von solchen Verlusten ließen sich die Quants, die quantitativen Analysten, nicht um den Schlaf bringen. Sie waren sich sicher, dass die Spreads wieder konvergieren würden, sobald die Märkte sich beruhigt hatten. Tradingverluste wurden manchmal sogar als positiv angesehen, weil sie die Chance boten, noch mehr zu einem besseren Kurs zu kaufen, ungefähr so, als würde man den Einsatz verdoppeln, nachdem man beim Roulette ein Spiel verloren hat. Der Unterschied war, dass die Quants glaubten, sie würden mit den Chancen der Spielbank spielen, nicht mit den Chancen des Spielers. Die Trader wetteten auf eine sichere Sache; es war nur eine Frage der Zeit, bevor sie den ganz großen Gewinn machen würden – sie mussten einfach nur immer wieder den Einsatz verdoppeln.

Weill verabscheute diese »Double down«-Mentalität und die Volatilität, die sie mit sich brachte. Er baute Finanzimperien auf, indem er Übernahmekandidaten kaufte, die er mit seinen eigenen Aktien bezahlte. Weill wollte den Aktienkurs von Travelers möglichst hoch sehen, damit er Citicorp bei minimaler Verwässerung seiner Travelers-Aktien kaufen konnte. Die Aktienmärkte bestraften Aktien mit volatilen Erträgen, indem sie deren Kurs drückten. Weill wies die Trader bei Salomon Brothers an, ihre Spread-Positionen zu schließen, um die Volatilität der Erträge von Travelers zu reduzieren. Seine Trader ärgerten sich über diese Anweisung, hatten aber keine andere Wahl. Dadurch wurden die Spreads noch weiter auseinandergetrieben, wodurch Firmen wie LTCM und Goldman Sachs, die ähnliche Trades eingegangen waren, Verluste erlitten. Zuerst dachten die LTCM-Partner, das sehe aus wie noch mehr von einer guten Sache. Sie stockten ihre Positionen bei attraktiven Bewertungen auf, aber trotzdem gingen die Spreads noch weiter auseinander. Weills Anordnung, die Positionen zu schließen, war eine Schneeflocke; die Lawine lauerte schon.

Im Juni 1998 kehrte an den Märkten wieder Ruhe ein. Ich nutzte sie, um mich einer Expedition nach Alaska anzuschließen; wir wollten den Mount McKinley besteigen (seit August 2015 Denali), den mit 6190 Metern höchsten Gipfel Nordamerikas. Es war eine der furchtbarsten Saisons am Denali. Schlechtes Wetter führte zu etlichen Todesopfern, darunter auch ein Freund von mir, der Bergführer Chris Hooyman, der von einer 160-Stundenkilometer-Windböe von einem Bergkamm gerissen wurde, nachdem er seine Sicherheitsleine ausgehakt hatte, um einen in Not geratenen Gast zu retten. Mitglieder einer britischen Spezialeinheit, die auf 5800 Metern Höhe eine Übung machten und sich verletzt hatten, wurden bei einer der höchsten Rettungsaktionen per Hubschrauber herausgeholt. Mehrere Bergsteiger aus Südkorea kamen ums Leben, als sie in einer steilen Felsschlucht 900 Meter tief abstürzten. Ich hatte das Glück, mit dem legendären Bergführer Dave Hahn einen sicheren Aufstieg machen zu können; er war aus Nepal, wo er den Mount Everest bestiegen hatte, nach Alaska gereist. Ich hatte keine Ahnung, dass meine gefährliche Bergtour am Denali nur ein Auftakt war für das, was mich nach meiner Rückkehr erwartete.

Im August liefen die Spreads wieder auseinander und bei LTCM begannen die Verluste sich aufzutürmen. Dennoch entwickelte sich 1998 zu einem einigermaßen erträglichen Jahr, mit Gewinnen im einstelligen Bereich statt der höheren Renditen, die wir gewohnt waren – ein schlechtes Jahr, aber keine Katastrophe. Mitte August fuhr ich mit meiner Familie in den Urlaub an die Outer Banks in North Carolina. Die anderen Partner waren ebenfalls im Urlaub, meistenteils in Golf-Resorts in aller Welt. »The Hawk« war zur Pferde-Rennsaison nach Saratoga, New York, gefahren. Die Märkte waren zwar unruhig, aber bei LTCM war alles im grünen Bereich – man spielte Golf, ging auf die Pferderennbahn und schlürfte Cocktails bei Sonnenuntergang.

Dann kam das Erdbeben.

Am Montag, dem 17. August 1998, bediente Russland seine internen und externen Schulden nicht mehr und wertete den Rubel gegenüber dem Dollar ab. Dass Russland seinen externen, Dollar-denominierten Zahlungsverpflichtungen nicht mehr nachkam und den Rubel abwertete, war schon schlimm genug; es schien aber keinen Grund zu geben, auch die internen Schulden nicht mehr zu bedienen, da sie in Rubel denominiert waren, die

Russland drucken konnte. Der interne Zahlungsausfall war sinnlos, passierte aber trotzdem.

Die globale Finanzkrise kehrte mit voller Wucht zurück, obwohl sie eigentlich nie wirklich gegangen war; der Virus war lediglich eine Zeit lang inaktiv gewesen. Aus Asien kommend steckte er Russland an. Anleger, die über Russlands unerklärliches Verhalten rätselten, kamen zu dem Schluss, dass jetzt alles möglich sei. Alle zeigten auf Brasilien als den nächsten Dominostein, der fallen würde. Plötzlich wollten alle ihr Geld zurückhaben. Die Aktienmärkte stürzten ab, es zählte nur noch Liquidität, alles andere spielte keine Rolle mehr.

Am Morgen des 21. August, einem Freitag, klingelte das Telefon in meinem Ferienhaus an den Outer Banks. Der Anrufer war Jim McEntee, ein LTCM-Partner und der Einzige mit dem Temperament eines Traders der alten Schule. McEntee hatte nicht studiert; er hatte sich vom Back Office bei Chase hochgearbeitet und seine eigene Investmentbank gegründet, die er später an HSBC verkaufte. Er hatte ein geradezu unheimliches Gespür für die Märkte, ein Gespür, das man nicht in eine Gleichung pressen konnte. Er sagte mir: »Jim, wir haben gestern 500 Millionen Dollar verloren; die Partner treffen sich am Sonntag. Du solltest auch kommen.« In der Tat. Wir packten unsere Sachen ins Auto und fuhren neun Stunden nach Connecticut. Die folgenden sechs Wochen waren ein einziger, endlos langer Tag der Schadensbegrenzung.

LTCM hatte in 20 Ländern ein Repertoire von 106 Tradingstrategien mit Aktien, Anleihen, Devisen und Derivaten. Von außen betrachtet schien es so, als seien die Trades diversifiziert. Französische Aktienkörbe hatten eine niedrige Korrelation mit japanischen Staatsanleihen, niederländische Hypotheken eine niedrige mit Boeings Übernahme von Lockheed. Die Partner wussten, dass sie mit dem einen oder anderen Trade Geld verlieren konnten; aber das Portfolio war insgesamt sehr sorgfältig darauf ausgelegt, zusätzliches Gewinnpotenzial ohne Korrelation hinzuzufügen.

Doch diese Diversifikation war eine Selbsttäuschung. Sie existierte nur in ruhigen Märkten. Denn es gab einen verborgenen Zusammenhang, der sich durch alle 106 Strategien zog und den Scholes später als »bedingte Korrelation« bezeichnete. Sämtliche Trades setzten voraus, einer Gegenpartei die Liquidität bereitzustellen, die sie zu diesem Zeitpunkt haben wollte. LTCM kaufte Risiken, die andere verkaufen wollten. *Aber plötzlich wollten alle alles verkaufen.* Die Investoren scherten sich nicht mehr um relative Werte; sie wollten absolute Werte in Form von Cash. LTCMs Lösung dafür war ein Kapitalkissen, mit dem der Fonds vorübergehende Liquiditätsforderungen ausreiten konnte. Die vier Milliarden Dollar Kapital sollten dafür normalerweise reichen; jetzt allerdings sah es so aus, als ob LTCM eine drei Meter hohe Flutmauer gebaut hatte, um einen 15 Meter hohen Tsunami aufzuhalten. In Anbetracht eines Verlusts von 500 Millionen Dollar an einem einzigen Tag würden die vier Milliarden nicht lange reichen.

LTCMs erste Reaktion war der Versuch, neues privates Kapital einzuwerben. Es wurde geschätzt, dass eine Milliarde Dollar genug sein müsste, um die Verluste zu decken und das Vertrauen wiederherzustellen. Es blieb nicht viel Zeit. Die Partner wussten, wie hoch die Verluste waren, aber die Banken und Aufsichtsbehörden noch nicht. Hedgefonds, auch LTCM, legen typischerweise ihre Ergebnisse monatlich vor; das tägliche interne Update wurde nicht veröffentlicht. Der nächste Bericht an die Investoren würde die Verluste bis zum nächsten Monatsabschluss zum 31. August enthalten. Wir hatten eine Woche Zeit, um eine Milliarde Dollar in Cash aufzutreiben, bevor die Welt entdecken würde, was passiert war.

Der August ist der denkbar schlechteste Monat, um irgendetwas erledigt zu bekommen – erst recht, um eine Milliarde Dollar aufzutreiben. Die Reichen und Mächtigen sind im Urlaub, auf ihren Jachten und in prächtigen Villen in exklusiven Gegenden. Aber andererseits hatten die LTCM-Partner die besten finanziellen Beziehungen der Welt. George Soros, Prinz Alwaleed bin Talal und Warren Buffett wurden angerufen. Ich nenne diese drei die »üblichen Verdächtigen« – sie bekommen immer die dringendsten Anrufe; aber das heißt keineswegs, dass sie auch immer investieren.

Nach einem höflichen Treffen in Omaha mit LTCM-Partner Eric Rosenfeld gab Buffett uns einen Korb. Er ist bekanntlich sehr auf der Hut vor Derivaten, die er später einmal als »finanzielle Massenzerstörungswaffen« bezeichnete, und keine noch so schöne, auf mathematischen Modellen eines Harvard-Professors basierende Bewertung würde das ändern.

Auch Soros und Prinz Alwaleed lehnten ab, aber aus subtileren Gründen. Eine unangenehme Situation kann leicht noch schlimmer werden. Falls LTCM auf Spread-Trades saß, die momentan im Plus standen, würden diese Gewinne noch steigen, wenn die Spreads weiter auseinanderliefen. Warum sollte man einem Ertrinkenden einen Rettungsring zuwerfen, wenn man einfach so lange warten kann, bis er ertrunken ist, um dann seine Lebensversicherung zu kassieren? Soros konnte es sich leisten abzuwarten; verzweifelte Verkäufer werden nur noch verzweifelter.

Bis zum 31. August waren LTCMs Verluste auf zwei Milliarden Dollar gestiegen, immerhin 50 Prozent unseres Anfangskapitals. Es schien beinahe surreal, dass wir überhaupt noch standen, immer noch Nachschussforderungen bedienten und immer noch jeden Tag unsere Geschäfte machten. Der Grund dafür war schlicht, dass unsere Verträge den Vertragspartnern keine andere Möglichkeit ließen. LTCM hatte sich stets beharrlich geweigert, Kündigungsklauseln mit subjektiven Kriterien wie »Adverse Change of Material Circumstances« (»nachteilige Veränderung wesentlicher Umstände«) zu unterschreiben. Wir bestanden auf einem numerischen Trigger von 500 Millionen Dollar an verbleibendem Kapital für eine vorzeitige Kündigung des Vertrages; erst ab diesem Triggerwert konnte ein Vertragspartner Trades stornieren und Sicherheiten in Anspruch nehmen. Bei der Gründung des Fonds im Jahr 1994, als das Kapital eine Milliarde Dollar betragen hatte, war das sinnvoll; der Triggerwert von 500 Millionen Dollar entsprach damals einer Verringerung des Anfangskapitals um 50 Prozent. Aber da das Kapital inzwischen auf vier Milliarden Dollar gestiegen war, entsprach derselbe numerische Triggerwert nun einem Schwund des Anfangskapitals um beinahe 90 Prozent. An diesem Punkt ist ein Zusammenbruch nicht mehr aufzuhalten; ein Zehn-Prozent-Kapitalpolster genügt nicht, um noch die Rettung bringen zu können. Die Banken erkannten zu ihrem Entsetzen, dass sie auf demselben brennenden Flugzeug an ihre Sitze gefesselt waren wie die LTCM-Partner – wir würden alle zusammen abstürzen.

Dann wurden die Banken von einer weiteren Panik gepackt: Was würde passieren, wenn die von LTCM verursachten Verluste eine der Banken in die Pleite treiben würde? Was wäre, wenn die eigene Bank Forderungen gegen diese insolvente Bank hätte? Wer waren die schwächsten Glieder in der Kette und wie würde die Panik enden? Jetzt misstrauten die Banken nicht mehr nur LTCM, sondern auch einander. Am 2. September gaben wir unseren Investoren das August-Ergebnis bekannt. Ich hatte den Brief an die

Investoren geschrieben, suchte Meriwether und fand ihn endlich im Umkleideraum unseres privaten Fitnessstudios. Ich bat ihn, den Brief zu unterschreiben. Dabei sah er aus wie ein Mann, der sein eigenes Todesurteil unterschreibt. Ich wusste, dass der Brief sofort an die Medien durchsickern würde. Im Jahr 1998 verwendeten wir noch Faxgeräte für solche Zwecke; ich musste den Brief an etwa 40 Empfänger schicken. Noch bevor das letzte Fax verschickt war, hatten die ersten Empfänger den Brief an Bloomberg weitergeleitet. Auch CNBC brachte die Story. Die Panik drehte sich jetzt nicht mehr um Russland oder Brasilien; jetzt ging es um LTCM. Wir waren das Auge des Sturms.

Auch im September machte der Fonds immer weiter Verluste. Wir versuchten, weiterhin Kapital aufzutreiben, mit dem kleinen Unterschied, dass jetzt das Ziel zwei Milliarden Dollar waren. Da wir mit unseren Bemühungen in unserem eigenen Netzwerk gescheitert waren, engagierten wir Goldman Sachs als unsere Bankiers. Ich wandte mich an ihren Anwalt und bat ihn, eine Geheimhaltungsvereinbarung zu unterschreiben, wie es bei solchen Gelegenheiten üblich ist. Er brach in schallendes Gelächter aus und sagte: »Wir unterschreiben überhaupt nichts.« Ich hatte keinerlei Druckmittel, aber fortan wusste ich, wie die Dinge standen – ich hatte lange genug an der Wall Street gearbeitet, um zu wissen, dass raubtierhaftes Verhalten dort nicht etwa eine Ausnahme, sondern die Regel ist.

Ein hochrangiger Goldman-Manager brannte die Dateien mit unseren Derivate-Positionen auf eine CD-ROM und gab sie einem Nachwuchsbanker, der damit hinausging, eine Firmenlimousine bestieg und sich ohne Umwege in den Goldman-Hauptsitz in der Nähe der Wall Street chauffieren ließ. Dann arbeiteten sämtliche Goldman-Trader die ganze Nacht hindurch und nutzten die LTCM-Daten, um ihren Klienten auf Märkten in aller Welt zuvorzukommen. Goldman wurde damals von Jon Corzine geführt, war in ähnlichen Spread-Trades engagiert wie LTCM und machte selbst Milliardenverluste. Mit den LTCM-Daten konnte Goldman seine Trades mit der Präzision eines Lenkflugkörpers abwickeln, anstatt aufs Geratewohl mit einer Schrotflinte zu schießen. Letztlich beschaffte Goldman kein Geld für LTCM, aber in Sachen »Erlangen von Insiderinformationen« konnte man sagen: »Mission accomplished«. Wenn Goldman schon nicht das System retten konnte, dann zumindest sich selbst.

Bis 17. September hatte die Totenwache begonnen. LTCM hatte nach wie vor Geld und Kapital, aber keinerlei Hoffnung mehr, wieder auf die Beine zu kommen, ungeachtet entsprechender Wunschvorstellungen bei bestimmten Partnern. Wir wandten uns mit einem diskreten Telefonanruf an die Fed of New York. Wir baten nicht darum, gerettet zu werden, und wir erwarteten das auch nicht. Für uns war es unvorstellbar, dass die Fed einen Hedgefonds rettete; wir wollten einfach nur, dass die Fed wusste, was vor sich ging. Es erschien uns grotesk, dass Goldman Sachs unsere Lage kannte, aber die Fed nicht. Also luden wir sie ein, uns zu besuchen.

Am 20. September traf eine Delegation mit Vertretern der Fed und des Finanzministeriums in unserem Büro in Greenwich ein, unter der Leitung von Peter Fisher, dem Chef des Offenmarktgeschäfts an der New Yorker Fed. Er wurde begleitet von seinem engen Kollegen Dino Kos und von Gary Gensler, der damals stellvertretender Vize-Finanzmister und ein Protegé des Finanzministers Robert Rubin war. Fisher, Kos und Gensler setzten sich mit Meriwether und mir zusammen. In den folgenden fünf Stunden gingen wir LTCMs Positionen durch, Zeile für Zeile, Trade für Trade, Vertragspartner für Vertragspartner. Als wir fertig waren, war Fisher bleich. Er sagte: »Wir wussten, dass ihr die Anleihenmärkte zugrunde richten könnt, aber wir hatten keine Ahnung, dass ihr auch die Aktienmärkte ruinieren würdet.« Damit spielte er auf die Aktien von Unternehmen an, die an Übernahmen beteiligt waren, und zwar im Gegenwert von 15 Milliarden Dollar, die er in unseren Büchern gefunden hatte. Wenn LTCM pleiteging, würde Bear Stearns Aktien im Wert von 15 Milliarden Dollar auf einen ohnehin fallenden Markt werfen, um die eigenen Bücher auszugleichen. Nach solchen Verkäufen wären Ansteckungseffekte an den Märkten und eine Panik unvermeidlich.

Am nächsten Morgen, dem 21. September, organisierte Fisher ein Frühstück in New York, an dem die Chefs von JPMorgan, Goldman Sachs, Citibank und Merrill Lynch teilnahmen. Die Gruppe wusste: Wenn LTCM pleiteging, würde genau die gleiche verschwindende Hedge-Position, die Bear Stearns bedrohte, bei jeder großen Bank auf jedem Markt der Welt auftauchen. Auf genau diese Art verwandeln sich Netto-Risiken in Brutto-Risiken, wenn Märkte unter Stress stehen. Die Schlussfolgerung war unausweichlich: LTCM war »Too big to fail«. Der Bail-out begann, aber Wall Street rettete eigentlich nicht LTCM; sie rettete sich selbst.

Bis Mittwoch, dem 23. September, war die Gruppe um etliche andere große Wall-Street-Unternehmen erweitert worden. An jenem Abend erhielten wir ein »Term Sheet« (»Konditionenvereinbarung«) von der Gruppe, die sich inzwischen »Consortium« nannte. Sie bot an, vier Milliarden Dollar an Cash zu injizieren, aufgebracht von 16 Banken, also 250 Millionen Dollar pro Bank. Außerdem gab es einen Hoffnungsstrahl: Das Consortium wollte das LTCM-Team intakt lassen, um die Trades abzuwickeln – als hätten wir einen Atomreaktor gebaut und wären die Einzigen, die wussten, wie man mit den Brennstäben umgeht, ohne eine Kernschmelze zu verursachen. Im Großen und Ganzen stimmte das auch.

Das Consortium war bereit, den Fonds mit 400 Millionen Dollar zu bewerten. Das bedeutete, dass wir zehn Cent pro Dollar behalten durften von dem, was wir gerade einmal sechs Wochen vorher besessen hatten. Zehn Cent pro Dollar war großzügig, da wir nur noch Tage entfernt waren von null. Dennoch war das Trauma für etliche Partner, die ihr Nettovermögen von 300 Millionen auf 30 Millionen Dollar fallen sahen, unerträglich. In den folgenden paar Tagen mussten wir mehrfach für Partner, die unter Stress litten, einen Krankenwagen rufen. Einige von ihnen unterschrieben die Verträge für den Deal mit Tränen in den Augen. Die Lage erinnerte an eine Shakespeare'sche Tragödie, allerdings ohne das Blut.

Der Deal war auf dem besten Weg zu einer sanften Landung, als Goldman Sachs den Abzugsring von einer weiteren Handgranate zog. Obwohl Teilhaber am Consortium, fädelte die Bank heimlich ein konkurrierendes Angebot ein, und zwar zusammen mit Hank Greenberg von AIG und Warren Buffett. Goldman Sachs und AIG überzeugten Buffett davon, dass sie genug über den Handel mit Derivaten wussten, um LTCMs Trades profitabel abwickeln zu können. Buffett würde von den daraus entstehenden Gewinnen profitieren, ohne sich die Hände schmutzig machen zu müssen. Die Dreierbande – AIG, Goldman Sachs und Warren Buffett – stellte allerdings eine Bedingung: Bei LTCM sollten die Partner und sämtliche Mitarbeiter sofort gefeuert werden. Man wollte sich die alleinige Kontrolle über sämtliche Trades und die darin angelegten zukünftigen Gewinne sichern. Bei diesem geheimen Angebot von Goldman Sachs handelte es sich nicht mehr um Front-Running gegenüber LTCM, sondern um Front-Running gegenüber der Fed.

Im LTCM-Büro in Greenwich lief ein »Term Sheet« aus dem Faxgerät, das die Unterschriften von Jon Corzine, Hank Greenberg und Warren Buffett trug. Meriwether gab mir das Blatt, noch warm vom Faxgerät. »Was sollen wir damit machen?«, fragte er mich. Mir war bewusst, dass wir Treuhänder für den Fonds waren und sämtliche Angebote in Betracht ziehen mussten; persönliche Präferenzen durften keine Rolle spielen. Aus der Perspektive eines Treuhänders war es irrelevant, ob er gefeuert werden sollte. Ich sagte JM, ich würde mich darum kümmern.

Ich rief einen Seniorpartner von Sullivan & Cromwell an, der elitären Anwaltskanzlei, welche die Interessen der Bieter vertrat: »Also, Sie wollen den Fonds kaufen, aber der Fonds gehört mehreren Feeder-Fonds.« Ein Feeder-Fonds ist eine rechtliche Konstruktion, die Geld von Investoren einsammelt und es an den Haupt-Investmentfonds weiterleitet. Ein Feeder-Fonds wird in einer Steueroase angesiedelt, damit ausländische Investoren ihre Gewinne nicht in ihrem Heimatland versteuern müssen. »Ich müsste erst eine Abstimmung unter den Investoren der Feeder-Fonds organisieren. Dafür haben wir nicht genug Zeit. Aber es gibt noch eine andere Möglichkeit. Sie könnten in einen neuen Feeder-Fonds investieren, der die Kontrolle über LTCM kaufen könnte. Dann könnten Sie den Partnerschaftsvertrag ändern und die Feeder auszahlen, dann würde Ihnen der gesamte Fonds gehören.« Der Partner von Sullivan & Cromwell sagte, er würde mich zurückrufen.

In der darauffolgenden Stunde versuchte er verzweifelt, Warren Buffett zu erreichen, der mit Bill Gates auf einer Angeltour in einem entlegenen Teil Alaskas unterwegs war. Dort gab es kein Mobilfunknetz und auch die Satellitentelefone funktionierten nicht. Der Partner von Sullivan & Cromwell rief mich zurück und sagte mir: »Ich kann Buffett nicht erreichen und ich bin nicht befugt, die Konditionen des Deals zu ändern.« Ich antwortete ihm: »Ich möchte eines deutlich machen: Ich lehne Ihr Angebot nicht ab; ich sage nur, dass es nicht durchführbar ist – so, wie Sie es wollen, kann es nicht gemacht werden.« Der Anwalt sagte: »Ich kann das Angebot nicht ändern.« Ich erwiderte: »Okay, dann kann man nichts machen« und legte auf. Das Gambit von Goldman Sachs war vereitelt worden, weil keine Telefonverbindung zustande gekommen war. Also hieß es: zurück zum Consortium.

Am 24. September machten wir gute Fortschritte mit dem Consortium, aber trotzdem hätte ich die Gier an der Wall Street nicht unterschätzen dürfen. Mein Telefon klingelte. Es war Warren Spector, einer der Top-Manager von Bear Stearns. Er kam sofort zur Sache. »Wir werden euch in die Insolvenz schicken. Ich bin auf dem Weg zur Fed, um ihnen das mitzuteilen. Wir verabschieden uns aus dem Consortium. Ich rufe nur an, um Ihnen das als Erstem zu sagen.« Bear Stearns wollten ihr Ass aus dem Kartenhaus ziehen, sodass die gesamte Konstruktion eingestürzt wäre.

Bear Stearns war in einer besonderen Position. Als LTCMs »Prime Broker« hielt die Bank stets 500 Millionen Dollar Cash als Sicherheit von LTCM. Sie waren frei von Rechten Dritter und die Bank war gewillt, sie einzuziehen, um sich selbst zu schützen. Dadurch würde sie den Rest der Wall Street am ausgestreckten Arm verhungern lassen.

Ich hatte nur Sekunden, um unseren Deal mit dem Consortium und die globalen Märkte zu retten. Ich sagte: »Warren, vielleicht haben Sie recht, vielleicht können Sie das durchziehen. Aber vielleicht auch nicht. Wenn Sie uns in die Insolvenz schicken, werde ich morgen mit nur noch einem einzigen Asset aufwachen: einer Schadensersatzklage über vier Milliarden Dollar gegen Bear Stearns wegen Vertragsbruch. So hoch sind die eingebetteten Arbitragegewinne, die verloren gehen würden, falls wir scheitern. Der Rest der Wall Street würde sich dieser Klage anschließen. Ich kann Sie nicht stoppen, aber Sie sollten sich sehr sicher sein, dass Sie recht haben, weil Sie damit Ihre Firma aufs Spiel setzen würden.« Ich wusste, dass Spector einer der größten Aktionäre von Bear Stearns war. Meine Taktik zielte auf sein Privatvermögen ab; der Aktienkurs von Bear Stearns würde in den Keller gehen, falls unsere Klage Erfolg hätte. Eine Bedrohung des Privatvermögens ist die einzige Sprache, die an der Wall Street verstanden wird. Davor schreckte Spector zurück.

Bear Stearns provozierte keine Insolvenz, weigerte sich aber, dem Consortium beizutreten. Das wurde an der Wall Street nicht vergessen. Als Bear Stearns zehn Jahr später selbst scheiterte, wurde keine einzige Träne darüber vergossen. Aus Sicht der Wall Street war Bear Stearns' Zusammenbruch 2008 die Quittung für diesen Dolchstoß in den Rücken im Jahr 1998.

Vom 25. bis 27. September arbeiteten wir rund um die Uhr, um einen Deal zu Papier zu bringen. Am Morgen des 28. September hielten die Märkte die Luft an – entweder würde LTCM gerettet werden oder eine weltweite Panik ausbrechen. In den Räumen der Anwaltskanzlei Skadden Arps, welche die Rettung betreute, spielten sich dramatische Szenen in letzter Minute ab. Die Manager von Lehman Brothers flehten das Consortium um Hilfe an, weil sie selbst kurz vor der Pleite standen. Sie reduzierten ihre Zusage von 250 Millionen auf 100 Millionen; Goldman Sachs und JPMorgan kamen für den Fehlbetrag auf. Das Geld floss, der Deal war vollzogen.

Am nächsten Morgen, dem 29. September, hatte ich Geburtstag. Ich hatte seit sechs Wochen kaum mit meiner Familie oder mit Freunden gesprochen. Bei LTCM hatten wir rund um die Uhr gearbeitet; zuerst hatten wir versucht, den Fonds zu retten, und dann, die Welt zu retten. Mein Frau hatte heimlich organisiert, dass sämtliche Menschen, die ich kannte, mir per E-Mail ihre Geburtstagsgrüße schickten. Ich kam ins Büro, noch immer ganz benommen von dem Albtraum, aus dem ich am Vorabend aufgewacht war, und schaltete meinen Computer an. Ich hatte vergessen, dass es mein Geburtstag war. Meine Inbox explodierte förmlich von Geburtstagsgrüßen. Ich sah auf den Bildschirm und fing an zu weinen.

Wichtige Lektionen – nicht gelernt

Die Lektionen aus der Rettung von LTCM waren klar. Die Konzentration und Intransparenz von Derivaten bedeutete, dass weder die Aufsichtsbehörden noch die Banken wussten, wo die Risiken lagen. Derivate ermöglichten eine enorme Leverage, da die geforderten Sicherheiten im Verhältnis zu deren Nennwerten winzig waren. Für LTCM war der Hebelungsfaktor unendlich, da der Fonds es vermied, den anfänglichen »Margin« (»Einschuss«) zu hinterlegen; er bot lediglich variablen Einschuss auf Gewinne oder Verluste an, nachdem der Trade eingegangen wurde.

Aber es bestand eine fundamentalere Gefahr als offenkundige Leverage- und Transparenzprobleme. Die große Bedrohung, die Wall Street bis heute nicht versteht, ist, dass Risiken in den Brutto-Positionen liegen, nicht in den Netto-Positionen. Ein einfaches Beispiel soll das verdeutlichen.

Nehmen wir an, Goldman Sachs würde einen Swap-Kontrakt über eine Milliarde Dollar mit Citibank eingehen, nach dem es einen Tagesgeldsatz zahlt, der auf einer Einlage in US-Dollar in London basiert, und von Citibank einen festen Zinssatz bekommt, der einen gewissen Spread oberhalb des Fünf-Jahres-Schatzwechsels liegt. Bei einem solchen *Fixed/floating-Swap* profitiert die Bank zunächst aus der Differenz zwischen dem Tagesgeldsatz, den sie zahlt, und dem festen Zinssatz, den sie erhält. Für Goldman Sachs entspricht der Swap ungefähr dem Kauf von Fünf-Jahres-Schatzwechseln im Wert von einer Milliarde Dollar und Finanzieren dieser Position zum Tagesgeldsatz über den Repo-Markt. Aber es ist kein Wechsel an dem Geschäft beteiligt, nur ein Vertrag, der Zahlungen in beiden Richtungen auf einen *Nominalbetrag* von einer Milliarde Dollar vorsieht.

Jetzt geht Goldman einen weiteren Swap-Kontrakt über eine Milliarde Dollar ein, diesmal mit der Bank of America, dem zufolge Goldman den variablen Tagesgeldsatz erhält und einen festen Zinssatz zahlt, der auf dem Zinssatz für einen Zwei-Jahres-Schatzwechsel basiert.

Wenn man die beiden Trades zusammenfasst, erhält und zahlt Goldman Sachs den Tagesgeldsatz, nämlich von der Bank of America respektive an Citibank. Diese Zahlungen ergeben im Saldo so gut wie null. Goldman ist außerdem synthetisch »long« über eine Milliarde Dollar an Fünf-Jahres-Schatzwechseln und »short« über eine Milliarde Dollar an Zwei-Jahres-Schatzwechseln. Auch diese nominalen Positionen ergeben im Saldo so gut wie null (je nachdem, welche Spreads vereinbart wurden). Beide Swap-Trades werden außerhalb der Bilanz verbucht, sind also für Außenstehende unsichtbar.

Das vom Markt ausgehende Risiko aus Goldmans Positionen beläuft sich letztlich auf den Spread zwischen dem festen Zinssatz, den Goldman zahlt, und dem festen Zinssatz, den Goldman erhält. Der Spread zwischen Zwei-Jahres-Schatzwechseln und Fünf-Jahres-Schatzwechseln ist historisch niedrig. Das führt dazu, dass Goldman nur sehr wenig Kapital vorhalten muss, um dieses Risiko abzusichern. Die Wall-Street-Banken verwenden die bereits erwähnte Formel Value at Risk (VaR), die besagt, dass Goldman Sachs in diesem Szenario so gut wie kein Risiko hat. Unter den Buchhaltungsregeln und Regularien, die für Swaps gelten, verschwinden die Schatzwechsel, verschwinden die entsprechenden Buchungen, verschwindet fast das gesamte vom Markt ausgehende Risiko. Alles ist gut.

Aber tatsächlich ist *nicht* alles gut. In der realen Welt sieht es nämlich so aus, dass Citibank und Bank of America, wenn sie solche Trades mit

Goldman Sachs gemacht haben, sich umdrehen und auch Trades in der anderen Richtung machen, um das Risiko gegenüber Goldman abzusichern. Die Vertragspartner für diese Trades mit Citibank und Bank of America, bei denen es sich zum Beispiel um JPMorgan oder UBS handeln könnte, schließen dann ebenfalls solche Trades ab, immer mehr davon, in einem riesigen, immer größer werdenden Kreis von »risikoarmen« Geschäften.

Aber was passiert, wenn Goldman Sachs pleitegeht? Plötzlich ist Citibanks abgesicherte Position im Wert von einer Milliarde Dollar brutto »long«, weil die sie ausgleichende Short-Position gegenüber Goldman verschwunden ist. Citibank muss auf den Markt gehen und eine Milliarde an Fünf-Jahres-Schatzwechseln verkaufen, um die Bücher wieder auszugleichen. Bei der Bank of America ist es genau umgekehrt; sie kauft sofort eine Milliarde an Zwei-Jahres-Schatzwechseln, um die Netto-Short-Position auszugleichen, die entstanden war, als Goldman aus der synthetischen Long-Position verschwand.

Es wäre günstig, wenn Citibank und die Bank of America genug Informationen hätten, um sich zu finden, und die Swaps, für die Goldman ausgefallen ist, reproduzieren könnten. Aber das wird ihnen nicht so leicht gelingen, da beide keinen Zugang zu Goldmans Büchern haben und der Markt nicht transparent ist. Neue Clearinghäuser reduzieren dieses Risiko für einfache Swaps. Aber Clearinghäuser decken nicht die etwas exotischeren Swaps ab, bei denen Liquidität immer ein Problem ist. Außerdem verlagern Clearinghäuser lediglich das »Replacement Risk« (»Wiedereindeckungsrisiko«) von den Banken auf das Clearinghaus selbst. Wie kann aber ein Clearinghaus solvent bleiben, wenn mehrere Märkte und Banken gleichzeitig kollabieren?

Dieses Beispiel ist realistisch, wenn auch etwas vereinfacht. Die Schwierigkeiten, die Trades eines bankrotten Vertragspartners zu ersetzen, wenn die Nennwerte in die zig Billionen Dollar gehen in Form von Tausenden Kontrakten über zugrunde liegende Instrumente wie Aktien, Anleihen, Rohstoffe und Fremdwährungen, verstreut über die Bücher von Dutzenden Tochtergesellschaften und Zweckgesellschaften in diversen Märkten auf der ganzen Welt, sind ganz außerordentlich. Dies ist der Grund, warum bestimmte Banken »Too big to fail« sind – eine einzige Insolvenz bringt das gesamte System zum Einsturz.

Ein solcher Zusammenbruch trägt Bezeichnungen wie »Tipping Point«, »Black Swan« oder »Minsky-Moment«, die von Soziologen, Ökonomen und den Medien geprägt wurden. Diese Konzepte, so bunt sie auch sein mögen, haben nichts mit Wissenschaft zu tun. Die Dynamiken, die ins Verderben führen, lassen sich am besten mithilfe der Komplexitätstheorie verstehen, die strengen wissenschaftlichen Anforderungen genügt und Werkzeuge zur Verfügung stellt, mit denen man den Kollaps im Voraus kommen sehen kann.

Der Begriff »Komplexität« wird häufig als gleichbedeutend mit »Komplikation« oder »Vernetztheit« (»connectedness«) verwendet. Bei der Analyse dynamischer Systeme haben diese Begriffe jedoch ziemlich andere Bedeutungen. Eine Komplikation bringt Herausforderungen mit sich, bewirkt aber nicht jene völlig unerwarteten Folgen, die mit Komplexität assoziiert sind und als »emergente Eigenschaften« bezeichnet werden. Ohne andere Elemente, etwa unterschiedliche Akteure und adaptives Verhalten, produziert bloße Vernetztheit keine komplexen Dynamiken.

Die wenigen Kapitalmarktexperten, die Komplexität tatsächlich begreifen, beginnen gerade erst, diesen Zweig der Wissenschaft auf Risikomanagement anzuwenden. Emergenz hat, wie es sich beim Kollaps von LTCM und später von Lehman Brothers zeigte, eine wachsende Anhängerschaft, obwohl sie nach wie vor für Bankenaufseher, die ständig von den Ereignissen überrascht werden, Terra incognita ist. Selbst erfahrene Praktiker haben die Bedeutung von *Größe* noch nicht verinnerlicht.

In Bezug auf komplexe Systeme bezieht sich der Begriff »Größe« ganz konkret auf die Parameter, die Risiko erzeugen. LTCM (1998), AIG (2008) sowie das vorstehende Beispiel zeigen, dass Risiken aus den Brutto-Nennwerten von Derivaten entstehen und nicht aus den Netto-Nennwerten, wie Wall Street und die Aufsichtsbehörden es annehmen. Der Brutto-Nennwert ist (neben anderen) ein einfacher Parameter, der Größe misst. Kaum jemand hat erkannt, dass mit zunehmendem Brutto-Nennwert *das Risiko in nichtlinearer Weise zunimmt*. Vereinfacht gesagt: Wenn man den Brutto-Nennwert verdoppelt, wird das Risiko dadurch nicht verdoppelt, sondern um einen *Faktor* vervielfacht, der vielleicht zehn oder sogar hundert beträgt, je nach den spezifischen Eigenschaften des betreffenden Systems. Eine Arbeitshypothese der neuen Wissenschaft von Komplexität an

Kapitalmärkten lautet: *Das Risiko von Derivaten steigt exponentiell als eine Funktion der Systemgröße an, gemessen am Gesamt-Brutto-Nennwert.*

Um das zu illustrieren, stellen Sie sich einmal einen Schreibtisch vor, der zwei leere Schubladen hat und auf dem eine Akte liegt.[73] Die Schubladen sind mit »A« und »B« beschriftet. Ein Büroassistent legt jeden Abend die Akte in eine der Schubladen. Am einen Abend wird der Assistent die Akte vielleicht in Schublade A legen, am nächsten Abend in Schublade B. Würde er das protokollieren, entstünde über die Zeitachse eine Serie von A, B. In welchen möglichen Sequenzen könnte er die Akte an zwei aufeinanderfolgenden Abenden weglegen? Die möglichen Serien über die Zeitachse sind: AA, AB, BB und BA, also insgesamt vier Kombinationen.

Nehmen wir jetzt einmal an, wir würden die Anzahl der Schubladen von zwei auf drei erhöhen und die Schubladen mit »A«, »B« und »C« beschriften. Auf wie viele verschiedene Arten kann der Assistent die Akte an zwei aufeinanderfolgenden Abenden weglegen? Die möglichen Serien über die Zeitachse sind: AA, AB, AC, BA, BB, BC, CA, CB, CC, also insgesamt neun Kombinationen.

In diesem Beispiel nahm die Anzahl der Schubladen um 50 Prozent zu (von zwei auf drei), aber die Anzahl der möglichen Kombinationen stieg um 125 Prozent (von vier auf neun). Die Anzahl der möglichen Ergebnisse nahm in Relation zur Größe des Systems auf *nichtlineare* Weise zu. Die Beziehung zwischen der Anzahl Schubladen und der Anzahl Kombinationen ist *exponentiell.*

Wenn man diese Ergebnisse auf Marktrisiken überträgt (wobei zum Beispiel die Schubladen die Anzahl von Swap-Kontrakten darstellen könnten und die Sequenzen die möglichen Ansteckungswege, etwa Bankpleiten), ist klar, dass zunehmende Größe von Derivaten das Ansteckungsrisiko sogar noch schneller ansteigen lässt.

Ein Komplexitätstheoretiker verallgemeinert die möglichen Ereignispfade in dem Schreibtischbeispiel mit folgender Gleichung:

$P_2 = P_1 \times r \times (1 - P_1)$

In dieser Gleichung ist P_1 die Position der Akte am Ende von Tag 1, P_2 ist die Position der Akte am Ende von Tag 2 und r ist eine Variable, die aus den Dynamiken des untersuchten Systems abgeleitet wurde. Hierbei handelt es sich um eine *rekursive* Funktion, da der Output aus dem einen

Durchlauf (Iteration) der Input für den nächsten ist. Jeder Output kann als Teil des Pfades der finanziellen Ansteckung angesehen werden.

Nehmen wir zum Beispiel an, wir würden die Position der Akte in einem hohen Regal aus mehreren Borden berechnen. Ein Büroassistent legt die Akte am Ende eines jeden Tages auf ein Bord, nach einer Regel, die sich aus der oben stehenden Formel ergibt. Das oberste Bord ist »1«, das unterste »0«. Jedes Bord im Regal ist durch eine Bruchzahl zwischen 1 und 0 gekennzeichnet, die seiner Position im Regal entspricht. Ein Bord, das mit 0,5 gekennzeichnet ist, befindet sich auf halber Höhe des Regals zwischen 0 und 1. Ein Bord, das mit 0,25 gekennzeichnet ist, befindet sich auf einem Viertel der Höhe des Regals, von unten an gerechnet. Wenn das Regal 100 Borde hat, entspricht 0,25 dem 25. Bord von unten.

Wenn die Akte am Ende von Tag 1 auf Bord 0,25 liegt und wir $r = 3$ setzen, dann wird P2, die Position am Ende von Tag 2, folgendermaßen bestimmt:

$$P2 = 0{,}25 \times 3 \times (1 - 0{,}25)$$
$$P2 \approx 0{,}56$$

Das bedeutet, dass der Assistent am Ende von Tag 2 die Akte auf ein Bord legt, das sich auf 56/100stel der Höhe des Regals zwischen 0 und 1 befindet. Wenn das Regal 100 Borde hat, legt er die Akte auf Bord 56 von unten.

Um zu berechnen, wo die Akte am Tag 3 landet – oder P3 –, nehmen wir den Output von Tag 2, also 0,56, und wiederholen die Rechnung. Die rekursive Gleichung sieht so aus:

$$P3 = 0{,}56 \times 3 \times (1 - 0{,}56)$$
$$P3 \approx 0{,}74$$

Am Ende von Tag 2 legt der Assistent die Akte auf Bord 74 von unten.

Diesen Prozess können wir beliebig oft wiederholen. Genau das ist es, was Komplexitätstheoretiker mithilfe von Computern tun. Sie stellen die Ergebnisse von langen Zeitsequenzen grafisch dar und beobachten dann ungewöhnliche emergente Eigenschaften in den Ergebnissen. Wenn wir das obige Beispiel fortführen, produziert die Zeitsequenz die Ergebnisse 0,25, 0,56, 0,74, 0,58... . Die Akte springt herum, von Bord 25 auf Bord 56 und so weiter, ohne Wiederholung oder erkennbares Muster. Das wird als *Chaos* bezeichnet. Jetzt wiederholen wir die Berechnung und verändern dabei die Variable *r* ein wenig, von 3 auf 4. Wie gehabt fangen wir mit Bord 25 an. Dann passiert Folgendes, wenn wir die Gleichungen berechnen.

Die Position der Akte am Ende von Tag 2 ergibt sich aus:

$P2 = 0{,}25 \times 4 \times (1 - 0{,}25)$

$P2 = 0{,}75$

Die Position der Akte am Ende von Tag 3 ergibt sich aus:

$P3 = 0{,}75 \times 4 \times (1 - 0{,}75)$

$P3 = 0{,}75$

Wenn wir das wiederholen, erhalten wir folgende Zeitsequenz: 0,25, 0,75, 0,75, 0,75... . Wenn wir die neuen Inputs verwenden, bleiben wir auf Bord 75 stecken. Ganz gleich, wie oft wir die Gleichung berechnen, ist der Output immer wieder gleich dem Input und die Akte landet auf Bord 75. Es ist, als würde die Akte von Bord 75 angezogen. Das wird als *Fixed-point Attractor* bezeichnet. Wenn *r* = 3 ist, wie im Beispiel davor, sagt man, das chaotische Ergebnis habe einen *Strange Attractor*, da es schwer vorherzusagen ist, wo die Akte landen wird.

Diese Beispiele zeigen zwei wichtige Attribute von komplexem Verhalten. Das erste ist, dass *kleine Veränderungen im Input sehr unterschiedliche Outputs ergeben.* Der einzige Unterschied zwischen den beiden obigen Beispielen war eine Veränderung des Wertes von *r* von 3 auf 4; aber *r* = 4 führte zu einem stabilen Endort auf Bord 75, wohingegen *r* = 3 zu Chaos führte. Daraus ergibt sich die zweite Erkenntnis, dass nämlich *komplexe Systeme unerwartete Ergebnisse produzieren.* Komplexität führt ständig zu Überraschungen, die als *emergente Eigenschaften* bezeichnet werden.

Die Ergebnisse dieser und anderer Experimente ermöglichen bestimmte Beobachtungen:

- Kapitalmärkte sind komplexe dynamische Systeme.
- Das Risiko in Kapitalmärkten zeigt Gedächtnis oder Feedback, das als *Pfadabhängigkeit* bezeichnet wird.
- Das Risiko in Kapitalmärkten ist eine exponentielle Funktion ihrer Größe.
- Kleine Veränderungen der anfänglichen Systemzustände produzieren divergente Ergebnisse.
- Der Output des Systems kann geordnet oder chaotisch sein.

Diese Feststellungen sind die wissenschaftliche Basis für das, was landläufig als »Black Swan«-Ereignis bekannt ist. Der Begriff »Black Swan« wird weithin verwendet, um jegliche überraschende Schlagzeile zu beschreiben, selbst von Menschen, denen ein theoretisches Verständnis der zugrunde liegenden Dynamiken fehlt. Bei Diskussionen über das Phänomen »Black Swan« besteht die Tendenz, Wissenschaft mit einem gewissen fatalistischen Anflug zu trivialisieren, als wolle man sagen »stuff happens!«, »dumm gelaufen!«. Aber so einfach ist das nicht. Krisen entstehen, weil die Aufsichtsbehörden die statistischen Eigenschaften der Systeme, die sie beaufsichtigen, nicht verstehen.

LTCM ist ein lehrbuchmäßiger Fall, der zeigt, was passiert, wenn die Komplexitätstheorie ignoriert wird. So konstruierten zum Beispiel LTCM-Trader zweiseitige Strategien, bei denen sie einerseits staatliche Wechsel einsetzten und andererseits synthetische in Form von Swaps. Wenn der Spread zwischen den beiden Trades erwartungsgemäß konvergierte, wurde ein Gewinn realisiert und der Trade abgewickelt. Die konventionelle Methode, einen Trade abzuwickeln, besteht darin, den Wechsel zu verkaufen und den Swap durch Verhandeln mit dem Vertragspartner zu beenden.

Ein solcher Vertragspartner berechnet eine kleine Gebühr für frühzeitiges Beenden des Swaps. LTCM wollte diese Gebühren nicht zahlen. Stattdessen neutralisierte LTCM den ersten Swap, indem es *noch einen Swap* mit genau entgegengesetzten Konditionen einging. Die Fixed/floating-Zahlungen, Einschusszahlungen und anderen Verbindlichkeiten aus den zwei Swaps hoben sich gegenseitig auf, sodass sich die Cashflows und Marktrisiken zu null saldierten. Aus wirtschaftlicher Sicht ist dies das Gleiche, als würde der erste Swap aufgehoben, abgesehen davon, dass LTCM keine Aufhebungsgebühr verursachte. Laut Aufsichtsbehörden war der VaR gleich null. LTCM nannte diese Technik die »Hochzeitstorte«, weil die Trader immer neue Ebenen hinzufügten, um Swap-Positionen zu neutralisieren, anstatt Positionen aufzulösen. Diese Ebenen stapelten sich immer höher und bildeten schließlich eine »Hochzeitstorte« von einer Billion Dollar.

Wenn ein Komplexitätstheoretiker sich solche Trade-Beendigungstechniken ansieht, dann erkennt er, dass der Brutto-Nennwert sich verdoppelt hat, weil dann zwei Swaps existierten statt einem. Das bedeutet aber, dass das Risiko sich *mehr als verdoppelt* hat, da Risiko eine exponentielle Funktion von Größe ist.

Als die Partner sich auf dem Golfplatz oder der Pferderennbahn vergnügten und glaubten, die Risiken seien unter Kontrolle, war LTCM eine tickende Zeitbombe. Im August 1998 explodierte diese Bombe.

Nachwirkungen I

Die Komplexitätstheorie wird bis heute von den Aufsichtsbehörden nicht verstanden; also kann man es vielleicht auch den LTCM-Partnern nachsehen, dass sie sie 1998 nicht verstanden haben. Aber nach dem Zusammenbruch wäre doch zu erwarten gewesen, dass die Meinungsführer im Finanzwesen – etwa Alan Greenspan, Robert Rubin und Larry Summers – die Lektionen daraus gelernt und versucht hätten, in Zukunft einen ähnlichen Kollaps zu vermeiden. Aber tatsächlich taten sie das genaue Gegenteil.

Im August 1998, als sich das LTCM-Debakel entfaltete, war Alan Greenspan Chef der Federal Reserve, Robert Rubin Finanzminister und Larry Summers sein Stellvertreter. Bald darauf wurde er selbst zum Finanzminister ernannt. Im Februar 1999, nur wenige Monate nach der LTCM-Katastrophe, brachte die Zeitschrift *Time* Greenspan, Rubin und Summers auf ihrem Titel unter der Schlagzeile: »The Committee to Save the World«.[74]

Weit davon entfernt, die 1998er-Lektionen zu lernen, taten diese drei alles nur Erdenkliche, um das System noch riskanter und instabiler zu machen – »The Committee to *Destroy* the World« wäre eine weit passendere Schlagzeile gewesen. Und im Jahr 2008 bewirkten ihre gemeinsamen Anstrengungen beinahe genau das.

Aber welches genau sind die Lektionen aus 1998? Die erste davon ist, dass außerbilanzielle Derivate gefährlich sind, weil sie intransparent sind und sich deshalb Vertragspartner in einer Krise nicht finden können, um ihre Transaktionen gegeneinander aufzuheben. Die zweite Lektion ist, dass Leverage winzige Veränderungen im Markt in riesige Verluste verwandelt, welche die Solvenz der Beteiligten gefährden. Die dritte Lektion besagt, dass sich Banken von Geschäften mit Derivaten fernhalten sollten. Hedgefonds und Spekulanten können zocken, aber Bankdienstleistungen sind ein besonderes Geschäft, das auf dem Vertrauen von Anleihehaltern und Einlegern beruht. Dieses Vertrauen sollte nicht durch Spekulationen mit Swaps verspielt werden. Die vierte Lektion: Risiken aus Derivategeschäften liegen im Bruttowert, nicht im Nettowert. Als LTCM kurz vor der Insolvenz stand, waren die Banken nicht etwa besorgt über die Netto-Risiken in ihren Büchern, sondern vielmehr über ihre Brutto-Risiken gegenüber LTCM, die hätten wiedereingedeckt werden müssen, wenn LTCM gescheitert wäre. Die letzte und wichtigste Lektion ist, dass Krisen ohne Warnung aus dem Nichts auftauchen. Eine Währungskrise im Jahr 1997 in Thailand hängt nicht direkt oder offensichtlich mit dem Kollaps eines Hedgefonds in Greenwich im Folgejahr zusammen. Aber genau das ist passiert.

Aufgrund dieser Lektionen ist klar, welche politischen Entscheidungen hätten getroffen werden müssen. Derivate sollten nur an Börsen gehandelt werden dürfen, wo sie transparent und einschusspflichtig sind. Hebelung sollte begrenzt werden und in der Bilanz stehen, wo sie beobachtet werden kann. Den Banken sollte der Handel mit Derivaten verboten werden, außer für echte Absicherungsgeschäfte. VaR sollte als Messparameter nicht mehr verwendet werden, weil das Konzept veraltet und statistisch fehlerhaft ist. Und schließlich sollten die Kapitalanforderungen erhöht werden als Sicherheitspuffer gegen entstehende Krisen, die zwar durchaus erwartet werden sollten, aber niemals wirklich erwartet werden.

Greenspan, Rubin und Summers betrieben das genaue Gegenteil dieser fünf Maßnahmen. Es ist bequem, zu behaupten, sie hätten sich aus Unwissenheit so verhalten. Aber sie wurden damals ausdrücklich gewarnt, und zwar von einer Börsenaufseherin, die verstanden hatte, was bei LTCM passiert war. Sie heißt Brooksley Born und war damals Chefin der Commodity Futures Trading Commission (CFTC, Aufsichtsbehörde für den Warenterminhandel).

Im Jahr 1999 war Born Mitglied der President's Working Group on Financial Markets (PWG, Spitzname: »Plunge Protection Team«, also »Team zum Schutz vor Börsenabstürzen«), die nach dem Absturz des Aktienmarkts im Jahr 1987 gebildet worden war, und zwar aufgrund einer Empfehlung der Brady Commission. Ironischerweise war der federführende Autor des Berichts der Brady Commission der damalige Harvard-Professor

David W. Mullins jr., der später zum Vize-Chairman der Federal Reserve berufen und noch später einer der LTCM-Partner wurde.

Die PWG besteht aus dem US-Präsidenten, dem Fed-Chef, dem Finanzminister, dem Chairman der US-Wertpapier- und Börsenaufsicht SEC und dem Chairman der CFTC. Das erklärte Ziel der PWG ist es, Vertreter von Banken-, Wertpapier- und Warenterminhandel-Aufsichtsbehörden zusammenzubringen, um Krisen besser bewältigen zu können. Beim Crash von 1987 war es zu komplexen Wechselwirkungen zwischen den Aktienmärkten, die von der SEC beaufsichtigt werden, und der Chicagoer Warenterminbörse, die von der CFTC beaufsichtigt wird, gekommen. Dann griff die Krise auch auf das Zahlungssystem der Banken über, da milliardenschwere Nachschussforderungen zwischen den Handelsplätzen in New York und Chicago abgewickelt werden mussten. Die Banken zögerten, Überweisungen an Warenterminmakler in Chicago auszuführen, weil sie befürchteten, dass New Yorker Aktienmakler ihren Zahlungsverpflichtungen gegenüber den Banken nicht nachkommen würden. Und so begann das System einzufrieren. Fehlende Koordination zwischen Börsen-, Warentermin- und Banken-Aufsichtsbehörden machten es schwierig, die Krise zu lösen. In Zukunft sollte die PWG solche Probleme verhindern.

Im Jahr 1998 bestand die PWG aus Bill Clinton, Robert Rubin, Alan Greenspan, Arthur Levitt und Brooksley Born. Die von LTCM verursachte Ansteckung ging von Swaps aus, die von Born beaufsichtigt wurden; die SEC war damals so gut wie gar nicht für Swaps zuständig. Die Verantwortung für die politischen Reaktionen auf die LTCM-Krise fiel Rubin, Greenspan und Born zu, mit Larry Summers als Rubins rechte Hand.

Greenspan hatte damals die von Derivaten ausgehenden Risiken nicht verstanden und später verstand er sie auch nicht viel besser. Er war der Meinung, Swaps würden solche Risiken verringern. Seine Analyse beginnt mit der Beobachtung – die weitgehend zutrifft –, dass traditionelle Wertpapiere und Bankentransaktionen separate Bündel verschiedenartiger Risiken darstellen. Ein einzelnes Bankdarlehen kann man sich als ein Bündel von Risiken vorstellen, etwa Zinssatz-, Kredit-, Wechselkurs-, Liquiditäts- und operatives Risiko; hinzu kommen Risiken aus der Überschuldung souveräner Staaten und andere klar abgegrenzte Risiken, die in dem Darlehen gebündelt sind. Greenspan meinte, Derivate würden die Entbündelung dieser Risiken ermöglichen. Mithilfe von Swaps kann ein Kreditgeber das Kreditrisiko vom Wechselkursrisiko trennen und jede separate Risikoart auf einen spezialisierten Vertragspartner übertragen, der am besten in der Lage ist, dieses Risiko zu tragen. So wandert das Risiko aus dem gebündelten Produkt in starke Hände, die spezifische Subrisiken am besten tragen können. So werde das System stärker und widerstandfähiger. Greenspan lag richtig mit seiner Analyse, so weit sie denn ging.

Was Greenspan jedoch übersah, war der Umstand, dass es keine Obergrenze für den Gesamt-Nennwert von Derivaten gibt, die auf einer einzigen Einheit des ursprünglichen Risikos aufbauen. Wenn ein Kredit über eine Milliarde Dollar mithilfe von Swaps in zehn Subrisiken aufgebrochen wird, die solchermaßen separat gehandelt werden, dass der gesamte Nennwert sich zu einer Milliarde Dollar aufaddiert, würde das Greenspans Sicht bestätigen. Aber tatsächlich ist es gang und gäbe, dass Derivatehändler aus zugrunde liegenden Wertpapieren über eine Milliarde Dollar Swaps im Nennwert von zehn Milliarden Dollar oder mehr erzeugen. Manche Händler erzeugen Swaps, denen überhaupt kein Anlageinstrument mehr zugrunde liegt, sondern lediglich ein Index oder eine Formel, nach der Wetten ausgezahlt werden, die in keinerlei Zusammenhang zu real existierenden Krediten stehen. Swaps, die aus dem Nichts erzeugt werden, erhöhen den Brutto-Nennwert an Risiken sowie Größe und Komplexität des gesamten Systems. Greenspans kuriose Idee, ein Risiko-Quantum in starke Hände zu legen, wird von der Tatsache beherrscht, dass dieses Quantum unendlich elastisch ist.

Swaps sind wirtschaftlich gesehen das Gleiche wie »Exchange-traded Futures« (»börsengehandelte Termingeschäfte«). Bei beiden handelt es sich um Wetten, bei denen jede Vertragspartei der anderen mehr oder weniger Geld schuldet, je nach Kursniveau des entsprechenden Futures-Markts. Der Hauptunterschied ist, dass Futures an Börsen gehandelt werden, Swaps dagegen in Form von privaten »Over the counter«-Geschäften. Brooksley Born, die Wächterin über die Futures-Märkte, verstand die Risiken von Swaps sehr gut und wollte den Handel mit Swaps an die Futures-Börsen verlagern, wo sie in geordneter Weise einschusspflichtig sind und transparent gehandelt werden.

Greenspan, Rubin und Summers behandelten Born, als sei sie eine zutiefst rückständige Person, an der die Fortschritte der Finanztechnologie spurlos vorübergegangen seien. Archäologen haben sumerische Tontafeln entdeckt, die aus der Zeit um 4500 v. Chr. stammen und auf denen Warentermingeschäfte aufgezeichnet sind, zum Beispiel die zukünftige Lieferung von Vieh. Aristoteles hat darüber geschrieben, wie im 4. Jahrhundert v. Chr. Optionen benutzt wurden, um den Markt zu manipulieren. Die Futures-Märkte, die Born beaufsichtigte, hatten sich seit 1848 kaum verändert; damals begann der Getreidehandel am Chicago Board of Trade. Born schien in der Vergangenheit stecken geblieben zu sein.

Der moderne Swap-Markt wurde in den 1980er-Jahren von Meriwether, Scholes und anderen erfunden. Als das 21. Jahrhundert näherrückte, wurden immer mehr und immer raffiniertere Swaps entwickelt. Greenspan, Rubin und Summers waren fest davon überzeugt, auf der richtigen Seite der Geschichte zu stehen, wenn sie Swaps anders als Warentermingeschäfte handhabten.

Auch Sexismus spielte eine Rolle. Greenspan, Rubin und Summers waren ein mächtiger Boys' Club, der es darauf anlegte, die einzige weibliche Stimme unter den Aufsehern zum Verstummen zu bringen. Im Jahr 2005, als Summers Präsident der Harvard University war, zeigte er die gleiche Voreingenommenheit, als er sich über die angebliche Unfähigkeit von Frauen in quantitativen Wissenschaften äußerte.

Traurigerweise trat auch im Jahr 2008 wieder Sexismus zutage, als Sheila Bair, die in ihrer Funktion als Chefin der Federal Deposit Insurance Corporation (FDIC) die mächtigste Bankenaufseherin war, von einem neuen Boys' Club außer Gefecht gesetzt wurde, und zwar dieses Mal von Larry Summers, Tim Geithner und Ben Bernanke. Bairs völlig richtige Empfehlung, insolvente Banken zu schließen, war wissenschaftlich fundiert. Stattdessen retteten die Mitglieder dieses Boys' Club ihre Amigos auf Kosten der Steuerzahler. Sowohl Born im Jahr 1998 als auch Bair im Jahr 2008 hatten die möglichen Reaktionen auf Finanzkrisen richtig analysiert und beide Male wischte Summers ihre Argumente voreingenommen und schlecht beraten vom Tisch.

Borns Empfehlungen an die PWG bezogen sich nur auf Derivate, denn im Gegensatz zu Bair war sie keine Bankenaufseherin. Sie empfahl, die Restriktionen für neue Arten von Swaps aufrechtzuerhalten und den Handel mit den meisten bereits vorhandenen Swap-Arten an Warenterminbörsen zu verlagern. Borns Empfehlungen wurden nicht nur marginalisiert, sondern der Boys' Club tat das genaue Gegenteil.

Im Jahr 1999 wurde das 66 Jahre alte Glass-Steagall-Gesetz aufgehoben. Es war während der Weltwirtschaftskrise verabschiedet worden und verbot den Banken, Wertpapiere zu emittieren. Eine der Ursachen der Weltwirtschaftskrise war, dass die Banken in den 1920er-Jahren fragwürdige Kredite vergaben und diese dann in verbriefter Form an ahnungslose Kleinanleger verkauften. Im Jahr 1933 verabschiedete der Kongress das Glass-Steagall-Gesetz, das vorschrieb, dass eine Bank entweder Einlagen annehmen und Kredite ausreichen *oder* Wertpapiere emittieren und verkaufen darf, *aber nicht beides*. Dieses Gesetz zur Einführung eines Trennbankensystems war eine Reaktion auf Konflikte, die dazu geführt hatten, dass die Banken faule Kredite in verbriefter Form bei ihren Kunden abluden. Prompt trennten die Banken sich auf in Geschäftsbanken, die Einlagen entgegennahmen und Kredite vergaben, und in Investmentbanken, die Wertpapiere emittierten und verkauften.

Dieses Trennbankensystem funktionierte 66 Jahre lang recht gut und bewahrte die Vereinigten Staaten vor größeren Bankenkrisen. Einzelne Banken konnten pleitegehen, wie zum Beispiel die Continental Illinois im Jahr 1984, und es gab immer noch Konflikte und Verluste aus faulen Krediten, wie zum Beispiel bei der Savings-and-Loan-Krise in den 1980er-Jahren, aber nach der Verabschiedung von Glass-Steagall kam es nicht wieder zu einer allgemeinen Bankenkrise von der Art, wie sie von 1929 bis 1933 aufgetreten war.

Glass-Steagall hatte aus genau den Gründen funktioniert, welche die Komplexitätstheorie nahelegt. Durch das Auftrennen des Bankensystems in zwei Bereiche machte das Gesetz jeden dieser Bereiche widerstandsfähiger, weil es dafür sorgte, das System zu verkleinern, die Dichte der Vernetztheit zu reduzieren und Kanäle zu kappen, durch die das Versagen einer einzelnen Bank alle anderen gefährdet. Es ist so, als wenn man wasserdichte Schotten im Rumpf eines Schiffes einbaut, die bewirken, dass zwar eine Abteilung des Schiffes volllaufen kann, aber nicht gleich der ganze Rumpf, sodass das Schiff sinkt.

Glass-Steagall wurde von einer unheiligen Allianz von Republikanern und Demokraten unter der Führung von Senator Phil Gramm und

Präsident Bill Clinton aufgehoben. Die Aufhebung hatte nicht direkt etwas mit der LTCM-Krise zu tun, die Bestrebungen gingen schon seit Jahren in diese Richtung. Die Ratifizierung der andernfalls illegalen Fusion von Travelers und Citicorp, für die Sandy Weill sich eingesetzt hatte, war die letztlich treibende Kraft hinter der Aufhebung von Glass-Steagall. Ironischerweise war es Weills Anordnung, bei Salomon Brothers die Spread-Trades zu beenden, um diese Fusion zu erleichtern, die LTCMs Niedergang beschleunigte; ein weiteres Beispiel eines dichten Netzwerks mit tief greifenden Folgen.

Die Aufhebung des Gesetzes führte dazu, dass die Risiken im Finanzsystem größer wurden. Indem sie neue Kombinationen von finanziellen Institutionen ermöglichte, konnte das System wieder auf eine Größe anwachsen, die dazu führt, dass die Pleite einer großen Bank das gesamte System zum Einsturz bringt. Außerdem erlaubt die Aufhebung den Geschäftsbanken, die geheimen Wertpapier-Handelsaktivitäten von Investmentbanken und die damit einhergehenden Derivate-Emissionen nachzuahmen.

Am 21. Dezember 2000, also nur wenige Wochen bevor er aus dem Amt schied, unterzeichnete Bill Clinton ein weiteres Gesetz, das zwar nicht so bekannt ist wie die Aufhebung von Glass-Steagall, aber auf noch heimtückischere Weise dafür sorgt, dass die systemischen Risiken sich immer weiter ausbreiten können. Der Commodity Futures Modernization Act of 2000 (»Warenterminhandel-Modernisierungsgesetz von 2000«) hob das Verbot bestimmter Swap-Typen auf und ließ zu, dass solche Swaps außerbörslich und außerbilanziell versteckt werden können. Brooksley Born wurde zum 1. Juni 1999 aus der CFTC hinausgedrängt und durch Bill Rainer ersetzt, einen Freund Bill Clintons aus dessen Heimat Arkansas, der gezielt ausgesucht wurde für die Aufgabe, das Geschäft mit Derivaten zu deregulieren. Die Verabschiedung dieses Gesetzes war ein Geschenk der beiden großen Parteien an die großen Banken, das von dem Republikaner Phil Gramm und den Demokraten Robert Rubin und Larry Summers betrieben worden war.

Vor 2000 waren Swaps nur für die Renditen auf Aktien, Anleihen, Zinssätzen und Wechselkursen zugelassen. Wetten auf Rohstoffe wie Öl, Metalle oder Getreide wurden an regulierten Warenterminbörsen gehandelt. Andere Rohstoffe wurden dort nicht gehandelt, waren nicht auf den Swap-Märkten zugelassen und kamen daher überhaupt nicht in Form von Derivaten auf den Markt. Nachdem die Regulierung von Swaps im Jahr 2000 aufgehoben worden war, waren Tür und Tor geöffnet für völlig unregulierten Handel mit allen nur erdenklichen Derivaten. Schnell schuf ein Unternehmen wie Enron Märkte für außerbörsliche Elektrizitäts-Futures und kollabierte dann in milliardenschweren Betrügereien – dank dem Wirken von Gramm, Rubin und Summers.

Die kombinierten Auswirkungen der Aufhebungen von Glass-Steagall und der Swaps-Regulierung waren ein finanzielles Hexengebräu. Die Aufhebungen bedeuteten, dass Banken – wie Hedgefonds – ohne Einschränkungen mit der gesamten Bandbreite von Anlageinstrumenten handeln durften. Aber um dem Gebräu zu seiner vollen Wirkung zu verhelfen, fehlte noch eine Zutat: Leverage.

Am 17. November 2003 wurde Tim Geithner, ein Protegé Robert Rubins, als Chef der Fed of New York installiert. Geithner schloss beide Augen, als die Banken immer mehr Risiken auftürmten. Den von Geithner beaufsichtigten Geschäftsbanken durften Investmentbanken gehören. Aber nach wie vor mussten die einzelnen Investmentbanken die strengeren Kapitalanforderungen der SEC erfüllen. Die nächste Mission des Bankiers Geithner war, die SEC in Sachen Leverage zum Einknicken zu bringen.

Im Jahr 2001 löste die republikanische Bush-Administration die demokratische Clinton-Administration ab. Parteizugehörigkeit spielt keine Rolle, wenn es um Washingtons Drang geht, den Banken ihre Wünsche zu erfüllen. Die Banken haben Washington in der Tasche. Nicht nur Banken, sondern auch Broker wie Bear Stearns und Lehman Brothers, die keiner Bank gehörten, machten Druck, um die für Börsenmakler und -händler geltenden Kapitalanforderungen zu lockern. Sie wollten gleiche Wettbewerbsbedingungen erreichen, um sich im Wertpapiergeschäft gegen die Banken behaupten zu können.

Zugleich wollten auch die Banken eine Lockerung der an sie gestellten Kapitalanforderungen erreichen, die vom Basel Committee of the Bank for International Settlements (BIS) in der Schweiz festgelegt worden waren. Die erste globale Regelung über Kapitalanforderungen für Banken war 1988 unter dem Namen »Basel I« verabschiedet worden. Schon nach wenigen Jahren erschien diese Regelung als zu restriktiv und die Banken begannen, auf neue Berechnungsformeln zu drängen, die es ihnen gestatten würden, mehr Risiken auf einem kleineren Kapitalstock anzuhäufen. Diese Forderung rechtfertigten sie, indem sie fehlerhafte VaR-Modelle als einen teilweisen Ersatz für strengere Kapitalquoten anführten. Die daraus resultierenden Revisionen der Kapitalanforderungen an Banken wurden stufenweise zwischen 2001 und 2004 eingeführt und wurden als »Basel II« bekannt. Diese Regeln erlaubten höhere Leverage (Fremdfinanzierungsquoten) für Banken und basierten zum Teil auf VaR-Modellen, die zeigten, dass selbst extreme Leverage sicher sei.

Vor diesem Hintergrund einer Lockerung der Kapitalanforderungen an Banken ließ sich die SEC dazu bewegen, 2003 und 2004 die Regeln über Kapitalanforderungen an Börsenmakler und -händler zu revidieren. Im Jahr 2003 erweiterte die SEC ihre Definition von Sicherheiten, die für Leveragezwecke zugelassen sind, um bestimmte »Mortgage-backed Securities« (MBS, »Hypothekenbesicherte Wertpapiere«). Im Jahr 2004 erweiterte die SEC ihre aufsichtsrechtlichen Zuständigkeiten auch auf Holding-Gesellschaften von Börsenmaklern und -händlern. Diese neue, weiter gefasste Aufsicht hatte bestimmte Konzepte aus Basel II übernommen, darunter auch die Regeln zur Risikobewertung je nach Typ des betreffenden Wertpapiers. Insbesondere ließ die SEC für bestimmte MBS gegenüber traditionellen Aktien und Anleihen höhere Leverage zu. Das Ergebnis dieser beiden Änderungen war, dass fortan auch MBS als Sicherheiten für Leverage zugelassen waren und nur noch ein minimaler Kapitalstock erforderlich war, um diese Leverage zu stützen.

Im Jahr 1998 brach LTCM unter einer kritischen Masse von gehebelten Derivaten zusammen. Im Jahr 1999 wurde das Glass-Steagall-Gesetz aufgehoben. Im Jahr 2000 wurden die Bestimmungen über Derivate aufgehoben. Im Jahr 2001 wurden die Kapitalanforderungen an Banken gelockert. Von 2003 bis 2004 wurden die Kapitalanforderungen an Börsenmakler und -händler gelockert. In dieser gesamten Zeit hielt die Fed die Zinsen künstlich niedrig. Es war, als ob diverse Aufsichtsbehörden in aller Welt auf die LTCM-Krise reagierten, indem sie gemeinsam darauf hinarbeiteten, dass sich dieses Debakel in einer noch größeren und gefährlicheren Dimension wiederholte. Und genau das passierte dann auch: Im Jahr 2008 brach das ganze riskante, fremdfinanzierte und vernetzte Kartenhaus zusammen.

KAPITEL 5:

VORBEBEN 2008

Ein Finanzmarkt ist durchdrungen von Feedback. ... Solch immanentes Feedback entsteht nicht beim Glücksspiel. ... Außerdem würde das Wetter, auch wenn jedermann ein perfekt funktionierendes Prognosemodell dafür hätte, trotzdem machen, was das Wetter macht. Das Einzige, was in diesem Fall passieren würde, ist, dass wir alle genau wüssten, was wir am nächsten Tag anziehen sollen. Aber auf den Märkten ist das anders. Wenn man jedermann ein perfekt funktionierendes Prognosemodell geben würde, dann würde es wegen dieses starken Feedback-Effekts sofort aufhören, das perfekt funktionierende Prognosemodell zu sein.[75]

Neil F. Johnson, Physikprofessor, University of Miami

Eine neue Krise

Aus Sicht der Komplexitätstheorie war der Zusammenbruch von 2008 leicht vorherzusehen. Ein Kollaps mit den gleichen Dynamiken war schon 1998 passiert. Die Panik von 2008 war ausgedehnter und intensiver als die von 1998. Aber auch dieser größere Umfang war zu erwarten gewesen, da das System in den vergangenen zehn Jahren deutlich größer geworden war. Unsere Arbeitshypothese lautet: *Das Risiko von Derivaten steigt exponentiell als eine Funktion der Systemgröße an, gemessen am Gesamt-Brutto-Nennwert.* Bei beiden Krisen waren übermäßige Leverage, Intransparenz und ein dicht verwobenes Bankennetzwerk ursächliche Faktoren. Dass sich die katalysierenden Faktoren unterschieden – 1998 waren es die Spreads von Swaps gegen Risiken von Staatsbankrotten, 2008 waren es Subprime-Hypotheken –, spielt keine Rolle. Worauf es ankommt, ist die tief greifende Struktur finanzieller Risiken. Die Ursachen in Swap-Spreads und Subprime-Hypotheken aufteilen zu wollen ist so, als würde man einzelnen

Schneeflocken hinterherlaufen, während man die Lawinengefahr völlig ignoriert. Schneeflocken sind nicht tödlich, Lawinen dagegen schon.

Als ich 1999 LTCM verließ, war ich unzufrieden mit den Standarderklärungen für den Zusammenbruch der Firma. Etliche Nobelpreisträger sprachen von einem »perfekten Sturm«, der »Jahrhundertflut« oder einem »Fünfzehn-Standardabweichungen-Ereignis«. Ich kannte mich gut genug mit Statistik aus, um zu erkennen, dass dies die Sprache von normal verteilten Risiken und Rückkehr zum Mittelwert war – die Sprache von »Random walks« und effizienten Märkten. Meine Intuition sagte mir, dass etwas faul war an den Grundlagen der modernen Finanzökonomik.

In den Jahren danach studierte ich Physik, angewandte Mathematik, Netzwerktheorie, Verhaltensökonomik und Komplexität. Nach dem 11. September 2001 wurde ich von der CIA angeworben, um an einem Terrorismusbekämpfungsprojekt mitzuarbeiten, bei dem es um das Erkennen von anomalen Entwicklungen auf Aktienmärkten ging. Heute versetzt das von unserem Team entwickelte Vorgehen die Geheimdienste in die Lage, aufgrund von Insider-Tradingaktivitäten von Personen, die Beziehungen zu Terroristen unterhalten, einen Terroranschlag vorherzusagen. Im Übrigen waren die analytischen Techniken, die ich bei der CIA gelernt und angewendet habe, genau die gleichen, die ich auch eingesetzt habe, um den Zusammenbruch von LTCM zu entwirren.

Bis 2005 hatte ich die Dynamiken der Komplexitätstheorie in Bezug auf das Finanzsystem ausgearbeitet. Die wichtigsten Lehrsätze der Komplexitätstheorie waren schon Jahre zuvor von Physikern entwickelt und in verschiedenen Gebieten der Wissenschaft angewendet worden, etwa Seismologie, Meteorologie und Biologie. Aber in Bezug auf Finanzen kamen die Physiker nur langsam voran, weil sie generell mit den Kapitalmärkten nicht vertraut waren. Hier war ich im Vorteil. Mein wichtigster theoretischer Durchbruch war, das Konzept der Systemgröße auf das Finanzwesen anzuwenden und entsprechende Messparameter auszuarbeiten, zum Beispiel den Brutto-Nominalwert von Derivaten als eine Methode, um systemische Risiken einzuschätzen. Meine frühen theoretischen Erkenntnisse sind in einem Artikel zusammengefasst, der im September 2006 in *Studies in Intelligence*, der akademischen Zeitschrift der CIA, erschien.[76] Dabei handelte es sich um eine Sonderausgabe zum fünften Jahrestag der Anschläge vom 11. September 2001. Mein Beitrag und andere Inhalte dieser Ausgabe unterliegen nach wie vor der Geheimhaltung.

Meine Erfahrungen bei LTCM in den 1990er-Jahren und meine Studien in den frühen 2000er-Jahren haben mir eine besondere Perspektive auf die Entwicklungen an den Kapitalmärkten nach 2005 vermittelt. Die größten Banken wurden noch größer, die Konzentration von Vermögenswerten in einigen wenigen großen Banken wurde immer dichter und der Gesamt-Nominalwert von Derivaten stieg dramatisch an. Zwischen 30. Juni 2001 und 30. Juni 2007 war der Brutto-Nominalwert sämtlicher »Over the counter«-Derivate, die von Großbanken gehalten wurden, laut einer Umfrage der BIS von unter 100 Billionen auf über 508 Billionen Dollar gestiegen.[77] Im gleichen Zeitraum stieg der Herfindahl-Index, eine Maßzahl für die Marktkonzentration von Dollar-denominierten Zins-Swaps, von 529 auf 686, ein starkes Indiz dafür, dass mehr Swaps auf eine geringere Zahl von großen Banken konzentriert waren.[78]

In einer Vorlesungsreihe, die ich von 2003 bis 2005 an der Kellogg School der Northwestern University hielt, warnte ich meine Zuhörer, dass wieder eine Finanzkatastrophe kommen und dieses Mal noch teurer werden würde als die LTCM-Krise von 1998. Dabei hatte ich nicht Subprime-Hypotheken im Blick, sondern Systemgrößen-Maßzahlen und Dichtefunktionen, also technische Begriffe für die Größe und den Grad der Vernetztheit von Kapitalmärkten. Ich sagte, das System sei dabei, eine kritische Masse zu erreichen – und das meinte ich nicht metaphorisch, sondern wörtlich. Ich wisse nicht, welches Neutron andere Neutronen verdrängen und eine Kettenreaktion auslösen würde, aber das spiele auch keine Rolle. Vielmehr käme es darauf an, dass wir erneut Uran zu einer nuklearen Waffe geformt hätten; erneut hatten wir die Kapitalmärkte in einen kritischen Zustand gebracht.

Wenn in einer Atombombe eine Kettenreaktion beginnt, wird innerhalb von Nanosekunden die dadurch erzeugte Energie freigesetzt und der Feuerball gebildet. Die Dynamiken auf den Kapitalmärkten sind die gleichen, aber der Prozess dauert länger. Finanz-Neutronen bewegen sich nicht mit Lichtgeschwindigkeit, sondern in dem Tempo von Menschen, die adaptives Verhalten an den Tag legen.

Der finanzielle Feuerball, der im September 2008 die Welt erschütterte, war das Ergebnis einer Kettenreaktion, die mehr als ein Jahr früher

begonnen hatte, und zwar in der Woche vom 16. Juli 2007. Zwei Hedgefonds, die von Bear Stearns gesponsert wurden und auf gehebelte Wetten
um Schuldverschreibungen spezialisiert waren, wurden in jener Woche insolvent. Bear Stearns versuchte, eine Selbstrettung zu organisieren, was
aber nicht gelang. Vertragspartner wie Merrill Lynch beschlagnahmten Sicherheiten, die sich als illiquide und so gut wie wertlos erwiesen.

Am 3. August 2007 ließ CNBC-Reporter Jim Cramer eine live im Fern-
sehen übertragene Tirade vom Stapel, in der er beklagte, dass Fed-Chef Ben
Bernanke die Illiquidität, die auf den Kapitalmärkten um sich griff, ignorie-
re. Cramer sagte seiner Kollegin Erin Burnett:

> Ich habe in den letzten 72 Stunden mit den Chefs von fast jeder dieser Fir-
> men gesprochen, und er [Bernanke] hat keine Ahnung, wie es da draußen
> ist. Nicht den geringsten Schimmer! Und Bill Poole [Fed-Funktionär] hat
> auch keine Ahnung, was da draußen vor sich geht. Meine Leute sind seit 25
> Jahren in diesem Spiel und sie verlieren ihre Jobs und diese Firmen werden
> pleitegehen und es ist völlig verrückt. Sie sind verrückt! Sie wissen nichts! ...
> Dies ist eine andere Art von Markt. Und die Fed schläft tief und fest.[79]

Wenige Tage später, am 9. August 2007, setzte die französische Bank BNP
Paribas Rückzahlungen aus drei Investmentfonds aus, die in Subprime-Hy-
potheken-Assets investiert waren.

Bei der Sitzung des Federal Open Market Committee (FOMC) am 28.
Juni 2007, unmittelbar vor der Kernschmelze der von Bear Stearns gesponserten Hedgefonds, sagten Ben Bernanke und das FOMC: »Wir sehen es
als wahrscheinlich an, dass die Wirtschaft auch in den kommenden Quar-
talen weiterhin moderat expandieren wird.«[80] Kurz davor, nämlich am 28.
März 2007, hatte Bernanke gesagt: »Die Auswirkungen der Probleme im
Subprime-Markt auf die Wirtschaft und die Finanzmärkte scheinen einge-
hegt zu sein. Vor allem an erstklassige Schuldner ausgereichte Hypotheken
sowie an alle Schuldnerklassen ausgereichte Festzinshypotheken bringen
gute Ergebnisse mit geringen Ausfallquoten.«[81] Den Gegensatz zwischen
der offiziellen Ignoranz der Risiken und dem im Frühjahr und Sommer
2007 stattfindenden Kollaps der Märkte könnte man sich kaum krasser
vorstellen.

Am 24. August 2007, über ein Jahr vor dem Zusammenbruch von Lehman Brothers, habe ich mich mit einem Mitarbeiter des US-Finanzministeriums getroffen, um ihn vor der Möglichkeit zu warnen, dass das System kollabieren könnte. Ich präsentierte ihm eine detaillierte schriftliche Analyse mit dem Titel »Proposal to Obtain and Manage Information in Response to Capital Markets Crisis« (»Vorschlag zum Beschaffen und Managen von Informationen in Reaktion auf die Krise der Kapitalmärkte«). Darin heißt es unter anderem:

> Die Krise des Finanzsystems von 2007 hat ebenso viel mit einem Mangel an Informationen zu tun wie mit einer Knappheit an Liquidität. In diesem Papier wird vorgeschlagen, die Exekutivbefugnis laut IEEPA [International Emergency Economic Powers Act, »Gesetz zu wirtschaftlichen Befugnissen bei einer internationalen Notlage«] zu nutzen, um ... Informationen über Handelspositionen zu beschaffen, in einer geschützten Umgebung zu speichern und selektiv zu nutzen, um die Finanzkrise unter Kontrolle zu bringen. ... Es würde keinem Investmentfonds vorgeschrieben, womit er zu handeln oder wie er seine Leverage und Risiken zu managen hat, und so weiter. Der einzige Zweck dieser Maßnahme wäre, hinreichend Transparenz zu schaffen, damit die US-Regierung in die Lage versetzt wird, ihren Pflichten in geeigneter Weise nachzukommen und das Funktionieren der Kapitalmärkte sicherzustellen, die ein Bestandteil der kritischen nationalen Sicherheits-Infrastruktur sind. ... Auf diese Weise könnten die gefährdeten Primärbroker und Clearingbanken ... schnell erkannt und das Risiko von zu hohen Konzentrationen im regulierten Sektor festgestellt werden.
>
> In den vergangenen 30 Jahren war zu beobachten, dass der regulierte Finanzsektor zunehmend seine Vermittlerrolle gegenüber den weniger regulierten und den unregulierten Sektoren eingebüßt hat. ... Jeder Schritt in dieser Entwicklung ... hat weniger Transparenz und zunehmende Risiken mit sich gebracht. ... Wenn die Derivat-Technologie zu einer exponentiellen Zunahme des Risikoquantums führt, dominieren die risikosteigernden Effekte von Größe und Komplexität in einem nicht-linearen kritischen System die risikosenkenden Effekte. ...
>
> Ein Problem kann nicht gelöst werden, wenn seine Dimensionen nicht wenigstens im Großen und Ganzen bekannt sind. In diesem Vorschlag

wird nicht zu aktiver Regulierung aufgerufen, zu Rettungspaketen oder Top-Down-Lösungen. Er stellt einen relativ bescheidenen Schritt hin zu mehr Informationstransparenz dar, ... sehr nützlich für die Beamten, die dafür verantwortlich sind, in Zeiten von Panik und Not die Stabilität der Märkte zu bewahren.[82]

Meine Besprechung mit dem Mitarbeiter des Finanzministeriums begann in einer höflichen Atmosphäre. Nach dem anfänglichen Austausch von Nettigkeiten kam ich schnell zur Sache. »Diese Krise fängt gerade erst an. Die Instabilität baut sich seit geraumer Zeit auf. Das System hat bereits ein paar Schocks weggesteckt.« Damit meinte ich die am 10. Oktober 2005 enthüllten betrügerischen Manipulationen der Bücher bei und die spätere Insolvenz von Refco, damals größter Futures-Broker der Welt, und den Zusammenbruch von Amaranth im September 2006, einem Hedgefonds, der in nur einer Woche sechs Milliarden Dollar verloren hatte. Seinerzeit erschienen mir diese Ereignisse als jenseits der Kritikalität, aber sie waren es nicht. In beiden Fällen verzögerte sich die Kritikalität; die Märkte verdauten die Schocks und erholten sich wieder – nicht jede Schneeflocke löst eine Lawine aus.

Nachdem ich die Ereignisse im Juli und August 2007 beobachtet hatte, war ich davon überzeugt, dass diese Krise bereits eine solche Dynamik entwickelt hatte, dass sie nicht mehr zu stoppen sein und sich flächendeckend ausbreiten würde. Das Finanzministerium musste das möglichst bald erfahren und entsprechend handeln.

»Sie sollten alle Banken und Hedgefonds anweisen, Ihnen alle ihre Derivate-Positionen zu melden, und zwar möglichst detailliert, jeweils mit dem Namen der Gegenpartei, den zugrunde liegenden Anlageinstrumenten, Zahlungsströmen und Enddatum. Die Daten sollten dem Ministerium in einem standardisierten Format und in maschinenlesbarer Form spätestens eine Woche nach Herausgabe der Anordnung zur Verfügung gestellt werden. Und wenn jemand nicht liefern kann, sollten Sie sich mit allerhöchster Priorität um diese Partei kümmern. Sobald Sie die Daten haben, sollten Sie IBM Global Services engagieren, um sie für Sie in einer geschützten Umgebung zu verarbeiten, damit nichts nach draußen sickert. Bauen Sie eine Matrix auf und finden Sie heraus, wer wem was schuldet.

Machen Sie eine Liste mit den höchsten Risikokonzentrationen und fokussieren Sie Ihre Aufmerksamkeit auf diese Namen.«

Mein Gegenüber hörte höflich zu. Bevor er antwortete, machte er eine Pause. »Das können wir nicht.«

»Warum denn nicht?« Ich nahm an, er würde juristische Hindernisse anführen. Ich war dagegen sicher, dass das Finanzministerium alle notwendigen Befugnisse hatte, wenn es sich nur entschloss, sie anzuwenden.

»Finanzministerium und Weißes Haus sind für freie Märkte. Wir glauben nicht daran, uns einzumischen oder den Bürgern zu sagen, was sie tun sollen.«

Ich erwiderte: »Sie würden ihnen nicht sagen, was sie tun sollen. Sie könnten traden, was immer sie wollen. Sie mischen sich in den Betrieb von niemandem ein. Sie besorgen sich nur Informationen. Letztlich wird man Ihnen die Verantwortung für die Krise zuschieben; Sie haben ein Anrecht darauf, zu wissen, womit Sie es zu tun haben. Es sind doch nur Daten.«

»Das ist nicht unser Stil. Es würde nicht gut ankommen.«

Dies war die Freie-Marktwirtschaft-Philosophie der Bush-Administration in Reinstform, ohne Analyse oder Nachdenken. Eine solche Philosophie funktioniert für Banken nicht, weil Banken subventioniert, versichert und reguliert sind und implizit vom Staat garantiert werden. Eine moderne Bank ist das genaue Gegenteil einer Institution der freien Marktwirtschaft – also müssen andere Ansätze her. Aber das schien unter Bush nicht möglich zu sein.

Als unser Meeting vorbei war, dankte ich dem Beamten für seine Zeit. Zumindest hatte dieses Treffen stattgefunden und ich hatte die Gelegenheit bekommen, jemanden vom Finanzministerium zu warnen – wenn auch diese Warnung ungehört verhallte.

Als ich an jenem heißen Sommertag die Treppe am Haupteingang des Ministeriums am Hamilton Place hinunterging, sah ich hinüber zum benachbarten Weißen Haus und dachte: »Sie sind nicht vorbereitet auf das, was kommt. Sie glauben, sie hätten es mit unzusammenhängenden Ausrutschern auf den Märkten zu tun. Sie haben keine Vorstellung von dem, was auf sie zukommt.«

US-Finanzminister Hank Paulson verbrachte den September 2007 damit, einer Schimäre namens »Super-SIV« nachzujagen, einem von der

Regierung geförderten Spezialvehikel, mit dem sich »Asset-backed Securities« (ABS, »Forderungsbesicherte Wertpapiere«) aus den Bilanzen von Banken entfernen ließen. Die Banken hatten mehrere Jahre damit verbracht, spezielle Investment-Vehikel namens »SIVs« zu kreieren, um Risiken zu verstecken und die Vorschrift zu umgehen, Verbraucher-Kreditkartenschulden und KFZ-Finanzierungskredite mit Eigenkapital unterlegen zu müssen. Daraufhin zwangen besorgte Investoren solche Schulden zurück in die Bankbilanzen, indem sie sich weigerten, Kredite an die SIVs umzuschulden. Paulsons Idee lief darauf hinaus, die faulen Assets der großen Banken in ein großes Super-SIV auszulagern, das mit impliziter Unterstützung der Regierung refinanziert werden konnte. Diese Idee floppte und wurde diskret entsorgt. Am 21. Dezember 2007 ließen die Banken, die Interesse am Super-SIV gezeigt hatten, verlautbaren, dieses Instrument »werde zum jetzigen Zeitpunkt nicht gebraucht«.[83] Diese Aussage bestätigte, dass die Banken ebenso blind für die Gefahren an den Märkten waren wie das Finanzministerium.

Am 5. Oktober 2007 erreichte der Dow-Jones-Index einen neuen Höchststand von 14 066 Punkten, seit dem Tief von 12 861 am 15. August eine Rallye von immerhin 10 Prozent – die Märkte gaben ein »Alles klar!«-Signal.

Hinter den Kulissen türmten sich Verluste aus notleidenden Hypotheken auf und die Liquidität trocknete immer mehr aus. Die Banken würden ihre Verluste aus 2007 im Januar 2008 veröffentlichen. Das Finanzministerium befürchtete, dass unterkapitalisierte Banken viele Investoren verschrecken und die im vorangegangenen Sommer entstandene Panik wieder hochkochen lassen könnten. Paulson organisierte klammheimlich eine Rettungsaktion für die Banken durch die Hintertür, indem er ausländische Staatsfonds und Banken als neue Kapitalquellen anzapfte. Am 26. November 2007 gab Citigroup bekannt, eine Beteiligung von 4,9 Prozent für 7,5 Milliarden Dollar an die Abu Dhabi Investment Authority verkauft zu haben. Am 19. Dezember 2007 erklärte Morgan Stanley, Aktien im Wert von fünf Milliarden Dollar an die China Investment Corporation verkauft zu haben. Am 25. Dezember 2007 gab Temasek, ein singapurischer Staatsfonds, bekannt, Aktien von Merrill Lynch im Wert von 4,4 Milliarden Dollar kaufen zu wollen – mit einer Option auf weitere Käufe. Diese gehäuften Verkaufsaktivitäten und andere ähnliche Deals sollten Zuversicht erzeugen und die Anleger davon überzeugen, dass im US-Bankensektor alles in Ordnung sei. Tatsächlich waren die US-Banken jedoch bis ins Mark verrottet. Die ausländischen Staatsfonds wurden von Paulson und den Banken an der Nase herumgeführt. Innerhalb eines Jahres würden zig Milliarden Dollar an Geldern, die von diesen Staatsfonds treuhänderisch für ganz normale Bürger in Schwellenländern verwaltet wurden, sich in Luft auflösen. Dennoch hieß es kurzfristig für die Bush-Administration »Mission accomplished!«. Die Märkte begannen das Jahr 2008 mit erneuerter Zuversicht, dass die Krise ausgestanden sei.

Die trügerische Ruhe im Winter 2008 hatte beklemmende Ähnlichkeit mit der Lage im Winter 1998. Auch in jenem Jahr hatte die Krise im vorausgegangenen Sommer begonnen und schien im Winter unter Kontrolle zu sein, brach aber dann im Frühjahr umso heftiger wieder aus. Fast auf den Tag genau zehn Jahre später wiederholte sich dieses Muster nun.

Im März 2008 brach die Krise wieder aus, als Bear Stearns innerhalb weniger Tage kollabierte. Noch am 12. März, einem Mittwoch, sagte Bear-Stearns-CEO Alan Schwartz in einem Interview mit CNBC: »Wir haben keine Probleme mit unserer Liquidität und unserem täglichen Finanzierungsbedarf. ... Bear Stearns' Bilanz, Liquidität und Kapital sind nach wie vor gesund ... und allmählich wird sich die Lage wieder normalisieren.«[84] Nur drei Tage später war Bear Stearns pleite und das operative Geschäft wurde von JPMorgan geschluckt. Die verhängnisvollsten Handelspositionen wurden außerbilanziell bei der Fed versteckt. Nur ein paar Tage vorher hatte SEC-Chairman Christopher Cox gesagt, er habe volles Vertrauen in die Kapitalausstattung der großen US-Investmentbanken.

Wieder atmeten die Investoren erleichtert auf, weil sie glaubten, die Banken und Aufsichtsbehörden hätten die Lage unter Kontrolle. Vom 7. März bis 2. Mai stieg der Dow Jones von 11 894 auf 13 058 Punkte, ein beeindruckender Höhenflug um 9,8 Prozent. Weder die Anleger noch die Aufsichtsbehörden sahen die Dynamiken des zugrunde liegenden kritischen Zustandes, in dem sich das System bereits befand. Jede Krise wurde als separat und beherrschbar angesehen. Niemand sah die Zusammenhänge, die bedeuteten, dass es sich um die Symptome einer einzigen Krise handelte, die zwar zu verschiedenen Zeiten und Orten zutage trat, bei der es sich aber trotzdem um einen generellen Zusammenbruch handelte.

Bis Juli hatte die immer weiter austrocknende Liquidität auch Fannie Mae und Freddie Mac in Mitleidenschaft gezogen, zwei staatlich geförderte Hypothekenbanken, die zu den größten Finanzinstitutionen der Welt zählen. Fannie und Freddie waren von jeher die Lieblinge der politischen Klasse in Washington gewesen, die sie seit Jahrzehnten als Quelle von Wahlkampfspenden und millionenschweren Pfründen benutzt hatten, mit denen sowohl demokratische als auch republikanische Administrationen ihre Amigos für loyale Dienste belohnten. Fannie und Freddie waren ebenso korrupt und schlecht gemanagt wie die Banken, mit denen sie konkurrierten.

Am 24. Juli 2008 verabschiedete der Kongress den Housing and Economic Recovery Act, der das Finanzministerium ermächtigte, Fannie Mae und Freddie Mac mit Steuergeldern zu unterstützen. Wieder einmal musste der Normalbürger die Eliten retten, nämlich die Aktionäre, Anleiheninvestoren und wohlhabenden Manager der beiden staatlich geförderten Unternehmen. Präsident Bush unterzeichnete das Rettungsgesetz am 31. Juli 2008. Und wieder einmal beteiligten sich die politischen Amigos, die sich in den vorangegangenen Jahrzehnten um Hunderte von Millionen Dollar bereichert hatten, an dieser Rettung nicht – und konnten das vereinnahmte Geld sogar behalten.

Wie ein Hahn, der zum dritten Mal kräht, veranstalteten die Aktienmärkte eine dritte Rallye, um zu signalisieren, dass die Krise vorbei sei. Der Dow-Jones-Index stieg von seinem Tief von 11 055 Punkten am 14. Juli, dem Höhepunkt der Ängste um Fannie und Freddie, auf 11 782 Punkte am 11. August. Diese Erholungsrallye fiel schwächer aus als die beiden davor, mit einem Anstieg um nur 6 Prozent, aber dennoch signalisierte sie Vertrauen in die Lösungen, die wiederholt von der Regierung angeboten worden waren. Aber sie zeigte auch, dass Anleger, Aufsichtsbehörden und Banken keine Ahnung hatten, was auf sie zukam.

Im Spätsommer 2008 fungierte ich für die Präsidentschaftswahlkampagne von John McCain als informeller Berater zu wirtschaftlichen Fragen. Am 16. August, kaum einen Monat vor dem Zusammenbruch von Lehman Brothers, schickte ich dem Wahlkampfteam die folgenden Empfehlungen, die auf Modellen basierten, die auf der Komplexitätstheorie beruhten; ich schickte sie als E-Mail mit dem Betreff »Storm Warning«:

Hier eine kurze Zusammenfassung der Finanzkrise aus meiner Sicht:

Seit dem letzten Sommer habe ich gesagt, dass die Krise einen merkwürdigen zeitlichen Takt hat. Immer wieder beobachten wir, dass Ängste schlagartig zunehmen, und jedes Mal haben wir das Gefühl, am Abgrund zu stehen. Dann wird irgendein Zauberstab geschwungen und die Probleme scheinen gelöst zu sein, die Märkte beruhigen sich wieder und die Leute werden etwas optimistischer (bleiben aber aufgrund ihrer jüngsten Erfahrungen nervös).

Der Zeittakt scheint eine Periode von etwa drei bis vier Monaten zu haben; es sind nicht jedes Mal genau 90 Tage, aber so etwas ungefähr in dieser Größenordnung.

Im August und September 2007 hatten wir eine Panik, die durch Paulsons »Super-SIV«-Idee eingedämmt wurde. Im Oktober und November herrschte dann Ruhe.

Im Dezember 2007 kam es zu einer Panik, die durch die Bail-outs ausländischer Staatsfonds und neue Kreditfazilitäten der Fed beruhigt wurde. Im Januar und Februar 2008 war es ruhig.

Im März 2008 entstand eine Panik, die durch das Bail-out von Bear Stearns und zusätzliche Fazilitäten der Fed unter Kontrolle gebracht wurde. Von April bis Juni herrschte dann Ruhe.

Im Juli 2008 hatten wir eine Panik, die durch das Fannie-/Freddie-Gesetz zur Unterstützung des Immobilienmarkts beruhigt wurde. Der August war bisher ruhig (was ich auch für den September erwarte). ...

Jedes Mal beruhigen die Dinge sich wieder, an den Märkten herrscht das Gefühl, das Schlimmste sei vorbei, und es stellt sich wieder eine gewisse Selbstzufriedenheit ein. Aber es ist nie vorbei ...

Im Oktober 2008 können wir eine weitere »Panik«-Spitze erwarten; es kann sehr gut sein, dass es Ende Oktober dazu kommen wird, wenn die Unternehmen ihre Zahlen für das dritte Quartal vorlegen. Das wird etwa zwei Wochen vor den Präsidentschaftswahlen und unmittelbar nach der letzten Sitzung des Kongresses sein. Dann beginnt für den Kongress die Ruhepause, sodass es keine Möglichkeit für eine schnelle gesetzgeberische Notmaßnahme geben wird. Die Fed hat ihr Pulver verschossen und Paulsons Glaubwürdigkeit hat arg gelitten, weil so viele seiner Ideen ins Leere gegangen sind. ...

Zwei Überlegungen aus Sicht des Kandidaten:

A. Sie sollten es im Hinblick auf die Finanzkrise nicht zulassen, dass Selbstzufriedenheit um sich greift. Bleiben Sie auf der Hut vor einem weiteren Sturm, noch vor dem Wahltag.

B. Bereiten Sie etliche Statements vor, mit denen Sie Führungsstärke demonstrieren. Der Kandidat sollte ... seine Erklärung zur Wirtschaft fertig formuliert in der Tasche haben. Wahrscheinlich wird nicht genug Zeit bleiben, um zu improvisieren, und eine Panik ist nicht die beste Zeit, um klar zu denken. (Hervorhebungen hinzugefügt)[85]

Am 25. August 2008, einem Montag, wurde ich von einem hochrangigen Berater der McCain-Kampagne eingeladen, an einer Telefonkonferenz teilzunehmen, die am 27. August mit McCains Beraterteam zu wirtschaftlichen Fragen stattfinden sollte. Ich wählte mich zur geplanten Zeit ein; die Stimmung war ziemlich entspannt. Die Ökonomen meinten, an der wirtschaftlichen Front gebe es nicht viel zu tun, außer natürlich, bei der wachstumsfördernden Botschaft von Steuersenkungen und weniger Regulierung zu bleiben.

McCain trat im Wahlkampf als außenpolitischer Falke auf, nicht als wirtschaftspolitischer Experte. Er wollte Barack Obama, den Präsidentschaftskandidaten der Demokratischen Partei, mit den Problemen im Irak konfrontieren. McCains politischer Kurs war, auf den militärischen Erfolg der Bush-Invasion aufzubauen; Obama wollte dagegen das militärische Engagement beenden und die US-Truppen aus dem Irak abziehen. Nach der Rettung von Fannie und Freddie war das McCain-Team erleichtert. Aus ihrer Sicht war die Finanzkrise beendet, was bedeutete, dass der Kandidat sich auf seine außenpolitische Botschaft konzentrieren konnte.

Ich wartete auf eine Gelegenheit, zu Wort zu kommen, und sagte dem McCain-Team dann: »Hey, diese Finanzkrise ist noch nicht vorbei. Ihr werdet es nicht bis zur Wahl schaffen, ohne vorher ein Erdbeben zu erleben.« Es herrschte völliges Schweigen in der Runde. Ich fuhr fort: »Seit diese Krise angefangen hat, gab es alle paar Monate eine Explosion an den Märkten. Jedes Mal ist sie größer als die vorherige und das ist noch nicht vorbei; ihr müsst euch auf die nächste vorbereiten, die Leute werden sich für nichts anderes interessieren.«

Das McCain-Wirtschaftsteam hörte zu, als ich weiterredete: »Ihr solltet Folgendes tun. Schreibt möglichst bald eine Rede, macht daraus einen Vier-Punkte-Plan. Es ist völlig egal, welche einzelnen Punkte es sind, macht es einfach. Schreibt einfach irgendetwas über ein Derivate-Clearinghouse und Transparenz. Wenn die nächste Panik kommt, stellt euren Kandidaten vor das Finanzministerium und lasst ihn vor laufenden Kameras diesen Plan vorlesen. Die Bürger der Vereinigten Staaten werden kurz davor sein, in Panik zu verfallen; seine Rede wird sie beruhigen. So wird euer Kandidat an die Spitze kommen.«

McCains Moderator der Telefonkonferenz sagte: »Vielen Dank, Jim, aber wir sehen das nicht als Problem. Die Krise ist vorbei; wir müssen einfach nur bei unserer Wachstumsbotschaft bleiben.« Danach wurde die Konferenz beendet. Es war mein erster und letzter Einsatz als Berater einer politischen Kampagne. Man hat mich nicht noch einmal eingeladen.

Tatsächlich spitzte die Krise sich über das »Lehman Weekend« am 13. und 14. September 2008 zu. Am 15. September stellte Lehman Brothers einen Insolvenzantrag. An diesem Tag fiel der Dow-Jones-Index um mehr als 500 Punkte, ein Absturz um 4,4 Prozent. Die Folgen waren katastrophal für McCain; mit wirtschaftlichen Themen kannte er sich kaum aus, aber seine Kampagne musste reagieren. McCain wirkte abgelenkt und verwirrt. Am 24. September 2008 schockierte McCain seine republikanischen Parteifreunde, als er seinen Wahlkampf unterbrach, um nach Washington zu reisen und dort etwas gegen die Krise zu tun. McCain bestand darauf, sich mit Präsident Bush zu treffen, um sich mit ihm darüber zu beraten. Sechs Wochen vor dem Wahltag durfte Bushs Krisenteam nicht den Anschein erwecken, einen Kandidaten dem anderen vorzuziehen; also lud Bush am 25. September sowohl McCain als auch Obama in den Sitzungsraum im Westflügel des Weißen Hauses ein, um mit beiden über die Krise zu sprechen. Obama und sein Team wussten über die Dynamiken einer solchen Krise auch nicht mehr als McCain, waren aber immerhin klug genug, um ruhig zu bleiben, wenig zu sagen und Gelassenheit auszustrahlen. McCain wirkte dagegen nervös, war aschfahl und schien selbst kurz davor zu sein, in Panik zu verfallen. Die Wähler sahen diesen Unterschied sehr wohl, während die Märkte sich im freien Fall befanden.

Nach der Präsidentschaftswahl hat sich die Meinung herausgebildet, McCain habe die Wahl verloren, weil er Sarah Palin als Kandidatin für die Vizepräsidentschaft auserkor – was durch den im Jahr 2012 auf dem Pay-TV-Kanal HBO ausgestrahlten Fernsehfilm *Game Change – Der Sarah-Palin-Effekt* ins öffentliche Bewusstsein gerückt wurde. Diese Sicht entspricht der in Washingtoner Politkreisen vorherrschenden Meinung, Palin sei ein politisches Leichtgewicht und für McCain ein Klotz am Bein gewesen. Diese Einschätzung kann freilich durch entsprechende Umfragedaten nicht bestätigt werden. Am Tag vor der Insolvenz von Lehman Brothers führte McCain in der laufenden Umfrage von RealClearPolitics mit 47,4 Prozent vor Obama, der es auf 45,3 Prozent brachte. Zwei Tage nach der Lehman-Pleite lagen die Kandidaten mit jeweils 45,7 Prozent gleichauf. Am nächsten Tag setzte sich Obama an die Spitze, mit 47,1 zu 45,2 Prozent. Danach fiel Obama in den Umfragen nicht mehr hinter McCain zurück; der Wendepunkt zu Obamas Wahlsieg war nicht Palin, sondern Lehman Brothers.

Meine Warnungen über den bevorstehenden Zusammenbruch an das Bush-Finanzministerium 2007 und an die McCain-Kampagne 2008 verhallten ungehört. Bush und McCain waren keineswegs die Einzigen, die nicht in der Lage waren, die von der Komplexitätstheorie gebotenen Einsichten zu begreifen. Zahlreiche andere Politiker (von Paulson bis Bernanke) und CEOs (von John Thain, Merrill Lynch, bis Dick Fuld von Lehman Brothers) waren ebenso verblendet.

Am 28. September 2008, auf den Tag genau zehn Jahre nach dem LTCM-Bail-out, lehnte der Kongress das von Paulson und Bernanke initiierte »TARP«-Bail-out-Gesetz (»Troubled Asset Relief Program«) ab, das darauf angelegt war, die großen Banken mit Steuergeldern zu stützen. Am nächsten Tag fiel der Dow Jones um 777 Punkte, ein Absturz um acht Prozent – der bis dahin tiefste Fall an einem einzigen Tag.

Zwei Tage später, am 2. Oktober, druckte die *Washington Post* meinen Gastkommentar »A Mountain, Overlooked: How Risk Models Failed Wall St. and Washington« (sinngemäß: »Den Wald vor lauter Bäumen nicht sehen: Wie Risikomodelle Wall Street und Washington im Stich ließen«).

Dies war mein erster Versuch, den sich vollziehenden Zusammenbruch des Finanzsystems anhand der Komplexitätstheorie öffentlich zu erklären. Ich schrieb:

Seit den 1990er-Jahren wird das Risikomanagement an der Wall Street von einem Modell namens »Value at Risk« (VaR) beherrscht. Um Risiken nach der VaR-Methode einzuschätzen, werden jedem Wertpapier Risikofaktoren zugeordnet, die dann über ein gesamtes Portfolio aggregiert werden. Dabei werden die Risiken identifiziert, die sich gegenseitig aufheben. Was dann übrig bleibt, ist das »Netto«-Risiko, das dann im Licht historischer Muster betrachtet wird. Das Modell sagt voraus, dass eine Institution mit 99-prozentiger Wahrscheinlichkeit nicht mehr als einen bestimmten Geldbetrag – den »Value at Risk« – verlieren kann. Diesen »Worst Case« vergleicht die betreffende Institution mit ihrem tatsächlichen Kapital, und wenn es den VaR übersteigt, sind die Verantwortlichen beruhigt und schlafen nachts tief und fest. Und auch die Aufsichtsbehörden schlafen ruhig, wenn sie wissen, dass die Institutionen dieses Modell einsetzen.

Hinter diesem Modell lauert jedoch ein kolossaler Denkfehler, nämlich die Annahme, dass Risiken zufällig verteilt seien und jedes Ereignis keinen Einfluss auf das nächste Ereignis in einer Sequenz habe. ... Solche Systeme werden mithilfe einer Normalverteilungskurve dargestellt, die besagt, dass solche Ereignisse, wie wir sie kürzlich beobachtet haben, aus statistischer Sicht denkbar unwahrscheinlich und damit so gut wie unmöglich sind. Darum sind die Märkte auch immer so überrascht, wenn sie dann doch passieren.

Aber was ist, wenn die Märkte anders sind als Münzwürfe? ... Was ist, wenn neue Ereignisse ganz erheblich von dem beeinflusst werden, was sich vorher abgespielt hat?

Sowohl natürliche als auch menschengemachte Systeme sind voll von der Art von Komplexität, bei der winzige Unterschiede in den Ausgangsbedingungen zu sehr unterschiedlichen und unberechenbaren Folgen führen, die ... selbst mit den leistungsstärksten Rechnern nicht simuliert werden können. Die Kapitalmärkte sind Beispiele eines solchen komplexen dynamischen Systems.[86]

Die *Washington Post* legt außerordentlich strenge Maßstäbe an einen Gast-kommentar an. Bevor mein Text über Komplexitätstheorie auf dem Höhepunkt der Krise veröffentlicht wurde, fanden mehrere Telefonkonferenzen mit Vincent Reinhart statt, einem Währungsspezialisten und Experten für Marktblasen, der früher einen Sitz im Federal Open Market Committee (»Offenmarktausschuss der Fed«) innehatte. Reinhart fungierte als Sachverständiger für den Redaktionsausschuss der *Washington Post*. Ich erläuterte ihm meine Thesen von einem Hotelzimmer in Budapest aus; dort war es gerade mitten in der Nacht. Ich konnte seine technischen Fragen beantworten und nach einigen geringfügigen Änderungen an einigen Worten und Formulierungen veröffentlichte die *Washington Post* den Text. Ich bin sicher, dass mein Gastkommentar keinen Einfluss auf die öffentliche politische Diskussion hatte, die sich damals abspielte. Trotzdem war ich dankbar für die Gelegenheit, an die Öffentlichkeit zu gehen, nachdem mehrere nicht öffentliche Warnungen von mir in den Wind geschlagen worden waren.

Am nächsten Tag, dem 3. Oktober 2008, verabschiedete der Kongress das TARP-Gesetz. Innerhalb weniger Stunden wurde es von Präsident Bush unterzeichnet und erlangte Gesetzeskraft. Viele Marktteilnehmer, Journalisten und Normalbürger waren entsetzt, wie das System innerhalb weniger Wochen völlig außer Kontrolle geraten konnte, angefangen mit Lehman Brothers über AIG und dann TARP. Es kamen Gerüchte auf, dass weitere Rettungsaktionen notwendig werden würden. Das TARP-Gesetz half, den freien Fall an den Märkten zu stoppen, aber in der Realwirtschaft fingen die Probleme gerade erst an. Die Vereinigten Staaten rutschten in die schlimmste Rezession seit der Weltwirtschaftskrise 1929; die Arbeitslosenquote stieg zeitweise auf über 10 Prozent. Der Dow-Jones-Index fiel von 10 831 Punkten am 1. Oktober 2008 auf 6547 Zähler am 9. März 2009 – ein erschreckender Absturz von 40 Prozent, und das zusätzlich zu den Verlusten, zu denen es bereits seit dem Hoch im Oktober 2007 gekommen war.

Wie schon 1998 ignorierten die politischen Entscheidungsträger die Lektionen aus der Krise und taten das Gegenteil dessen, was notwendig gewesen wäre, um einen späteren Totalkollaps zu verhindern. Die eklatanten politischen Fehler begannen umgehend, und zwar mit der Verwendung der gerade erst bewilligten TARP-Mittel. Paulson und Bernanke verkauften sie dem Kongress als einen Fonds mit dem Zweck, den Banken notleidende Assets abzukaufen, die dann nach und nach wieder verkauft werden sollten, um so die Verluste für den Steuerzahler wieder hereinzuholen. Dieser Plan war durchaus sinnvoll; in einer etwas anderen Form war er bereits in den 1980er-Jahren umgesetzt worden, um die Savings-and-Loan-Krise wirkungsvoll zu bereinigen. Einer seiner Vorteile bestand darin, dass auf diese Weise die faulen Assets der Banken aus ihren Büchern verschwanden. Mit sauberen Bilanzen konnten die Banken wieder anfangen, Kredite an kleine und mittelständische Unternehmen zu vergeben, also an die Firmen, die am dynamischsten sind und die meisten Arbeitsplätze schaffen.

Aber anstatt seine dem Kongress gegenüber abgegebenen Versprechungen zu erfüllen, gab Paulson den Banken das Geld und erlaubte ihnen, ihre notleidenden Assets zu behalten, in der Hoffnung, dass sie ihre Verluste wieder würden hereinholen können. Eventuelle Rückgewinnungen kamen aber keineswegs dem Steuerzahler zugute; Paulson sorgte dafür, dass zukünftige Gewinne an die Banken gingen, so zum Beispiel auch an seine früheren Partner bei Goldman Sachs.

Paulsons Betrugsmanöver wurde im März 2009 von der Obama-Administration fortgesetzt, indem sie die Pflicht zum »Mark-to-Market Accounting« (Bilanzierungsvorschrift zu marktgerechter Bewertung von Vermögenswerten) aussetzte. Das bedeutet, dass die angeblichen Assets der Banken oberhalb ihres tatsächlichen Werts bilanziert werden durften. Mit solchen künstlich aufgeblähten Bewertungen in ihren Bilanzen konnten die Banken geduldig abwarten, bis die Fed mit frisch gedrucktem Geld die Asset-Preise so weit inflationiert hatte, dass deren Marktwerte sich den fiktiven Buchwerten angenähert hatten. Im letzten Schritt stießen die Banken diese Assets vorsichtig und ganz allmählich ab, sicherten sich die daraus entstandenen Gewinne und verteilten sie als Bonuszahlungen und Dividenden an ihre Manager und Aktionäre. Der Steuerzahler wurde wie ein unfreiwilliger Kreditgeber behandelt, der zwar sein Geld zurückbekam, aber keinen Anteil an den Gewinnen hatte. Die Tatsache, dass dieser Betrug sowohl von der Bush- als auch der Obama-Regierung begangen wurde, zeigt, dass die Macht der Banken größer ist als jene der Politik und dass dies in Washington ein permanenter Zustand ist.

Nachwirkungen II

Das Weiße Haus und der Kongress verbrachten ein Jahr damit, nämlich von 2009 bis 2010, den Dodd-Frank Wall Street Reform and Consumer Protection Act zu entwerfen und in Kraft zu setzen. Er wurde am 21. Juli 2010 von Präsident Obama unterzeichnet und erlangte damit Gesetzeskraft. In seiner endgültigen Fassung war der Dodd-Frank-Act über 1000 Seiten lang und kaum ein Kongressabgeordneter las ihn, bevor er darüber abstimmte. Dodd-Frank war ein sonderbares Konglomerat aus echten Reformen, Pseudo-Reformen, Pflichtvernachlässigung und unwesentlichen Positionen, die den Wunschzetteln von Lobbyisten entstammten.

Einige der Bestimmungen dieses Gesetzes, zum Beispiel höhere Eigenkapitalanforderungen für Banken und die Volcker-Regel, die bestimmte Formen des Eigenhandels einschränkt, sind durchaus nützliche, wenn auch unzureichende Schritte auf dem Weg zu einem stabileren Finanzsystem. Die am meisten hochgejubelte Maßnahme war die Befugnis, Banken »geordnet zu liquidieren«. In der Theorie handelte es sich dabei um ein Konzept, um »Too big to fail«-Banken geordnet abzuwickeln, ohne ein Chaos wie 2008 beim Zusammenbruch von Lehman Brothers heraufzubeschwören und ohne dass improvisierte Banken-Bail-outs notwendig würden. In der Praxis ist eine solche »geordnete Abwicklung« ein weiteres Patentrezept aus Washington, das versagen wird, sobald es während einer echten Panik getestet wird. Und dann werden die Bankenaufseher wieder auf Kungelei und Improvisation zurückgreifen, wie sie es schon immer getan haben.

Die Pflichtvernachlässigung des Kongresses bestand darin, dass er, als er erkannte, dass wichtige Angelegenheiten von diesem Gesetz nicht abgedeckt wurden, kurzerhand beschloss, seine gesetzgeberische Autorität an diverse Agenturen zu delegieren. Ab 2011 wurden diese Gesetzesinitiativen (insgesamt über 200) zu einem Festschmaus für Bankenlobbyisten, die es darauf anlegten, die eigentlichen Absichten des Kongresses zu vereiteln. Am Ende blieb von den legislativen Absichten des Dodd-Frank-Act so wenig übrig, wie der Marlin in Hemingways Roman *Der alte Mann und das Meer* am Ende noch Fleisch auf den Knochen hatte. Zu den unwesentlichen Themen im Dodd-Frank-Act zählt die Gründung einer mächtigen neuen

Behörde namens Consumer Financial Protection Bureau (»Verbraucher-schutzbüro für Finanzangelegenheiten«). Bis heute hat »The Bureau« diverse Finanzinstitutionen gezwungen, über elf Milliarden Dollar an Schadensersatz zu leisten, und es hat die Vergabe von Konsumentenkrediten erschwert, was den wirtschaftlichen Aufschwung beeinträchtigt. Es bleibt ein Rätsel, wie solche Zwangsmaßnahmen eine neue Bankenpanik verhindern sollen.

Das Dodd-Frank-Gesetz nimmt das Problem systemischer Risiken direkt in Angriff, indem es die Gründung von zwei neuen Behörden vorschreibt: den Financial Stability Oversight Council (FSOC) und das Office of Financial Research (OFR).

Der FSOC ist eine neue Inkarnation der alten President's Working Group, die 1998 Brooksley Borns Warnung vor Derivaten vom Tisch gewischt hatte. Im FSOC sitzen der Finanzminister, der Fed-Chairman und die Chefs von SEC, CFTC, FDIC sowie etlichen anderen Finanzaufsichtsbehörden. Im Dodd-Frank-Gesetz werden die Befugnisse des FSOC definiert und seine exekutive Macht im Finanzministerium verortet. Der FSOC soll bei einer Krise des Finanzsystems die Rettungsmaßnahmen koordinieren.

Das Office of Financial Research ist ein neuer Thinktank. Er soll den Finanzaufsehern dabei helfen, mit den cleveren Jungbankern an der Wall Street Schritt zu halten, wenn es darum geht, die Risiken von Derivaten zu bemessen. Das OFR ist der analytische Arm des FSOC. Im Prinzip sollen die Entscheidungen des FSOC auf den Analysen des OFR beruhen. Beide Behörden sollen also eng zusammenarbeiten.

Anfang 2013 wurde ich eingeladen, im Finanzministerium mit einigen Vertretern von FSOC und OFR ein vertrauliches Briefing abzuhalten. Dieses Briefing fand am 12. April statt, einem Freitag. Der Beamte, der das Briefing organisiert hatte, wollte gern mehr über die Komplexitätstheorie erfahren und darüber, wie sie eingesetzt werden kann, um systemische Risiken an den Kapitalmärkten zu erkennen. Die Einladung stimmte mich optimistisch; vielleicht war endlich Glasnost in Washington eingekehrt – ein Vierteljahrhundert nachdem sie die alte Sowjetunion überrollt hatte.

Ich bereitete ein Arbeitspapier zu meinen wichtigsten Risikomanagement-Modellen vor und schickte es vorab ans Ministerium. In Washington traf ich dann neun Bedienstete von FSOC und OFR und begann meine

Präsentation. Das Meeting dauerte etwa zwei Stunden. Ich war dankbar, dass man mir so viel Zeit eingeräumt hatte, und freute mich über die Gelegenheit, meine Sicht der Dinge zu erläutern.

Aber im Laufe meiner Präsentation gewann ich immer mehr den Eindruck, dass die Teilnehmer – obwohl sie meinem Vortrag aufmerksam folgten – an tieferen Erkenntnissen nicht wirklich interessiert waren. Sie schienen lediglich eine Vorgabe, sich neue Ideen anzuhören, »abzuhaken«, ohne jedoch deren Implikationen zu verinnerlichen.

An einem Punkt unterbrach ich meine Präsentation, sprach den höchstrangigen Beamten unter den Anwesenden direkt an und sagte: »Ich beneide Sie nicht um Ihren Job. Neue Ideen scheinen keine Rolle zu spielen. Sie können kaum etwas tun, weil die Banken diese Stadt gekauft haben.«

Ich erwartete eine indignierte Antwort auf meine freundliche, aber etwas provozierende Bemerkung. Stattdessen sah der Funktionär mich an und sagte: »Sie haben recht.« Ein verblüffend offenherziges Eingeständnis, dass Risikomanagement hinter den Profiten der Banken zurückstehen muss.

Etwas später im Verlauf meiner Präsentation fragte ich den Leiter des OFR-Teams, welche Modelle denn eingesetzt würden, um systemische Risiken einzuschätzen. Ich wusste, dass sie nicht die Komplexitätstheorie einsetzten, sondern nach wie vor Value at Risk. Ich wollte wissen, ob sie Verbesserungen oder Fortschritte des VaR-Modells eingeführt hatten. Er antwortete: »Also wissen Sie, wir setzen eigentlich nur die im Dodd-Frank-Act vorgesehenen Maßnahmen um. Das systemische Risikomanagement überlassen wir der Fed.«

Dieses Eingeständnis fand ich noch beunruhigender als die Bemerkung über die Macht der Banken. Aus Gesprächen mit hochrangigen Managern und Mitarbeitern der Forschungsabteilung der Fed wusste ich, wie fehlerhaft die von der Fed eingesetzten Modelle sind; vom OFR hatte ich etwas Besseres erhofft. Aber Washington machte wie gewohnt weiter – größere Banken, mehr Derivate, mehr Vernetztheit. Das OFR erhielt seine Risikomanagement-Signale von der Fed – ein Blinder, der die Blinden führt.

In den vergangenen 30 Jahren hatten die globalen Kapitalmärkte vier Mal ihre kritische Masse erreicht und waren drauf und dran gewesen, vollständig zu kollabieren. Das erste Mal am 19. Oktober 1987, dem »Black

Monday«, an dem die US-Aktienmärkte an einem einzigen Tag über 20 Prozent fielen. Das zweite Mal am 20. Dezember 1997, die »Tequila-Krise«, als Mexiko den Peso an einem einzigen Tag um 15 Prozent abwertete. Beim dritten Mal, am 17. August 1998, wertete Russland den Rubel ab und kam seinen Zahlungsverpflichtungen nicht mehr nach, was zum Zusammenbruch von LTCM führte. Und das vierte Mal brachen am 20. Juni 2007 zwei von Bear Stearns gesponserte Hedgefonds nach einem fehlgeschlagenen Rettungsversuch zusammen, was im darauffolgenden Jahr zur Krise um Lehman Brothers führte. Die Kapitalmärkte sind in einem Zustand, den ein Physiker als »überkritisch« bezeichnen würde, was bedeutet, dass ein kritisches Ereignis eine Kettenreaktion und katastrophale Folgen auslösen kann. Eine einfache Extrapolation der Dreißig-Jahres-Timeline zeigt, dass das nächste kritische Ereignis überfällig ist.

In diesem Zeitraum hat es auch andere kritische Ereignisse an den Märkten gegeben, so zum Beispiel das Platzen der japanischen Asset-Blase 1990 und der Dot-Com-Blase im Jahr 2000. Diese Vorfälle führten zu riesigen Verlusten für zahllose Anleger, hatten aber keine weltweiten systemischen Folgen. Die Reaktion auf die Brexit-Abstimmung in Großbritannien hatte das Potenzial, einen kritischen Zustand auszulösen, und das kann auch jetzt noch passieren. Vorerst wurden die Folgen durch Versprechungen der britischen Zentralbank eingedämmt – ungefähr so, als ob der Betreiber eines Atomreaktors eine Kernschmelze verhindert, indem er Kontrollstäbe in einen radioaktiven Kern einführt.

Die Katalysatoren der Krisen von 1987, 1994, 1998 und 2007 führten allesamt zu einem überkritischen Zustand. In jedem dieser Fälle konnte eine kritische Kettenreaktion nur durch massive Interventionen von Zentralbanken und andere politische Notfallmaßnahmen verhindert werden.

Ich habe alle vier Krisen miterlebt, in unterschiedlichen Funktionen als Bankberater, Hedgefonds-Manager und als Analyst. Die ersten drei Krisen habe ich nicht kommen sehen. Sie passierten einfach, oder zumindest schien es damals so, und ich habe mein Bestes getan, um sie durchzustehen. Diese Erfahrungen – vor allem 1998 – motivierten mich, die Forschungsarbeit zu leisten und die Modelle zu entwickeln, die notwendig waren, um die statistischen Eigenschaften von Risiko richtig zu verstehen. Wenn ich auf die Ereignisse von 1987, 1994 und 1998 zurückblicke, erkenne ich, dass diese Krisen nicht »einfach so passierten«, sondern ein vorhersehbares Ereignis der Dynamiken eines kritischen Zustandes waren. Durch Anwenden der geeigneten Modelle war die Krise von 2007 schon 2005 absehbar. Und ich habe damals vor dieser Krise gewarnt.

Wenn ich dieselben Modelle verwende, um in die Zukunft zu schauen, zeichnet sich ein beunruhigendes Bild ab – wieder einmal blinken im System alle roten Alarmleuchten.

Kapitel 6:

Erdbeben 2018

*Es ist kaum vorstellbar, dass ein einzelnes Ereignis das Ende der Bronzezeit
herbeigeführt haben könnte; vielmehr muss dieses Ende als Folge einer komplexen
Kette von Ereignissen gekommen sein, deren Auswirkungen in all den miteinander
vernetzten Königreichen und Imperien rings um die Ägäis und das östliche
Mittelmeer zu spüren gewesen sein müssen und die letztlich zu einem
Zusammenbruch des gesamten Systems führten ...*[87]

Eric H. Cline, 1177 v. Chr.: Der erste Untergang der Zivilisation

*Falls die übervölkerte, vernetzte, verstädterte und atomar bewaffnete Welt,
die wir geschaffen haben, tatsächlich in ein neues dunkles Zeitalter stolpern sollte,
wird es sicherlich das schrecklichste aller Zeiten werden.*[88]

Ian Morris, »The Dawn of a new Dark Age«, Juli 2016

Der Mann ohne Gesicht

»Noch nicht«, antwortete Jon Faust, als ich ihn fragte, ob die Federal Reserve eine Blase sehe wie jene, die 1998 und 2008 in katastrophaler Weise platzten. Seine Antwort erschreckte mich. Sie zeigte, dass die Fed aus früheren Ereignissen kaum etwas gelernt hatte. Wenn die Fed die neue Blase nicht erkannt hat, die schon jetzt kurz vorm Platzen ist, kann sie ein solches Ereignis auch nicht verhindern.

Faust ist ein Fed-Insider, der 2012 von Ben Bernanke gezielt berufen wurde, um als Experte das Board of Governors der Federal Reserve zu beraten. Der Begriff »Insider« wird manchmal etwas ungenau verwendet, um eine Person zu beschreiben, die nur am Rande beteiligt sein wird und nicht zum inneren Kreis der Institution zählt, in der sie angeblich ist. Dieser lose Gebrauch des Wortes trifft auf Jon Faust nicht zu; um seine Rolle bei der Federal Reserve zu charakterisieren, wäre »Insider der Insider« eine passendere Beschreibung. In die Amtszeit von Faust bei der Fed von Januar 2012 bis August 2014 fiel die Ablösung von Ben Bernanke durch Janet Yellen. Fausts Aufgabenbereich war breit gefächert, konzentrierte sich jedoch hauptsächlich auf Kommunikation, womit allerdings nicht Public Relations oder Pressearbeit gemeint waren; vielmehr war es seine Aufgabe, sich als *Consigliere* (Ratgeber) und Chef-Wortakrobat für die sogenannte Forward Guidance (etwa: »vorausschauende Orientierung«) zu betätigen.

In einer Welt, in der es keine oder nur sehr niedrige Zinsen gibt, ist »Forward Guidance« eines der wichtigsten geldpolitischen Instrumente einer Zentralbank. Die Fed setzt sie ein, um die Erwartungen der Märkte zu manipulieren. Durch solche Manipulationen kann die Fed die Geldpolitik straffen oder lockern, ohne den Leitzins tatsächlich zu ändern. Stattdessen verändert die Fed die Erwartungen *über* die Zinsen, und zwar durch kryptische Formulierungen in Reden, Verlautbarungen, Sitzungsprotokollen und der Presse zugespielten Informationen. Solche Formulierungen sind die »Forward Guidance« und Faust war dafür zuständig, sie zu schreiben.

Obwohl er nicht im Board of Directors saß, konnte man ihn als die drittmächtigste Person bei der Fed bezeichnen, nach Chairman Bernanke beziehungsweise Yellen sowie William C. Dudley, dem Präsidenten der Fed of New York. Der Umstand, dass man ihn außerhalb der Fed nicht kannte, stärkte nur die Macht dieser unsichtbaren Hand, die mit einigen wohlgesetzten Worten die Märkte bewegen konnte. Im Jargon eines Agentenromans hätte man Faust als den »Mann ohne Gesicht« bezeichnen können.

Die »Forward Guidance«-Wortakrobatik wird nicht mal eben nebenbei erledigt. Um präzise Formulierungen zur Verwendung in öffentlichen Verlautbarungen ersinnen zu können, musste Faust das innere Räderwerk des FOMC und die persönlichen Meinungen von Bernanke und Yellen sehr genau kennen. Während seiner Zeit bei der Fed nahm Faust an fast jeder FOMC-Sitzung in dem hohen und üppig verzierten Vorstands-Sitzungsraum teil. In diese Zeit fielen das umfangreichste Gelddruckprogramm der Fed namens »QE3« (»quantitative Lockerung 3«), Bernankes Drohung in einer im Mai 2013 gehaltenen Rede, das Gelddrucken zurückzufahren, sowie die tatsächliche Verlangsamung der Notenpresse ab Dezember 2013, das »Tapering«. Zwischen den FOMC-Sitzungen nahm Faust häufig im

Büro von Bernanke und später Yellen an den Brainstorming-Sitzungen teil, auf denen Begriffe und Phrasen im Hinblick auf ihre potenzielle Wirkung auf die Märkte ausprobiert wurden. Als ich später mit Bernanke über Fausts Rolle sprach, erzählte er mir: »Ja, Jons Büro lag meinem genau gegenüber, auf der anderen Seite des Flurs.« In Sachen »Forward Guidance« war Faust das Gehirn der Fed.

Faust ist ein geschätztes Mitglied der akademischen Clique von Keynesianern und Monetaristen, die in Washington den Ton angibt. Er promovierte 1988 an der University of California in Berkeley. Janet Yellen war Professorin in Berkeley, bevor sie als hochrangige Funktionärin zur Fed kam. Fausts Doktorvater, der mit einem Nobelpreis ausgezeichnete Ökonom George Akerlof, ist mit Yellen verheiratet. Faust hat in unterschiedlichen Funktionen von 1981 bis 2006 bei der Fed gearbeitet, zuletzt als stellvertretender Direktor des Unternehmensbereichs für internationale Finanzen. Es genügt wohl, zu sagen, dass Faust kein Unbekannter war für die Fed, für Bernanke oder Yellen, als er 2012 berufen wurde, das Board of Directors zu beraten.

Am 20. Januar 2015, also nicht lange nachdem er die Fed verlassen hatte, trafen Jon und ich uns zum Dinner in The National, einem beliebten New Yorker Steakhouse. Wir saßen in einem separaten Speiseraum im zweiten Stock. Das Dekor im The National ist typisch für diese Art von Küche – dunkles Holz, Messingbeschläge, weiße Tischtücher und gedämpftes Licht. Ich kannte Jon schon seit Jahren, aber dies war die erste Gelegenheit zu einem persönlichen Gespräch, seit Bernanke ihn 2012 zur Fed geholt hatte. Wir saßen im rechten Winkel zueinander, kaum einen halben Meter voneinander entfernt. Bei Lachs, Crème Brûlée und gutem Wein unterhielten wir uns zwei Stunden lang; Jon trank einen Roten und ich meinen gewohnten Sauvignon Blanc.

Da ich nicht nur den Reden und schriftlichen Veröffentlichungen der FOMC-Mitglieder folgte, sondern auch hin und wieder mit Fed-Governors und Direktoren der regionalen Mitgliedsbanken des Federal Reserve System sprach, war ich über einige von Fausts Kollegen im FOMC im Bilde. Dadurch wurde das Gespräch interessanter, da wir uns nicht nur über geldpolitische Fragen, sondern auch über deren Persönlichkeiten austauschen konnten.

Ich war besonders an Jeremy Stein interessiert. Er war von Mai 2012 bis Mai 2014 Governor und FOMC-Mitglied gewesen, ein Zeitabschnitt, der sich mit Jons Zeit bei der Fed überschnitt. Von Stein hatte ich den Eindruck, dass er der einzige Fed-Governor war, der auf einer technischen Ebene begriff, dass die Nullzinspolitik der Fed versteckte Gefahren und Blasendynamiken erzeugte. Etliche der damaligen FOMC-Mitglieder, unter ihnen auch Richard Fisher, der Chef der Fed in Dallas, sprachen ganz offen über die Notwendigkeit, die Zinsen zu erhöhen, und die Gefahren, die entstünden, wenn man es unterließe. Aber Fisher und der ihm gleich gesinnte Charles Plosser von der Fed in Philadelphia hatten intuitive, gar populistische Gründe, um die Zinsen anzuheben. Diese Gründe hatten auch etwas mit der Ungerechtigkeit zu tun, Sparern keine anständige Rendite auf ihre Einlagen zu zahlen, während die Wall-Street-Banker billiges Geld nutzen konnten, um sich über gehebelte Aktienrückkäufe zu bereichern.

Stein war subtiler. Er kannte das Innenleben der Maschine. Er wusste, dass Asset-Swaps – das Eintauschen von Schrott-Sicherheiten gegen gute Sicherheiten, damit die eintauschende Partei bei einem anderen Deal gute Sicherheiten stellen kann – zu höherer, aber versteckter Leverage führen. Er verstand, dass strengere Regulierung zu vermehrter Disintermediation (Umgehung der Banken) führt, zum »Shadow Banking«, wodurch die Dinge noch schlimmer werden als das, was 2008 zum Zusammenbruch geführt hatte. Er begriff, dass das Risiko von Derivaten von ihrem Brutto-Nominalwert abhängt, nicht vom Netto-Nominalwert, das zeigte sich in seinen Reden und Schriften. Stein sah die Blasen-Dynamiken – aber dann war er weg und es saß niemand mehr im FOMC, der sehen konnte, was Stein gesehen hatte.

Meine Frage an Jon war ganz einfach. Stein hatte innerhalb der Fed eine Warnung ausgesprochen. Seine Analyse war rigoros, nicht populistisch. Stein wusste auch: Wenn so kurz nach 2008 schon wieder eine Blase platzen würde, wäre das Vertrauen für eine Generation zerstört und die Arbeit, welche die Fed seit der letzten Krise geleistet hatte, um die Wirtschaft auf einen nachhaltigen Kurs zu bringen, zunichte gemacht. Ich fragte Jon: »Sieht Yellen, was Stein sah? Glaubt sie, dass es eine Blase an den Märkten gibt?« Dann kam seine Antwort: »Noch nicht.«

Diese Antwort war vielsagend. Sie bedeutete, dass die Fed an veralteten Modellen festhielt. Die Idee, dass die Fed eine Blase nicht zum Platzen bringen soll, sondern lediglich das Chaos aufräumen, das zurückbleibt, wenn sie von sich aus geplatzt ist, hat eine lange Geschichte. Die Diskussion um diesen Ansatz reicht weit zurück, zumindest bis zu der klassischen Arbeit von Milton Friedman und Anna Schwartz über die Ursprünge der Weltwirtschaftskrise. Friedman und Schwartz kritisierten die 1928 getroffene Entscheidung der Fed, die Zinsen zu erhöhen, um die Überhitzung am Aktienmarkt abzukühlen. Durch diese Erhöhung der Zinsen zu einer Zeit, als keine Inflation drohte, provozierte die Fed im Jahr 1929 eine Rezession, welche die unmittelbare Ursache des Aktienmarkt-Crashs im Oktober jenes Jahres war. Häufig wird gesagt, dieser Crash markiere den Beginn der Weltwirtschaftskrise. Sowohl Alan Greenspan als auch Ben Bernanke stimmen dieser Kritik von Friedman und Schwartz zu. Greenspan wurde gelobt, weil er abwartete, bis die Dot-Com-Blase, die sich seit 1996 aufgebläht hatte, im Jahr 2000 von sich aus platzte. Er räumte dann das Chaos auf, ohne dass es zu ernsthaften wirtschaftlichen Schäden oder zu systemischer Ansteckung kam. Bernanke griff Greenspans Ansatz zum Umgang mit Blasen in diversen Schriften und einer programmatischen Rede auf, die er am 2. März 2004 über die Ursachen der Weltwirtschaftskrise hielt.

Aber der Greenspan-Bernanke-Ansatz ist nicht nur eine Fehldeutung der Geschichte, sondern wird auch durch die jüngeren Entwicklungen widerlegt. In der Tat machte die Fed einen Fehler, als sie 1928 die Zinsen erhöhte, aber dieser Fehler bestand keineswegs darin, dass sie Maßnahmen gegen eine Blase ergriff, sondern dass sie sich dabei nicht an die Spielregeln hielt. Die Vereinigten Staaten befolgten damals einen Goldstandard und hatten massive Zuflüsse von Gold aus Europa zu verzeichnen. Nach den üblichen geldpolitischen Spielregeln machten diese Goldzuflüsse eine geldpolitische Lockerung notwendig, die Inflation erzeugt, Exporte verteuert und die Goldflüsse zugunsten Europas neu ausbalanciert hätte. Die Zinserhöhung verstärkte dagegen die Goldzuflüsse in die Vereinigten Staaten und verknappte die Liquidität im Rest der Welt. Diese Politik war das Gegenteil dessen, was unter einem Goldstandard notwendig gewesen wäre, und trug direkt zum Entstehen der Weltwirtschaftskrise bei.

Was Greenspan und Bernanke dabei nicht sahen, ist, dass es heute weder einen Goldstandard noch überhaupt irgendeinen monetären Standard gibt. Ohne einen monetären Anker, an dem sich die Geldpolitik orientieren könnte, muss die Fed intensiver darüber nachdenken, ob sie möglicherweise die *Ursache* einer Blase ist, statt einfach nur eine unbeteiligte Beobachterin. Ihre Entscheidungen, die Zinsen zu erhöhen oder zu senken, werden nicht durch Goldzuflüsse gelenkt, sondern vielmehr durch Launen und angebliche Korrelationen zwischen Inflation und Beschäftigung, die als NAIRU – dieses Kürzel steht für »Non-Accelerating Inflation Rate of Unemployment« (»nicht akzelerierende Inflationsrate der Arbeitslosigkeit«) – und als Phillips-Kurve bekannt sind.

Die Ereignisse haben gezeigt, dass Greenspans Umgang mit der Dot-Com-Blase letztlich doch nicht so souverän war. Im Zuge seiner Aufräumarbeiten hielt er die Zinsen zu lange zu niedrig, was direkt zu der Blase im US-Immobilienmarkt und dem Zusammenbruch des Finanzsystems im Jahr 2008 führte. Bernanke wiederholte durch seine (von Yellen fortgesetzte) Nullzinspolitik von 2008 bis 2015 Greenspans Fehler, mit möglicherweise katastrophalen Folgen.

Die bessere Analyse kommt zu dem Ergebnis, dass eine Blase nicht automatisch gefährlich ist. Worauf es dabei ankommt, ist vielmehr, ob sie durch übermäßige Verschuldung aufgebläht wird oder nicht. Die Dot-Com-Blase wurde durch ein Phänomen angetrieben, das Greenspan einmal als »Irrational Exuberance« (»irrationaler Überschwang«) bezeichnet hat, nicht durch übermäßige Verschuldung, und richtete in der Makroökonomie relativ wenig Schaden an, als sie platzte, obwohl es unter Investoren zu erheblichen Verlusten kam. Dagegen wurde die Hypothekenblase ausschließlich durch Schulden und Derivate aufgebläht und verursachte die schwerste Rezession seit der Weltwirtschaftskrise. Eine Blase muss nicht unbedingt wie jede andere sein; Stein hatte das verstanden.

Um solche Blasen-Dynamiken zu verstehen, ist Leverage – also Hebelung – eine besser geeignete Maßzahl als Verschuldung. Leverage kann nicht nur durch traditionelle Verschuldung erreicht werden, sondern auch durch Derivate. Dies war Steins andere große Erkenntnis. Bernanke und Yellen haben es nicht nur nicht geschafft, zwischen schuldengetriebenen und anderen Blasen zu unterscheiden, sondern sie haben auch nicht erkannt, dass Derivate lediglich eine andere Form von Schulden sind. Die neuen Asset-Blasen, die sich noch 2016 immer weiter aufblähten, waren von dem schädlichen Typ, nämlich angetrieben durch Verschuldung und Derivate. Diesen Unterschied hat Yellen, verfangen in ihrem veralteten »Finger weg!«-Ansatz, nicht gesehen.

Dass Ökonomen nicht in der Lage sind, eine Panik vorherzusehen, ist keineswegs neu. Ein erstaunliches Beispiel dafür ist die Beobachtung des prominenten Ökonomen Irving Fisher, die Aktienmärkte hätten »anscheinend ein permanent hohes Plateau« erreicht, die er nur wenige Tage vor dem Absturz des Aktienmarktes am 28. Oktober 1929 verkündete, der den Markt in nur zwei Tagen um 24 Prozent nach unten riss.[89] Dieser Crash setzte sich fort, als der Aktienmarkt von seinem 1929 erreichten Hoch um 80 Prozent fiel, bis er schließlich 1932 die Talsohle erreicht hatte. Hier kommt es mir nicht darauf an, Fisher ins Lächerliche zu ziehen – er war einer der brillantesten Ökonomen des 20. Jahrhunderts –, sondern zu zeigen, dass Ökonomen – vor allem jene der Fed – Blasen einfach nicht erkennen können.

Es gibt Modelle, die relativ gut Blasen erkennen können und auf Komplexitätstheorie, kausaler Inferenz und Verhaltensökonomik aufbauen; allerdings bleibt es schwierig, den genauen Zeitpunkt eines Zusammenbruchs zu prognostizieren, was auf die Winzigkeit der Auslöser und die stochastischen Eigenschaften von Pfadabhängigkeit zurückzuführen ist. Jeremy Stein und der frühere Fed-Governor Rick Mishkin sind am weitesten fortgeschritten in der Anwendung rekursiver Funktionen, um solche Risiken zu verstehen. Fausts Antwort hatte jedoch meine Hoffnung zerstört, dass solche Erkenntnisse bei der Fed mehr waren als eine bloße Novität. Aus Yellens Sicht herrschte »Business as usual«: Es gab keine Blase.

Der andere verstörende Aspekt von Fausts Antwort war das Wörtchen »noch«. Es implizierte, dass vielleicht eine Blase am Entstehen sein mochte, aber genug Zeit bleibe, um sie unter Kontrolle zu halten. Dahinter verbirgt sich die Vorstellung, dass eine Zentralbank in der Lage sei, die Luft aus einem Ballon langsam abzulassen. Eine andere Metapher ist der Thermostat: Wenn es im Haus zu kalt ist, können Sie den Thermostat höher stellen; wenn es zu warm ist, können sie ihn niedriger stellen. Damit wird impliziert, dass das Wirtschaftsgeschehen ein linearer und umkehrbarer Vorgang sei – dafür müsse man lediglich an einem Knöpfchen drehen.

Tatsächlich ähnelt eine Volkswirtschaft jedoch eher einem Atomreaktor als einem Thermostat. Auch ein Atomreaktor kann höher oder niedriger gestellt werden; aber dieser Prozess ist weder linear noch unbedingt umkehrbar. Sobald ein überkritischer Zustand erreicht wurde, kommt es im Reaktor zur Kernschmelze, und dann spielt es keine Rolle mehr, wie eifrig jemand an einem Knöpfchen dreht – die Kernschmelze ist nicht mehr aufzuhalten. Atomreaktoren sind komplexe Systeme, ebenso wie Kapitalmärkte. Unwillkürlich hatte Faust also auch verraten, dass die Fed keine Ahnung davon hat, wie Kapitalmärkte sich verhalten.

Im Gegensatz zu seinem Kommentar zu Blasen waren Fausts Äußerungen zum Thema Quantitative Lockerung erfrischend. Offenherzig räumte er ein, dass die Wirkung von QE in der Fed für »undurchsichtig« gehalten wurde. QE scheine sich zu lohnen und sei wahrscheinlich besser als nichts, aber ob damit eine positive Wirkung erzielt werde, sei unklar.

Das hat auch Bernanke mir gegenüber eingeräumt, als wir 2015 miteinander sprachen. Und das Gleiche bekam ich auch bei vertraulichen Gesprächen mit anderen FOMC-Mitgliedern zu hören. Sie räumten ein, dass sie seit 2008 nicht mehr wussten, was sie taten. Bernanke erzählte mir, sein Vorbild sei US-Präsident Franklin D. Roosevelt zur Zeit der Weltwirtschaftskrise. Roosevelt war ein großer Improvisator; während seiner Regierungszeit wurden häufig politische Maßnahmen umgesetzt, wenn man nur das Gefühl hatte, dass sie vielleicht funktionieren könnten. Manche von ihnen funktionierten, andere nicht. Wieder andere hatten zwar eine Wirkung, waren jedoch ganz und gar illegal und wurden später von den Gerichten kassiert. Aber das machte nichts – Roosevelts Mantra war, sämtliche Möglichkeiten auszuprobieren, um der wirtschaftlichen Not zu entkommen. Roosevelt war der Meinung, in einer Krise sei es besser, etwas zu tun, als nichts zu tun. Bernanke hat mir erzählt, dass er das genauso sieht.

Aber es kommt ganz darauf an – manchmal ist es besser, *nichts* zu tun, als wild herumzufuchteln wie ein Ertrinkender, der nach jedem Strohhalm greift. Dies ist auch die Quintessenz des Hippokratischen Eides der Mediziner, der in unserer heutigen Sprache vielleicht ungefähr so lauten

würde: »Ich werde mich nicht schämen zu sagen, ›Ich weiß es nicht.‹ ...
Vor allem darf ich nicht Gott spielen.« Und: »Vorbeugen ist besser als Hei-
len.« Die Geschichte lässt vermuten, dass die Weltwirtschaftskrise ohne die
durch Roosevelts Improvisationen herbeigeführten Unsicherheiten früher
geendet hätte. Zu den Ursachen der seit 2008 anhaltenden, ausgedehnten Depression (definiert als langfristig unterhalb des Trends verlaufendes
Wirtschaftswachstum) zählen auch die Unsicherheiten aufgrund von Bernankes und Yellens Improvisationen. In einem Zustand politischer Unsicherheit tritt das Kapital in den Streik.

Ebenso offen sprach Faust über die Sitzungen, in denen die Pressemit-
teilungen entworfen werden, die nach jedem FOMC-Meeting veröffentlicht werden. Er nannte das Prozedere »lachhaft«. Wichtige Formulierungen werden allein um des Änderns willen geändert, ohne dass eine tiefere
Bedeutung dahintersteckt. Der Leser wird auf eine hermeneutisch-sprach-
wissenschaftliche Odyssee geschickt. Bernanke sah sich eines Tages zwei
Entwürfe eines FOMC-Statements an; einer sollte signalisieren, dass die
Geldpolitik unverändert bleiben würde, der andere sollte eine Straffung
der Geldpolitik andeuten. Bernanke sah auf und fragte Jon: »Welcher ist
der Schlimme?« Die Worte waren willkürlich gewählt, ausschließlich für
Show-Zwecke. Aber Faust hatte eine noch wichtigere Aufgabe, und zwar
Jon Hilsenrath vom *Wall Street Journal* anzurufen, um ihm zu erklären,
was die Worte laut Fed bedeuten *sollten*, ganz unabhängig von den gedrech-
selten Formulierungen. Hilsenrath berichtete dann pflichteifrigst über diese beabsichtigte Bedeutung und die Märkte reagierten wie gewünscht. Mi-
chel Foucault wäre stolz gewesen.

Nachdem wir uns etwa eine Stunde unterhalten hatten, wandten wir
uns dem historischen Kontext nach 2008 zu. Trotz meiner Kritik an der
Fed räumte ich ein, dass sie sehr wahrscheinlich zumindest glaubte, die
richtigen Strategien zu verfolgen. Aber das warf eine kontrafaktische Frage auf: Wenn die Fed damals gewusst hätte, was sie heute weiß, wäre sie
dann den gleichen Weg gegangen? Die Prämisse hinter dieser Frage war
ganz einfach. Als die Fed im November 2010 QE2 startete, erwartete sie,
dass sich bis Ende 2011 solide Ergebnisse einstellen würden. Als sie im
September 2012 QE3 in Gang setzte, erwartete sie, dass sich bis Ende 2013
solide Ergebnisse einstellen würden. Doch das erhoffte Wachstum hatte

sich nicht eingestellt. Die wirtschaftliche Entwicklung hatte sich zwar nicht verschlechtert und es wurden Arbeitsplätze geschaffen, aber das Wachstum blieb schwach, weit unter seinem Potenzial. War der ganze Prozess wie ein Box-Canyon, eine Sackgasse, aus der es inzwischen keinen Ausweg mehr gab?

Faust beantwortete die Frage nicht direkt. Stattdessen sinnierte er, dass in 50 Jahren »ein neuer Ben Bernanke kommen wird, ein junger Gelehrter, der auf die 1930er-Jahre und unsere jetzige Zeit zurückblicken wird, um die verschiedenen geldpolitischen Vorgehensweisen zu vergleichen und herauszufinden, was funktioniert hat und was nicht. Diese Person wird zwei Datenpunkte haben.« Fausts trockene akademische Bemerkung über Datenpunkte öffnete ein weiteres Fenster auf die Denkart der Fed.

Die Mitarbeiter der Fed setzen nicht nur veraltete Gleichgewichtsmodelle ein, sondern auch die sogenannte frequentistische Statistik. Diese Methode steht im Gegensatz zu einem anderen statistischen Verfahren, nämlich der kausalen Inferenz, die auf dem Satz von Bayes beruht. Beide Ansätze, Frequentismus und Bayes'sche Statistik, ringen mit Ursache und Wirkung, um Vorhersagen zu treffen. Wie bei vielen kontroversen Debatten ist es in den vergangenen Jahren zu einer gewissen Annäherung gekommen; die Anhänger des einen Ansatzes können durchaus etwas Nützliches im jeweils anderen erkennen. Aber nach wie vor sind die Fronten klar gezogen.

Die Frequentisten behaupten, statistisch stichhaltige Schlussfolgerungen könnten nur gezogen werden, wenn große Datenbestände über lange Zeitreihen zur Verfügung stehen; je größer und länger, desto besser. Solche großen Datenbestände werden dann mithilfe von Ausgangsdaten, Regressionen und Korrelationen analysiert, um zu Hypothesen über Kausalitäten zu kommen und Anomalien zu erkennen. Dieser Output bildet dann ein Fundament für mehr oder weniger zuverlässige Prognosen über zukünftiges Verhalten. Ein Verfahren, das in der ökonomischen Forschung häufig eingesetzt wird, sind sogenannte Monte-Carlo-Simulationen. Mithilfe von Computern wird ein simulierter Roulettekessel gedreht oder ein digitaler Würfel millionenfach geworfen und die Ergebnisse werden als Gradverteilung geplottet, damit darin auftretende Frequenzmuster erkannt und mit Gewissheit vorhergesagt werden können. Je größer die Datenbestände und je häufiger die Beobachtungen, desto mehr Vertrauen hat der Statistiker in seine Prognosen – daher auch die Bezeichnung »Frequentist«.

Anhänger der Bayes'schen Statistik arbeiten mit wesentlich weniger Daten, aber nicht etwa, weil sie es so wollen, sondern weil sie es manchmal müssen. Wenn Sie ein Problem lösen müssen, bei dem es um Leben und Tod geht, und nur einen Datenpunkt haben, hilft Ihnen der Satz von Bayes, eine Antwort zu finden. Mithilfe der Bayes'schen Statistik lassen sich Probleme sogar dann lösen, wenn nur wenige – oder gar keine – Daten vorhanden sind.[90] Das gelingt, indem man eine A-priori-Annahme macht und dann eine auf dieser Annahme basierende Hypothese aufstellt. Die A-priori-Annahme beruht auf Faktoren wie Geschichte, gesundem Menschenverstand, Intuition und den wenigen Daten, die vielleicht vorhanden sind. Dann wird aufgrund der besten verfügbaren Informationen die Wahrscheinlichkeit geschätzt, mit der diese Annahme zutrifft. Wenn überhaupt keine Daten vorliegen, wird eine 50-zu-50-Wahrscheinlichkeit angenommen, die beste Näherung für Ungewissheit.

Dann wird aufgrund von laufenden Beobachtungen getestet, ob die aufgestellte Hypothese sich bestätigt. Jedes spätere Ereignis wird auf die separate Wahrscheinlichkeit hin geprüft, ob es eintreten würde oder nicht, wenn die Hypothese zutrifft. Dann wird die A-priori-Annahme aktualisiert, indem ihre Auftretenswahrscheinlichkeit erhöht oder reduziert wird. Nach und nach kann die A-priori-Annahme ziemlich stark werden, mit einer 90-prozentigen Auftretenswahrscheinlichkeit; oder sie kann sich abschwächen, woraufhin sie dann verworfen wird. Ein erfahrener Anwender von Bayes'scher Statistik bleibt stets aufgeschlossen gegenüber den Auswirkungen späterer Beobachtungen auf die ursprüngliche Hypothese. Frequentisten sind entsetzt über die Raterei, die notwendig ist, um die A-priori-Annahme zu entwickeln und Wahrscheinlichkeiten zu schätzen, obwohl keine Daten vorliegen. Sie betrachten die Methode als unwissenschaftlich und kaum besser als Voodoo.

Ein Bayesianer wird einem Frequentisten entgegenhalten, er sei pragmatisch – was ist denn, wenn kaum Daten vorhanden sind, das Problem aber nicht warten kann? Was ist zum Beispiel, wenn deutsche U-Boote die Lebensmittelversorgung Großbritanniens unterbrochen haben, und es Ihre Mission ist, den Enigma-Code der Nazis zu knacken und die

U-Boot-Blockade zu durchbrechen? Hätten Sie so lange gewartet, bis die Frequentisten genügend Daten gesammelt hätten, wäre das Vereinigte Königreich bis zur Kapitulation ausgehungert worden. Dies ist der Grund, warum Bayes'sche Verfahren häufig beim Militär und von Geheimdiensten eingesetzt werden; solche Leute haben es oft mit existenziellen Fragen zu tun, die nicht ewig warten können.

Fausts Bemerkung zeigte, dass er bis auf die Knochen Frequentist war. Letztlich hatte er gesagt, die von Bernanke und Yellen verfolgte Geldpolitik von 2007 bis 2015 hätte sich nur auf einen einzigen Datenpunkt stützen können, nämlich die Weltwirtschaftskrise. Bernanke gilt als fast ebenso guter Kenner der Weltwirtschaftskrise wie Milton Friedman und Anna Schwartz, die Titanen dieses Forschungsgebiets. In 50 Jahren, vermutlich inmitten eines weiteren wirtschaftlichen Unglücks, hätte ein zukünftiger Entscheidungsträger zwei Depressionen, die er würde studieren können, nämlich 1929 und 2008, und würde vielleicht verschiedene politische Optionen miteinander vergleichen und gegeneinander abwägen können, als wolle er eine Frage bei der Abschlussprüfung am College beantworten. Aber um Faust gegenüber fair zu bleiben, muss erwähnt werden, dass Bernanke sich ähnlich äußerte, als ich mit ihm sprach. Er sinnierte, dass es viel zu früh sei, um beurteilen zu können, ob seine Geldpolitik erfolgreich gewesen sei. Erst zukünftige Gelehrte würden dieses Urteil fällen können – in etlichen Jahrzehnten.

Meine Einschätzung der frequentistischen Geisteshaltung von Bernanke und Faust war, dass wir bei einer Datenrate von einem Datenpunkt pro Jahrhundert wahrscheinlich im Jahr 2525 auf bestem Wege sein würden, die Zusammenhänge zwischen Geldpolitik und Wirtschaftskrisen besser zu verstehen. Ich hatte Faust so verstanden, dass er meinte, als die Krise im Jahr 2008 zuschlug, habe Bernanke nur einen Bezugspunkt gehabt und halt das Beste draus gemacht. Interessanterweise war Janet Yellens akademischer Außenposten zwischen ihren Einsätzen in der Zentralbank die University of California in Berkeley, der intellektuelle Ground Zero frequentistischer Statistik über das gesamte vergangene Jahrhundert hinweg. Yellen war noch mehr von Daten getrieben und vertraute noch vorbehaltloser auf Modelle als Bernanke.

Das Unglück der Welt ist, dass die Fed die Bayes'schen Verfahren nicht wirklich versteht. Die Kapitalmärkte sind zu einer langen Serie von

Kalamitäten verdammt, während zu Zentralbankern mutierte Akademiker jahrzehntelang auf weitere Daten warten, die sie davon überzeugen könnten, dass sie immer wieder aufs Neue versagt haben.

Faust und ich beendeten den Abend in einer Bar mit dem passenden Namen »Bull and Bear« im Waldorf-Astoria-Hotel. In Gesellschaft einer weiteren Freundin, der Biologin Beverly Wendland, genossen wir einen vorzüglichen Scotch aus einem alten Fass, den unser Freund und Hedgefonds-Milliardär Dave »Davos« Nolan mit großer Sorgfalt ausgesucht hatte. Davos, Beverly und ich stießen an auf Jons kürzliche Rückkehr in die akademische Welt – die ich seine »Flucht aus der Fed« nannte.

Für die Weltwirtschaft wird es bedauerlicherweise keine solche Flucht geben.

Die Macht von Gold

Einfach den Kollaps eines Marktes zu beobachten ist unbefriedigend für einen Anleger, dem es egal ist, *warum* der Höhenflug enden wird, der aber wissen will, *wann* es so weit ist. Dabei spielt auch Gier eine Rolle. Vielleicht werden die meisten Investoren sich darüber einig sein, dass die Kapitalmärkte zusammenbrechen werden, aber sie wollen den Höhenflug möglichst lange auskosten, bis es so weit ist. Letztlich sagen solche Leute: »Ich weiß, dass der Aktienmarkt in einer Blase ist, aber die Gewinne sind unwiderstehlich. Rufen Sie mich am Tag vor dem Crash an; dann werde ich alles verkaufen, in Cash umschichten, Gold kaufen und meine Gewinne behalten. Hier ist meine Telefonnummer.«

Die richtige Antwort auf dieses Ansinnen ist, dass niemand die Stunde oder den Tag im Voraus kennen wird. Diese Wissenslücke beruht nicht auf mangelhaften analytischen Fähigkeiten, sondern ergibt sich zwangsläufig aus wissenschaftlichen Notwendigkeiten. Das Wesen von Komplexität ist, dass unsichtbare Veränderungen in den Ausgangsbedingungen extrem unterschiedliche Folgen für das Gesamtsystem nach sich ziehen. Marktprozesse sind nicht linear und für praktische Zwecke nicht deterministisch. Es mag eine Beziehung von Ursache und Wirkung zwischen einem Auslöser und dem Kollaps bestehen, aber sie ist zu klein, um beobachtet werden zu können, und das Timing ist schwer vorherzusagen. Einen

Zusammenbruch des Marktes vorherzusagen ist ungefähr so, als wollte man ein Erdbeben vorhersagen; man kann zwar sicher sein, dass das Ereignis stattfinden wird, und man kann seine Schwere einschätzen, aber man wird nie genau wissen, wann es passieren wird.

Mithilfe von Laborexperimenten, vor allem Sandhaufenexperimenten (bei denen ähnliche Dynamiken wie bei Schneeflocken und Lawinen auftreten) und Computersimulationen mit zellulären Automaten, können Gradverteilungen von extremen Ereignissen sichtbar gemacht werden. Aber selbst nach einer Million Experimenten ist es nicht möglich, genau vorherzusagen, welches Sandkorn einen bestimmten Sandhaufen ins Rutschen bringen wird.

Vermögenswerte werden durch systemische Instabilität zerstört, nicht durch einen einzelnen Katalysator. Ein beunruhigter Anleger sollte nicht auf einzelne Schneeflocken achten, sondern auf die Gefahr einer Lawine – obwohl es verführerisch ist, nach »gefährlichen« Schneeflocken zu suchen.

Die aufsehenerregendste Schneeflocke könnte sein, wenn bekannt wird, dass eine bekannte Bank physisches Gold nicht liefern kann. Das würde die Märkte ebenso schockieren wie die Insolvenzen etlicher Hypothekenfonds im Jahr 2007. Panikartige Goldkäufe, eine extreme Spitze des Goldpreises und Ansteckungseffekte auf andere Märkte wären die vorhersehbaren Folgen eines solchen Lieferausfalls.

Gold ist die am wenigsten verstandene Anlageklasse der Welt. Es entsteht Verwirrung, weil Gold wie ein Rohstoff gehandelt wird – aber Gold ist kein Rohstoff, es ist Geld. Obwohl die Länder der Welt Zehntausende von Tonnen an Goldbeständen in ihren Stahlkammern haben, bemühen sie sich, diesen Unterschied zu verschleiern. Die Zentralbanken wissen, dass Gold Geld ist; sie wollen nur nicht, dass Sie und ich das wissen.

Aber die Tatsache, dass 35 000 Tonnen Gold in staatlichen Tresoren lagern, ist Beleg genug für die monetäre Rolle von Gold, ungeachtet aller offiziellen Dementis. Selbst der IWF, der Gold 1974 offiziell demonetisierte, hält 2800 Tonnen davon. Die schweizerische BIS, auch als »Zentralbank der Zentralbanken« bekannt, hält 108 Tonnen Gold auf eigene Rechnung. Zentralbanken und Finanzministerien halten weder Kupfer- noch Aluminium- oder Stahlbestände, aber sie halten Gold. Die einzige Erklärung für die Goldbestände der Zentralbanken liegt auf der Hand – Gold ist Geld.

Aber der Umstand, dass die Zentralbanken ungedeckte Formen von Geld wie Dollars oder Euros bevorzugen, macht es notwendig, die wahre Rolle von Gold zu verschleiern. Der Grund dafür ist, dass die Zentralbanken ein gemeinsames Monopol auf ungedecktes Geld halten. Aber die Zentralbanken haben kein Monopol auf Gold – jedenfalls bis jetzt noch nicht.

Eine Folge der Verwirrung über das Wesen von Gold ist, dass es auf schizophrene Art und Weise gehandelt wird. Zu bestimmten Zeiten wird Gold wie ein Rohstoff gehandelt und reagiert dann wie jeder andere Rohstoff auch auf Inflation, Deflation und Schwankungen der Realzinsen. Die Gold-Trader im Eigenhandel der COMEX verkaufen gerne »Front-Month Futures Contracts«, um dann »Back-Month Futures Contracts« zu kaufen und daraus einen Gewinn zu schlagen, selbst nach Abzug der Lager- und Nebenkosten – ein Zustand, der als »Contango« bezeichnet wird. Institutionelle Goldkäufer wie etwa der verschwiegene chinesische Staatsfonds SAFE mögen niedrige Preise, weil ihre Goldbeschaffungsprogramme noch nicht beendet sind. Mancher Goldkäufer wartet vergeblich darauf, dass sein Gold-Futures-Trader die COMEX davon in Kenntnis setzt, dass er eine physische Lieferung wünscht. Es ist einfach nicht genug physisches Gold vorhanden, um solche Forderungen zu erfüllen; wollte man es versuchen, würde der Handel mit Gold-Futures schnell zusammenbrechen. Warum also sollte ein Trader eine physische Lieferung verlangen? Die Banken und Broker verdienen an den jetzigen Praktiken eine Menge Geld. Es gibt keinen akuten Grund für kleine Trader oder Mega-Banken, diese profitablen Dynamiken des Goldpreises zu stören.

Der Goldpreis wird in Richtung auf seinen wirklichen monetären Wert von ungefähr 10 000 Dollar pro Unze ausbrechen, der deutlich höher liegt als sein aktueller Rohstoffpreis von 1400 Dollar pro Unze, und zwar nicht etwa, weil die Trader revoltieren würden, sondern weil der Übertragungsmechanismus zwischen dem Markt für physisches Gold und dem Markt für Goldderivate versagen wird. Die Schere zwischen dem empfundenen Rohstoffpreis und dem wirklichen monetären Wert von Gold wird sich zugunsten seiner monetären Rolle schließen; gewisse Anzeichen für diese Entwicklung sind schon jetzt zu beobachten.

Eines dieser Anzeichen ereignete sich im November 2014, als der Goldpreis begann, stark vom Rohstoff-Preisindex Thomson Reuters/Jefferies

CRB Index« (TRJ/CRB Index) abzuweichen. Gold ist eine der Komponenten dieses Index und der Goldpreis ist dem Index über lange Jahre eng gefolgt. Das ist auch kein Wunder, denn eine Komponente eines Preisindex sollte natürlich dem Index folgen, dessen Bestandteil sie ist. Als jedoch im November 2014 der Index immer schneller fiel, brach der Goldpreis nach oben aus. Diese Diskrepanz hielt bis 2016 an. Der November 2014 markiert den Beginn der Zeit, in der Gold begann, immer mehr als Geld und immer weniger als Rohstoff wahrgenommen zu werden.

Andere Anzeichen sind weniger sichtbar, aber spannender. Am 18. Juli 2014 traf ich mich in einem exklusiven Privatklub in New York mit einem Freund zum Dinner. Er ist einer der erfahrensten Edelmetallhändler der Welt, und was er mir erzählte, war schockierend, passte aber zu ähnlichen Berichten, die ich in Hongkong und Zürich gehört hatte.

Man kann nicht viel über Gold lernen, solange man nur am Bildschirm sitzt und die Preisentwicklung beobachtet. Gold ist physisch, nicht flüchtig. Zu den Experten für physisches Gold zählen Händler, Goldgräber und Bergbaubetriebe, Schmelzen und die Betreiber von privaten Tresoranlagen, gepanzerten Transportfahrzeugen und Charterflugzeugen, die Gold in alle Welt transportieren. Ich versuche, mich mit solchen Goldkennern zu treffen, wann immer sich die Gelegenheit bietet.

Der Speiseraum des Klubs war fensterlos und gedämpft beleuchtet, mit typisch traditioneller Mahagonitäfelung und schwerem Stuck. An den Wänden hingen zahlreiche Gemälde, zumeist Akte, die dem Raum etwas Bohemehaftes verliehen. Dieser Klub war der ideale Ort, um über Gold zu sprechen, das wahre Geld der alten Schule. Und das taten wir ... bei Austern, Butterkrebsen und Jahrgangschampagner.

Mein Freund, der Edelmetallhändler, war 2009 zum Zeugen einer seltsamen Serie von Ereignissen geworden, an denen HSBC, eine der »Too big to fail«-Banken und einer der größten Goldhändler der Welt, beteiligt war. HSBC betreibt eine Gold-Tresoranlage an der West 39th Street in Manhattan, unweit der New York Public Library. Die Stahlkammern befinden sich in einem unscheinbaren Gebäude, an dem jeden Tag Tausende von Passanten achtlos vorbeigehen. An der 39th Street befinden sich drei Laderampen, an denen Panzerwagen halten, um Goldbarren zu bringen oder in Empfang zu nehmen. An einer der Laderampen steht häufig ein

Panzerwagen mit Doppelachsen, der als Zubringer für eine größere, von Brinks betriebene Tresoranlage am John-F.-Kennedy-Flughafen im Stadtteil Queens dient. Von diesem Flughafen aus wird Gold an Ziele in aller Welt geliefert, etwa in die Schweiz oder nach Schanghai.

Hinter den Toren der Laderampen befindet sich ein Raum, in dem Goldbarren und -münzen gezählt werden. Manchmal kommen Händler mit kleineren Lieferungen zu Fuß an, mit Kuriertaschen, in denen sie Münzen oder Barren bringen. Der Zählraum hat Fenster aus kugelsicherem Glas, sodass die Händler von einem Vorraum des Zählraums aus sehen können, was drinnen vor sich geht. Eines Tages war mein Freund im Zählraum, um 100 Unzen in Goldmünzen einzuzahlen. Er sah, wie eine wesentlich größere Lieferung von 400-Unzen-Goldbarren an der benachbarten Rampe abgeladen wurde. Er machte gegenüber dem Wachmann im Zählraum einen Scherz: »Hey, ich hätte nichts dagegen, diese Münzen gegen die Barren da drüben einzutauschen.« Der Mann senkte den Blick und sagte ganz leise: »Damit würden Sie sich keinen Gefallen tun; Ihre Münzen sind viel wertvoller«. Damit deutete er an, dass die Barren »salted« (sinngemäß: »dotiert«) waren, also teilweise gefälscht.

Kurz nach diesem seltsamen Vorfall kündigte HSBC aus heiterem Himmel an, man werde das Goldverwahrungsgeschäft nur noch für die größten Kunden betreiben. Kleine und mittlere Kunden wurden aufgefordert, ihre Münzen und Barren abzuholen und zu gehen. Zahlreiche Beschäftigte wurden entlassen, darunter auch der Wachmann, der meinen Freund vor den gefälschten Goldbarren gewarnt hatte. Stephanie Schiffman, die HSBCs Geschäft mit der Verwahrung von physischem Gold über 20 Jahre lang geleitet hatte, starb verfrüht im Schlaf.

Aber damit war die Geschichte noch nicht zu Ende. Kurze Zeit später entdeckte China eine Lieferung »dotierter« Goldbarren, die von HSBC verschifft worden war. Die Großbank hatte bei diesem Geschäft als Intermediär fungiert. Die Herkunft der gefälschten Barren wurde China nicht mitgeteilt. Die Chinesen verlangten eine Ersatzlieferung, die HSBC prompt in die Wege leitete. Die ganze Geschichte wurde vertuscht und war bald vergessen. Seit 2009 hat China seine Goldproduktion und Veredelungskapazitäten erheblich erweitert, wodurch es heute weit weniger abhängig von Lieferungen aus dem Westen ist. Außerdem schützt China sich vor

Fälschungen aus Bankbeständen, indem es darauf besteht, dass alte, von Lieferanten im Westen erworbene 400-Unzen-Barren in der Schweiz eingeschmolzen und zu neuen Ein-Kilo-Barren von höherer Reinheit verarbeitet werden. Es ist sinnlos, gefälschte Barren an eine Goldschmelze zu liefern, da der Betrug beim Einschmelzen des Goldes sofort entdeckt würde. Gefälschte 400-Unzen-Barren verbleiben also im Westen.

Der Handel mit Goldderivaten stützt sich auf einen schrumpfenden Bestand an physischem Gold. Die an China gelieferten gefälschten Barren sind nur eines der Symptome der angespannten Lage am Markt für physisches Gold. Mein Freund, der Edelmetallhändler, hat mir gesagt, die Bestände an physischem Gold seien gefährlich knapp; Bestellungen von zehn oder mehr Tonnen seien ziemlich schwierig zu erfüllen. Das US-Recht schreibt vor, dass ein »Forward Sale« (»Terminverkauf«) von physischem Gold innerhalb von 28 Tagen durch eine entsprechende Lieferung abgewickelt werden muss. Andernfalls wird ein solcher Verkauf als »Futures Contract« (»Terminkontrakt«) eingestuft, der illegal ist, wenn er nicht an einer regulierten Warenterminbörse gehandelt wird. Angesichts der heute so angespannten Lage am Markt für physisches Gold wird diese Vorschrift ständig ignoriert, da viele Händler Schwierigkeiten haben, innerhalb von 28 Tagen zu liefern. Die US-Regierung hat anscheinend wenig Interesse, diese Vorschrift durchzusetzen. Solche illegalen Terminverkäufe müssten den von den Warenterminbörsen veröffentlichten Open-Interest-Positionen zugeschlagen werden, um die Größe der auf dem Kopf stehenden Pyramide von Goldderivaten ermessen zu können, die auf einem schrumpfenden Sockel von physischen Beständen ruht.

Das physische Gold im Sockel der auf dem Kopf stehenden Papiergold-Pyramide ist der Umlaufbestand, der sich vom Gesamtbestand unterscheidet. Der Umlaufbestand ist das Gold, das zur sofortigen Lieferung zur Verfügung steht, um die Aktivitäten der Händler zu ermöglichen. Der Gesamtbestand besteht aus dem gesamten physischen Gold, das auf der Welt vorhanden ist. Der größte Teil dieses Goldes wird in privaten Tresoren gehortet oder als Schmuck getragen; es steht dem Handel nicht ohne Weiteres zur Verfügung. Dies ist ein wichtiger Unterschied: Die Differenz zwischen Umlaufbestand und Gesamtbestand wirkt sich direkt auf die Gefahr aus, dass eine ausbleibende Lieferung nach einem Kauf von physischem Gold sich zu einer handfesten Gold-Kaufpanik auswachsen könnte.

Das Gold in den Tresoren der Zentralbanken des Westens, des IWF und der BIS ist Teil des Umlaufbestandes, der zur Verfügung steht, um ihn im Markt zu verleasen. Sobald eine mit Edelmetallen handelnde Bank durch eine Leasingvereinbarung einen Rechtsanspruch auf eine bestimmte Menge an Gold erworben hat, wird dieses Gold verwendet, um es auf Termin zu verkaufen, und zwar in »unallocated« (»nicht zugeteilter«) Form. Der Begriff »unallocated« ist ein Euphemismus. Er bedeutet, dass der Käufer an der Entwicklung des Goldpreises partizipiert und einen papierenen Vertrag in der Hand hat, aber kein Gold. Eine Tonne deutsches Gold, das in der Federal Reserve Bank of New York verwahrt und in London durch Vermittlung der BIS an Goldman Sachs verleast wird, kann verwendet werden, um Terminverkäufe über zehn Tonnen Gold an den Markt zu stützen. Jeder Käufer eines Teils dieser zehn Tonnen Gold glaubt, ihm gehöre Gold; freilich ist nur eine Tonne Gold vorhanden, um die zehn Tonnen an verkauftem Gold zu stützen. Und selbst diese eine Tonne Gold ist geleast und kann unter Umständen vom Leasinggeber vom Markt genommen werden.

Wenn das Gold einer Zentralbank an die chinesische Regierung verkauft und nach Schanghai geliefert wird, verschwindet dieses Gold bis auf Weiteres in einer unterirdischen Stahlkammer und steht für Leasingzwecke nicht mehr zur Verfügung. Der Gesamtbestand hat sich nicht geändert, aber der Umlaufbestand ist kleiner geworden. Das Gleiche gilt, wenn Länder wie etwa die Niederlande oder Deutschland ihr in der Federal Reserve Bank of New York verwahrtes physisches Gold zurückholen, um es in einem Tresor in Amsterdam oder Frankfurt einzulagern. Aus rechtlicher Sicht könnte dieses Gold von Deutschland oder den Niederlanden verleast werden, aber in keinem dieser Länder gibt es einen gut entwickelten Leasingmarkt. Das Leasinggeschäft wird hauptsächlich in New York und London abgewickelt, wo das Handelsrecht eindeutig ist und rechtliche Präzedenzfälle den Parteien einer Transaktion großes Vertrauen in die Durchsetzbarkeit von Verträgen vermitteln. Das heißt, dass die Rückführung von Gold nach Europa den Umlaufbestand an Gold verkleinert.

Der Umlaufbestand wird auch dann kleiner, wenn ein Anleger verlangt, dass sein Gold aus einem Tresor bei der UBS oder Credit Suisse in einen privaten Tresor bei Loomis oder Brink's verlagert wird. Gold in einem Banktresor steht zum Verleasen oder für mehrfache »unallocated« Verkäufe zur Verfügung, das Gold in einem privaten Tresor dagegen nicht. Hochrangige Manager von privaten Tresoranlagen haben mir persönlich angeboten, die Verlagerung von Gold aus einem Banktresor in die jeweilige private Anlage schriftlich zu bestätigen.

Ein weiteres Versagen im Markt für physisches Gold ist das illegale Ersetzen von »allocated« (»zugeteilten«) Barren. Manchen Käufern gehört ihr Gold in Form von »fully allocated« Barren, was bedeutet, dass sie das Eigentumsrecht an ganz bestimmten Goldbarren haben – und nicht nur einen papierenen Anspruch. In einen »Good delivery«-Standardbarren von 400 Unzen sind der Name der Schmelze, der Name des Prüfers, das genaue Gewicht (das etwas höher oder niedriger als 400 Unzen sein kann), das Herstellungsdatum, der Reinheitsgrad (der zwischen 99,50 und 99,99 Prozent liegen kann) sowie die weltweit eindeutige Seriennummer des Barrens eingeschlagen. Anhand dieses Prägestempels ist jeder Barren eindeutig zu identifizieren. Aber reines Gold ist »fungibel«, also austauschbar; das ist von jeher einer der Vorzüge von Gold gewesen. Ich habe schon unzählige Geschichten von Anlegern gehört, die eine physische Lieferung verlangt hatten, um dann festzustellen, dass sie Barren mit Herstellungsdaten oder anderen Markierungen erhielten, die von ihren Ladepapieren abwichen. Das bedeutet, dass die ursprünglichen Barren anderweitig verwendet und stattdessen andere Barren als Ersatz geliefert wurden. Der Empfänger erhebt in den meisten Fällen keine Einwände dagegen, denn Gold ist Gold. Das gilt allerdings nur, solange die Ersatzbarren keine Fälschungen sind. Auf jeden Fall ist jede Ersatzlieferung ein Hinweis auf Knappheit.

All diese Trends – Schwinden der COMEX-Lagerbestände, Rückführung von Gold nach Europa, zielstrebiger Golderwerb durch China, zunehmende Lagerung von Gold bei privaten Anbietern außerhalb des Bankensystems, illegales Ersetzen von Goldbarren sowie Fälschungen – beschleunigen sich. Das Ergebnis ist eine immer größere, auf dem Kopf stehende Pyramide von Goldderivaten, die auf einem immer kleineren Umlaufbestand an physischem Gold ruht. Bei Goldlieferungen kommt es immer häufiger zu Engpässen, Verzögerungen und Betrug. Einstweilen ignorieren die

Marktteilnehmer solche Störungen, da sie froh sind, überhaupt an Gold zu kommen, wenn auch manchmal etwas verspätet.

Dadurch, dass solche Engpässe auf dem Markt für physisches Gold für Insider immer sichtbarer werden, bahnt sich ein Phasenübergang an. Immer häufiger verlangen Goldeigentümer, die zwar einen Anspruch auf Gold, es aber nicht in ihrem physischen Besitz haben, ihnen ihr Gold auszuhändigen. Dieser Trend zeigt sich zum Beispiel in den kürzlichen Bemühungen von Deutschland und den Niederlanden, ihr Gold ins eigene Land zurückzuführen. Die Nachfrage nach physischem Gold zeigt sich auch in den von der Fed of New York veröffentlichten Berichten über Goldeinlagen. Im Jahr 2014 gingen diese Einlagen um 177,64 Tonnen zurück;[91] über die Hälfte dieses Rückgangs entfiel auf die relativ kurze Zeitspanne Oktober bis November 2014.[92] Diese Veränderung ging ausschließlich in eine Richtung; in keinem einzigen Monat jenes Jahres haben die Goldeinlagen bei der New York Fed zugenommen. Dieser hastige Abzug von physischem Gold geschah zur selben Zeit, als der Goldpreis sich vom Rohstoffpreisindex absetzte, was die Auffassung bestätigt, dass Gold Geld ist und dass es immer knapper wird.

Diese Trends sind nur Spezialisten und Insidern bekannt. Die breite Öffentlichkeit und die politischen Entscheidungsträger in den Vereinigten Staaten sind sich der Implikationen dieser Entwicklungen nicht bewusst. Die Knappheit von physischem Gold im Vergleich zu der Anzahl an Kontrakten und die Nervosität der Vertragsparteien im Hinblick auf eine ordnungsgemäße Lieferung haben einen klassischen Bankrun ausgelöst – wobei es sich allerdings dieses Mal um einen Ansturm auf Gold handelt.

Diese Dynamik erinnert an den Zustand des Goldmarktes von 1968 bis 1971, als die Europäer ihre Dollars gegen Gold aus Fort Knox einlösten, was Präsident Nixon dazu veranlasste, am 15. August 1971 das »gold window« zu schließen. Heute hat Gold keinen festen Preis mehr und es kommt auch nicht mehr aus Fort Knox, sondern aus den Beständen privater Verwahrer wie etwa der Federal Reserve und ETF-Sponsoren. Trotzdem ähneln sich die Dynamiken.

Das Umfeld ist reif für einen Lieferausfall, der hohe Wellen schlagen wird. Sobald es dazu kommt, werden sämtliche Anleger, die einen papierenen Anspruch auf Gold haben, zur selben Zeit physisches Gold verlangen.

Der Goldpreis wird in die Höhe schießen und die Intermediäre werden verzweifelt versuchen, immer knapper werdendes physisches Gold zu kaufen, um die versprochenen Lieferungen durchführen zu können. Auch Institutionen, die vorher nicht an Gold interessiert waren, werden plötzlich Gold in ihre Portfolios aufnehmen wollen, wodurch der Preisdruck nach oben sich noch verstärken wird. Das Endergebnis wird Ice-Nine für Gold sein: An den Goldbörsen wird der Handel eingestellt werden; Kontrakte werden aufgelöst und zum letzten Schlusspreis in Dollar beglichen werden; die Gegenparteien werden vom künftigen Preisanstieg und vom Zugang zu physischem Gold ausgeschlossen sein. Und alle, die noch kein Gold haben, werden überhaupt nicht mehr in der Lage sein, welches zu bekommen – für kein Geld der Welt.

Das Finanzsystem wird von Glück reden können, wenn eine Gold-Kaufpanik auf Gold beschränkt bleibt und nicht auf die Kapitalmärkte übergreift. Aber das ist unwahrscheinlich – finanzielle Nöte sind ansteckend. Und selbst wenn es gelingen sollte, eine Goldkaufpanik vorübergehend einzudämmen, wird das keineswegs bedeuten, dass die Kapitalmärkte stabil sind – es werden noch andere Schneeflocken fallen.

Die Dollar-Knappheit

Gold ist nicht die einzige Form von Geld, die knapp ist; auch der Dollar ist knapp und er wird von Tag zu Tag knapper. Eine akute Phase dieser Dollar-Knappheit wird sich bald in Form von Insolvenzen, Deflation und gescheiterten Banken manifestieren. Zu den reflationären politischen Reaktionen darauf werden Maßnahmen wie Gelddrucken, Monetisieren von Staatsschulden und Ice-Nine-Einfrierungen von Banken und Geldmarktfonds zählen. Der Konflikt zwischen den entgegengesetzten Kräften von Deflation und Reflation ist gigantisch und wird dazu führen, dass enorme Mengen an angesammeltem Wohlstand vernichtet werden.

Die Behauptung, der Dollar sei knapp, mag seltsam erscheinen. Zwischen 2008 und 2015 hat die Fed über 3,3 Billionen Dollar an neuem Geld geschöpft; andere Zentralbanken erzeugten im Vergleich zu ihrer jeweiligen Volkswirtschaft ähnlich große Mengen. Wie kann der Dollar knapp sein, wenn so viel neues Geld umherschwappt?

Die Antwort ist, dass nicht nur die Fed 3,3 Billionen Dollar an neuem Geld schuf, sondern gleichzeitig die Märkte über 60 Billionen Dollar an neuen Schulden und Hunderte von Billionen Dollar an neuen Derivaten erzeugten. Das neu geschaffene Geld wurde über diverse Kanäle mit einem Faktor von mehr als 50 zu 1 gehebelt. Nicht alle neuen Schulden und Derivate stellen nach der konventionellen Definition des Begriffes »Geld« dar, aber trotzdem bewirken diese Schulden einen Zustand, in dem eine Gegenpartei erwartet, ihr »Geld zurückzubekommen«, und zwar zu einem bestimmten Zeitpunkt gemäß den vertraglich fixierten Vereinbarungen. Wenn solche Verträge nicht erfüllt werden oder wenn der Wert der hinter den Verträgen stehenden Sicherheiten verfällt oder wenn die Aussichten auf Erfüllung solcher Verträge schwinden, beginnt ganz allmählich eine breite Liquidation. Nach und nach weigern sich Gläubiger mit fällig werdenden Forderungen, ihre Finanzierungsfazilitäten umzuschulden, Banken lehnen es ab, anderen Banken etwas zu leihen und Buchhalter rufen nach Abschreibungen. Und das gesamte weltweite System rutscht ins Deleveraging, das heißt, Fremdkapital wird reduziert. Man könnte sagen: »Alle wollen ihr Geld zurückhaben« – aber es gibt nicht genug echtes Geld, um jedem sein Geld zurückzugeben, und dann beschleunigt sich das Liquidieren, und die Dollar-Knappheit zeigt ihre Zähne.

Die Anzeichen für diese Liquidation stammen aus mehreren Quellen. Dass der US-Dollar laut den wichtigen Dollar-Indizes von 2013 bis 2016 immer stärker wurde, ist ein guter Beleg für die steigende globale Dollar-Nachfrage. Akute Eurodollar-Interbanken-Finanzierungsprobleme bei etlichen großen italienischen Banken seit Juni 2016 sind weitere Indizien. Dass China, Russland und Saudi-Arabien in der ersten Jahreshälfte 2016 unterm Strich mehr US-Schatzwechsel verkauften, als sie kauften, waren ein Beleg dafür, dass diese Länder Dollar brauchten, um Forderungen nach Kapitalabflüssen zu befriedigen oder um unhaltbare Wechselkursbindungen aufrechtzuerhalten.

Der faszinierendste Beleg für eine Dollar-Knappheit ist das verheddertе Trio der Kurse von Fünf-Jahres-TIPS, Gold und Zehn-Jahres-Schatzwechseln. »TIPS« steht für »Treasury Inflation-Protected Securities«; dabei handelt es sich um eine spezielle Art von Schatzwechsel, bei dem der Nennwert an die Inflation gekoppelt ist. Das bedeutet, dass die TIPS-Rendite eine reale Rendite ist; daher ist es nicht notwendig, einer nominalen Rendite einen Inflationsausgleich aufzuschlagen, weil das Kapital bereits gegen Inflation geschützt ist. Wenn ein Anleger einen Aufschlag auf den Nennwert zahlt, um eine TIPS-Anleihe zu kaufen, ergibt sich daraus eine negative Rendite auf die Endfälligkeit, da der Anleger dann das inflationsbereinigte Kapital *abzüglich* dem gezahlten Aufschlag ausgezahlt bekommt.

Von 2006 bis 2016 zeigten der Goldpreis und Fünf-Jahres-TIPS (gemessen an ihrer Rendite auf einer invertierten Skala) eine starke positive Korrelation. Das ergibt Sinn, denn wenn die Renditen von Anleihen negativ sind, ist Gold attraktiver, da Gold keine Rendite – also eine Rendite von null – hat. Eine höhere negative Rendite auf TIPS sollte mit einem höheren Dollar-Goldpreis korrelieren, und das tut sie auch. Negative reale Renditen und ein höherer Dollar-Goldpreis sind frühe Warnsignale einer kommenden Inflation. Angesichts der Unmengen an Geld, die von Zentralbanken in aller Welt erzeugt wurden, sind Erwartungen einer höheren Inflation durchaus vernünftig.

Der Ausreißer in diesem Trio ist der Zehn-Jahres-Schatzwechsel. Das Kapital dieser Wechsel ist nicht gegen Inflation geschützt und deswegen suchen Anleger höher verzinste Schatzwechsel oder kaufen sie mit einem Preisabschlag, um sich vor Inflation zu schützen. Die Rendite auf die Endfälligkeit eines Zehn-Jahres-Schatzwechsels stellt eine Kombination aus Kreditrisiko (typischerweise niedrig) und Inflationsrisiko (das auf den wirtschaftlichen Bedingungen basiert und variieren kann) dar. Wenn Gold und Fünf-Jahres-TIPS Inflation signalisieren, sollte die Rendite auf Zehn-Jahres-Schatzwechsel steigen und ihr Kurs fallen. Aber das Gegenteil geschah. Die Rendite von Zehn-Jahres-Schatzwechseln kollabierte von 5,2 Prozent am 6. Juli 2007 auf 1,3 Prozent am 8. Juli 2016, eine der beeindruckendsten Rallyes auf dem Anleihenmarkt seit Menschengedenken. Hedgefonds und Banken erlitten Milliardenverluste, weil sie eine vermeintliche Blase am Anleihemarkt geshortet hatten, während die Renditen immer weiter fielen und die Kurse auf immer neue Höchststände kletterten. Diese Kursbewegungen sind ein starkes Indiz dafür, dass die Märkte eine deflationäre Entwicklung und schwaches Wirtschaftswachstum – oder gar eine Depression – erwarten.

Der Goldpreis und die Kurse von TIPS-Anleihen kündigen Inflation an; die Kursentwicklung der Zehn-Jahres-Schatzwechsel signalisiert Deflation. Ja, was denn nun? Für einen Ökonomen, der an effiziente Märkte glaubt, haben die Märkte immer recht – aber wie können diese Märkte recht haben, wenn sie gegensätzliche Entwicklungen ankündigen? Die Antwort auf diese Frage ist, dass heutzutage inflationäre und deflationäre Kräfte in einer instabilen dynamischen Spannung koexistieren, die sich jederzeit gewaltsam in die eine oder andere Richtung lösen kann – wie eine geologische Verwerfungslinie, die ein Erdbeben auslöst –, was zu einem Kursschock führen würde, auf den die meisten Anleger schlecht vorbereitet sind.

Die nuancierte Art, die Kurse von Gold, TIPS und Zehn-Jahres-Schatzwechseln in Einklang zu bringen, ist, sie als ein groteskes Dreieck der Angst aufzufassen. Ein Anleger, der eine Inflation befürchtet, kauft TIPS und Gold. Ein Anleger, der eine Deflation befürchtet, kauft Zehn-Jahres-Schatzwechsel. Ein kluger Investor wird alle drei kaufen, da sowohl Inflation als auch Deflation im Spiel sind. Die wahrscheinliche Entwicklung ist, dass es zuerst aufgrund von übermäßiger Verschuldung und Deleveraging zu einer kurzfristigen Deflation und Rezession kommen wird, auf die schnell eine Inflation folgt, die auf die politische Reaktion von Zentralbank und Finanzbehörden auf die Deflation zurückgeht. Einem Physiker wird dieses Hin und Her bekannt vorkommen, da es ein Beispiel eines komplexen Systems am Rande des Chaos ist, das anfängt »herumzueiern«, bevor es völlig außer Kontrolle gerät. Am Ende muss die Inflation gewinnen; die Regierungen brauchen sie und finden immer einen Weg, sie zu erzeugen. Aber auf kurze Sicht wird die Deflation sich durchsetzen, bis die Regierung zu stärkeren Gegenmitteln greift, etwa zur Monetisierung von Staatsschulden.

Diese unsichere Lage, in der sich Deflation und Inflation sozusagen ein Tauziehen liefern, wird durch die Dollar-Knappheit noch verstärkt, weil sie dazu führt, dass das inflationäre Gelddrucken der Zentralbanken und die immer höhere Staatsverschuldung durch rezessionär wirkende Kreditausfälle ausgeglichen wird. Die Dollar-Knappheit von heute ist eine Neuauflage der Dollar-Knappheit der 1950er-Jahre. Nach dem Zweiten Weltkrieg waren die US-Industriekapazitäten als Anteil an den weltweiten Kapazitäten und die US-Goldreserven auf einem Allzeithoch. Zur gleichen Zeit waren die Produktionskapazitäten Europas und Japans durch den Krieg zerstört und ihre Reserven erschöpft. Die Menschen in Europa und Japan waren schlichtweg nicht in der Lage, das zu kaufen, was die USA anboten, weil ihnen die Dollars dafür fehlten. Der erste Teil der Lösung bestand darin, dass die Vereinigten Staaten der Welt Dollars gaben, und zwar durch den Marshallplan und in Form von Rüstungsausgaben für den Koreakrieg. Als zweiten Teil der Lösung lieferten die USA Dollars, indem sie massive Handelsbilanz- und Haushaltsdefizite auflaufen ließen. Das dauerte zwar eine Weile, aber es funktionierte: Bis Ende der 1960er-Jahre war aus der Dollar-Knappheit eine Dollar-Schwemme geworden. Als dann die Inflation das Kommando übernahm, wollten die Handelspartner der USA keine Dollars mehr haben und tauschten ihre Dollarbestände in Gold um, was dann dazu führte, dass Nixon das »gold window« schloss.

Die Ereignisse von der Dollar-Knappheit der 1950er-Jahre zur Dollar-Schwemme der 1960er-Jahre sind ein prägnantes Beispiel für das Triffin-Dilemma, das nach dem belgischen Ökonomen Robert Triffin benannt wurde, der 1960 diese Theorie veröffentlicht hat. Triffin sagte richtig voraus, dass die Vereinigten Staaten anhaltende Handelsbilanzdefizite gegenüber dem Rest der Welt würden produzieren müssen, um der Welt so viele Dollars zu liefern, dass sie damit den globalen Handel und die weltweiten Zahlungsströme finanzieren konnte. Das Dilemma besteht darin, dass die Vereinigten Staaten, wenn sie diese Defizite über längere Zeiträume auflaufen lassen, über kurz oder lang pleitegehen müssen. In der Zeit bis 2016 waren die Vereinigten Staaten dem Punkt nahegekommen, den Triffin über 60 Jahre vorher so scharfsinnig vorausgesagt hatte. Dadurch wurden ihre Möglichkeiten eingeschränkt, die Welt auch weiterhin mit Dollars zu versorgen. Da die Welt jedoch auf Dollars angewiesen war, drohte die daraus entstehende Dollar-Knappheit die globalen Kapitalmärkte zu destabilisieren. Das wirkliche Dilemma bestand darin, dass noch kein weithin anerkannter, weithin gehaltener Ersatz für den Dollar aufgetaucht war. Hinter den Kulissen wartet das SDR, um sich die Krone des Dollars aufzusetzen, aber dieser Übergang braucht Zeit – es sei denn, er wird durch eine Krise beschleunigt.

Die Welt ist ein Minenfeld von faulen Krediten, das nur darauf wartet, in die Luft zu gehen, was zu einer generellen Dollar-Liquiditätskrise führen würde. Die Frage ist nur, welche Mine als Erste explodieren wird. Von 2009 bis 2015 wurden im Energiesektor über 5,4 Billionen Dollar an Krediten vergeben, der größte Teil davon an die Fracking-Industrie. Die Tragfähigkeit dieser Kredite basierte auf einem Ölpreis von mindestens 70 Dollar pro Barrel. Da der Ölpreis seit Ende 2014 bis Ende 2016 unter 60 Dollar lag, begannen die Ausfallquoten für diese Kredite in die Höhe zu schnellen. Ebenso bedrohlich sind die von Großunternehmen in Schwellenländern in Dollar aufgelegten Anleihen, deren Volumen von der BIS auf über neun Billionen Dollar geschätzt wird. Hierbei handelt es sich nicht um Staatsanleihen von der Sorte, wie sie 2009 in Dubai und dann 2011 in Griechenland zu Krisen führten, sondern vielmehr um Unternehmensanleihen, die von lokalen Industriebetrieben und Rohstoffproduzenten aufgelegt wurden, von Russland bis Brasilien, Mexiko, Indonesien, Türkei und darüber hinaus.

Staatsschulden können mit den Hartwährungsreserven des betreffenden Landes bedient werden, ergänzt durch IWF-Kredite, Währungsswaps und Anleihenkäufe der Zentralbank, falls erforderlich. Unternehmensschulden sind anfälliger. Ein Konzern, der Anleihen begeben hat, kann vielleicht mit Exporten Dollars verdienen, aber bei vielen ist das nicht der Fall. Der in letzter Zeit starke Dollar bedeutet, dass selbst exportierende Firmen im Verhältnis zu ihrer Verschuldung weniger Dollars verdienen, wodurch die Rückzahlung dieser Schulden beschwerlicher wird. Ein Konzern kann unter Umständen durch die Zentralbank seines Heimatlandes Zugang zu Devisenreserven bekommen, kann sich dessen aber nicht sicher sein – vor allem wenn diese kostbaren Reserven gebraucht werden, um die Staatsschulden zu bedienen, so zum Beispiel in Russland.

Selbst wenn die Ausfallquote solcher Energiesektor- und Schwellenländer-Kredite bei nur zehn Prozent liegt, kann dadurch trotzdem über eine Billion Dollar an Verlusten entstehen – und noch höhere Verluste durch damit verknüpfte Derivate. Die Welt ist wieder einmal außerordentlich anfällig für eine Schuldenkrise, wie sie es schon 2007 war.

Der Ursprung dieses neuen Schuldenschocks zeigt, dass die Zentralbankiers von heute auch nicht besser sind als ihre Vorgänger. Im Jahr 1998 wurde die Krise durch Schwellenländer-Staatsschulden und den Hedgefonds LTCM ausgelöst. Dann verpflichteten die Aufsichtsbehörden die

Banken, Hedgefonds genauer auf Herz und Nieren zu prüfen, und die Schwellenländer bauten vorsichtshalber höhere Dollar-Reserven auf. Im Jahr 2008 kam die Krise aus einer unerwarteten Richtung: Hypotheken. Die Aufsichtsbehörden verschärften daraufhin die Kreditvergabestandards, erhöhten den erforderlichen Eigenkapitalanteil und verbesserten die Abschlussrichtlinien. Die jetzige neue Krise kommt aus einer anderen unerwarteten Richtung: Unternehmensschulden.

Auch eine chinesische Schuldenkrise zeichnet sich ab. Von 2009 bis 2016 wurden in China Investitionen von über zehn Billionen Dollar für nutzlose Infrastrukturprojekte und Geisterstädte verschwendet und versanken im Sumpf der Korruption. Diese Ausgaben wurden zum Teil von kleinen Sparern finanziert, die in kettenbriefartige Vermögensverwaltungsprodukte investiert hatten, sowie von chinesischen Banken und ausländischen Kreditgebern, die darauf brannten, an der fragwürdigen Geschichte vom rekordverdächtigen Wirtschaftswachstum Chinas mitzuverdienen. Diese Situation wird von der People's Bank of China durch Stellschrauben wie Leitzins und Mindestreserveanforderungen manipuliert, während das durch faule Kredite verursachte Problem immer schlimmer wird. Immer wieder lösen die Aufsichtsbehörden das aktuelle Problem, ohne das nächste kommen zu sehen, und zwar weil das eigentliche Problem nicht die faulen Kredite sind, sondern die lockere Geldpolitik, die überhaupt erst zum Entstehen dieser Schulden geführt hat. Die Marktteilnehmer sind bei der Suche nach Möglichkeiten, Schulden und Derivate zu produzieren, einfallsreicher als Zentralbanken (wozu allerdings nicht viel gehört). Das war Jeremy Steins Erkenntnis und Sorge.

Eine weitere bösartige Bedrohung ist Deflation. Obwohl die Haushaltsdefizite in den entwickelten Ländern sinken, steigen ihre Schuldenquoten immer weiter, weil das nominale Wachstum so gering ist. Der Dollarwert der von einer Volkswirtschaft produzierten Güter und Dienstleistungen kann sinken, obwohl sie real wächst, wenn jeder nominale Dollar durch Deflation mehr wert ist. Das ist zwar kein Problem für den Lebensstandard der Menschen, aber es ist ein Albtraum für die Bedienbarkeit von Schulden, da Schulden stets zum nominalen Betrag abgerechnet werden. Wenn jeder Dollar mehr wert ist, steigt die Schuldenlast, obwohl das Haushaltsdefizit sinkt; so sieht die Welt im seltsamen Wunderland der Deflation aus.

Eine Zentralbank nach der anderen stieg in Währungskriege ein und senkte die Zinsen, um die eigene Währung im Vergleich zu denen der Handelspartner zu verbilligen. In Japan, in der Schweiz und im Euroraum sind die Leitzinsen inzwischen negativ. Auch in anderen Märkten erbringen Staatsanleihen negative Gesamtrenditen. Negative Zinsen können das langsame weltweite Wirtschaftswachstum vorübergehend abfedern, aber wo soll die geldpolitische Lockerung bei der nächsten Panik herkommen? Die Zentralbanken nahmen an, sie könnten die Zinssätze wieder normalisieren, bevor die nächste Panik ausbricht. Der richtige Zeitpunkt, um die Zinsen zu normalisieren, war Ende 2009 – jetzt ist es dafür zu spät. Die nächste Krise wird kommen, bevor der aktuelle Lockerungszyklus wieder zurückgedreht worden ist. Dann werden die Zentralbanken nur noch einen einzigen Pfeil im Köcher haben, nämlich massive neue QE-Programme. Diese neue Gelddruckorgie wird das in Zentralbankgeld gesetzte Vertrauen aufs Äußerste strapazieren.

Neben dieser Liste an Katalysatoren, die von Gold, Verschuldung, Deflation und Insolvenzen ausgehen, existieren auch exogene Bedrohungen, die im geopolitischen Raum entstehen und schnell auf die Finanzmärkte übergreifen, wo sie zu Panik führen können. Zu solchen Bedrohungen zählen konventionelle Kriege, Cyberkriege, Attentate, Suizide bekannter Persönlichkeiten, Störungen kritischer Infrastruktur sowie terroristische Anschläge.

Und schließlich gibt es auch noch Naturkatastrophen wie Erdbeben, Vulkanausbrüche, Hurrikane der Kategorie 5 und tödliche Epidemien.

Skeptiker sagen, Kriege, Erdbeben, Krankheiten und Ähnliches mehr habe es schon immer gegeben, es sei der Welt aber trotzdem gelungen, zu überleben und hinterher wieder neuen Wohlstand aufzubauen. Das stimmt. Aber die Welt steckte auch noch nie so tief im Schuldensumpf wie heute. Gesellschaften mit niedrigen Schulden sind widerstandsfähig gegen Katastrophen. Sie können Kapital mobilisieren, Steuern erhöhen, mehr Geld ausgeben und alles neu aufbauen, nachdem der Schaden angerichtet wurde. Hoch verschuldete Gesellschaften sind anfälliger: Panische Gläubiger fordern ihr Geld zurück, was zu Notverkäufen, abstürzenden Märkten und Pleiten führt. Das Klima einer Finanzpanik ist nicht gerade förderlich für die Bildung von neuem Kapital. Ohnehin schon angespannte Budgets können nicht noch weiter strapaziert werden, um Nothilfemaßnahmen zu finanzieren. Ohnehin schon überlastete Steuerzahler können nicht noch höher besteuert werden. Die politisch Verantwortlichen können auf allerlei Knöpfchen drücken und an diversen Hebeln ziehen, aber der Übertragungsmechanismus funktioniert nicht mehr – verschuldete Gesellschaften erholen sich nicht mehr. Sie scheitern.

Erdbeben 2018

Metaphern, die auf Erdbeben und Lawinen zurückgreifen, können nützlich sein, um die Dynamiken eines kollabierenden Finanzsystems zu beschreiben. Aber diese Dynamiken sind mehr als bloße Metaphern. Die Dynamiken eines komplexen Systems und die mathematischen Modelle, die verwendet werden, um sowohl natürliche als auch finanzielle Katastrophen zu beschreiben, gleichen sich im Wesentlichen. Wenn wir diese System-Metaphern verwenden, müssen wir den zeitlichen Maßstab bedenken. Eine nukleare Explosion vollzieht sich in wenigen Nanosekunden, ein Erdbeben in einigen Sekunden. Ein Tsunami entfaltet sich über mehrere Stunden. Ein Hurrikan ballt sich zusammen und richtet seine Verwüstungen über einen Zeitraum von Tagen, manchmal Wochen an. Die Zeiträume unterscheiden sich aufgrund der Größe des Systems, in dem die Dynamik sich abspielt, und der Geschwindigkeit der Reaktionsfunktionen zwischen den verschiedenen Bestandteilen dieses Systems. Ein Zusammenbruch des Finanzsystems ist gleichsam wie eine Supernova: ein folgenschweres Ereignis, das mehrere Jahre andauern kann, oder, im Fall einer echten Supernova, viele Jahrtausende. Dieser Unterschied ist nicht etwa darauf zurückzuführen, dass letzteres Ereignis weniger dynamisch wäre, sondern dass das betreffende System unermesslich viel größer ist.

Ein Zusammenbruch einer Währung, der sich anscheinend in Zeitlupe vollzog, war der Niedergang des Pfund Sterling und der Aufstieg des Dollars als dominante globale Reservewährung. Die Verabschiedung des Abschlussprotokolls der Konferenz von Bretton Woods am 27. Dezember 1945 wird häufig als das naheliegendste Datum angesehen, um den Moment zu markieren, in dem der Dollar offiziell das Pfund verdrängte. Das geschah aufgrund der neuen Weltwährungsordnung, auf die man sich im

Juli 1944 in Bretton Woods geeinigt hatte. Sie definierte die spezielle Rolle des an Gold gebundenen Dollars, an den wiederum andere Währungen über feste Wechselkurse gekoppelt waren, wodurch der Spielraum für Abwertungen begrenzt wurde, überwacht vom IWF.

Tatsächlich aber wurde das Pfund Sterling schon 30 Jahre früher aus seiner Rolle als dominante Reservewährung verdrängt, und zwar im November 1914. Damals begannen die Goldflüsse zwischen den Vereinigten Staaten und Großbritannien sich umzukehren, was bedeutete, dass immer mehr Gold zurück in die USA floss. Große Zuflüsse an Gold nach Großbritannien hatten am 29. Juli 1914 begonnen, als das Vereinigte Königreich eine Reihe von Investments gegen Gold liquidierte, um den Ersten Weltkrieg zu finanzieren. Nach den vereinbarten Spielregeln blieb den Vereinigten Staaten nichts anderes übrig, als dieses Gold nach England zu verschiffen, um ihren Verpflichtungen nachzukommen. Dieser Abfluss von Gold aus den Vereinigten Staaten wurde von John Pierpont »Jack« Morgan jr. und seinen Partnern bei J. P. Morgan & Company souverän gemanagt.

Bis November 1914 war die Liquidationsphase beendet und der Markt für kurzfristige Warenwechsel stabil. Bald nahm statt der Kapitalflüsse die Handelsbilanz die dominante Rolle ein. Großbritannien war dringend auf US-Exporte wie Nahrungsmittel, Baumwolle und Kriegsmaterial angewiesen. Sobald Probleme wie Transportversicherung zu Kriegszeiten und bestimmte Lieferhindernisse gelöst waren, wurden Güter in riesigen Mengen aus den Vereinigten Staaten nach England verschifft. Nach den vereinbarten Spielregeln musste der daraus resultierende Handelsbilanzüberschuss der Vereinigten Staaten in Gold ausgeglichen werden. Dies war der Beginn einer massiven Anhäufung von Gold durch die neu gegründete Fed und die privaten Eigner der US-Zentralbank.

Die Rolle des Pfund Sterling zwischen 1914 und 1944 war eine Fassade. Die Tatsache, dass London auch weiterhin ein wichtiges Finanzzentrum blieb und das Pfund seine Rolle als Reservewährung behielt, hatte eher mit Großbritanniens Monopol-Absatzmarkt in Gestalt des Britischen Empires und dem Wohlwollen anglophiler Bankiers wie J. P. Morgan zu tun als mit immanenter Stärke. Der Ökonom Barry Eichengreen hat diesen Übergang und das Tauziehen zwischen Dollar und Sterling um die Krone der globalen Reservewährung in den Jahren zwischen den Kriegen in seinem Buch

Golden Fetters: The Gold Standard and the Great Depression, 1919-1939 brillant beschrieben.[93]

De facto büßte das britische Pfund schon 1914 seinen Status als Reservewährung ein, aber bis 1944 erkannte die Welt seinen Niedergang nicht. Dreißig Jahre sind zwar deutlich länger als eine Nanosekunde, aber dennoch war der Kollaps des Pound Sterling ein nicht aufzuhaltender dynamischer Prozess. Insider bei J. P. Morgan wussten Bescheid; sie hatten täglich mit Gold zu tun und sahen die globalen Goldflüsse. Vielleicht hat in unserer Zeit der Dollar *schon jetzt* seinen dominanten Status verloren; das wird von bestimmten Insidern für möglich gehalten, aber von den meisten Anlegern nicht gesehen, weil sie von der Fassade des Weltreichs geblendet werden, welche die Vereinigten Staaten nach wie vor aufrechterhalten. Der Niedergang des Dollar wird möglicherweise kein dramatisches und welterschütterndes Ereignis sein, das in der Zukunft auf uns wartet; vielleicht ist er schon jetzt im Gange. In seinem Gedicht »Die hohlen Männer« schrieb T. S. Eliot: »Auf diese Art geht die Welt zugrund / Nicht mit einem Knall: mit Gewimmer«.[94] Nur die wenigsten können das Gewimmer hören.

Zukünftige Historiker werden vielleicht auf den 18. September 2008 als den Tag zurückblicken, an dem der Dollar starb. Damals ließ die Fed die Notenpresse auf Hochtouren laufen, um schnell um sich greifende Brände bei Lehman Brothers, AIG und Goldman Sachs zu ersticken. Zur gleichen Zeit begann China, massive Zuflüsse von Gold in die Wege zu leiten, aber nicht nach einem Goldstandard, sondern über heimliche Käufe, die über Geheimagenten und die Methoden von Geheimdiensten abgewickelt werden. Die Illusion eines starken Dollars wird aufrechterhalten, aber das Fundament, auf dem er ruht, beginnt zu bröckeln.

Zwar ist es möglich, im Rückblick den Höhepunkt einer Entwicklung zu erkennen, aber der Niedergang eines Finanzsystems in Echtzeit sieht anders aus. Der Kollaps vollzieht sich phasenweise, über Jahre, und hin und wieder kommt es dabei auch zu ruhigeren Phasen, in denen Entwarnung gegeben wird und die Anleger aus ihren Schutzbunkern gekrochen kommen – allerdings nur, um dann noch heftiger ausgebombt zu werden.

Komplexität in einem System legt den Keim für den Kollaps ebendieses Systems. Warum hat die europäische Zivilisation in den tausend Jahren zwischen dem Fall Roms und dem Beginn der Renaissance keinen generellen Zusammenbruch erlebt? Die Antwort auf diese Frage ist, dass es kein Europa im systemischen Sinne gab. Die europäischen Ländern waren ein kaum vernetzter Flickenteppich von kleinen Königreichen, Fürstentümern und den räuberischen Wikinger-Kulturen. Es gab Kriege, Eroberungen, Kultur, Religion und die schönen Künste, aber es gab kein europäisches System im großen Maßstab.

Erst mit dem Aufstieg zentralistischer Staatsgebilde wie Frankreich, Schweden, Russland und England im 16. Jahrhundert traten Dynamiken zutage, wie sie für große Systeme typisch sind. Erhöhte Dichtefunktionen führten zu drei großen Systemzusammenbrüchen, nämlich dem Dreißigjährigen Krieg, den Napoleonischen Kriegen und den Weltkriegen des 20. Jahrhunderts. Auf jeden dieser Zusammenbrüche folgten konzertierte Anstrengungen, das System mit allseits respektierten Spielregeln zu stabilisieren. Die Antwort auf den Dreißigjährigen Krieg war der Westfälische Friede von 1648, der das moderne System souveräner Staaten begründete und die Staatsräson zur Leitlinie für die Staatskunst erhob anstelle von Religion und einem Herrschaftsanspruch der Könige »von Gottes Gnaden«. Die Beendigung der Napoleonischen Kriege führte zur Schlussakte des Wiener Kongresses, die am 9. Juni 1815 verabschiedet wurde. Die Schlussakte beschnitt die Macht Frankreichs, ohne jedoch allzu harte Wiedergutmachung von Frankreich zu fordern. Der Wiener Kongress legte das Fundament für die moderne Diplomatie und die Praxis des Machtgleichgewichts in internationalen Beziehungen. Die relativ stabile, friedliche und florierende Zeit nach dem Wiener Kongress wurde als »Europäisches Konzert der Großmächte« oder »Pentarchie« bekannt.

In der Zeit nach dem Ersten Weltkrieg konnte sich kein stabiles System entwickeln, wie es 1648 und 1815 der Fall gewesen war. Der am 28. Juni 1919 unterzeichnete Friedensvertrag von Versailles war gegenüber dem Kriegsverlierer Deutschland auf politische Vergeltung ausgelegt und wirtschaftlich nicht tragfähig. Der Versailler Vertrag trug zum Entstehen einer Hyperinflation und der Weltwirtschaftskrise bei und war eine der direkten Ursachen für den Zweiten Weltkrieg. Erst am Ende dieses Krieges konnte es über eine Reihe von Vereinbarungen in den Jahren 1944 und 1945 – darunter auch Bretton Woods und die Charta der Vereinten Nationen – wieder zu stabilen Verhältnissen kommen, im Rahmen einer hegemonischen neuen Weltordnung unter der Führung der Vereinigten Staaten und der Sowjetunion.

Der Gegensatz zwischen den tausend Jahren von 500 bis 1500 n. Chr. und den 500 Jahren seit 1500 zeigt, wie wichtig die Größe des Systems ist. Im Mittelalter kamen und gingen Königreiche, aber es kam nie zu einem katastrophalen Zusammenbruch. Die politische Fragmentierung wirkte wie die wasserdichten Schotten in einem Schiff und die niedrige Netzwerkdichte erzeugte Resistenz gegen politische und wirtschaftliche Ansteckungsgefahren. Nach 1500 haben das immer größere System und seine immer dichtere Vernetztheit in Europa zu exponentiell größer werdenden Zusammenbrüchen geführt – genau das, was die Komplexitätstheorie vorhersagt.

Etwa sechzig Jahre nach dem Wiener Kongress kollabierte das Europäische Konzert phasenweise. Die deutsche und die italienische Vereinigung, die 1871 vollzogen waren, signalisierten eine starke Zunahme der Netzwerkdichte und der systemischen Größe Europas. Die politische Netzwerkdichte wurde noch verstärkt durch wirtschaftliche Netzwerke, die durch die Erfindung oder den Ausbau von Telefonsystemen, Eisenbahnen, Dampfschiffen, Elektrizität und anderen Innovationen entstanden. Je komplexer das System wurde, zu umso kniffligeren und heftigeren Krisen kam es. Der Niedergang des Osmanischen Reichs, der Russisch-Japanische Krieg von 1905 und die Balkankrise von 1912 waren Symptome einer einzigen Krise, die zur Zerstörung Europas und, in der Zeit von 1914 bis 1945, zum Zusammenbruch von Reichen führte. Erster und Zweiter Weltkrieg können am besten und werden von zukünftigen Historikern als ein einziger, ausgedehnter systemischer Zusammenbruch von Europa, Japan, China und dem Britischen Empire betrachtet werden. Komplexität ist tödlich.

Wo stehen wir heute? Die kinetische Kriegsführung im Kern der Dynamiken eines komplexen Systems wurde durch Finanzkrisen ersetzt. Die Finanzkrisen von 1998 und 2008 sind die Entsprechungen der Kriege zwischen 1870 und 1912, die in Russland, zwischen Frankreich und Deutschland und auf dem Balkan stattfanden. Sie sind Warnungen – ein leichtes Beben der Erde kurz vor einem Unglück unvorstellbaren Ausmaßes. Diese Vorhersage ist keine bloße Vermutung, sondern eine zu erwartende Folge der Systemdynamiken. Dieser Gang der Ereignisse ist nicht unvermeidlich, aber sehr wahrscheinlich. Ein Schritt zurück vom Abgrund erfordert kleinere Banken, weniger Derivate, weniger Leverage und solides Geld, das vielleicht in irgendeiner Form an Gold gebunden sein sollte. Keines dieser Heilmittel ist in Sicht, der Zusammenbruch des Systems dagegen durchaus.

Kapitel 7:

Freudenfeuer der Eliten

*Die Tragik von schlechten ökonomischen Ideen besteht darin, dass es nahezu
unmöglich ist, die Menschen davon zu überzeugen, sie wieder aufzugeben,
wenn sie sich erst mal in der Vorstellungswelt der Gesellschaft eingenistet haben.
Stattdessen müssen solche Ideen ... durch Erfahrung widerlegt werden.*[95]

Thomas I. Palley, Ökonom und Schriftsteller, From Financial Crisis to Stagnation (2012)

Das Gnu und der Löwe

Der Schutz eines Gnus gegen einen Löwen ist die Herde. Ein einzelnes
Gnu kann gegen einen Löwen nichts ausrichten. In der Serengeti-Steppe,
die sich vom Norden Tansanias bis in den Süden Kenias erstreckt, nähert
sich im Morgengrauen ein Löwe einer Gnuherde, nimmt eine der großen
Antilopen ins Visier und greift an. Die Gnus reagieren wie ein einziger Organismus, ergreifen panisch die Flucht, wirbeln eine riesige Staubwolke
auf und ändern immer wieder die Richtung. Als der Löwe zuschlägt, greifen sie in kleinen Gruppen an und versuchen, ihn durch heftige Stöße mit
den Hörnern und wutschnaubende Tritte zu zwingen, von ihrem Opfer
abzulassen und den Rückzug anzutreten. Aber nur selten geht das Raub-
tier leer aus; meistens gelingt es ihm, ein Gnu zu erlegen. Dann macht der
Löwe sich daran, auf der inzwischen im grellen Sonnenlicht daliegenden
Ebene das Fleisch zu fressen, und teilt es mit den anderen Tieren des Ru-
dels, während noch warmes Blut von seinen Lefzen tropft. Aus Sicht der
Gnus mag zwar der Verlust eines einzelnen Tiers bedauerlich sein, aber
die Herde hat überlebt.

Diese Szene aus der ostafrikanischen Steppe bringt die monetäre Geisteshaltung der Eliten zum Ausdruck. Die Finanzeliten sind die Herde. Es
handelt sich nicht um finstere Gestalten aus dem Untergrund, sondern

vielmehr um eine ganz bestimmte Gruppe von Personen – Finanzminister, Zentralbanker, Akademiker, Journalisten und Mitarbeiter von Thinktanks. Sie führen Vermögensverwaltungen von Boston bis Peking, sie beraten Präsidenten und Premierminister. Und sie haben Protegés, die zu gegebener Zeit ihren Platz einnehmen können.

Die Besetzung ändert sich von Zeit zu Zeit. Heute stehen Christine Lagarde, Mario Draghi und Larry Summers auf der elitären Liste, um nur einige von ihnen zu nennen; vor nicht allzu langer Zeit waren es noch Jean-Claude Trichet und Dominique Strauss-Kahn. Sie wirbeln von öffentlichen zu privaten Veranstaltungen, etwa im Stil eines Robert Rubin; sie begegnen sich bei privaten Diners am Rande von Treffen in Davos oder Aspen. Sie treffen sich zu Konklaven bei der BIS in Basel, wo keine Gesprächsprotokolle geführt werden. Sie kontrollieren die globalen Finanzen und dadurch indirekt auch die globale Politik, da die Politik finanziellen Zwängen unterliegt. Sie regieren die Welt.

Heute sind sie eine Herde auf der Flucht, aufgeschreckt durch einen Löwen. Der »Löwe« ist das Scheitern ihrer eigenen Ideen.

Die Eliten führen der Öffentlichkeit gewohnheitsmäßig rituelle Meinungsverschiedenheiten vor. Solche Zänkereien sind hauptsächlich Show. Hinter solchen Diskussionen steht eine erschreckende Konformität von Grundüberzeugungen. Zentralbanker wie Lael Brainard, ein Demokrat, und Kristin Forbes, eine Republikanerin, sind sich über so gut wie jede politische Frage einig. Ihre Mitgliedschaft in einer politischen Partei öffnet ihnen die Tür zu Positionen mit großer Machtfülle, ganz gleich, welche Partei tatsächlich gewählt wird. Die Politik selbst ändert sich nicht; was der Wähler wählt, spielt eigentlich keine Rolle.

Die Keynesianer machen sich den orthodoxen Monetarismus zu eigen und setzen sich dafür ein, dass Zentralbanken das Wirtschaftswachstum fördern sollen. Monetaristen machen Platz für keynesianische Konjunkturprogramme, die aus Steuermitteln finanziert werden. Keynesianer und Monetaristen reichen sich die Hände unter dem Dach eines angeblichen neoliberalen Konsenses.

Die Herde ist sich darüber einig, dass Märkte effizient sind, allerdings nicht immer perfekt funktionieren. Sie ist sich auch darüber einig, dass Angebot und Nachfrage zu lokalen Gleichgewichten führen und die Summe dieser Gleichgewichte ein allgemeines Gleichgewicht bildet. Wenn dieses Gleichgewicht gestört werde, könne es durch politische Maßnahmen wiederhergestellt werden. Die Herde ist sich darüber einig, dass freie Wechselkurse Preissignale und Reaktionen der Märkte produzieren, die zu diesem allgemeinen Gleichgewicht beitragen. Sie sind sich darüber einig, dass freier Handel, verankert im komparativen Vorteil nach Ricardo, die Schaffung von Wohlstand optimiert, wenn auch mit Gewinnern und Verlierern. Sie sind sich darüber einig, dass Gold ein nach Keynes »barbarisches Relikt« ist.

Unter den Keynesianern existiert eine weitere künstliche Spaltung zwischen der Salzwasser- und der Süßwasserschule. Die Salzwasserschule wird mit Universitäten an der Ostküste in Verbindung gebracht, zum Beispiel Harvard und MIT; die Süßwasserschule ist mit Hochschulen im Landesinneren assoziiert, etwa der University of Chicago. Beide Denkschulen sind sich darüber einig, dass die Märkte nicht vollkommen sind, können sich jedoch über geeignete Abhilfen nicht einigen. Die Anhänger der Salzwasserschule vertreten die Auffassung, dass staatliche Interventionen solche Unvollkommenheiten ausbügeln. Die Gelehrten der Süßwasserschule sind dagegen der Meinung, dass die Kosten von Interventionen die Vorteile ausgleichender Maßnahmen überwiegen; die Unvollkommenheiten der Märkte sollten in Ruhe gelassen werden. Aber im Hinblick auf übergeordnete Fragen von Gleichgewicht und Effizienz sind sie sich wieder einig. Keine der beiden Schulen hat sich den Problemen von Komplexität und Irrationalität gestellt, abgesehen von Lippenbekenntnissen zur Letzteren. Es gibt keine Fronten in solchen Debatten, lediglich Variationen über ein Thema.

Die Eliten sind sich darüber einig, dass ein Doktortitel in Ökonomie von einer der wenigen von ihnen anerkannten Hochschulen eine Voraussetzung ist, um in politischen Diskussionen ernst genommen zu werden, wenn auch einige wenige brillante Juristen wie Robert Rubin oder Christine Lagarde oder clevere Handwerker wie Tim Geithner akzeptiert werden. Uniforme Ansichten und exklusive Meinungskontrollen sichern das Fortbestehen dieser Eliten.

Aber der neoliberale Konsens hat gravierende Mängel, die empirisch nachgewiesen werden können. Diese Mängel zeigten sich auch auf der politischen Ebene, im Brexit-Referendum und in der Wahl von Donald J.

Trump zum US-Präsidenten. Sowohl der Brexit als auch Trump wurden zunächst von der Herde ins Lächerliche gezogen, provozierten dann durch ihre wachsende Beliebtheit giftige Diffamierungen und führten schließlich zu Entsetzen über ihre unvorhergesehenen Erfolge. Wir erleben, wie die Front der Eliten auseinanderbricht.

Die Märkte sind nicht effizient; sie werden durch irrationales Verhalten geformt. Das vermeintliche Gleichgewicht ist eine Fassade, die instabile komplexe Dynamiken verdeckt. Der auf Ricardos Theorie des komparativen Vorteils basierende freie Handel kann nicht zu optimalen Ergebnissen führen, da er nie wirklich frei ist; er ist ein Haus, das auf dem Treibsand von Annahmen gebaut ist, die in der realen Welt keinen Bestand haben und auch nie haben werden. Freie Wechselkurse wirken nicht stabilisierend, sondern sind eine Einladung zu Währungskriegen. Gold ist die beste Form von Geld, da es als Verankerung für andere Formen dient. Die von den Eliten geteilten Überzeugungen sind allesamt veraltet, was sich allmählich durch immer mehr politische Misserfolge beweist; inzwischen ist es zu derart vielen Misserfolgen gekommen, dass sie nicht mehr geleugnet werden können.

Wenn der Konsens der Eliten so fehlerhaft ist, warum hat er sich dann so lange gehalten? In Wirklichkeit hat er das nicht. Die Vorherrschaft der neo-keynesianischen Ökonomik dauert erst seit 70 Jahren an, seit sie 1947 am MIT von Paul Samuelson begründet wurde. Der Monetarismus hat etwa 60 Jahre lang intellektuell dominiert, seit er sich in den 1960er-Jahren unter der Federführung Milton Friedmans an der University of Chicago entwickelt hat. Eugene Famas Markteffizienzhypothese hat in den 1960er-Jahren Eingang in akademische Studien gefunden, begann aber erst in den 1970er-Jahren, die Märkte zu beeinflussen, und zwar mit dem Optionspreismodell von Fischer Black, Myron Scholes und Robert Merton. Das Black-Scholes-Modell ermöglichte Derivate und Leverage. David Ricardos Theorie des komparativen Vorteils ist 200 Jahre alt, wurde aber erst nach 1947 in einer breiten und regelbasierten Form implementiert, und zwar im General Agreement on Tariffs and Trade (GATT, »Allgemeines Zoll- und Handelsabkommen«). Die Bindung zwischen Geld und Gold wurde in mehreren Stufen von 1971 bis 1973 aufgegeben, parallel zum Aufkommen des Regimes freier Wechselkurse. Kurzum, die kognitive Karte der Herde ist relativ neu.

Keine dieser intellektuellen Errungenschaften fand sofort breite Zustimmung. Jede von ihnen entwickelte sich in Schüben gegen die Einwände eines schrumpfenden Kaders von klassischen Ökonomen, von Anhängern der Österreichischen Schule und anderen Abweichlern. Der voll entwickelte Konsens der Eliten existiert erst seit etwa 50 Jahren – ein Wimpernschlag in der Geschichte der Ideen.

Das Gleichgewicht der Märkte ist der Heilige Gral der modernen Makro- und Mikroökonomik. Sämtliche Gleichgewichtsmodelle fangen mit dem simpelsten Konzept von Angebot und Nachfrage an: Die Verbraucher werden mehr von einem Produkt kaufen, wenn sein Preis niedriger ist, und die Produzenten werden mehr von einem Produkt herstellen, wenn sein Preis höher ist. Die fallende Nachfragekurve schneidet sich mit der steigenden Angebotskurve. In ihrem Schnittpunkt, dem sogenannten Gleichgewichtspunkt, ist ein Gleichgewicht erreicht, bei dem Angebot und Nachfrage gleich hoch sind, bei einem Preis, der für beide Seiten zufriedenstellend ist.

Solche sich schneidenden Kurven gibt es für Input-Lieferketten und eine endlose Vielfalt von fertigen Produkten. Es gibt sie für Arbeits- und Kapitalkosten. Sie ändern ihren Verlauf je nach wechselnden Präferenzen. Eine solche Kurve kann elastisch sein, was bedeutet, dass die Nachfrage bei der geringsten Preiserhöhung wegbricht, oder sie kann unelastisch sein, wobei die Käufer stets gleich viel nachfragen, unabhängig vom Preis.

Freie Märkte machen es möglich, dass zwischen Käufern und Verkäufern Preissignale ausgetauscht werden, sodass Verwerfungen von Angebot oder Nachfrage behoben werden können. Wenn die Verbraucher ihre Nachfrage nach einem bestimmten Produkt zu einem bestimmten Preis reduzieren, kann der Verkäufer ein Sonderangebot mit 25 Prozent Preisnachlass ausrufen, um die Ware aus dem Laden zu bekommen. Wenn ein bestimmter Rohstoff knapp wird, können die Verbraucher höhere Preise dafür bieten, um so einen Anreiz für Bauern oder Fischer zu schaffen, sich an die Arbeit zu machen und mehr davon zu produzieren.

Und schließlich fließt das Integral dieser Angebots- und Nachfragekurven in ein allgemeines Gleichgewicht ein, das angeblich von einigen Input-Faktoren wie Arbeits- und Kapitalpräferenzen beherrscht wird. Diese zwei Produktionsfaktoren – Arbeit und Kapital – und die entsprechenden

Präferenzen, die sich als Lohnkosten und Zinssätze zeigen, bilden den Kern des dualen Mandats der Federal Reserve. Aus Sicht der Eliten kann der richtige Ökonom, sofern er denn promoviert hat, auf dem Chefsessel der Fed sitzt, dieses duale Mandat fest im Blick hat und die Geldumlaufmenge als Hebel, mit dem er die Welt bewegen kann, stets die Weltwirtschaft ins Gleichgewicht bringen, sodass sie dann wieder rund läuft wie eine Schweizer Präzisionsuhr.

Wenn man diesen Gedankengang nachvollzieht, zeigt sich ganz von selbst, wie absurd er ist. Fast nichts davon ist richtig. Sobald diese Selbsttäuschung offensichtlich wird, verwandelt sie sich schnell in die Täuschung anderer, um die Fassade aufrechtzuerhalten. Die Herde der Eliten sieht den Löwen des Neo-Nationalismus und ergreift die Flucht.

Zahlreiche Ökonomen haben Jahrzehnte damit zugebracht, die Unvollkommenheiten in diesem Modell der freien Märkte herauszuarbeiten. Preissignale werden durch Marktmanipulationen verfälscht. Die Macht von Monopolen wird eingesetzt, um Angebote einzuschränken und Preise künstlich hochzuhalten. Durch Informationsasymmetrien können Verkäufer die Käufer durch versteckte Mängel übervorteilen. Diese und andere Probleme werden bereitwillig zugestanden, ohne das Gleichgewichtsmodell zu beschädigen; stattdessen rufen die Eliten nach politischen Maßnahmen, um sie zu beheben. Monopole werden durch Kartellgesetze bekämpft. Asymmetrische Informationen sollen durch Gewährleistungspflichten ausgeglichen werden. Es gibt unzählige solche Vorschriften. Ihre Kosten und Nutzen sind heiß umstritten, aber die allgemeine Gleichgewichtstheorie wird nicht infrage gestellt.

Das Fundament der allgemeinen Gleichgewichtstheorie bildet das rationale Verhalten der Marktteilnehmer. Rationale Menschen sparen für ihr Alter. Rationale Menschen kaufen mehr von einem Sonderangebot. Rationale Menschen kaufen und halten Aktien. Rationale Menschen nehmen einen Kredit auf, wenn die Zinsen niedrig sind. Rationale Menschen planen für die Zukunft. Dieses Bündel von Überzeugungen ist als »Theorie der rationalen Erwartungen« bekannt. Es ist alles sehr schön geordnet.

Die Theorie der rationalen Erwartungen besagt, dass die Menschen in vorhersehbarer Weise auf Preissignale reagieren. Die Märkte sind das Medium, das diese Signale überträgt. Wenn das Gleichgewicht des Systems durch Arbeitslosigkeit oder eine Rezession gestört wird, manipulieren die Zentralbanken die Märkte, um Preissignale auszusenden, welche die erwünschten Verhaltensweisen herbeiführen sollen. Sobald sich dieses erwünschte Verhalten einstellt, ist das Gleichgewicht wiederhergestellt und das Wirtschaftswachstum neu optimiert.

In der realen Welt ist Verhalten jedoch kaum einmal auf eine solche Art rational, wie Ökonomen Rationalität definieren. Wirtschaftssysteme sind nicht im Gleichgewicht; sie sind komplex und dynamisch und sie können in kritische Zustände von Chaos und Kollaps geraten. Die Frage, ob manipulierte Preise nützliche Preissignale aussenden können, sollte Theoretikern zu denken geben. Einem Politiker mag es helfen, diesen Widerspruch aufzulösen, wenn er sich der Überzeugung des MIT-Professors Jonathan Gruber anschließt, der US-Normalbürger sei dumm; aber diese Überzeugung hält einer kritischen Betrachtung außerhalb der akademischen Welt nicht stand.

Menschliches Verhalten ist nicht auf die Art rational, wie Ökonomen es bräuchten, damit ihr Apparat funktioniert. Die Irrationalität des modernen Menschen (die eigentlich durchaus rational ist, wenn man sie aus der Sicht eines Eiszeitmenschen betrachtet) ist im Laufe der vergangenen 30 Jahre von Soziologen wie Daniel Kahneman, Amos Tversky, Dan Ariely und anderen demonstriert worden. Die meisten Menschen sparen nicht genug. Sie kaufen impulsiv. Sie reagieren ängstlich oder überschwänglich auf verschiedene Marktzustände. Daher bleibt von der Theorie der rationalen Erwartungen nicht viel übrig, aber dennoch stützen sich die Zentralbanker auf diese Theorie.

Allgemeine Gleichgewichtsmodelle leiden außerdem unter einem Problem, das als »Fallacy of Composition« (»Trugschluss der Verallgemeinerung«) bekannt ist. Die Eliten nehmen an, dass lokale Gleichgewichte zu einem übergeordneten Gleichgewicht aggregiert werden können, das als »Wirtschaft« bezeichnet wird. Das ist ungefähr so, als wolle man von einem Schnipsel DNA auf die Gesamtheit der menschlichen Wesensart schließen, ohne jemals einem Menschen begegnet zu sein. Selbst aus der vollständigen Kenntnis der chemischen Zusammensetzung eines Menschen lassen sich Phänomene wie Sprache, Kognition oder Liebe nicht ableiten; sie sind emergente Eigenschaften des ganzen Menschen. Entsprechend ist es auch nicht möglich, aus perfekter Kenntnis der Verläufe unendlich vieler Präferenzkurven auf das Verhalten einer gesamten Wirtschaft zu schließen.

Der entscheidende Fehler von Gleichgewichtsmodellen ist, dass sie auf der Annahme beruhen, die Gradverteilung der Marktpreisschwankungen folge einer Normalverteilungskurve. Der Unterschied zwischen einem Normalverteilungssystem und dem alternativen Exponentialverteilungssystem ist nicht nur eine trockene akademische Debatte über die Verläufe zweier Kurven. Die Kurven selbst sind lediglich grafische Darstellungen dessen, was sich im betreffenden System abspielt. Die Normalverteilungskurve stellt ein Gleichgewichtssystem dar, das die Neigung zeigt, zum Mittelwert zurückzukehren. Die Exponentialkurve stellt ein komplexes System mit einem nach oben offenen Potenzial für extreme Ereignisse dar. Empirische Daten zeigen, dass Marktpreise und extreme Ereignisse entlang einer Exponentialkurve verteilt sind. Die Normalverteilung ist ein Fantasiegebilde.

»Apple« und »Cat«

Allgemeines Gleichgewicht, rationale Erwartungen und effiziente Märkte sind keineswegs die einzigen eingestürzten Pfeiler des Bauwerks der Eliten. Der freie Handel ist ein weiterer solcher Mythos, und noch dazu ein teurer. Die modernen theoretischen Argumente gegen den »freien« Handel sind neuer als die Kritik an effizienten Märkten und finden gar noch weniger Unterstützung aus dem Kreis elitärer Ökonomen. Diese Kritik muss man kennen, um zu verstehen, warum die Eliten sich in die Defensive gedrängt fühlen und in der Herde ein Gefühl von Panik um sich greift.

Das theoretische Fundament für den freien Handel findet sich in der Theorie des komparativen Vorteils, die von David Ricardo 1817 in seinem Werk *Über die Grundsätze der politischen Ökonomie und der Besteuerung* dargelegt wurde.[96] Es tut der Leistung Ricardos keinen Abbruch, dass seine Theorie unter den Bedingungen der Globalisierung versagt. Seine Ideen waren brillant in seiner Zeit und brachten die damals noch jungen Wirtschaftswissenschaften näher an ihre klassische Phase heran.

Das Gleiche lässt sich über Sir Isaac Newton sagen, dessen Erkenntnisse über die Mechanik der Himmelskörper durch Albert Einsteins Relativitätstheorie in den Schatten gestellt wurden. Newton wird für eines unserer größten Genies gehalten, nicht zuletzt auch von Einstein selbst. Dennoch lassen sich ferne Galaxien nicht mit der newtonschen Mechanik erforschen und eine Volkswirtschaft im 21. Jahrhundert lässt sich nicht nach den Grundsätzen von Ricardo lenken. Um in ferne Galaxien vorzudringen, braucht man Einsteins Erkenntnisse, und um die US-Wirtschaft in unserem globalisierten Zeitalter nicht gegen die Wand zu fahren, braucht man neue wirtschaftliche Theorien.

Was besagt Ricardos Theorie? Und welches sind ihre entscheidenden Fehler? Die Theorie des komparativen Vorteils stützt sich auf den Begriff »komparativ«, »vergleichend«. Vor Ricardo gab es eine Theorie des *absoluten* Vorteils. Wenn zwei Länder miteinander Handel treiben und eines von ihnen Güter effizienter produziert als das andere, kommt es beiden Ländern zugute, wenn das weniger effiziente Land Güter vom effizienteren Land kauft. Dadurch kommt der Importeur zu billigeren Gütern und der Exporteur zu einem Absatzmarkt. Das nützt beiden. Vielleicht ist es möglich, in Island Blaubeeren anzubauen, aber es wäre wohl kaum effizient. Für Island ist es sinnvoller, Blaubeeren aus Chile zu importieren, wo ideale Anbaubedingungen für diesen Zweck herrschen. Chile hat im Hinblick auf den Anbau von Blaubeeren einen *absoluten* Vorteil, also gewinnt Chile Absatzmärkte für seine Erzeugnisse.

Ricardo führte diese Idee noch weiter. Er kam zu dem Schluss, dass ein Land, selbst wenn es *keinen* absoluten Vorteil für ein bestimmtes Produkt hat – also ein weniger effizienter Produzent dafür ist –, dennoch ein effizienter Exporteur sein kann, wenn es im Vergleich zu anderen Produkten, die von zwei Handelspartnern produziert werden, einen *komparativen* Vorteil hat. Diese auf den ersten Blick nicht gerade einleuchtende Idee wurde von dem Ökonomen Ian Fletcher prägnant erklärt:

Die gesamte Theorie [des komparativen Vorteils] kann mit einer einfachen Frage geknackt werden:

Warum mähen Football-Profis nicht ihren eigenen Rasen?

... Der durchschnittliche Footballspieler kann mit ziemlicher Sicherheit seinen Rasen effizienter mähen als ein durchschnittlicher professioneller

Rasenmähdienst. ... Da der Footballspieler die Sprache der Wirtschaft effizienter beherrscht, hat er einen absoluten Vorteil beim Rasenmähen. Aber trotzdem wundert sich niemand darüber, dass er die Dienstleistung des Rasenmähens von einem weniger effizienten »Produzenten« »importiert«. Warum tut er das? Ganz offensichtlich, weil er *etwas Besseres mit seiner Zeit anfangen kann*. Die Theorie des komparativen Vorteils besagt, es sei vorteilhaft für die Vereinigten Staaten, ganz einfach unsere Arbeitskräfte zu entlasten, damit sie stattdessen wertvollere Güter produzieren können. Wir als Land können »etwas Besseres mit unserer Zeit anfangen«, als diese weniger wertvollen Güter zu produzieren. ... Das bedeutet, dass es für uns vorteilhaft sein kann, Güter aus weniger effizienten Ländern zu importieren.[97]

Mit anderen Worten: Für die Vereinigten Staaten ist es sinnvoll, Autos aus Südkorea zu importieren, obwohl die USA *ein effizienterer Autohersteller* sind, wenn dadurch in den USA Arbeitskräfte und Kapital freigesetzt werden, um sie in der Nanotechnologie einzusetzen, wo der komparative Vorteil noch größer ist als in der Autoherstellung.

Diese Theorie stützt sich auf den Begriff »Effizienz«. Wenn Effizienz nicht gemessen und zwischen verschiedenen Ländern verglichen werden kann, kann die Theorie nicht zuverlässig angewendet werden. Effizienz ergibt sich aus der mehr oder weniger guten Nutzung von Produktionsfaktoren; diese Faktoren sind Arbeit und Kapital. Arbeit tritt in diversen Formen auf – gelernte oder ungelernte, geistige oder körperliche Arbeit. Auch Kapital tritt in diversen Formen auf, etwa als Geld, Patente, Geschäftsgeheimnisse, Know-how und natürliche Rohstoffe. Ein Produzent, der die Produktionsfaktoren so einsetzt, dass er Output mit den geringsten Kosten produziert, ist der effizienteste. Absolute Effizienz erbringt einen absoluten Vorteil und relative Effizienz über verschiedene Produkte und Branchen hinweg erbringt einen komparativen Vorteil. Effizienz läuft darauf hinaus, die Produktionskosten zu messen, was ein in Geld gemessenes und von Märkten abgeleitetes Preissystem voraussetzt.

Das bedeutet, dass die Theorie des komparativen Vorteils ganz und gar von einem dichten Netzwerk von Produktionsfaktoren, Kosten, Preisen, Märkten und Geld abhängt, um richtig funktionieren zu können. Wenn eines dieser Elemente des Netzwerks durch politische Eingriffe oder

Unvollkommenheiten manipuliert oder verzerrt wird, kann die Theorie des komparativen Vorteils *nicht funktionieren*, weil es keine Grundlage für einen aussagekräftigen Vergleich gibt. Heute ist jedes dieser Elemente des Netzwerks verzerrt oder unvollkommen oder beides. Der komparative Vorteil ist ein Luftschloss – eine angenehme Vorstellung, aber völlig irreal.

Der komparative Vorteil ist der Prüfstein für den neoliberalen Konsens, das theoretische Fundament für freien Handel, offene Kapitalkonten und andere Aspekte der Globalisierung. Als David Ricardo – und vor ihm Adam Smith – diese Konzepte über freie Märkte und freien Handel entwickelte, befolgte die Welt einen Goldstandard; die Wechselkurse waren an Gold gebunden. Daher war es möglich, aussagekräftige Preisvergleiche anzustellen. Aber auf welcher Basis sollten solche Vergleiche ohne Goldstandard und ohne feste Wechselkurse stattfinden? Theoretisch ermöglichen freie Wechselkurse zwischen Papierwährungen solche Vergleiche und das problemlose Anpassen der Terms of Trade (Verhältnis zwischen dem Preis, den man für Importe bezahlen muss, und dem Preis, den man für Exporte erhält). Aber wie steht es mit Zinssatzmanipulationen, Währungskriegen, »Dirty Floats« (Wechselkursmanipulationen der Zentralbanken durch Kaufen und Verkaufen von Währungen) und Ähnlichem mehr? Reflektieren die Terms of Trade einen echten komparativen Vorteil oder einen manipulierten Vorteil? Und was spricht im letzteren Fall dann noch für freien Handel?

Eine Verzerrung, die von den Eliten begrüßt wird, sind freie Wechselkurse – eine fehlerhafte Idee, die der Welt in den 1970er-Jahren von Milton Friedman aufgedrängt wurde. Wenn ein Bauherr Sie engagieren würde, um mithilfe eines einen Meter langen Zollstocks ein Haus zu bauen, ihnen dann am zweiten Tag sagen würde, ein Meter sei jetzt 110 Zentimeter, und am dritten Tag, der Meter sei jetzt 90 Zentimeter und so weiter, wäre das auf diese Weise gebaute Haus instabil und einsturzgefährdet. Ungefähr so funktioniert die Theorie des komparativen Vorteils unter einem Regime freier Wechselkurse. Währungs-Hedges sind üblicherweise für eine Laufzeit von höchstens einem Jahr erhältlich; das ist eine zu kurze Zeitspanne für Kapitalinvestitionen, die einen Horizont von fünf bis zehn Jahren haben.

Freie Wechselkurse bereichern Devisenhändler und Spekulanten, verursachen aber zusätzliche Kosten für den Handel und behindern die

Kapitalströme. Wechselkurse sind anfällig für Manipulationen. Die Befürworter eines vermeintlich freien Handels auf der Basis des komparativen Vorteils sollten ein Regime fester Wechselkurse in Betracht ziehen, wie es von 1944 bis 1971 herrschte, einer goldenen Zeit von Wachstum und steigenden Realeinkommen. Die elitäre Herde bevorzugt freien Handel *und* freie Wechselkurse – ein Rezept, um US-Arbeitsplätze durch ausländische Manipulationen zu verlieren.

Das nächste Argument gegen freien Handel ist die Mobilität der Produktionsfaktoren. Ricardo hat postuliert, dass die Produktionsfaktoren an ein Land gebunden seien. Die Märkte ermitteln komparative Kosten als Basis für den Handel. Heute sind die Produktionsfaktoren, vor allem Kapital, nicht an irgendein Land gebunden, sondern mobil. Man bedenke zum Beispiel den Fall, dass China effizientere Arbeit bieten kann (durch niedrigere Löhne) und die Vereinigten Staaten effizienteres Kapital (durch ein tiefes, liquides Finanzsystem). Wenn die Produktionsfaktoren nicht mobil wären, könnten die Vereinigten Staaten im Fertigungssektor trotz höherer Löhne einen komparativen Vorteil genießen, weil sie niedrigere Kapitalkosten haben. Wenn billiges US-Kapital nach China fließt und sich dort mit billiger chinesischer Arbeit verbindet, gewinnt China einen komparativen und einen absoluten Vorteil. Dies ist kein hypothetisches Beispiel, sondern die Quintessenz der Globalisierung. In einer Welt mobiler Produktionsfaktoren versagt Ricardos Theorie.

Ein weiterer Fehler in Ricardos Theorie hat etwas mit Wandel durch Zeitablauf zu tun, dem Unterschied zwischen *statischem* und *dynamischem* komparativen Vorteil. Ein Land, das zu Beginn eines Jahrzehnts keinen komparativen Vorteil genießt, kann aufkommende Branchen durch Protektionismus fördern und bis zum Ende des Jahrzehnts einen komparativen Vorteil erlangt haben. Ein Land kann den komparativen Vorteil eines Handelspartners durch unfaire Handelspraktiken untergraben; der Schummler kann dann dem Freihandelsklub beitreten, sobald er sich seinen Vorteil gesichert hat.

Ein klassisches Beispiel für diese Methode sind die Vereinigten Staaten, die von 1776 bis 1944 protektionistische Maßnahmen einsetzten, um den gewaltigsten industriellen Produktionsapparat aufzubauen, den die Welt je gesehen hatte. Seit den 1970er-Jahren wurden die Vereinigten Staaten selbst zum Opfer von Protektionismus durch Japan, Südkorea, Taiwan und China. Die anspruchsvollen Arbeitsplätze der Zukunft werden heute in Asien geschaffen, und zwar nicht etwa durch einen *ursprünglichen* komparativen Vorteil in Asien, sondern vielmehr durch einen *geschaffenen* komparativen Vorteil, geschaffen durch Protektionismus und Währungsmanipulationen.

Bei anderen Mängeln der Theorie des komparativen Vorteils geht es um sogenannte *Externalitäten*. Dabei handelt es sich um versteckte Kosten, die nicht direkt in Kostenvergleiche einfließen. Der Bergbau in China scheint effizienter zu sein als derjenige in den Vereinigten Staaten, weil China Zyanid (das eingesetzt wird, um Metalle aus Erzen zu extrahieren) in Flüsse verklappt. Sollte China durch entsprechende Terms of Trade belohnt werden, wenn die Kosten dieser Zyanidverseuchung nicht in den Preis seiner Metallexporte einfließen?

Aber die größte Schwäche der Theorie des komparativen Vorteils ist, dass sie versagt, wenn sich nicht *alle* Beteiligten an die Spielregeln halten. Das Hauptziel des General Agreement on Tariffs and Trade von Bretton Woods (1947) und dessen Nachfolger, der Welthandelsorganisation (1995), bestand darin, die Mitgliedsländer auf die Grundsätze des freien Handels zu verpflichten. Durch Ausnahmeregelungen für landwirtschaftliche Subventionen – und durch Schummeleien Chinas – ist die Welt weit davon entfernt, dieses Ideal erreicht zu haben. Die US-Freihandelspolitik lässt sich am besten als Pokerspiel verstehen, bei dem die Vereinigten Staaten der einzige Spieler sind, der das jeweilige Blatt der anderen nicht sehen kann.

Die heutige Handelspolitik Chinas ähnelt der Politik Großbritanniens im 18. Jahrhundert und der US-Politik im 19. Jahrhundert: Protektionismus, Diebstahl von geistigem Eigentum und Anhäufen von Gold. Für Großbritannien und die Vereinigten Staaten funktionierte diese merkantilistische Politik gut. Großbritannien war die dominierende Industrie- und Handelsmacht, bis es 1846 die protektionistischen Getreidegesetze aufhob. Dann begann ein 70 Jahre währender Niedergang, der 1914 beinahe in einem Staatsbankrott geendet hätte. Die Vereinigten Staaten waren bis zur Konferenz von Bretton Woods 1944 die dominierende Industrie- und Handelsmacht. Dann begann auch für sie ein 70 Jahre währender Niedergang, der in der Krise von 2008 gipfelte.

Ein Niedergang ist nicht das Gleiche wie ein Zusammenbruch. In den 1860er-Jahren erfreute sich Großbritannien wachsenden Wohlstands, ebenso wie die Vereinigten Staaten in den 1960er-Jahren, nachdem beide sich dem freien Handel verschrieben hatten. Dieser Wohlstand lässt sich am besten als aus Saatgut zubereitetes Festmahl betrachten; beide Länder lebten von der Dynamik des vorangegangenen Merkantilismus (Wirtschaftspolitik, die besonders den Außenhandel und die Industrie fördert, um Finanzkraft und Macht der jeweiligen Staatsmacht zu stärken). Wenn ein solcher Schwung nicht erneuert wird, erschöpft er sich über kurz oder lang.

Die Freihandelsadvokaten aus den Reihen der neoliberalen Eliten machen sich keine Sorgen um den Verlust von US-Arbeitsplätzen, da sie sich aufgrund ihrer Geisteshaltung einbilden, es würden in anderen Bereichen der Wirtschaft neue Arbeitsplätze geschaffen werden, in denen die Vereinigten Staaten ihren komparativen Vorteil behielten. Die Vereinigten Staaten sind Weltspitze in höherer Bildung und Hochtechnologie; aber die Gesamtanzahl der Arbeitsplätze in diesen beiden Bereichen ist verschwindend gering im Vergleich zu der Masse an Arbeitsplätzen in der industriellen Fertigung, die in den vergangenen Jahrzehnten verloren gegangen sind. Selbst wenn man hinnehmen wollte, dass es in einem globalen Handelssystem Gewinner und Verlierer geben wird, stellt sich die Frage, was denn wohl passieren wird, wenn es nur wenige Gewinner, aber massenhaft Verlierer gibt? Die Antwort: niedrigere Beschäftigungsquoten, niedrigere Produktivität, stagnierende Realeinkommen und größere Einkommensungleichheiten – also genau das, was die Vereinigten Staaten seit der Verabschiedung des North American Free Trade Agreement (NAFTA) und der Gründung der World Trade Organization (WTO) in den 1990er-Jahren erlebt haben.

Selbst wenn die Anzahl der durch freien Handel gewonnenen und verlorenen Arbeitsplätze vergleichbar wäre (was sie nicht ist), sind nicht alle Arbeitsplätze gleichwertig. Bestimmte Jobs bleiben erhalten, aber entwickeln sich nicht weiter und leisten keinen Beitrag zum Wachstum. Ein Barista mag einen festen Job und ein akzeptables Einkommen haben, aber das ist auch schon alles. Der Barista wird immer hinterm Tresen arbeiten. Und nichts anderes wird daraus entstehen, weil seine Arbeit kaum Raum lässt, um neue Technologien anzuwenden. Ohne externe Effekte entstehen durch Lego-artige Fließbandjobs keine neuen Arbeitsplätze.

Umgekehrt schafft ein Unternehmer, der einen verbesserten Fertigungsprozess einführt, direkt neue Arbeitsplätze, schafft als Nebenprodukt neues geistiges Eigentum und katalysiert upstream und downstream das Entstehen neuer Jobs in seinen Liefer- und Distributionsketten. Jobs in der Fertigung, die hohen Mehrwert schaffen und in der Lieferkette ständige Verbesserungen von Materialien, Maschinen und Prozessen anregen, sind die Art von Arbeitsplatz, welche die Vereinigten Staaten politisch fördern sollten. Jobs ohne Entwicklungspotenzial, Aufstiegschancen und positive Externalitäten können ruhig den Handelspartnern überlassen werden.

Diese Fehlfunktionen des freien Handels wurden schon vor langer Zeit erkannt. Im Jahr 1942 schrieb Joseph A. Schumpeter in seinem klassischen Werk *Kapitalismus, Sozialismus und Demokratie*: »Die traditionelle Theorie selbst hat ... seit der Zeit von Marshall und Edgeworth eine steigende Zahl von Ausnahmen zu den alten Behauptungen über die vollkommene Konkurrenz und ... Freihandel entdeckt; diese haben jenen unbedingten Glauben an ihre Vorzüge erschüttert, der von der Generation zwischen Ricardo und Marshall hochgehalten wurde. ...«[98]

Schumpeter schrieb dies im Rahmen einer Analyse der Frage, ob Großunternehmen positive Externalitäten herbeiführen, welche die empfundenen, durch ihre Größe verursachten Probleme wettmachen. Er argumentierte, dass der Unternehmer sich weniger Sorgen um statische Konkurrenz mache als vielmehr um die dynamischen Kräfte, die Schumpeter als »kreative Zerstörung« bezeichnete. Letztere spornt zu Innovationen an. Mit dem gleichen Argument propagieren heutige Analysten die Vorzüge kluger protektionistischer Politik. Die Unternehmen der Vereinigten Staaten konkurrieren eigentlich nicht mit ausländischen Unternehmen, sondern mit der Zukunft. Und sie verlieren.

Das Problem ist nicht etwa, dass Ricardos Theorie falsch wäre, sondern vielmehr, dass diese Theorie auf Annahmen beruht, die der realen Welt nicht entsprechen. Daher ist sie nutzlos als Leitlinie für politisches Handeln. Wenn der komparative Vorteil eine Schimäre ist und wenn der vermeintlich freie Handel ein manipuliertes Spiel ist, warum bestehen dann die Eliten darauf?

Der Grund, warum die Eliten sich für den sogenannten freien Handel einsetzen, liegt darin, dass sie eine globale Perspektive gemein haben, die sich nicht mit den Interessen der Vereinigten Staaten verträgt. Politische Maßnahmen, die auf Kosten der USA das Wachstum der Weltwirtschaft ankurbeln, werden gebilligt. Maßnahmen, die den Vereinigten Staaten nützen, aber das Wachstum der Weltwirtschaft verlangsamen, werden abgelehnt. Der Triumph der Globalisierung über den Nationalismus beflügelt heute neu erwachende nationalistische Strömungen, während die Staaten ihre nationalen Interessen neu überdenken.

Bestimmte globale Konzerne profitieren enorm von dem jetzigen fehlerhaften System. Um das zu illustrieren, wollen wir zwei Unternehmen auf den entgegengesetzten Seiten der merkantilistischen Kluft betrachten – nämlich Apple Inc., Hersteller des inbrünstig geliebten iPhones, und Caterpillar Corporation, abgekürzt »Cat«, größter Baumaschinenhersteller der Welt.

Apple hat Kapital nach China exportiert, wo dieses Kapital sich mit billiger chinesischer Arbeit verband und auf diese Weise sowohl absolute als auch komparative Vorteile für die Fertigung von iPhones hervorbrachte. China fördert diese Entwicklung, indem es seine Währung billig hält, was die Kaufkraft von US-Verbrauchern in Relation zu chinesischen Lohnstückkosten steigert. Die Vereinigten Staaten sind mit Abstand der größte und reichste Verbrauchermarkt der Welt. China gewinnt geistiges Eigentum, Arbeitsplätze und Devisenreserven in harter Währung. Apple fährt enorme Gewinne ein und umgeht die US-Besteuerung. Apple floriert, schafft dabei aber kaum Arbeitsplätze in den Vereinigten Staaten.

Caterpillar stellt dagegen hauptsächlich in den Vereinigten Staaten Baumaschinen her und verkauft sie überwiegend ins Ausland. »Cat« muss in seinen Absatzmärkten eine ganze Batterie merkantilistischer Maßnahmen überwinden – Protektionismus, zollfremde Handelshemmnisse und billige Währungen. Durch merkantilistische Politik werden japanische und südkoreanische Baumaschinen für Käufer in Schwellenländern vergleichsweise attraktiver. Aber Cat schafft gut bezahlte, hohen Mehrwert erbringende Jobs in seinen US-Fabriken.

Die divergenten Dynamiken von Apple und Cat bergen eine direkte Relevanz für wirtschaftswissenschaftliche Debatten über Währungskriege und die deflationären Auswirkungen des starken Dollars. Der Ökonom Thomas I. Palley fasst diese Divergenz folgendermaßen zusammen:

> Als US-Unternehmen noch im Inland produzierten und anstrebten, ihre Güter zu exportieren, war ein schwächerer Dollar in ihrem wirtschaftlichen Interesse. Daher schickten sie ihre Lobbyisten nach Washington, um einen überbewerteten Dollar zu hintertreiben. Aber nach dem neuen Modell wollen US-Konzerne ihre Güter im Ausland produzieren und sie dann in die Vereinigten Staaten importieren. Sie haben ihr wirtschaftliches Interesse umgekehrt, wurden zu Befürwortern eines starken Dollars, weil ein starker Dollar die in Dollar abgerechneten Kosten ihrer Produktion im Ausland senkt. Dadurch steigt die Gewinnmarge ihrer im Ausland gefertigten Produkte, die sie in den Vereinigten Staaten zu US-Preisen verkaufen.[99]

Diese Zusammenfassung zeigt, wie irrelevant der komparative Vorteil inzwischen geworden ist. Eine kleine Gruppe von globalen Konzernen mit mobilem Kapital, mit der Fähigkeit, Fabriken auf Zuruf umzusiedeln, und mit dem politischen Einfluss, die Wechselkurse zu beeinflussen, da es keinen Goldstandard gibt, machen das Ideal eines freien Handels zur Farce. Diese Unternehmen schaffen ihre eigenen Vorteile und schreiben ihre eigenen Regeln. Und solche Manipulationen gehen nicht nur auf das Konto von amerikanischen Großkonzernen, sondern werden noch erfolgreicher von deutschen, japanischen und chinesischen Wirtschaftsgiganten praktiziert.

Diese Gegenüberstellung der entgegengesetzten Interessen von Apple und Caterpillar zeigt, warum freier Handel eine Illusion ist. Mithilfe von mobilem Kapital, Technologietransfer, Protektionismus und Wechselkursmanipulationen wird der komparative Vorteil ausgehebelt, den die Vereinigten Staaten einmal gehabt haben mögen. Sobald der Transfer von Input-Faktoren komplett ist, wird der komparative Vorteil für immer verloren sein; dann werden für die Vereinigten Staaten nur noch Jobs ohne Entwicklungspotenzial und Aufstiegschancen – oder überhaupt keine Jobs mehr – übrig bleiben.

Der US-Handelspolitik geht es hauptsächlich darum, für Caterpillar im Ausland Türen zu öffnen. Stattdessen sollte die Politik sich dafür einsetzen, die Apple-Jobs wieder zurück ins eigene Land zu holen. Ein größerer

Teil von Apples Wertschöpfungskette muss in den Vereinigten Staaten angesiedelt sein. Und wenn jemand unter Berufung auf Ricardos Theorien behauptet, das sei ineffizient, sollte er sich folgende Frage stellen: Wenn die US-Arbeiter keine besseren Jobs finden können und durch hohe Verschuldung gefesselt sind, wer soll dann kaufen, was die globalen Großunternehmen herstellen? Die Vereinigten Staaten sollten aggressiv Zölle und Handelsbarrieren einsetzen, um die Schaffung von Jobs zu fördern, die Wachstum herbeiführen – genauso, wie Alexander Hamilton es in seinem Bericht *Report on Manufactures (Bericht über gefertigte Güter)* vorschlug, den er 1791 dem Kongress vorlegte.

Die Vereinigten Staaten würden von einem sofort eingeführten Einfuhrzoll in Höhe von 30 Prozent auf alle Güter aus allen Ländern profitieren. Ein solcher Zoll könnte aufkommensneutral umgesetzt werden, indem man gleichzeitig die Lohn- und Einkommensteuer um 10 Prozent senkt. Ein importiertes iPhone wäre dann teurer (es sei denn, Apple würde durch Preissenkungen die Gewinnmarge reduzieren). Aber die niedrigeren Steuern würden dem Verbraucher helfen, das teurere Telefon zu bezahlen, wenn er das denn will. Es wäre zu erwarten, dass Apple daraufhin hochwertige Jobs in die Vereinigten Staaten verlagern würde, wo der Konzern sowohl von den eingesparten Einfuhrzöllen als auch den niedrigeren Einkommensteuern profitieren würde. Die Wirkungen einer solchen Politik würden weit über Apple und seine iPhones hinausgehen und alle Importprodukte mit hohem Mehrwert betreffen.

Die Dienerin der Dominanz der Eliten ist die fehlinformierte öffentliche Meinung, die auf der freihandelsfreundlichen Propaganda beruht, die von Quellen wie dem Council on Foreign Relations (CFR, »Rat für auswärtige Beziehungen«) oder der *New York Times* gestreut wird. Die Parteilinie dieser Herde lautet, dass freier Handel gut sei und Zölle schlecht. Das ist diesen Reportern vor zehn oder zwanzig Jahren in den unteren Semestern ihres Wirtschaftsstudiums eingebläut worden.

Die Meinungsträger der Eliten strafen jeden mit Verachtung, der es wagt, das Freihandelsdogma infrage zu stellen. Diese Pseudo-Experten werden Ihnen erzählen, die Smoot-Hawley-Einfuhrzölle hätten die Weltwirtschaftskrise verursacht. Das ist eine ausgesprochen fragwürdige Sicht der Dinge, da die Weltwirtschaftskrise schon vor deren Einführung begonnen hatte und von den geldpolitischen Fehlern der Federal Reserve verursacht wurde. Bevor das Smoot-Hawley-Gesetz verabschiedet wurde, betrug der US-Einfuhrzoll im Durchschnitt 44,6 Prozent und danach waren es 53,2 Prozent – nicht gerade eine extreme Erhöhung. Ian Fletcher weist darauf hin, dass die Zollerhöhungen in den Jahren 1861, 1864, 1890 und 1922 *nicht* zu wirtschaftlichen Depressionen führten und dass es 1873 und 1893 *ohne* Zollerhöhungen zu Rezessionen kam.[100] Die Argumente für eine Kausalität zwischen Zöllen und Rezessionen sind schwach bis inexistent. Die meisten Wirtschaftsexperten fallen aus allen Wolken, wenn sie das hören.

Durch einen neuen Einfuhrzoll der Vereinigten Staaten würden bestimmte Fließbandjobs ohne Entwicklungspotenzial und Aufstiegschancen sowie landwirtschaftliche Jobs bei unseren Handelspartnern verbleiben, in den Vereinigten Staaten dagegen mehr Jobs entstehen, die hohen Mehrwert schaffen. Ein Einfuhrzoll würde den Bemühungen von US-Handelspartnern entgegenwirken, solche Arbeitsplätze mithilfe ihres eigenen Arsenals an Handelsbarrieren, Diebstahl von geistigem Eigentum und Mindestanforderungen für lokale Fertigungsanteile ins eigene Land zu holen. Als größte Verbraucherwirtschaft der Welt brauchen die Vereinigten Staaten solche strukturellen Veränderungen, um ihr potenzielles Wirtschaftswachstum zu steigern. Sie würden zu höherer Produktivität und höheren Realeinkommen führen – wichtige Schritte auf dem Weg zum Abbau der Staatsverschuldung.

Es gibt durchaus stichhaltige Argumente für offene Märkte und niedrige Zölle, aber sie gelten nur unter besonderen Umständen, nicht generell. Und diese Argumente sind politischer, nicht wirtschaftlicher Art. Wenn die Wirtschaft eines Landes intakt ist, aber seine Handelspartner keine funktionierende Wirtschaft mehr haben – was genau dem Verhältnis zwischen den Vereinigten Staaten und den europäischen Ländern nach dem Zweiten Weltkrieg entspricht –, ist es sinnvoll, der ruinierten Partei offene Absatzmärkte und billige Kredite zur Verfügung zu stellen, um das Spiel neu zu beginnen. Freihandel in Form einer Zollunion kann auch unter Ländern ausgesprochen sinnvoll sein, die sich vorher gegenseitig bekriegt und zerstört haben – was genau die damalige Lage innerhalb Europas beschreibt.

Ein seltenes Zusammentreffen besonderer Umstände, die es notwendig machten, den Welthandel auf ein neues Fundament zu stellen, um gegen

Ende der 1940er-Jahre einen weiteren Krieg zu verhindern, machte die Vereinbarungen von Bretton Woods nicht nur nützlich, sondern notwendig. Diese besonderen Umstände treffen aber heute auf China, Indien und den Rest der Welt nicht mehr zu. Die Vereinigten Staaten helfen nicht mehr ihren Partnern, sondern sie schaden sich selbst.

Weltreich der Schulden

Der Weltsicht der Eliten stützt sich auf intellektuelle Pfeiler wie Gleichgewichtsmodelle, Monetarismus, Keynesianismus, freie Wechselkurse, freier Handel, Globalisierung und ungedecktes Papiergeld. Indessen lässt sich die Welt am besten verstehen, wenn man sie durch die Brille der Komplexitätstheorie, bedingten Wahrscheinlichkeiten, Verhaltenspsychologie, Währungskriege, des Neo-Merkantilismus und Goldes betrachtet. Die kognitive Dissonanz zwischen der Weltsicht der Eliten und der Realwirtschaft untergräbt die Selbstsicherheit und Kontrolle der Eliten. Die Eliten fallen heute in zwei Kategorien: die einen, die verwirrt sind, weil sie ihre Glaubwürdigkeit verloren haben, und die anderen, die in stille Panik verfallen sind, weil sie ihr intellektuelles Versagen und dessen Konsequenzen begriffen haben.

Der wichtigste Einwand gegen diese Kritik am Konsens der Eliten ist das nachweisbare globale Wirtschaftswachstum seit dem Ende des Zweiten Weltkrieges. In den 1950er- und 1960er-Jahren war in den Vereinigten Staaten, Kanada, Westeuropa und Japan ein außerordentlich starkes Wachstum zu verzeichnen, mit niedriger Arbeitslosigkeit und kaum Inflation. Natürlich fußte dieses Wachstum angesichts der durch den Krieg angerichteten Zerstörungen auf einem niedrigen Ausgangsniveau. Es gab reichlich Gelegenheiten, Input-Produktionsfaktoren optimal zu nutzen, vor allem im Übermaß vorhandene Arbeitskraft sowie Finanzkapital, das aus den Vereinigten Staaten stammte.

Allerdings herrschten in dieser ersten Phase des Wohlstands andere Bedingungen als heute. Die 1950er- und 1960er-Jahre waren geprägt durch feste Wechselkurse, einen Goldstandard, ausgeglichene Staatshaushalte, Einfuhrzölle und Handelspräferenzen. All diese Umstände stehen im Gegensatz zur heutigen Formel der Eliten.

Die 1970er- und 1980er-Jahre waren eine Übergangszeit für die nach dem Krieg in Bretton Woods getroffenen Vereinbarungen. Gold wurde als monetärer Standard aufgegeben. Mitte der 1970er-Jahre setzten sich freie Wechselkurse durch. Gleichwohl wurde der Fall des Goldstandards von der Reagan-Administration durch den Aufstieg eines neuen Dollar-Standards abgefedert. Durch das Plaza-Abkommen von 1985 und das Louvre-Abkommen von 1987 fädelte US-Finanzminister James Baker die Herrschaft des »King Dollar« ein, die unter den führenden Wirtschaftsmächten zu weitgehender Einigkeit über akzeptable Wechselkurse führte. »King Dollar« war kein Regime fester Wechselkurse, kam einem solchen aber recht nahe, gestärkt von Paul Volckers erfolgreichem Versuch, nach der beinahe hyperinflationären Episode von 1977 bis 1981 die Inflationsrate zu drücken. Die Bemühungen um Währungskonvergenz in Europa dienten als grober Ersatz für den Goldstandard, obwohl sie unstet und von gelegentlichen Brüchen gekennzeichnet waren.

Die 1970er- und 1980er-Jahre waren auch eine Blütezeit für Neo-Keynesianismus und Monetarismus. Der Neo-Keynesianismus musste unter anderem dafür herhalten, anhaltende Haushaltsdefizite zu rechtfertigen, während die Monetaristen feste Wechselkurse in Verruf brachten und darauf bestanden, dass durch ein Steuern der Umlaufmenge ungedeckten Papiergeldes das maximale nachhaltige reale Wirtschaftswachstum erreicht werden könne, und zwar ohne Inflation zu verursachen. Eine intellektuelle Schlacht zwischen Friedrich August von Hayek und Milton Friedman auf der einen und John Maynard Keynes auf der anderen Seite wurde angeregt, aber beide Denkschulen waren inzwischen in der akademischen Welt angekommen. Was sie gemein hatten, war der Drang nach staatlicher Kontrolle; der einzige Unterschied zwischen ihnen war, ob diese Kontrolle von den Steuer- oder den Währungsbehörden ausgehen solle. Der neoliberale Konsens war mit beiden Möglichkeiten einverstanden.

Der Aufstieg der globalisierten Eliten vollzog sich nach 1989, der Morgendämmerung eines zweiten Zeitalters der Globalisierung – ein fernes Echo des ersten Zeitalters der Globalisierung, das von 1870 bis 1914 angedauert hatte. Im Jahr 1989 endete der Kalte Krieg, die Berliner Mauer fiel und der Washington Consensus wurde in einem zukunftsweisenden Artikel von John Williamson angekündigt, einem englischen Ökonomen, der in Washington, DC, arbeitete.[101] In diesem Artikel fasste er Ansichten zusammen, die sich seit den 1970er-Jahren entwickelt hatten, und verdichtete sie zu einem Drehbuch für eine neuerlich globalisierte Welt. Williams ruft zu freiem Handel, offenen Kapitalkonten, »Foreign Direct Investment« (FDI, »ausländische Direktinvestitionen«) sowie Schutz von geistigem Eigentum auf. Außerdem rief er nach staatlicher Haushaltsdisziplin, obwohl diese Forderung in der Praxis nur für die Schwellenländer galt; jedenfalls wurde sie von den entwickelten Wirtschaftsmächten ignoriert. Der Washington Consensus wurde während der gesamten 1990er-Jahre vom IWF rücksichtslos durchgesetzt, angefeuert vom US-Finanzministerium unter der Leitung von Robert Rubin.

Die 1990er-Jahre waren eine Hochphase für den angeblich freien Handel. NAFTA, DR-CAFTA (»Dominican Republic-Central America Free Trade Agreement«, »Freihandelsabkommen zwischen USA, Dominikanischer Republik und den zentralamerikanischen Ländern«) und andere multilaterale Handelsabkommen wurden durchgedrückt. Die Eliten genossen die längste wirtschaftliche Expansion der US-Geschichte zu Friedenszeiten, von 1991 bis 2000, vom Ende der Amtszeit von Bush senior bis fast zum Ende der Clinton-Jahre. Russland griff nach dem Kapitalismus, China erwachte aus einem chaotischen Jahrhundert und die asiatischen Tigerstaaten setzten zum Sprung an. Diese Entwicklungen schienen die Weltsicht der Eliten zu bestätigen.

Aber unter der Oberfläche setzte Fäulnis ein. In Russland und China wurde die Korruption institutionalisiert, die Einkommensungleichheiten verschärften sich erheblich und die tief hängenden Früchte der Nutzung von Produktionsfaktoren in Schwellenländern waren schnell gepflückt. Aus historischer Sicht ist der wirtschaftliche Erfolg in den 1990er-Jahren vergleichbar mit dem vermeintlichen Erfolg des Freihandels in Großbritannien im späten 19. Jahrhundert und in den Vereinigten Staaten in der Mitte des 20. Jahrhunderts. Diese Erfolge waren nicht so sehr das Ergebnis einer neuen Politik als vielmehr das Ernten der Früchte von vorangegangenem Protektionismus. Die Wirtschaft wuchs, aber dieses Wachstum war nicht nachhaltig. Davon abgesehen kann der oberflächliche und nicht nachhaltige Erfolg des Konsenses der Eliten in den 1990er- und frühen 2000er-Jahren mit einem einzigen Wort erklärt werden: Schulden.

Das explosionsartige Wachstum der Verschuldung – von privaten Haushalten, Unternehmen und Staaten – während der 1990er- und frühen 2000er-Jahre war beispiellos. In den 1990er-Jahren wurde das Wachstum der Verschuldung durch Verbraucherkredite, HELOCs (»Home Equity Line of Credit«, »immobilienbesicherte Kreditlinie«), und die Emission von Unternehmensanleihen getrieben. Von 2000 bis 2007 verlagerte sich der Mix auf Staatsanleihen entwickelter Wirtschaftsmächte sowie US-Subprime-Hypotheken. Auch nach 2007 wuchsen die Staatsschulden der entwickelten Wirtschaftsnationen weiter, während die Volumen an Studentendarlehen und Schwellenländer-Staatsanleihen exponentiell wuchsen.

Seit 2009 hat das Volumen der Dollar-denominierten Schwellenländer-Unternehmensanleihen um neun *Billionen* Dollar zugenommen. Das Volumen sämtlicher in diesem Zeitraum von Energie-Explorations- und -Erschließungs-Unternehmen emittierten Anleihen – ein großer Teil davon sogenannte »Junk Bonds« (»Schrottanleihen«) – übersteigt fünf *Billionen* Dollar. Das Wachstum sämtlicher Formen von Verschuldung überstieg 60 *Billionen* Dollar – und es ist weit und breit kein Ende in Sicht.

Eine Maßzahl, die häufig herangezogen wird, um die Höhe von Staatsschulden zu beurteilen, ist die sogenannte Schuldenquote (Verhältnis zwischen Staatsverschuldung und Wirtschaftsleistung). Von 2000 bis 2013 stieg die globale Schuldenquote, mit Ausnahme von Finanzunternehmen, von 163 auf 212 Prozent. Im gleichen Zeitraum stieg die Schuldenquote der entwickelten Wirtschaftsmächte von 310 auf 385 Prozent. Diese Trends lassen keine Verlangsamung oder »Deleveraging« (Entschuldung) als Reaktion auf die Finanzkrise von 2008 erkennen. Zwar nahm die private Verschuldung nach 2008 etwas ab, aber die Zunahme der Staatsverschuldung machte diesen Rückgang mehr als wett und sorgte dafür, dass die Gesamtverschuldung weiter anstieg. Die gesamte Staatsverschuldung in den entwickelten Wirtschaftsmächten ist seit Anfang 2009 von 80 Prozent der Wirtschaftsleistung bis 2014 auf 110 Prozent der Wirtschaftsleistung gestiegen. Die hauptsächlich von China getriebene Staatsverschuldung der Schwellenländer, ohne Finanzunternehmen, ist seit Anfang 2009 von 125 Prozent der Wirtschaftsleistung in der Zeit bis 2014 auf 140 Prozent gestiegen. Die Schuldenquote von China allein, ohne Finanzunternehmen, war bis 2014 auf über 200 Prozent geklettert.

In einer maßgeblichen, 2014 vorgelegten Studie, dem »Geneva Report«, fasst das einflussreiche International Center for Monetary and Banking Studies die Situation folgendermaßen zusammen:

> Die Welt baut nach wie vor immer mehr Leverage auf ... immer noch steigt die Schuldenquote auf immer neue Allzeithochs. ... Bis 2008 wurde die Neuverschuldung hauptsächlich von den entwickelten Märkten angeführt, aber seither haben sich die Schwellenländer (vor allem China) immer mehr zur treibenden Kraft entwickelt. Das Niveau der Gesamtverschuldung in Japan sprengt jedes vernünftige Maß. ...
> Im Gegensatz zu weitverbreiteten Überzeugungen hat die Weltwirtschaft sechs Jahre nach Beginn der Finanzkrise in den fortgeschrittenen Wirtschaftsländern noch immer nicht begonnen, die Leverage zurückzufahren. Tatsächlich ist das Verhältnis der gesamten weltweiten Verschuldung zur Wirtschaftsleistung, ohne den Finanzsektor, ... mit unvermindertem Tempo immer weiter gestiegen und hat neue Höchststände erreicht. ...[102]

Solche Schuldenquoten sind zwar noch nie da gewesen, könnten aber vielleicht noch zu bewältigen sein, wenn es weltweit genügend Wirtschaftswachstum gäbe, um sie zu stützen. Das gibt es aber nicht. Das Stagnieren des weltweiten Wachstums in den vergangenen 15 Jahren ist eine weitere Tatsache, die zeigt, dass der Konsens der Eliten versagt hat.

Die Autoren des Geneva Report trugen einen BIP-Index für entwickelte Wirtschaften zusammen, den sie für das Jahr 2008 auf den Ausgangswert 100 skalierten, um das tatsächliche Wachstum seit der Krise mit dem potenziellen Wachstum aufgrund der vor der Krise vorherrschenden Trends vergleichen zu können. Bis 2014 war das potenzielle Wachstum auf 111 gestiegen, aber das *tatsächliche* Wachstum hatte Mühe, den Wert 102 zu erreichen. Diese Differenz zwischen potenziellem und tatsächlichem Wachstum wird als »Output Gap« (»Produktionslücke«) bezeichnet. Bei einem normalen wirtschaftlichen Aufschwung wächst die Wirtschaft vorübergehend oberhalb ihre Potenzials (aufgrund freier Kapazitäten und der oberhalb des Trends liegenden Nutzung der Produktionsfaktoren) und die Produktionslücke verschwindet. Das ist freilich bei diesem Aufschwung nicht geschehen; die Produktionslücke hält sich hartnäckig und wächst sogar noch weiter. Verlorener Output wäre schon schlimm genug, wenn nur das Wohlbefinden und der Lebensstandard der Menschen auf dem Spiel stünde; aber verlorener Output in Verbindung mit übermäßiger Verschuldung ist toxisch. Im Geneva Report wird dieser gefährliche Mix folgendermaßen beschrieben:

> Der nach wie vor bestehende Teufelskreis aus Leverage und politischen Versuchen, die Verschuldung zurückzuführen, einerseits sowie geringerem nominalen Wachstum andererseits schaffen die Ausgangsbedingungen dafür, dass es entweder zu einem langsamen und schmerzhaften Deleveraging-Prozess oder zu einer weiteren Krise kommen wird. ... Aus unserer Sicht macht diese Situation die Welt nach wie vor anfällig für eine weitere Episode in der Serie von Finanzkrisen, die in den vergangenen beiden Jahrzehnten stattgefunden haben.[103]

Der Bericht schlägt Alarm im Hinblick auf den bösartigen Zyklus aus hoher Verschuldung und niedrigem Wachstum:

> Ein wichtiges Hindernis auf dem Weg zur Erholung von einer Finanzkrise ist der Teufelskreis aus niedrigem Wachstum und hoher Verschuldung ... da das Tilgen hoher Schulden die wirtschaftlichen Aktivitäten behindert. Durch diese Verlangsamung der wirtschaftlichen Dynamiken wird der Deleveraging-Prozess noch schmerzhafter.[104]

Nach einer nützlichen Krisen-Taxonomie werden Kollaps- und Erholungszyklen den folgenden drei Typen zugeordnet.[105] Bei einer Krise vom Typ 1 sinkt der *tatsächliche* Output. Wenn darauf ein oberhalb des Trends verlaufender, V-förmiger Aufschwung folgt, schließt sich die Produktionslücke und das Wachstum nähert sich wieder dem langfristigen Trend an. Die wirtschaftlichen Effekte einer Typ-1-Krise sind schmerzhaft, gehen aber relativ schnell vorbei. Ein Beispiel für eine solche Krise ist Schweden in den frühen 1990er-Jahren.

Bei einer Krise vom Typ 2 sinkt der *potenzielle* Output. In einer solchen Situation können die anfänglichen Output-Verluste gering sein, aber relativ zum vorangegangenen Trend entsteht eine Produktionslücke, die nach und nach immer größer wird. Die langfristigen Kosten einer Typ-2-Krise sind enorm. Japan ab 1990 wird als Beispiel für eine solche Krise angeführt.

Bei einer Krise vom Typ 3 sinken der tatsächliche *und* der potenzielle Output. In einer solchen Situation sind die anfänglichen Output-Verluste groß, die Wirtschaft erholt sich nicht wieder und die Produktionslücke wächst immer weiter. Dies ist der denkbar schlimmste Fall, mit großen Verlusten, keinem Aufschwung und anhaltend schwachem Wachstum.

Laut den im Geneva Report aufgeführten Daten befinden sich die fortgeschrittenen Wirtschaftsmächte, angeführt von den USA, in einer Typ-3-Krise. Der Grund, warum diese Diagnose nicht schon früher gestellt werden konnte, liegt darin, dass Leverage eingesetzt wurde, um politisches Versagen zu kaschieren. Der Geneva Report schließt folgendermaßen:

> Die beobachtete Beschleunigung des Wachstums von den späten 1990er-Jahren bis 2007 wurde durch die zunehmende weltweite Verschuldung gestützt. Gleichzeitig förderte sie die Zunahme der Leverage in zahlreichen Wirtschaftsländern, die wiederum zu steigenden Asset-Preisen und expandierenden Bilanzen führte. Diese Expansionsphase fand schließlich in der Finanzkrise von 2008 bis 2009 ihr Ende.[106]

Der Traum der Eliten von Globalisierung und gemeinsamem Wohlstand war eine durch Verschuldung getriebene Illusion. Diese Illusion zerplatzte 2008. Zwar ist die Illusion verschwunden, aber die Schulden bleiben. Die möglichen Wege aus der Verschuldung sind im besten Fall gefährlich, im schlimmsten Fall katastrophal. Der am wenigsten gefährliche Weg ist, mithilfe struktureller Reformen den Konsens der Eliten zu beseitigen und zu einer neo-merkantilistischen Wirtschaftspolitik zurückzukehren, um Arbeitsplätze und Wachstum innerhalb der Vereinigten Staaten zu schaffen. Der gefährlichste Weg wäre, einfach so weiterzumachen wie bisher – mehr Schulden, mehr Leverage, mehr Derivate –, in einem donquichottischen Kampf für nachhaltiges Wachstum, das nicht kommen wird.

Je besser die Eliten diese Erkenntnis begreifen, desto mehr setzt sich ihr Herdeninstinkt durch. Die Bilanzen der Zentralbanken werden aufgebläht, um Inflation in Gang zu setzen und dadurch nominales, wenn schon nicht reales, Wachstum zu erzeugen, um so die Staatsverschuldung beherrschbar zu machen. Trotzdem versetzt die Angst vor Deflation die Herde in Panik wie ein Löwe in der Steppe. Die Eliten erkennen allmählich, dass Gelddrucken womöglich keine Inflation der *Preise*, sondern nur der *Vermögenswerte* erzeugen und neue Blasen bilden wird, die platzen und so das Vertrauen der Menschen für zwei Generationen zerstören könnten. Falls das passieren sollte, steht die Ice-Nine-Lösung parat. Aber vorerst kämpfen die Eliten um Reflation wie ein verlorenes Sondereinsatzkommando, dem das Wasser bis zum Halse steht.

Sackgasse

Der neoliberale Konsens der Eliten stützt sich auf das Gerede von freien Märkten und freiem Handel, wie es schon von Ökonomen wie Adam Smith, David Ricardo und Milton Friedman zu hören war. Aber freie Märkte und freier Handel sind in der Theorie fehlerhaft und in der Praxis nicht existent.

Theoretisch ähnelt das Paradigma von den freien Märkten dem beliebten Brettspiel Monopoly, das während der Weltwirtschaftskrise erfunden wurde. Dieses Spiel beginnen alle Spieler unter den gleichen Ausgangsbedingungen, sie haben gleich viel Spielgeld und befolgen dieselben Spielregeln. Wie im richtigen Leben spielt auch hier das Glück in Form von Würfeln eine Rolle, aber im Laufe der Zeit verteilt sich das Glück gleichmäßig auf alle Spieler. Es gibt Unterschiede im persönlichen Geschick der Spieler und das ist die Botschaft des Spiels. Ausgebuffte Spieler wissen, dass es gut ist, die orange markierten Immobilien, angefangen mit Münchner Straße, zu besitzen, weil sie nicht weit vom Gefängnis entfernt sind und die anderen Spieler unverhältnismäßig oft auf ihnen landen. Theoretisch belohnen die Märkte solcherlei Geschick.

Aber was passiert, wenn die Spielregeln ignoriert werden? Stellen Sie sich einmal ein Monopoly-Spiel vor, bei dem nach ein paar Runden einer der Spieler plötzlich verkündet, sein Geld sei doppelt so viel wert wie das der anderen, und dann greift er sich ganz selbstverständlich ein Bündel 500-Dollar-Scheine aus der Kasse der Bank. Das Spiel würde im Chaos enden; die Eigenschaften eines freien Marktes würden verloren gehen.

Genau das ist es, was durch die Geldpolitik von Zentralbanken passiert, durch Währungskriege und Handelsmanipulationen. Das Modell des freien Marktes wird über den Haufen geworfen.

Für die Vereinigten Staaten und die Welt kann die Lösung nicht sein, über Ungerechtigkeiten zu jammern oder einem Hirngespinst nachzujagen, sondern sie muss darin bestehen, eine Politik zu verfolgen, die Wachstum und Arbeitsplätze in den Vereinigten Staaten schafft und Möglichkeiten erkundet, wie *kooperative* Partner an diesem Wohlstand teilhaben können, während sie zugleich ihren eigenen Weg gehen. Unkooperative Partner sollten sich selbst überlassen bleiben.

Aus der längeren Perspektive der Schuldenexpansion seit den 1990er-Jahren betrachtet war der finanzielle Zusammenbruch 2008 symptomatisch für eine bedrohlichere Entwicklung. Die Politik benutzte die zunehmende Verschuldung und diverse Asset-Blasen, um nachhaltiges Wachstum vorzutäuschen. Die Arbeitnehmer partizipierten nicht an den durch die Globalisierung erzielten höheren Kapitalrenditen. Die daraus resultierende Einkommensungleichheit ist nicht nur eine moralische Frage. Einkommensungleichheit schadet dem Konsum und dadurch mittelbar auch der Investitionstätigkeit, wodurch nur noch die Netto-Exporte (mitsamt den damit einhergehenden Währungskriegen) und die Staatsausgaben (mitsamt der damit einhergehenden Verschuldung) als Wachstumsmotoren übrig bleiben.

Eine Deflation ist die größte geheime Angst der Eliten. Alan Greenspans häufig als »Too low for too long« (»zu niedrig für zu lange«) kritisierte Zinspolitik von 2002 bis 2005 war ein Versuch, die Deflation abzuwenden, die 2001 einsetzte. Die Deflation wurde aufgeschoben, aber nicht verhindert. Greenspans Politik verzögerte die Deflation um den Preis von Asset-Blasen, die ab 2007 platzten. Dann tauchte die Deflation, die eigentlich nie richtig verschwunden war, wieder auf. Die Federal Reserve, die ja nur diesen einen Trick beherrscht, wiederholte Greenspans Schnitzer in Form der Nullzinspolitik von Bernanke und Yellen von 2008 bis 2015. Das hat mittlerweile zum Entstehen von noch größeren Asset-Blasen geführt. Zu keinem Zeitpunkt haben die politisch Verantwortlichen versucht, die Ursachen von Deflation anzugehen, nämlich die demografische Entwicklung, Technologie, Deleveraging und Neomerkantilismus von Mexiko bis Malaysia.

Ein Argument, das man hin und wieder für Freihandel und offene Märkte zu hören bekommt, lautet, dass die Vereinigten Staaten stark genug seien, um die Kosten eines manipulierten Systems zu tragen, während die Welt durch die Schaffung von Arbeitsplätzen in anderen Ländern bereichert werde. Wenn es der Welt besser gehe und den Vereinigten Staaten dabei ein bisschen weniger besser, als es sonst der Fall sein könnte, sei das ein kleiner Preis, den man für einen wohlhabenderen, friedlicheren Planeten bereitwillig zahlen sollte.

Mal ganz abgesehen von der Herablassung gegenüber den Angehörigen der Arbeiterklasse in den USA, die aus dieser globalistischen Meinung spricht – ist sie denn überhaupt richtig? Oder verschleiert das im globalen Durchschnitt zu beobachtende Wachstum lediglich eine groteske Einkommensungleichheit, bei der es den Arbeitern vielleicht ein bisschen besser gehen mag, aber die Masse der Gewinne von korrupten Oligarchen abgesaugt wird, die von Vancouver bis Mayfair Luxuswohnungen zum Stückpreis von 50 Millionen Dollar oder mehr kaufen?

Wenn die US-Politik sich darauf konzentrieren würde, im eigenen Land das Entstehen von Jobs in der Fertigung, die hohen Mehrwert schaffen, zu fördern, würden sich diese Einkommenszugewinne gleichmäßiger verteilen, da es in den Vereinigten Staaten nicht in dem Maße ein »Oligarchen-Problem« gibt wie in Asien, Afrika und Lateinamerika. US-Arbeiter mit höheren Realeinkommen könnten es sich leisten, zusätzlich zu im Inland produzierten Gütern auch mehr Importwaren zu kaufen. Die US-Handelspartner würden sich auf weniger attraktive Jobs spezialisieren, während die Arbeiter in den USA Zugang zu besseren Jobs bekommen würden.

Das politische Problem in den Vereinigten Staaten ist, dass Demokraten und Republikaner im Gleichschritt marschieren, wenn es um die Freihandelsproblematik geht. Zwar gibt es einige abweichende Stimmen, aber das Freihandelsparadigma, das sich in Abkommen wie NAFTA, TPP und TTIP niederschlägt, geht über parteipolitische Grenzen hinweg. Das NAFTA wurde von Bush senior ausgehandelt und von Bill Clinton unterschrieben. Die Trans-Pacific Partnership wurde von Barack Obama vorgeschlagen und von führenden Republikanern unterstützt. Wenn die beiden Parteien sich die Hände reichen, ist das wohl eher »groupthink« als das Ende der parteipolitischen Grabenkämpfe in Washington.

Eine vernünftige Lösung für dieses politische Patt müsste damit beginnen, die Körperschaftsteuer abzuschaffen, den Mindestlohn zu erhöhen und den Arbeitnehmern mehr Rechte nach dem Muster des deutschen Mitbestimmungsgesetzes einzuräumen, das Arbeitnehmervertreter im Aufsichtsrat von größeren Unternehmen vorschreibt. Daraufhin würde die Linke wegen der Steuererleichterungen für Unternehmen aufheulen, die Rechte würde die Mitbestimmung verdammen. Und beide würden zeigen, was für verbohrte Ideologen sie eigentlich sind. Eine kluge Politik, die Kapital *und* Arbeitnehmern hilft, ist der richtige Weg für die Vereinigten Staaten.

Die Ängste der Eliten wachsen mit der Erkenntnis, dass die Weltwirtschaft sich nicht in einem zyklischen Aufschwung befindet, sondern in einer säkularen Depression. Nach der Definition von Keynes ist eine Depression:

> ... ein chronischer, über einen erheblichen Zeitraum anhaltender Zustand subnormaler Aktivität ohne eine deutliche Tendenz entweder zu einem Aufschwung oder zu einem vollständigen Zusammenbruch.[107]

Keynes' Sicht wurde durch den Geneva Report noch weiter ausdifferenziert; demnach ist eine Typ-3-Krise dadurch gekennzeichnet, dass der Output dramatisch abnimmt und sich nicht schnell wieder erholt, sondern einen dauerhaft niedrigeren Trend zeigt. Im Geneva Report heißt es:

> Was nach 2007 geschah, war eine Schuldenkrise, keine Rezession: der Rückgang des Outputs um fünf Prozent bis zum 1. Quartal 2009 hielt an ... und dieser Rückgang nahm sogar noch zu im Vergleich zu dem, was man als den bis 2007 vorherrschenden Trend betrachten könnte, als das Wachstum sich erheblich verlangsamte.[108]

Eine Depression kann durch geldpolitische Maßnahmen nicht behoben, sondern nur gelindert werden. Die Lösung für eine Depression sind strukturelle Veränderungen. Die Weltwirtschaftskrise endete nur durch massive schuldenfinanzierte Investitionen und die Mobilisierung der Arbeitnehmerschaft, um im Zweiten Weltkrieg zu kämpfen.

Das Endspiel hat begonnen. Die Verschuldung nimmt schneller zu als das Wirtschaftswachstum. Die Geldpolitik kann nichts ausrichten, außer Blasen zu erzeugen und Zeit zu kaufen. Strukturelle Veränderungen werden durch politische Dysfunktion behindert. Das Ersetzen privater Schulden durch Staatsschulden ist ausgereizt; inzwischen sind die Staaten selbst finanziell angespannt.

Die Träume der Eliten von freiem Handel, freien Märkten und freiem Kapitalverkehr werden durch Verschuldung, die demografische Entwicklung und wirtschaftliche Depression zerstört. Die Eliten hoffen darauf, dass eine vorteilhafte Karte aufgedeckt wird, aber das Spiel ist durch jahrzehntelanges Verdrängen von Einkommensungleichheit und Arbeitsplatzverlusten vorherbestimmt. Manche Mitglieder der Eliten verlassen das sinkende Schiff, nehmen ihre Gewinne mit und kaufen dafür Luxusapartments, Privatjets oder gar Inseln und bunkern Goldbarren und Kunstwerke in privaten Tresoranlagen; andere trotten dagegen immer weiter in die Sackgasse der Globalisierung hinein, obwohl ihre Verwirrung immer mehr zunimmt.

KAPITEL 8:

KAPITALISMUS, FASCHISMUS UND DEMOKRATIE

Namentlich ist wenig Grund zu glauben, daß ... Sozialismus die Heraufkunft jener Zivilisation bedeuten wird, von der orthodoxe Sozialisten träumen. Es ist sehr viel wahrscheinlicher, daß sie faschistische Züge zeigen wird. Das wäre eine seltsame Antwort auf das Gebet von Marx. Aber die Geschichte gefällt sich manchmal in Scherzen von fragwürdigem Geschmack.[109]

Joseph A. Schumpeter, Kapitalismus, Sozialismus und Demokratie (1942)

Zeige mir den Mann und ich finde für dich sein Verbrechen.[110]

Lawrentij Berija, Chef der Geheimpolizei (NKWD) unter Stalin

Schumpeter auf ein Neues

Mit Joseph A. Schumpeters Name ist die Redewendung von der »kreativen Zerstörung« assoziiert, sein bekanntester intellektueller Beitrag und eine der überzeugendsten wirtschaftlichen Erkenntnisse des 20. Jahrhunderts, die wichtige Implikationen für die Gegenwart hat.

Schumpeter hielt den Kapitalismus für eine dynamische Kraft, die potenter ist als die Unternehmen, die darin aufsteigen und untergehen. Der Fortschritt des Kapitalismus erfordert das Scheitern von Kapitalisten. Das hat Schumpeter in seinem 1942 erschienenen Meisterwerk *Kapitalismus, Sozialismus und Demokratie* prägnant formuliert:

> Der Kapitalismus ist also ... nicht nur nie stationär, sondern kann es auch nie sein. ... Der fundamentale Antrieb, der die kapitalistische Maschine in Bewegung setzt und hält, kommt von den neuen Konsumgütern, den neuen

Produktions- oder Transportmethoden, den neuen Märkten, den neuen Formen der industriellen Organisation, welche die kapitalistische Unternehmung schafft. ...

Die Eröffnung neuer Märkte ... [illustriert einen Prozeß,] der unaufhörlich die Wirtschaftsstruktur *von innen heraus* revolutioniert, unaufhörlich
die alte Struktur zerstört und unaufhörlich eine neue schafft. Dieser Prozeß
der »schöpferischen Zerstörung« ist das für den Kapitalismus wesentliche
Faktum.[III]

Wie bei so vielen originären Erkenntnissen war das, was rückblickend als
offensichtlich erscheint, zum Zeitpunkt der ersten Veröffentlichung revo-
lutionär. Die Tatsache, dass der Kapitalismus eine dynamische, Wohlstand
erzeugende Kraft ist, wurde schon seit Langem anerkannt, zuerst 1776 von
Adam Smith und dann von den Ökonomen der klassischen Schule im 19.
Jahrhundert. Was neu war an Schumpeters »schöpferischer Zerstörung«,
war nicht die *schöpferische*, sondern die *zerstörerische* Kraft – die Idee, dass
Kapital zerstört werden müsse, um neue Ressourcen für neue kapitalistische Unternehmungen freizusetzen.

Schumpeter schrieb sein Werk zu einem kritischen Zeitpunkt zwischen
dem Ende der Weltwirtschaftskrise und dem Ausbruch des Zweiten Weltkriegs. Der Kapitalismus war auf dem Prüfstand und der Sozialismus war
in Mode gekommen, auch in den Vereinigten Staaten, wo er sich in den vorangegangenen sozialistischen Zyklen im späten 19. und frühen 20. Jahrhundert nicht hatte durchsetzen können. Die Regierungsmannschaft von
Franklin Delano Roosevelt (1933–1945) war voller sozialistischer Reformer,
die an Projekten arbeiteten wie etwa der Tennessee Valley Authority, einem
riesigen Energieprojekt, bis hin zu landwirtschaftlichen Kommunen wie
dem Farm-Camp der Bundesregierung in Marysville, California.

Der Kapitalismus, der während der Weltwirtschaftskrise weithin als ge-
scheitertes System betrachtet wurde, wurde mit »Big Business« assoziiert,
mit Großkonzernen wie RCA, General Motors, Standard Oil of New Jersey,
U.S. Steel und anderen Industriegiganten. Nicht mehr der Wettbewerb war
die definierende Eigenschaft des Kapitalismus, sondern das Monopol.

Schumpeter ließ sich von diesem Vorwurf nicht beeindrucken. Er bewunderte »Big Business« und befürwortete monopolartige Praktiken. Aus

seiner Sicht boten Großunternehmen dem Verbraucher mehr Vielfalt, flächendeckende Vertriebsnetzwerke und niedrigere Preise. Er schrieb:

> Bei der Analyse einer solchen Geschäftsstrategie ... sieht der untersuchende Ökonom oder Regierungsbeauftragte preispolitische Maßnahmen, die ihm als Plünderung, und Produktionsbeschränkungen ... erscheinen. Er sieht nicht, daß derartige Einschränkungen, unter den Bedingungen des ewigen Sturms, Zwischenfälle ... eines langfristigen Expansionsprozesses sind, den sie mehr schützen als hemmen. ...
> Einerseits könnten in vielen Fällen Pläne größten Ausmaßes überhaupt nicht verwirklicht werden, wenn man nicht von Anbeginn an wüßte, daß die Konkurrenz durch große Kapitalerfordernisse oder Mangel an Erfahrung abgeschreckt werden wird, oder daß die Mittel vorhanden sind, sie abzuschrecken oder matt zu setzen, um Zeit und Raum für weitere Entwicklungen zu gewinnen.[112]

Es ist nicht schwierig, den scheinbaren Widerspruch zwischen Schumpeter als Verfechter schöpferischer Zerstörung einerseits und als Befürworter monopolistischer Großunternehmen andererseits aufzulösen. Schumpeters großartige Erkenntnis war, dass Unternehmen nicht gegeneinander konkurrieren, sondern gegen die *Zukunft*. Es ist das unvorhergesehene und unerwartete Unternehmen der Zukunft, das Monolithen zerstört, nicht der Wettbewerb oder die Kartellgesetze von heute. Als Schumpeter Anfang der 1940er-Jahre sein Buch schrieb, antizipierte er, dass Uber die Monopole von Taxiunternehmen empfindlich stören und Matt Drudge das Geschäftsmodell von Tageszeitungen in Bedrängnis bringen würde. Kein Unternehmen, und sei es auch noch so groß, kann sich in Sicherheit wiegen. Was dem Monopolisten nachts den Schlaf raubt, ist nicht die Konkurrenz – es ist die Zukunft.

Schumpeters Vermächtnis fand außerhalb seiner Anhängerschaft kaum Beachtung – ein häufiges Schicksal von Bilderstürmern. Das Mem von der schöpferischen Zerstörung ist inzwischen ein Gemeinplatz (obwohl es damit dringlicher sein mag, als jene wahrhaben wollen, die dieses Klischee im Munde führen). Das Erstaunliche an Schumpeter ist, dass sein Bild von der schöpferischen Zerstörung lediglich eine Vignette ist, die nur fünf Seiten einer über 500-seitigen Standardausgabe von *Kapitalismus, Sozialismus und Demokratie* einnimmt – kaum ein Prozent des Buches. Der Rest des Werkes, in dem es um historische Abläufe und die Unvermeidlichkeit des Sozialismus geht, ist wichtiger, um das wirtschaftliche Geschehen von heute zu verstehen.

Joseph A. Schumpeter wurde 1883 in der Stadt Triesch (Třešť) in Mähren geboren, die damals zu Österreichisch-Ungarn gehörte und heute zu Tschechien. Im Jahr 1906 promovierte er an der Universität Wien bei Eugen von Böhm-Bawerk, einem Anhänger Carl Mengers und frühem Vertreter der Österreichischen Schule der Ökonomik.

Von 1932 bis zu seinem Tod im Jahr 1950 lehrte Schumpeter als Professor der Wirtschaftswissenschaften an der Harvard University. Er führte ein abwechslungsreiches Privatleben und war wahrscheinlich der einzige Ökonom des 20. Jahrhunderts, der sich hin und wieder duellierte. Laut seinem Biografen Thomas McCraw »hat er häufig gesagt, er habe den Ehrgeiz, der Welt größter Ökonom, Liebhaber und Sportreiter zu werden. Dann kam die Pointe: Mit den Pferden lief es nicht so gut.«[113]

Obwohl er bei Böhm-Bawerk studiert hatte, war Schumpeter kein Anhänger der Österreichischen Schule. Vielmehr folgte er einer früheren Denkschule, der Historischen Schule der Nationalökonomie, die sich im 19. Jahrhundert in Deutschland entwickelt hatte. Diese Schule kombiniert Geschichte, Politik und Sozialwissenschaften zu einer realistischeren Sicht der Ökonomik. Sie lehnt mathematische Modelle meistenteils ab, da solche Modelle lediglich ein flüchtiges Abbild der wirtschaftlichen Umstände liefern können, das abhängig ist von Randbedingungen wie Zeit und Ort. Demgegenüber liefert die Historische Schule eine breitere Perspektive und schenkt der Motivation menschlichen Handelns mehr Beachtung. Aber vor allem kommt es der Historischen Schule darauf an, der Realität den Vorzug vor Abstraktionen zu geben.

Was die Anhänger der Historischen Schule vereint, sind nicht ihre Schlussfolgerungen, die stark variieren (bis hin zum Punkt der Unvereinbarkeit), sondern vielmehr ihre induktive Methode, die darauf beruht, langfristige Abläufe genau zu betrachten und aus solchen Betrachtungen sinnvolle Schlussfolgerungen zu ziehen. Zu den frühen Anhängern der Historischen Schule zählten Walter Bagehot, Max Weber und Karl Marx.

Schumpeter ist der letzte Vertreter der reinen Lehre dieser Schule, obgleich Hyman Minsky, Alan Greenspan und der Nobelpreisträger Robert Solow stark von ihm beeinflusst wurden. Die induktive Methode der Historischen Schule und ihre Betrachtung historischer Entwicklungen sind heute beiseite gewischt worden von neo-keynesianischen Gleichungen und dem hartnäckigen Bestehen auf geldpolitischen Werkzeugen, das auf den Einfluss der Österreichischen Schule zurückgeht.

Dennoch scheinen Schumpeters Erkenntnisse über Kapitalbildung durch unternehmerische Aktivitäten und ihre schädlichen Auswirkungen auf die vorherrschenden Geschäftsmodelle – seine schöpferische Zerstörung – im Einklang zu stehen mit dem Zeitalter von Amazon und Netflix. Dieses Revival kommt zu einer Zeit, da die Geldtheorien der Österreichischen Schule durch die Volatilität der Geldumlaufgeschwindigkeit widerlegt werden und sich die neo-keynesianischen Modelle als unvorbereitet auf eine neue Liquiditätsfalle erweisen. Es ist höchste Zeit, Schumpeter vom Bücherregal zu nehmen und der Historischen Schule Gerechtigkeit widerfahren zu lassen.

Mit Schumpeter beschäftigen sich heute hauptsächlich Menschen, die sich für Mikroökonomik interessieren – für die Theorie der Firma und des Individuums. Eine Renaissance Schumpeters muss aber auch seine makroökonomische Perspektive berücksichtigen, einschließlich seiner Arbeit über globale Wachstumsdynamiken. Schumpeters auf langen Zyklen basierende historische Perspektive scheint das richtige Gegengift zu sein gegen Karl R. Poppers langsames und stetiges »Piecemeal Social Engineering« (»Sozialtechnik der kleinen Schritte«). Schumpeters Methode dient als Antagonist gegen die seit 60 Jahren anhaltende Mühsal des SDR auf dem Weg vom improvisierten Hilfsmittel zum Weltgeld. Schumpeter lässt uns solche Vorgänge in ihrem historischen Umfeld sehen und ihren weiteren Verlauf vorausahnen.

Der Schatten, der im späten 20. Jahrhundert auf Schumpeters Ansehen fiel, ging unter anderem auf seine Vorhersage zurück, dass der Sozialismus den Kapitalismus verdrängen würde. In dieser Hinsicht war Schumpeter mit Karl Marx einig, obwohl er sonst unermüdlich Fehler im marxschen Theoriegebäude aufdeckte. Konkret sagte Schumpeter, Marxens Revolutionstheorie sei Unsinn; er spöttelte, eine Revolution würde niemandem außer den Revolutionären nützen.

Was Schumpeter an Marx bewunderte, waren nicht seine spezifischen Vorhersagen, sondern seine Methode, die den Aufstieg und Fall sozialer Klassen über Jahrhunderte betrachtete. Indem er Marx' Methode anwendete, sah Schumpeter den langsamen, stetigen Aufstieg des Sozialismus, der – eine Zeit lang – Seite an Seite mit dem Kapitalismus existieren und problemlos innerhalb einer demokratischen Gesellschaftsordnung operieren würde.

Wenn man die Erfolge des Kapitalismus sieht, zuerst in den 1960er-Jahren in Europa und Japan, dann während der Thatcher-Reagan-Revolution in den 1980er-Jahren, dann den Aufstieg Chinas nach Deng Xiaopings Mantra »Reich sein ist glorreich!«, fällt es schwer, Schumpeters These über den Sozialismus zu würdigen. Der Erfolg der kapitalistischen freien Marktwirtschaft scheint von Seattle bis Schanghai so fest verwurzelt zu sein, dass Schumpeters Ahnung von der Unwiderstehlichkeit des Sozialismus fehlgeleitet zu sein scheint.

Aber dennoch hatte Schumpeter recht.

Für ihn war Sozialismus keine Diktatur des Proletariats, sondern vielmehr ein vom Staat gesteuertes Wirtschaftssystem, betrieben von Eliten, die er »Planer« nannte, zum angeblichen Nutzen der Arbeiter. Die Gewinner in dieser Vision waren die Planer und die Arbeiter, die Verlierer dagegen die Bourgeoisie – jene Menschen, die wir heute als »Mittelklasse« bezeichnen.

Schumpeter war prophetisch. Heute ist die US-Mittelklasse ausgehöhlt und die Einkommensungleichheit hat ein so extremes Niveau erreicht, wie es seit den 1920er-Jahren – und davor seit den 1890er-Jahren – nicht mehr gesehen wurde. Die Gesellschaft hat sich weitgehend in Eliten und Arbeiter aufgelöst, wie Schumpeter es erwartet hatte.

In den Vereinigten Staaten erreichte der Median der Haushalts-Jahreseinkommen, gemessen in inflationsbereinigten Dollars auf dem Stand von 2014, seinen Höchstwert von 57 843 Dollar im Jahr 1999.[14] Bis 2014 war dieser Betrag auf 53 657 Dollar *gefallen*, ein erschreckender *Rückgang* um mehr als sieben Prozent in 15 Jahren. Der durchschnittliche US-Haushalt wird also von Tag zu Tag ärmer. Hinzu kommt, dass dieser Rückgang nicht gleichmäßig verteilt ist; in demselben Zeitraum von 15 Jahren *stieg* der Median der Haushaltseinkommen in Washington, DC, um fast 25 Prozent.

Während die Nation stagniert, werden die Bewohner der Hauptstadt immer reicher. Dieser Gegensatz zeigt, wie erfolgreich es den Eliten gelingt, dem Normalbürger Wohlstand zu entziehen durch Steuern, Vorschriften und parasitäre Behörden.

Eine im Juli 2016 vom McKinsey Global Institute vorgelegte Studie dokumentiert unter dem Titel »Poorer than Their Parents?«, dass die Einkommensungleichheit nicht nur in den Vereinigten Staaten zunimmt. Solche Trends sind in entwickelten Wirtschaftsländern auf der ganzen Welt zu beobachten, von Westeuropa bis Australien. In der Studie heißt es:

> Die Debatte über zunehmende Ungleichheit in fortgeschrittenen Volkswirtschaften hat sich darauf konzentriert, dass Einkommens- und Vermögenszuwächse in unverhältnismäßig hohem Maße auf Spitzenverdiener entfallen. In dieser Studie untersuchen wir einen Aspekt, der weniger Beachtung gefunden hat: die Anzahl der Haushalte in entwickelten Volkswirtschaften, deren Einkommen gegenüber anderen vergleichbaren Haushalten in der Vergangenheit nicht gestiegen sind. Wir haben diese Frage auf drei verschiedene Arten untersucht und eine ganz erhebliche Zunahme der Anzahl solcher Haushalte festgestellt.
>
> Zwischen 65 und 70 Prozent der Haushalte in 25 fortgeschrittenen Volkswirtschaften, was etwa 540 bis 580 Millionen Menschen entspricht, befanden sich im Jahr 2014 in Segmenten der Einkommensverteilung, deren reale Markteinkommen – also ihre Löhne bzw. Gehälter sowie Kapitaleinkünfte – sich seit 2005 nicht verändert hatten oder gesunken waren. Im Zeitraum zwischen 1993 und 2005 waren es dagegen weniger als 2 Prozent, also unter zehn Millionen Menschen, die dieses Phänomen erlebten. Staatliche Transfers und niedrigere Steuern reduzierten diesen Effekt auf die verfügbaren Einkommen: 20 bis 25 Prozent der Haushalte befanden sich in Segmenten der Einkommensverteilung, deren verfügbares Einkommen sich zwischen 2005 und 2014 nicht verändert hatte oder gesunken war, im Vergleich zu unter 2 Prozent in der Zeit von 1993 bis 2005.[115]

Mit anderen Worten: Die Einkommen der Mittelklasse stagnieren, während die Reichen immer reicher werden. Sozialismus in Form von staatlichen Transferzahlungen dämpfen diesen Effekt zum Teil, aber nicht zur

Gänze. Genau das ist es, was Schumpeter vorhergesagt hat: den Aufstieg des Sozialismus, nicht durch eine Revolution, sondern klammheimlich, durch Bestechen der Arbeiterklasse mit kapitalistischem Geld, während die Bourgeoisie auf der Strecke bleibt.

Die McKinsey-Studie weist ausdrücklich auf diesen Punkt hin:

> Heute läuft die jüngere Generation Gefahr, am Ende ärmer dazustehen als ihre Eltern. Zwar erlebten die meisten Bevölkerungssegmente in dem Jahrzehnt von 2002 bis 2012 stagnierende oder fallende Einkommen, aber am schwersten betroffen waren junge, weniger gut ausgebildete Arbeiter. ...
>
> Staatliche Politik und die am Arbeitsmarkt üblichen Praktiken wirken sich auf das Ausmaß stagnierender bzw. sinkender Einkommen aus. In Schweden zum Beispiel, wo die Regierung intervenierte, um Arbeitsplätze zu erhalten, stagnierten oder fielen die Markteinkommen für nur 20 Prozent, während die verfügbaren Einkommen für fast alle Haushalte stiegen. In den Vereinigten Staaten machten Steuern und staatliche Transferleistungen einen Rückgang der Markteinkommen für 81 Prozent der Einkommenssegmente zu einem Steigen der verfügbaren Einkommen für nahezu alle Haushalte.
>
> Stagnierende oder sinkende Einkommen für die Mehrheit der Bevölkerung könnte das Wachstum der Nachfrage reduzieren und höhere Sozialausgaben notwendig machen. Soziale Konsequenzen sind ebenfalls möglich. ...
>
> Langfristigere demografische Entwicklungen und Trends an den Arbeitsmärkten werden auch weiterhin Einkommenszuwächse erschweren. Selbst wenn die Volkswirtschaften ihr historisch hohes Wachstum wieder aufnehmen, erwarten wir, dass 30 bis 40 Prozent der Einkommenssegmente im kommenden Jahrzehnt keine Einkommenszuwächse erleben werden, wenn Entwicklungen am Arbeitsmarkt wie etwa zunehmende Automation sich beschleunigen. Wenn die von 2005 bis 2012 beobachteten Bedingungen von langsamem Wachstum anhalten, könnten in der Zeit bis 2025 bis zu 70 oder 80 Prozent der Einkommenssegmente in den fortgeschrittenen Volkswirtschaften stagnierende oder sinkende Markteinkommen erleben.[116]

Schumpeter hatte erkannt, dass es Unsinn ist, einem Arbeiter 40 000 Dollar im Jahr zu zahlen, nur um ihm dann vom Staat wieder 10 000 Dollar an Steuern abnehmen zu lassen. Es ist effizienter, wenn der Staat dem Arbeiter 30 000 Dollar zahlt. Das Nettoeinkommen des Arbeiters ist gleich hoch und ein ineffizienter Anschein von privaten Löhnen und öffentlicher Besteuerung wird eliminiert. Schumpeters Vorschlag wurde in politischen Vorschlägen über ein garantiertes Mindesteinkommen zu neuem Leben erweckt, die in diversen Varianten von Bernie Sanders auf der linken und Charles Murray auf der rechten Seite des politischen Spektrums ins Feld geführt wurden. Immer mehr US-Bürger beziehen Lebensmittelmarken, Berufsunfähigkeitsrenten, »Obamacare«- und Medicare-Leistungen sowie Earned Income Tax Credits (EITC, »Arbeitseinkommensteuergutschrift«, staatliche Lohnauffüllungsleistungen), allesamt unterschiedliche Formen von staatlichem Einkommen und somit Belege für eine Entwicklung hin zu einem echten Sozialismus.

Schumpeter hat gesagt, Demokratie sei keine Ideologie, um den Willen des Volkes zu vollziehen, sondern ein Prozess, über den die Eliten um Führungsrollen konkurrieren. Sobald eine Wahl vorüber sei, würden die Wähler ignoriert und die elitären Wahlgewinner längst gefasste Pläne ausführen. Die Vereinigten Staaten und andere Demokratien würden Wahlen abhalten, aber trotzdem würden staatliche Leistungen und die Bürokratie ins Uferlose wachsen, ganz unabhängig vom Ausgang solcher Wahlen.

Und dann ist da noch China, die zweitgrößte Volkswirtschaft der Welt, die offiziell kommunistisch ist, tatsächlich jedoch einem staatskapitalistischen Modell folgt, das Schumpeter als »sozialistisch« bezeichnete. Er ließ keinen Zweifel daran, dass Sozialismus hervorragend funktioniert, sei es mit oder ohne demokratische Institutionen. Im Einklang mit seiner Auffassung von Demokratie als ein Verfahren, nach dem Planer sich an der Macht ablösen, kommt es aus Sicht der Wirtschaft nicht auf Wahlen an, sondern auf Planung. Alle großen Volkswirtschaften der Welt werden heute zentral geplant, entweder durch ein Zentralkomitee oder durch Zentralbanken.

Die kapitalistischen Helden des Silicon Valley sind *unternehmerisch* in der Art und Weise, wie Schumpeter Unternehmertum verstand, bevor Computer erfunden wurden. Aber Schumpeter setzte keineswegs Unternehmertum mit Kapitalismus gleich. Er erwartete, dass Unternehmer immer eine Rolle spielen würden, außer vielleicht unter allzu repressiven

Bedingungen. Er sah keinen Widerspruch zwischen Unternehmertum und Sozialismus, da ein erfolgreicher Unternehmer leicht Zugang findet zur Klasse der Eliten, Schulter an Schulter mit Politikern und Planern.

Der Drang des modernen Unternehmers, die Produktion outzusourcen oder zu automatisieren, hat die Mittelklasse dezimiert, den Arbeiter mit preiswerter Unterhaltungselektronik versorgt und den Eliten enorme Reichtümer zugeschanzt. Es ist die Mittelklasse – die von Schumpeter und Marx als »Bourgeoisie« bezeichnete Schicht –, die verschwindet, nicht die Unternehmer.

Schumpeter diagnostizierte den Niedergang des Kapitalismus mit geradezu unheimlicher Genauigkeit. Er sah diesen Niedergang nicht als Ereignis an, das von einem Tag auf den anderen geschieht, sondern vielmehr als Prozess, der in Phasen stattfindet, die zu unzureichender Gesamtnachfrage führen, zu einem wirtschaftlichen Umfeld, das er »Stagnationismus« nannte. Im Jahr 1946 schrieb Schumpeter: »Erfolg beim Führen eines Wirtschaftsbetriebes hängt ... in weit höherem Maße von der Fähigkeit ab, mit Arbeiterführern, Politikern und Funktionären fertigzuwerden, als von geschäftlichen Fähigkeiten im eigentlichen Sinne des Wortes. ... Der Geschäftsmann, dem ständig Knüppel zwischen die Beine geworfen werden, ... wenn er vor diesem oder jenem Ausschuss erscheinen muss, hat keine Kraft mehr, sich mit seinen technologischen und kommerziellen Problemen zu beschäftigen.«[117] Und Schumpeter antizipierte die moderne Federal Reserve perfekt, als er schrieb: »Der Organismus eines Geschäfts kann nicht entsprechend seiner Anlage funktionieren, wenn seine wichtigsten ›Aktionsparameter‹ – Löhne, Preise, Zinsen – in die politische Sphäre übertragen und dort ... nach den Ideen von einigen Planern ... bestimmt werden.«[118]

Schumpeter fasste das Endspiel für den Kapitalismus in seiner Prognose fürs späte 20. Jahrhundert zusammen:

Arbeiterunruhen, Preisregulierung, schikanöse Verwaltung und irrationale Besteuerung sind durchaus geeignet, um zu Einkommen und Beschäftigung zu führen, die genauso aussehen werden wie eine Bestätigung der Stagnationismus-Theorie und in der Tat Situationen herbeiführen können, in denen defizitfinanzierte Staatsausgaben geboten sind. Vielleicht werden wir sogar ... Umstände erleben, unter denen die Leute zögern werden, ihre Investitionsentscheidungen auszuführen. ... Wie dem auch sei, es wird ein dominanter Faktor für die gesellschaftliche Lage sein, nicht nur in den Vereinigten Staaten, sondern auch im Rest der Welt. Aber nur für das nächste halbe Jahrhundert oder so. Die langfristige Diagnose ... [nämlich der Niedergang des Kapitalismus und Aufstieg des Sozialismus] wird davon nicht berührt sein.[119]

Schumpeter war kein Ideologe und erst recht kein Apologet des Sozialismus. Er war ein hellsichtiger Analyst wirtschaftlicher Entwicklungen, die er als historische Abläufe betrachtete. Er war kein Befürworter des Sozialismus, sondern sagte ganz einfach, dass dieser unvermeidlicherweise den Kapitalismus verdrängen werde. Das ist auch inzwischen weitgehend geschehen, obwohl die meisten Menschen es noch nicht bemerkt haben. Aus Schumpeters Sicht ist der letzte Schritt der Verdrängung des Kapitalismus durch den Sozialismus die staatliche Kontrolle von Kapital. Durch Umsetzen von Ice-Nine in der nächsten Finanzkrise wird auch das erreicht werden.

Schumpeter hinterließ einen beklemmenden Schlussteil für seine Arbeit über Sozialismus. Er hatte den verhängnisvollen Prozess erkannt, nach dem Sozialismus in Faschismus übergeht, sobald sich die Planwirtschaft durchgesetzt hat, Unternehmen und Regierung miteinander verflochten und die Parteien gleichgeschaltet sind. Er sah im Faschismus eher eine Kreatur der Linken denn eine der Rechten. Seine Beschreibung von Russland, das von Stalin regiert wurde, als er dieses schrieb, trifft auch noch 70 Jahre später den Nagel auf den Kopf: »Das Problem mit Russland ist nicht etwa, dass es sozialistisch ist, sondern vielmehr, dass es Russland ist. ... Im Wesentlichen eine militaristische Autokratie, die, da sie von einer einzigen und strikt gleichgeschalteten Partei regiert wird und keine Pressefreiheit zulässt, eine der definierenden Eigenschaften von Faschismus aufweist und die Massen im marxistischen Sinne ausbeutet.«[120]

Und schließlich sah Schumpeter eine Kriegsmüdigkeit voraus, wie sie heute in den Vereinigten Staaten zu beobachten ist: »Wenn das Land gewaltsam durch Propaganda in Aufregung versetzt wird, wird es vielleicht einen aktivistischen Interventionskurs in Übersee einschlagen oder akzeptieren. Aber bald wird es dessen müde werden, ebenso müde, wie es jetzt ist. ... Und selbst wenn Russland sich noch ein weiteres Land oder zwei einverleibt, was würde das schon ausmachen?«[121]

***

Es wäre zu viel gesagt, wollte man Schumpeter einen Komplexitätstheoretiker nennen – er starb zehn Jahre bevor Komplexität als Zweig der Physik entdeckt wurde. Aber seine Sicht auf historische Abläufe passt gut zu den längeren Prozessen, die sich mithilfe der Komplexitätstheorie am besten erklären lassen. Die Komplexitätstheorie ermöglicht Modelle, die den langsamen und stetigen Aufbau von dichten Netzwerken zeigen, die plötzlich und katastrophal kollabieren. Geologische Verwerfungslinien, Wälder und Finanzmärkte sind allesamt dynamische Systeme, deren Struktur als stabil erscheinen mag, bis ein plötzliches Erdbeben, eine Feuersbrunst oder ein Börsencrash alles zerstört. Ein Komplexitätstheoretiker weiß, dass vermeintliche Stabilität lediglich eine Maske für steigende Spannungen ist.

Der Aufstieg und Fall von Zivilisationen ist das großartigste Beispiel für die Anwendung der Komplexitätstheorie auf menschliche Angelegenheiten. Schumpeters Betrachtungen über Aufstieg und Fall des Kapitalismus beziehen sich zwar nicht auf eine bestimmte Zivilisation, sind aber trotzdem die Art von Forschung, der die Komplexitätstheorie wertvolle Werkzeuge zur Verfügung stellt. Schumpeter mied keynesianische Modelle, weil sie auf dem Kunstgriff beruhen, die meisten Variablen konstant zu halten und eine davon monoton zu isolieren, als »Ursache« des untersuchten Phänomens. Heute, im 21. Jahrhundert, ermöglicht eine Verbindung aus Schumpeters langer Sicht und massiver Rechenleistung – die Schumpeter nicht zur Verfügung stand – die rapide Expansion rekursiver Funktionen und die Simulation menschlichen Handelns mithilfe von zellulären Automaten. Schumpeter würde solche Anstrengungen sicherlich mit Wohlwollen zur Kenntnis nehmen, als annehmbare Simulation seiner weit in die Tiefen der Geschichte zurückreichenden Prozesse.

Dank Schumpeters Arbeit kann die Gesellschaft heute neue Werkzeuge der Komplexitätstheorie nutzen, um einen Blick über den Horizont zu werfen, auf den Aufstieg von Sozialismus und Faschismus, die sich als ein und dasselbe erweisen.

Die neuen Prätorianer

Im alten Rom war die Prätorianergarde eine militärische Eliteeinheit, die Leib und Leben des Kaisers schützte. Ihre Geschichte ist eine Warnung.

Ursprünglich bewachten die Prätorianer auf Feldzügen das Quartier des Kommandanten. Die Bezeichnung »Prätorianer« ist von *praetor* abgeleitet, dem lateinischen Wort für »General«; sein Zelt wurde als *praetorium* bezeichnet. In der späten römischen Republik setzte Julius Cäsar eine solche Leibgarde ein. Im Laufe der Zeit wurde die Prätorianergarde immer größer; zu ihr zählten die am besten ausgebildeten und ausgerüsteten Elitesoldaten, handverlesen vom Kommandanten persönlich.

Im Feld war die Existenz einer Leibgarde unproblematisch. Zu Konflikten kam es, wenn der Kommandant nach einem siegreichen militärischen Feldzug nach Rom zurückkehrte. In der römischen Republik war es verboten, dass Truppen sich innerhalb der Stadt Rom aufhielten. Julius Cäsar missachtete dieses Tabu absichtlich und brachte seine Leibgarde mit, als er im Jahr 49 v. Chr. auf seinem Weg nach Rom den Rubikon überschritt und dabei gesagt haben soll: *Alea iacta est* – »Der Würfel ist gefallen«.

Im Januar 49 v. Chr. ritt Cäsar mit seiner Leibgarde in Rom ein. Dieser aufständische Akt führte zum Bürgerkrieg, der Ermordung Cäsars, dem Fall der römischen Republik und zum Römischen Kaiserreich unter Augustus, der die Prätorianergarde förmlich etablierte, basierend auf der früheren Tradition persönlicher Leibwächter. Ihre Größe wurde auf 9000 Mann festgelegt, etwa die Stärke einer Division einer modernen Armee. Augustus stationierte den größten Teil seiner Garde unmittelbar außerhalb von Rom, aus Respekt vor der Tradition, ließ aber auch einige Soldaten innerhalb der Stadt aktiven Dienst tun – praktisch die erste Polizeitruppe der Geschichte.

In den ersten Jahrhunderten nach Christus entwickelte sich die Prätorianergarde von einer Leibwache des Kaisers zu derjenigen Macht, die ihn auswählte. Sie ermordete etliche Kaiser, entweder aus eigener Initiative oder auf Geheiß von Eliten, etwa einer Kabale von Senatoren. Und sie installierte neue Kaiser, die sie selbst auserkoren hatte, manchmal aus eigenem Antrieb, manchmal bestochen von einem ehrgeizigen Aspiranten. Prätorianische Symbolik hat bis zum heutigen Tag überlebt als römische Helme auf den Abzeichen der Air Force Ehrengarde für US-Präsidenten.

Aber das Vermächtnis der Prätorianergarde ist mehr als bloße Symbolik. Die Vereinigten Staaten haben sich in Windeseile aus einer Republik in ein Land verwandelt, in dem das Militär und die militarisierte Polizei Befehle des Justizministeriums aufgrund von politischen Direktiven aus dem Weißen Haus ausführen. Assistiert von Hightech-Überwachung und Vorratsdatenspeicherung und -auswertung drangsalieren sie Bürger aufgrund missliebiger politischer oder gesellschaftlicher Überzeugungen. Das Ideal der US-amerikanischen Republik ist heute zu einem bequemen Mythos verkommen; neue Prätorianer sind unter uns, innerhalb unserer Stadtmauern, im Dienst der Eliten. Die meisten Bürger sind sich dessen nicht bewusst, weil sie sich bereitwillig anpassen. Andere unschuldige Bürger sind sich dagegen der neuen Prätorianer *sehr wohl* bewusst, weil sie Bekanntschaft mit einem Schlagstock, einer Leibesvisitation, einem Taser-Schock, einer »No-knock Raid«, einer überfallartigen Hausdurchsuchung, einer Durchsuchung ohne gerichtlichen Durchsuchungsbeschluss oder mit willkürlichen Strafverfolgungsmaßnahmen gemacht haben.

Es wird nicht wahrgenommen, wie tief die neuen Prätorianer die Republik schon durchdrungen haben, da ihre Aktionen sehr selektiv sind. Es gibt keine weitverbreiteten sozialen Unruhen und daher auch keine weitverbreiteten Repressionen. Ihre Aktionen sind entweder lokal, wenn zum Beispiel ein SWAT-Team (»Special Weapons and Tactics«-Team) vor dem Gesicht eines Kindes eine Blendgranate zündet, oder sollen überregionale Wirkungen entfalten wie die gezielte, politisch motivierte Verfolgung von Personen wie Dinesh D'Souza oder David Petraeus. Es wird einen Zusammenbruch der gesellschaftlichen Ordnung brauchen, um die neuen Prätorianer in größeren Verbänden auf die Straßen zu bringen. Es wird einen finanziellen Zusammenbruch, Ice-Nine-Einfrierungen, Hyperinflation und Konfiszierungen brauchen. Es wird Geldaufstände brauchen.

Diese düstere Prognose ruht auf vier Pfeilern: der *Kriminalisierung* von alltäglichem Verhalten, der *Politisierung* der Justiz, der *Militarisierung* der Polizei und der *Digitalisierung* der Überwachung des Bürgers.

Dieses Streben der Eliten nach mehr Macht ist nicht neu, es ist ein Teil des menschlichen Wesens. Neu ist dagegen, dass heute die Mittel existieren, mit denen dieses Machtstreben in die Tat umgesetzt werden kann.

Die Kriminalisierung des Alltäglichen wurde von Harvey Silverglate in seinem Buch *Three Felonies a Day: How the Feds Target the Innocent* (»Drei Straftaten pro Tag: Wie die Bundespolizei Unschuldige drangsaliert«) beschrieben:[122]

> Ein durchschnittlicher, fleißiger Angestellter steht morgens auf, bringt die Kinder zur Schule, fährt zur Arbeit, benutzt das Telefon oder schreibt E-Mails, nimmt an Besprechungen teil, arbeitet an einem Börsenprospekt oder einem Bankdarlehen, fährt nach Hause, bringt die Kinder ins Bett, isst zu Abend, liest die Zeitung, geht schlafen und hat keine Ahnung, dass er oder sie im Laufe des Tages sehr wahrscheinlich drei Straftaten begangen hat. Drei Straftaten, die ein ehrgeiziger kreativer Staatsanwalt sich aus den Aktivitäten dieses Tages herauspicken und zur Anklage bringen kann.[123]

Dies ist keineswegs eine Spekulation Silverglates, sondern vielmehr die Folge einer enormen Ausweitung der Strafgesetzgebung auf Bundesebene in den vergangenen Jahrzehnten. Die Bürger scheinen diese *Kriminalisierung* ganz entspannt zu sehen – entweder weil sie nichts davon wissen oder weil sie der naiven Ansicht sind, keine Kriminellen zu sein. Bis vor Kurzem war der Umfang der Strafgesetzgebung auf Bundesebene aufgrund der eingeschränkten Machtbefugnisse des Kongresses gemäß der US-Verfassung beschränkt. Bis in die 1920er-Jahre hinein befasste sich das Bundes-Strafrecht hauptsächlich mit Tatbeständen wie Landesverrat, Fälschung von Banknoten und Aufstand sowie mit der Militärgerichtsbarkeit; all dies liegt eindeutig im Zuständigkeitsbereich der Bundesregierung. Seit den 1920er-Jahren wurde dieser Bereich immer mehr ausgeweitet, und zwar als Reaktion auf die Flucht von Bankräubern oder Kidnappern in einen anderen Bundesstaat, um der Strafverfolgung zu entgehen, als Kodifizierung von Steuergesetzen gemäß dem 16. Verfassungszusatz, um Steuerhinterziehung zu bekämpfen, und um Verkauf, Herstellung und Transport von Alkohol unter Strafe zu stellen (Prohibition). Ein Vorgänger des FBI wurde 1908 unter der Bezeichnung »Bureau of Investigation« ins Leben gerufen und nahm ab 1924 nach der Ernennung des neuen Direktors J. Edgar Hoover eine zunehmend aggressive Rolle ein. Hoover rief das Zeitalter des »Public Enemy« aus, womit er schillernde Gangsterfiguren wie John Dillinger, »Machine Gun« Kelly und Al Capone meinte. Hoover erteilte seinen Agenten den Befehl zum Todesschuss, was dazu führte, dass 1934 der Bankräuber Dillinger erschossen wurde. Außerdem begann das FBI unter Hoover, in großem Umfang Telefongespräche abzuhören.

In den späten 1930er- und in den 1940er-Jahren wurde die Bundes-Strafgesetzgebung abermals ausgeweitet, und zwar infolge einer sehr großzügigen Auslegung der Commerce Clause (»Handelsklausel«) durch den Supreme Court. Diese juristische Gratwanderung ergab sich aus dem Verfahren *West Coast Hotel vs. Parrish* (1937), eine 5:4-Entscheidung, sowie *United States vs. Darby Lumber Co.* (1941), die jeweils die staatliche Regulierung privater Verträge zuließen sowie Regulierung von Handelsgeschäften durch die Bundesregierung selbst bei minimalem staatlichen Interesse. Sobald die staatliche Regulierung von Handelsgeschäften erlaubt war, folgten die rechtlichen Strafverfolgungsinstrumente auf dem Fuße. Und bald darauf begann das FBI unter Hoovers Leitung, inzwischen mächtiger denn je, Listen von Zielpersonen zusammenzustellen, die 1942 in US-Konzentrationslagern interniert werden sollten, was seinerzeit euphemistisch als »Umsiedlung« bezeichnet wurde.

Als die 1970er-Jahre anbrachen, waren staatliche Einmischungen in Form von Bundesgesetzen allgegenwärtig geworden, zum Beispiel in Bezug auf die Nutzung von Grund und Boden, Arbeitsrecht, Gesundheitsvorsorge, Bankwesen, Investitionstätigkeit, Bildungswesen, Transportwesen, Bergbau, industrielle Produktion, Energie sowie andere Bereiche. Jede zivilrechtliche Vorschrift wurde durch einen strafrechtlichen Knüppel zu ihrer Durchsetzung ergänzt. Und sobald der Kern des Strafrechts durch Tatbestände wie Verschwörung und Falschaussage sowie durch Berichtspflichten erweitert wurde, war das Schleppnetz komplett. Silverglates Schätzung von drei Straftaten pro Tag ist keine Übertreibung.

Warum sollten die Strafverfolgungsbehörden unbescholtene Bürger ins Visier nehmen? Die Antwort auf diese Frage ist die *Politisierung* der Justiz. Der unter Nixon, Reagan und Clinton in Szene gesetzte »War on Drugs«, George W. Bushs »War on Terror« und Obamas Krieg gegen seinen

ideologischen Feind, die Tea-Party-Bewegung, illustrieren, dass die Anwendung des Gesetzes nicht mehr nur der Rechtsprechung und der Auf-
rechterhaltung der öffentlichen Ordnung dient; nein, inzwischen ist das
Strafrecht ein Knüppel in den Händen von Politkommissaren.

Die Regierungen unter Nixon, Reagan und Clinton haben allesamt erhebliche polizeiliche, militärische und staatsanwaltliche Ressourcen eingesetzt, um Marihuana-Ernten zu vernichten und die Verwendung von Marihuana zu medizinischen Zwecken anzugreifen, dem politischen Kalkül
folgend, sich »tough on crime« geben zu wollen. Tatsächlich lief jedoch der
Handel mit Marihuana wie ein traditioneller Schwarzmarkt ab, der Ver-
braucherwünsche befriedigt, die vom Staat verboten waren. Er stellte keine
Bedrohung der nationalen Sicherheit oder der gesellschaftlichen Ordnung
dar. Heute ist der Konsum der Droge weithin akzeptiert und in einigen
US-Bundesstaaten legal. Der Konsum von Marihuana ist ein legitimes Thema in der politischen Debatte. Nixon, Reagan und Clinton waren nicht an
Debatten interessiert, sondern an Wählerstimmen.

Kriege machen eine *Militarisierung* notwendig. Der »War on Drugs« ist
keine Ausnahme. Der Einsatz des US-Militärs für Zwecke des Gesetzes-
vollzugs im eigenen Land muss durch die gesamte militärische Befehlsket-
te autorisiert werden, bis hinauf zum Präsidenten. Lokalen Behörden ist
es untersagt, US-Militärkräfte anzuweisen, polizeiliche Pflichten zu erledi-
gen, gemäß dem Posse Comitatus Act von 1878.

Da also die Bürgermeister das Militär nicht für ihre Zwecke einspannen konnten, machten sie sich daran, die Polizei zu militarisieren. Seit der
Bildung von SWAT-Teams im Los Angeles der 1960er-Jahre bis zur 1977
erfolgten Verabschiedung des National Defense Authorization Act (»Er-
mächtigungsgesetz zur nationalen Verteidigung«) mit seinem infamen
Programm 1033 hat das US-Militär bis heute lokale Polizeikräfte mit schuss-
sicheren Westen, Nachtsichtgeräten, automatischen Waffen, Granatwer-
fern, Panzerfahrzeugen, Blendgranaten und anderem Kriegsgerät beliefert.
SWAT-Teams führen Übungen auf Militärbasen durch. Aus den Kriegen
in Vietnam, Kuwait, Afghanistan und Irak zurückgekehrte Kriegsveteranen
ließen die Einsatzkommandos der lokalen Polizeikräfte anschwellen. Zwischen 1980 und 2001 nahm die Zahl der jährlich im paramilitärischen Stil
durchgeführten Polizeirazzien von ungefähr 3000 auf 45 000 zu.

In seinem Buch *Rise of the Warrior Cop* (*Aufstieg des Krieger-Polizisten*) beschreibt Radley Balko sehr lebhaft das blanke Entsetzen unschuldiger US-Bürger angesichts von polizeilichen Hausdurchsuchungen im militärischen Stil.[124] In einem von Balkos Berichten geht es um den Fall von Herbert Giglotto und seiner Frau Evelyn, ein unschuldiges Ehepaar, das in der Kleinstadt Collinsville im Bundesstaat Illinois lebt:

Eines Abends um kurz nach halb zehn ... wachten die Giglottos durch ein lautes Krachen auf. ...

»Ich stand auf und ging die drei Schritte zur Schlafzimmertür. Dann sah ich, dass bewaffnete, wie Hippies gekleidete Männer über den Flur auf mich zukamen und mich dabei laut anschrieen.« Giglotto drehte sich wieder zu seiner Frau, die noch im Bett lag, und sagte: »Mein Gott, Schatz, wir sind tot.«

»Genau so ist es, du Arschloch!«, schrie einer der Männer. Dann stürmten die Männer – es waren fünfzehn – ins Schlafzimmer. Einer von ihnen warf Giglotto aufs Bett, fesselte ihm die Hände auf den Rücken und hielt ihm eine Pistole an den Kopf.

»Eine Bewegung und du bist tot«, sagte der Mann. Dann zeigte er auf Evelyn Giglotto. »Wer ist die Schlampe da drüben?«

»Sie ist meine Ehefrau.«

...

»Ihr werdet sterben, wenn ihr uns nicht sagt, wo die Drogen sind.«

Giglotto flehte den Mann an: »Um Gottes Willen, bevor sie uns erschießen, sehen Sie sich doch bitte den Ausweis in meiner Brieftasche an. Weil ich ganz sicher bin, dass Sie im falschen Haus sind!«

Einige Sekunden später rief jemand von der Treppe: »Wir haben einen Fehler gemacht!«

Die Männer nahmen den Giglottos die Fesseln ab und verließen einer nach dem anderen das Schlafzimmer.

Herbert zog sich hektisch seine Hose an und rannte hinter ihnen her, weil er mehr wissen wollte. Er rief: »Warum habt ihr das getan?«

Der Mann, der ihm gerade noch eine Pistole an die Schläfe gehalten hatte, erwiderte: »Du hältst jetzt besser die Klappe.«

Evelyn Giglotto war am meisten darüber erzürnt, dass die Polizisten auch die Haustiere der beiden – drei Hunde und eine Katze – aus dem

Haus gejagt hatten. ... Als sie die Polizisten fragte, ob ihre Haustiere zu Schaden gekommen seien, antwortete einer von ihnen: »Scheiß auf deine Viecher.«[125]

Die Giglottos hatten Glück, dass ihre Haustiere noch lebten. Tatsächlich werden jedes Jahr Tausende von Hunden, die den Opfern solcher überfallartigen Hausdurchsuchungen – darunter auch viele an einer falschen Adresse – gehören, grundlos erschossen. Balko berichtet über den Fall von Kevin und Lisa Henderson in Howard County, Maryland, die 2008 zu Opfern einer Hausdurchsuchung an der falschen Adresse wurden:

Die Polizisten begegnetem zuerst dem Hund der Familie, einem zwölf Jahre alten Labrador-Rottweiler-Mischling, der auf den Namen Grunt hörte. ... Ein Beamter lenkte den Hund ab, während ein anderer ihm aus kürzester Entfernung in den Kopf schoss. Als einer der Söhne der Hendersons fragte, warum sie den Hund erschossen hätten, hielt einer der Beamtem dem Jungen seine Pistole an den Kopf und sagte: »Wenn du nicht sofort die Klappe hältst, puste ich dir den Kopf weg.«[126]

Einzelne Hausdurchsuchungen sind inzwischen zu Großrazzien im Stil von Zusammentreibungen ausgeweitet worden. Balko zitiert einen Augenzeugen zahlreicher solcher Zusammentreibungen durch SWAT-Teams:

»Sie kommen mit Hubschraubern, wie Militär- oder SWAT-Einsatzkräfte.« ... »In dem Apartmentblock, wo ich damals wohnte, in einem städtischen Wohnprojekt, spielten immer eine Menge Kinder draußen. Das ist ihnen egal. Sie werfen Kinder zu Boden, halten ihnen ihre Pistole an den Kopf. Sie treten Türen ein. Es ist ihnen scheißegal.«[127]

Die wachsende Macht der US-Polizei zeigt sich nicht nur bei Einsätzen von SWAT-Teams und Razzien im Stil eines Überfallkommandos. Jeden Tag ist auf den Straßen der Städte zu beobachten, dass Bürger misshandelt werden, bei sogenannten Stop-and-frisk-Aktionen (»anhalten und filzen«), die sich zu einer Einnahmequelle in Form von Besteuerung von Armen durch staatliche Gewalt entwickelt haben.

In dem von Armut geplagten Stadtviertel Bedford-Stuyvesant in New York City drangsalieren Polizisten aufgrund vager Verdächtigungen routinemäßig Bürger, die sie dann auf Waffen durchsuchen. Hin und wieder werden welche gefunden; häufig wird nichts gefunden. Um einen solchen grundlosen Angriff zu rechtfertigen, legen Polizisten ihr Opfer in Handschellen, schließen es in einen Polizeitransporter, führen eine Leibesvisitation durch und erstatten Anzeige wegen eines von zahllosen Vergehen, die auf nicht mehr hinauslaufen, als dass der Beschuldigte in unerlaubter Weise auf einem Bürgersteig gestanden habe.

Aus Sicht des Opfers handelt es sich bei »stop-and-frisk« eher um »smash-and-strip« (»prügeln und ausziehen«), wenn man bedenkt, wie brutal solche Angriffe und Leibesvisitationen sind. »Stop-and-frisk« bringt die »Wir-gegen-die«-Mentalität von SWAT-Teams zum Ausdruck, in einer weniger dramatischen, aber dafür sich immer weiter ausbreitenden Art und Weise.

In seinem Buch *The Divide: American Injustice in the Age of the Wealth Gap* berichtet der Autor Matt Taibbi über einen typischen Fall, nämlich den von Andrew Brown aus Bedford-Stuyvesant:

Eine Tages war er nach einer Unterrichtsstunde für seinen LKW-Führerschein auf dem Weg nach Hause. Als er kaum noch fünfzig Meter von seiner Haustür entfernt war, packte ihn plötzlich jemand von hinten. »Was ist los? Ich habe nichts gemacht!«, rief er, und ehe er sich's versah, drückten zwei Polizisten in Zivil ihn gegen ein Baugerüst, auf jeder Seite einer. ...

»Was soll ich angestellt haben?«, fragte Andrew.

»Du passt zu der Beschreibung«, antwortete einer der Polizisten.

Andrew wusste, dass es keinen Sinn hatte, sie zu fragen, *welche* Beschreibung auf ihn passte. »Jeder junge Bursche in meiner Nachbarschaft passt zu der Beschreibung«, erklärt Andrew. ...

Sie nahmen ihn mit auf die Polizeiwache, nahmen seine Personalien auf, führten eine Leibesvisitation durch und zeigten ihn dann wegen »ordnungswidrigen Verhaltens« an, laut Strafgesetzbuch des Staates New York, Artikel 240.20, Abschnitt 5: »Behinderung des Fußgängerverkehrs«.

Mit anderen Worten: Er wurde festgenommen, weil er auf dem Bürgersteig gestanden hatte.[128]

In Fällen wie dem von Andrew Brown wird dann typischerweise ein Ord-nungsgeld von 500 Dollar verhängt, obwohl die Festnahme völlig verfas-sungswidrig war. Aber die Opfer sind arm. Sie können sich eine Strafe von 500 Dollar eigentlich nicht leisten, aber noch viel weniger einen Rechtsan-walt für 1000 Dollar, die ausgefallene Arbeitszeit und die Fahrtkosten, um zu Anhörungen zu fahren und ihr Recht zu fordern. Viele Opfer haben ohnehin keine feste Anstellung. Der Ärger durch polizeiliche Schikanen kann so schlimm sein, dass sie ihren Arbeitsplatz verlieren, eine Berufs-ausbildung abbrechen und in die Armutsfalle, aus der sie zu entkom-men versuchen, zurückgestoßen werden. Also zahlen sie lieber das Ord-nungsgeld und sind dann vorbestraft. Das ist eine zusätzliche finanzielle Belastung und verschlechtert durch die Vorstrafe ihre Jobaussichten noch weiter.

In solchen Fällen kommt es häufig vor, dass der Staat seine Anschul-digungen nie beweisen muss. Taibbi erklärt die wirtschaftlichen Zusam-menhänge am Beispiel eines Besuchs in einem Gerichtssaal in Brooklyn. Er fängt damit an, dass viele Beschuldigte, denen konstruierte Vergehen zur Last gelegt werden, nicht in der Lage sind, die festgesetzte Kaution zu stellen:

Wenn du in New York City wegen eines »B misdemeanor« (Vergehens der Klasse B) festgenommen wirst, ... musst du damit rechnen, zu einer Haft-strafe von 15 bis 90 Tagen verurteilt zu werden. Wenn du allerdings kei-ne Kaution stellen kannst, wirst du fast automatisch mindestens so lange in Untersuchungshaft sitzen, während du auf deine Gerichtsverhandlung wartest.

Das weiß der Staat und das bedeutet im Wesentlichen, dass eine An-klage wegen eines »B misdemeanor« gegen eine Person, die keine Kauti-on stellen kann, einer Verurteilung gleichkommt. Es wird Anklage erho-ben, der Richter legt eine hohe Kaution fest, du gehst zurück [in Haft] und dann plädierst du irgendwann auf schuldig und auf Anrechnung deiner U-Haft, weil – na ja, warum denn nicht? Die Strafe hast du ja schon abge-sessen.

Der einzige Unterschied ist, dass du jetzt vorbestraft bist. ...[129]

Angesichts der hohen Kosten einer Kaution und der langen Wartezeit bis zur Gerichtsverhandlung plädieren viele Opfer auf »schuldig«, anstatt sich gegen falsche Anschuldigungen zu wehren. Taibbi fährt fort:

> Du zahlst die Strafe nicht etwa für etwas, was du getan hast, sondern ganz einfach aus der Erkenntnis heraus, dass du wesentlich mehr zahlen müsstest, wenn der Staat beschließen würde, dir das Leben schwer zu machen und seine verkorkste Anklage weiter zu verfolgen.
>
> Dies ist die Quintessenz von »Justice by Attrition« (»Rechtsprechung durch Zermürbung«). Es ist wie ein Pokerspiel, bei dem sich der Beschuldigte nach seiner Festnahme mit einem einzigen Chip an den Spieltisch setzt, aber der andere Spieler – der Staat – einen Stapel Chips vor sich liegen hat, der viele Meter hoch ist. Würdest du dann spielen – oder doch lieber passen?
>
> Die meisten Betroffenen passen.[130]

Dieses Vorgehen würde vielleicht kein allzu großes Mitleid hervorrufen, wenn die Angeklagten Beteiligte an einer Flutwelle gewalttätiger Verbrechen wären. Aber das sind sie nicht. Die Vorwürfe bestehen meistenteils nicht nur aus nicht gewalttätigen Vergehen, sondern sind nicht einmal ernst zu nehmen. Ein Mann, der abends auf dem Bürgersteig vor seiner Wohnung eine Zigarette raucht, wird beschuldigt, er habe den »Fußgängerverkehr behindert«, obwohl weit und breit niemand zu sehen war. Einer Frau, die ein enges Kleid trägt, wird vorgeworfen, sie würde »mit der Absicht herumlungern, einen Verstoß gegen die Prostitutionsgesetze zu begehen«. In vielen solchen Fällen ist niemand behindert worden und niemand hat sich prostituiert, sondern es haben sich einfach nur arme Menschen in ihrer eigenen Wohngegend um ihre eigenen Angelegenheiten gekümmert – bis die Polizei kam und sich ein Opfer suchte, um die Festnahmequoten und Einnahmeziele der Stadtverwaltung zu erfüllen.

Solche Polizeimethoden sind letztlich eine Steuer, die von den Armen erhoben wird, um den Haushalt der Stadt zu entlasten. Das wurde gegen Ende Dezember 2014 offensichtlich, als die Polizei von New York City (NYPD) solche Aktionen vorübergehend einstellte, um gegen die Ermordung der Polizeibeamten Rafael Ramos und Wenjian Liu zu protestieren.

Sie waren von Ismaaiyl Brinsley, einem Einzeltäter aus Baltimore, in ihrem Streifenwagen sitzend erschossen worden. In den darauffolgenden Wochen gingen die Einnahmen der Stadt New York aus Routine-Anklagen schlagartig zurück, aber dessen ungeachtet blieb das NYPD im Einsatz gegen gewalttätige Straftaten wachsam. Die Reporterin Dara Lind erklärt diese Diskrepanz:

> Obwohl die Zahl der Festnahmen in allen Bereichen zurückgegangen ist, deuten die Daten darauf hin, dass der Rückgang sich hauptsächlich bei leichten Straftaten und Bagatellvergehen zeigt. Die »Transit Police«, die in den U-Bahn-Zügen für Sicherheit sorgt, führt kaum noch Festnahmen durch. ... Es scheint, dass auch die für staatlich geförderte Wohnprojekte zuständige Abteilung die Anzahl ihrer Festnahmen drastisch reduziert hat. Über ein Drittel des Rückgangs aller Festnahmen entfällt allein auf die Verminderung in diesen beiden Kategorien. Die Festnahmen wegen schwerer Straftaten haben dagegen im Vergleich zum Vorjahr um nur 17 Prozent abgenommen. ... Einer der Gründe, warum der Rückgang Verkehrsverstöße und leichte Vergehen weit stärker betrifft als schwere Straftaten, liegt darin, dass Verkehrstickets eine wichtige Einnahmequelle für die Stadt sind. ... Durch den Rückgang hat die Stadt schon jetzt Millionenbeträge an Einnahmen verloren.[131]

Die tödlichen Schüsse auf die Beamten des NYPD waren tragisch und die Arbeitskampfmaßnahmen ihrer Kollegen waren durchaus verständlich. Trotzdem führten die Einnahmeausfälle der Stadt unabsichtlich dazu, dass die Motivation für die beschriebenen Polizeitaktiken in armen Wohngegenden aufgedeckt wurde. »Stop-and-frisk«-Opfer sind keine gewalttätigen Polizistenmörder, sondern arme Menschen, die etwas frische Luft schnappen oder die Straße entlanggehen wollen. Die Armen haben es mit Polizisten zu tun, die in Wirklichkeit bewaffnete Steuereintreiber des Staates sind. Die Armen zahlen den Preis.

Ein noch empörenderes Beispiel dafür, dass die Polizeiarbeit heute auf das bewaffnete Eintreiben von Steuern hinausläuft, ist das Einziehen von Vermögenswerten. Immer häufiger kommt es vor, dass Polizisten Vermögenswerte wie Bargeld, ein Auto, Boot oder Haus von einem US-Bürger konfiszieren, *bevor* er verurteilt wurde. Die Beweislast trägt der Eigentümer, der seine Unschuld beweisen muss, um wieder in den Besitz seines beschlagnahmten Eigentums zu gelangen. Diese Umkehr der Beweislast stellt eine altbewährte Tradition des US-Rechts – nämlich dass ein Beschuldigter als unschuldig zu gelten hat, bis seine Schuld bewiesen wurde – auf den Kopf.

Angeblich soll das Einziehen von Vermögenswerten dazu dienen, Drogenhändlern die Gelder oder Transportmittel zu entziehen, mit denen sie sonst ihre Straftaten fortsetzen könnten, während sie auf ihren Prozess warten. Das Einziehen von Vermögenswerten entwickelte sich zu einer Einnahmequelle für die Polizei, aus der sie SWAT-Teams finanzieren und gepanzerte Fahrzeuge kaufen kann, um noch mehr tödliche Razzien durchzuführen. Aus den Beamten der Highway-Polizei sind heute staatlich sanktionierte Highway-Räuber geworden.

Das Einziehen von Vermögenswerten begann mit der Verabschiedung des Comprehensive Drug Abuse Prevention and Control Act of 1970 (»Umfassendes Gesetz von 1970 zur Prävention und Kontrolle von Drogenmissbrauch«), einem Element des ursprünglichen »War on Drugs« von Präsident Nixon. Nachdem der Kongress den Comprehensive Crime Control Act of 1984 (»Umfassendes Verbrechensbekämpfungsgesetz von 1984«) verabschiedet hatte, kam es immer häufiger zum Einziehen von Vermögenswerten. Dieses Gesetz sah einen »assets forfeiture fund« (»Fonds aus eingezogenen Vermögenswerten«) vor, der vom US-Justizministerium verwaltet wird. Beschlagnahmtes Bargeld und die Erlöse aus dem Verkauf von eingezogenen Vermögenswerten fließen in diesen Fonds ein. Die Mittel aus dem Fonds werden nach einem fairen Verteilungsprogramm ausgezahlt. Alle Beteiligten an einer mit dem Fonds verknüpften Ermittlung, die von einer Bundes-, Bundesstaats- oder kommunalen Behörde angestrengt wird, haben Anspruch auf einen gerechten Anteil. Das hat Regionen mit begrenzten Ressourcen einen wahren Geldsegen beschert. Ein solcher Anteil an eingezogenen Vermögenswerten motiviert Polizisten, unschuldige Bürger einzig und allein zu dem Zweck anzuhalten, Vermögenswerte zu konfiszieren.

Cheryl K. Chumley beschreibt in ihrem Buch *Police State U.S.A.* einen typischen Fall, nämlich die 2007 erfolgte Festnahme von Dale Agostini aus Maryland:

Agostini ... fuhr mit seiner Verlobten, ihrem 16 Monate alten Sohn Amir und einem Mitarbeiter, der in Agostinis Restaurant beschäftigt war, durch Ost-Texas. Sie waren unterwegs, um mehrere neue Geräte für ihr Restaurant zu kaufen. Agostini führte im Auto 50 291 Dollar in bar mit sich – ein großer Betrag, der aber, wie Agostini sagte, die Verkäufer gastronomischer Maschinen gewogen stimmen würde, die erhebliche Preisnachlässe gewähren, wenn der Käufer in bar zahlt. ...

Ein Polizist stoppte sie. ... Er fand das Bargeld, beschuldigte sie der Geldwäsche, nahm die Erwachsenen fest und übergab den Säugling an das Jugendamt. Außerdem konfiszierte die Polizei sechs Mobiltelefone, einen iPod und das Auto, das Agostini gefahren hatte. ...

Gegen Agostini wurde nie Anklage erhoben. Letzten Endes wurde er wieder auf freien Fuß gesetzt, zusammen mit seiner Verlobten und dem Angestellten, und sie bekamen ihr Kind zurück. Er war kurz davor, auch sein Bargeld zurückzubekommen – allerdings erst, nachdem er monatelang vor Gericht darum gekämpft hatte, zu beweisen, dass er dieses Geld rechtmäßig durch sein Geschäft, das Restaurant, verdient hatte.[132]

Agostini war einer der wenigen, die Glück hatten. Die Opfer solcher Konfiszierungen haben in vielen Fällen nicht die Ressourcen, um nachzuweisen, dass sie legal in den Besitz eingezogener Gegenstände gekommen sind – sie überlassen sie notgedrungen dem Staat.

In der preisgekrönten Artikelserie »Stop and Seize« (»Anhalten und Beschlagnahmen«) dokumentierte die *Washington Post* den weitverbreiteten Missbrauch von Beschlagnahmungen, durch die ohne rechtsstaatliches Verfahren Gegenstände aus dem Besitz unschuldiger Bürger konfisziert werden. Mit den Erlösen aus solchen Maßnahmen werden die Haushalte von Bundesstaaten und Städten aufgebessert und neue Waffen für die hochgerüsteten Polizeikräfte gekauft.[133] Diese Praxis wird als »Policing for Profit« (»profitorientierte Polizeiarbeit«) bezeichnet. Die Serie dokumentiert, dass manche Polizeibehörden über zufällige Konfiszierungen hinausgehen und mit geheimdienstartigen Ermittlungen solche Bürger ausfindig machen, die am wahrscheinlichsten Bargeld mit sich führen. Solche Ermittlungen beschränken sich nicht auf Drogenhändler; vielmehr setzen Polizeibehörden Data-Mining-Verfahren (das Auswerten großer Datenbestände) ein, um unschuldige Bürger ausfindig zu machen, darunter neben den üblichen schwarzen Zielpersonen auch arme Weiße.

Das Einziehen von Vermögenswerten zu Profitzwecken hat eine so weite Verbreitung gefunden, dass ein privates Unternehmen unter dem Namen Black Asphalt Electronic Network & Notification System gegründet wurde, das Polizisten ausbildet und technische Hilfsmittel bereitstellt, die beim Konfiszieren von Bargeld und anderen Werten nützlich sein können. Black Asphalt hat ein soziales Netzwerk namens »Brotherhood« ins Leben gerufen und sponsert alljährlich einen Wettbewerb für Polizeibeamte, bei dem ermittelt wird, wer am meisten Cash konfisziert hat. Der Gewinner erhält den Ehrentitel »Royal Knight«. Dieser Bezug auf königliches Verhalten ist ungewollt aufschlussreich: Mit dem Royal-Knight-Preis werden Beschlagnahmetaktiken ausgezeichnet, die in der Vergangenheit von Königen eingesetzt wurden – Taktiken, die durch die US-Verfassung ausgemerzt werden sollten. Die Dienste der Firma Black Asphalt werden von lokalen Polizeibehörden, dem Heimatschutzministerium und anderen Bundesbehörden in Anspruch genommen.

Wie die Grenzen zwischen staatlicher und privater Polizeimacht verwischt werden, um Autofahrer auszuspähen und einzuschüchtern, zeigt die folgende, in der *Washington Post* erschienene Beschreibung von Desert Snow, einer Schulungsfirma, die mit Black Asphalt liiert ist:

Die Firma Desert Snow berechnet einen Einstiegspreis von 590 Dollar pro Person für ihren drei- beziehungsweise viertägigen Workshop mit Vorlesungen und praktischen Übungen zu Themen wie »Roadside Conversational Skills« (»Gesprächsfertigkeiten am Straßenrand«) und »When and How to seize Currency« (»Wann und wie Bargeld einzuziehen ist«). Häufig richtet die Firma ihre Fortbildungskurse in den Konferenzräumen von Hotels aus. Ihr dreitägiger Kurs »Advanced Commercial Vehicle, Criminal & Terrorist Identification & Apprehension Workshop« (»Workshop für Fortgeschrittene: Erkennen & Festnehmen von kommerziellen Fahrzeugen, Kriminellen und Terroristen«) kostet für 88 Teilnehmer insgesamt 145 000 Dollar laut einer Preisliste, die vom Bundesstaat New Jersey veröffentlicht wurde.[134]

Das Konfiszieren von Bargeld fand so weite Verbreitung, dass die Polizei von Washington, DC, »Millionenbeträge verplante, die sie in Form von Einnahmen aus künftigen Einziehungen von Bargeld und Vermögenswerten erwartete, obwohl eine Richtlinie auf Bundesebene vorschreibt, eine ›Behörde dürfe sich nicht im Voraus auf solche Ausgaben ›festlegen‹ ...«, so die *Washington Post*.[135]

Solche Einziehungsprogramme werden im Namen des »War on Drugs« oder des »War on Terror« gerechtfertigt. Tatsächlich sind sie jedoch ein Krieg gegen die Bürger. Selbst wenn manche dieser Taktiken eingeschränkt werden sollten, stehen die entsprechende Ausbildung, Geisteshaltung und Kapazität nach wie vor zur Verfügung, wenn Bargeld komplett verboten wird oder auf Geldaufstände reagiert werden soll.

Der letzte Pfeil im Köcher der neuen Prätorianer und ihrer politischen Gebieter ist die *Digitalisierung* der Überwachungssysteme. Es wird allgemein akzeptiert, dass durch die explosionsartige Zunahme von Cloud Storage und kostenlosen Medieninhalten von Google und Facebook Privatheit verloren geht. Die intimen Geheimnisse ihrer Nutzer werden von diesen Unternehmen routinemäßig ausgewertet (im Zuge des sogenannten Data-Mining). Der Umstand, dass die Datenschutzbestimmungen mancher Firmen die Weitergabe solcher Daten an Dritte ausschließen, muss keineswegs bedeuten, dass diese Firmen solche Daten nicht selbst nutzen oder sie gegenüber staatlichen Stellen offenlegen würden. Google protokolliert jede Website, die Sie jemals besucht haben, ganz gleich, ob Sie sie aus Ihrem Suchverlauf gelöscht haben oder nicht. Die meisten Internetnutzer sind sich darüber im Klaren.

Dagegen ist der Zusammenhang zwischen staatlichen und privaten Web-Diensten nicht allgemein bekannt. Es werden enorme Rechenleistung und Big-Data-Algorithmen eingesetzt, um den Bürger in Echtzeit auszuspähen. Die Behauptungen von Google, Apple und Facebook, die Privatsphäre ihrer Nutzer sei geschützt, sind lachhaft. Die Regierung verfügt über mehr als genug exekutive Macht, um solche Firmen zu zwingen, in einem Notfall – zum Beispiel einem Zusammenbruch des Finanzsystems – die von ihnen gespeicherten Daten zur Verfügung zu stellen. Im Notfall brauchen staatliche Stellen nur wenige Minuten, um sich Zugang zu diesen privaten Daten zu verschaffen.

Moderne Gesichtserkennungssoftware ist zuverlässiger als veraltete Verfahren zur Erkennung von Fingerabdrücken. Die meisten Bürger hätten wohl etwas dagegen, jedes Mal ihre Fingerabdrücke abgenommen zu bekommen, wenn sie vor die Tür gehen, aber die digitale Entsprechung dieses Vorgangs findet statt, wann immer Ihr Gesicht von einer Überwachungskamera im Einkaufszentrum, in der Bank oder einem Supermarkt erfasst wird.

In zahlreichen Gebäuden, an Highways und an städtischen Straßen sind Videokameras installiert. Sie erfassen Gesichter, KFZ-Nummernschilder sowie Fahrzeugtypen und -modelle. Viele Autofahrer finden automatisierte Mautsysteme wie E-ZPass bequem, erkennen aber vielleicht nicht, dass heutzutage jede Mautstelle ein digitalisierter Überwachungsposten und eine potenzielle Straßensperre ist.

Das durch E-ZPass implementierte Überwachungssystem setzt die sogenannte Radio Frequency Identification Technology (RFID) ein. Ihre E-ZPass-Box enthält einen Sender, der Informationen über Sie aussendet, die von den Scannern gelesen werden, die an jeder Mautstelle über der Durchfahrt installiert sind. Inzwischen installieren auch Regierungen Scanner und Kameras überall an den Straßen, um die gleichen Daten zu erfassen. Die Bürgerrechtsvereinigung New York Civil Liberties Union hat kürzlich aufgedeckt, dass die Stadt und der Bundesstaat New York an diversen Orten Scanner installiert haben, um den Aufenthaltsort von Bürgern festzustellen. Diese Scanner dienen nicht etwa dazu, Maut zu kassieren; vielmehr sind sie die hässliche Fratze des allgegenwärtigen Überwachungsstaates.

Ständige Überwachung findet nicht nur mithilfe von Videokameras und E-ZPass-Boxen statt. Smartphones und Kreditkarten nutzen eine Variante der RFID-Technik, die sogenannte Near Field Communication (NFC), um Ihre Aktivitäten an entsprechende Scanner zu übermitteln. Wann immer Sie etwas mit Ihrer Kreditkarte bezahlen, wird ein digitaler Fingerabdruck Ihres Aufenthaltsorts gespeichert. Und zwischen Ihren Einkäufen sendet der GPS-Empfänger in Ihrem Smartphone aus, wo Sie sich aufhalten. Solche Daten sind staatlichen Stellen zugänglich, allerdings nur mithilfe von Erhebungsmethoden, die nicht den Anforderungen des Vierten Verfassungszusatzes – Verhältnismäßigkeit und hinreichender Tatverdacht – genügen.

Als Nächstes taucht am Horizont schon das selbstfahrende Auto auf, dessen Entwicklung von Unternehmen wie Google, Tesla, Volkswagen und anderen vorangetrieben wird. Es fährt nicht tatsächlich von selbst, sondern heißt einfach nur deswegen so, weil der Fahrer nicht menschlich ist. Der eigentliche Fahrer ist ein Netzwerk von Algorithmen, GPS-Ortungsgeräten und Robotertechnik. Selbstfahrende Systeme unterliegen staatlicher Aufsicht. In Zukunft werden Regierungen politische Gegner ins Gefängnis verfrachten, indem sie der Software entsprechende Befehle erteilen, die Autotüren verriegeln und den Insassen des Wagens festnehmen lassen.

Die Armen erleiden »Stop-and-frisk«-Aktionen, die Mittelklasse Beschlagnahmungen von Vermögenswerten. Gegen das Regime aufbegehrende Eliten erleiden selektive Strafverfolgung. Niemand ist davor geschützt, da jeder Bürger im Regulierungsstaat ein Straftäter, im Überwachungsstaat eine Zielperson ist. Es bleibt nur noch die Frage, wann Sie an der Reihe sind.

Wer bezweifelt, dass die Macht des Staates eingesetzt wird, um missliebige Personen aus politischen Gründen zu verfolgen, sollte sich in Erinnerung rufen, wie nach den Zwischenwahlen 2010 Lois Lerner, Mitglied der Demokratischen Partei und seinerzeit Bereichsleiterin in der US-Steuerbehörde, ganz gezielt Tea-Party-Aktivisten und anderen konservativen Gruppierungen durch Tricks und Verschleppungstaktiken den Status der steuerbefreienden Gemeinnützigkeit so lange vorenthielt, dass sie aus finanziellen Gründen nicht mehr in der Lage waren, sich am Präsidentschaftswahlkampf 2012 zu beteiligen. Tea-Party-Gegner, die solche Taktiken gutheißen, sollten wissen, dass über kurz oder lang eine andere Regierung sie selbst ins Visier nehmen wird.

Geld kennt keine Ideologie. Wenn erst einmal Konten gemäß Ice-Nine eingefroren werden, werden die Linke und die Rechte gleichermaßen zu Opfern werden. Wenn es zu organisiertem Widerstand gegen Ice-Nine kommt, werden SWAT-Teams bereitstehen. Auf die neuen Prätorianer wird Verlass sein – sie werden die Befehle der Regierung, die sie bezahlt, ausführen, gegen jene Menschen, denen sie angeblich dienen.

Der neue Faschismus

Faschismus liegt nicht in unserer Zukunft, er ist schon da.

Der Faschismus, im 20. Jahrhundert eine machtvolle Kraft, ist nach wie vor eines der am wenigsten verstandenen und am unklarsten definierten politischen »-ismen«, da er nicht ideologisch ist wie Kommunismus oder Sozialismus. Faschisten machen sich zu bestimmten Zeiten bestimmte Ansichten zu eigen, aber diese Ansichten sind widersprüchlich und werden häufig auch schnell wieder über Bord geworfen. Worauf es Faschisten ankommt, ist ständige staatliche Aktion und staatliche Kontrolle über das Alltagsleben der Bürger. Der faschistische Staat wird vielleicht die Existenz von privaten Unternehmen und Verbänden zulassen, sofern sie denn im Einklang mit den Zielen des Staates operieren und sich staatlicher Überwachung unterwerfen. Wenn sich jedoch ein Privatunternehmen gegen die Ziele des Staates stellt, wird es aufgelöst oder lahmgelegt.

Die grundlegende Definition des Faschismus stammt von ihrem intellektuellen Vater Woodrow Wilson, der 1908 schrieb:

> Der Präsident hat die Freiheit, sowohl vor dem Gesetz als auch vor seinem Gewissen, ein so großer Mann zu sein, wie er kann. Seine Fähigkeiten werden die Grenze setzen; und wenn der Kongress von ihm gequält wird, wird das kein Fehler der Verfassungsväter sein ... sondern nur daran liegen, dass der Präsident die Nation hinter sich hat, der Kongress dagegen nicht.[136]

In seinem Buch *The State (Der Staat)* fügt Wilson hinzu: »Eine Regierung tut heute, was immer die Erfahrung erlaubt oder die Zeiten erfordern.«[137] Ein faschistischer Führer, der Wilsons Schriften in die Tat umsetzte, war der italienische Diktator Benito Mussolini. Seine Maxime lautete: »Alles innerhalb des Staates und nichts ... außerhalb des Staates.« Wilson und Mussolini schufen die Vorlage für die Serie von Faschisten im 20. Jahrhundert, von Adolf Hitler über Joseph Stalin bis zu Franklin Delano Roosevelt und anderen.

Wenn man den Faschismus verstehen will, muss man Unterscheidungen wie »links«, »rechts«, »liberal« und »konservativ«, wie sie von den Medien verwendet werden, außer Acht lassen. Zwar gibt es immer noch echte klassische Liberale und Konservative, aber sie sind vom Aussterben bedroht. Ein besseres Schema ist, einen politischen Führer entlang eines Spektrums einzureihen, das vom Faschismus bis zur Freiheit reicht. Aus dieser Perspektive betrachtet sieht man, dass »rechte Faschisten« und »linke Faschisten« einfach nur Faschisten sind, die staatliche Aktion sehen wollen. Jegliche ideologische Verbrämung von rechts oder links dient nur dem schönen Schein.

Seine Einsichten in das unideologische Wesen des Faschismus hat Jonah Goldberg in seinem 2008 erschienenen Buch *Liberal Fascism* detailliert und umfangreich dargestellt.[138] Goldberg zeigt, dass faschistische Regime ziemlich unterschiedlich sein können. Manche sind mörderisch wie jene von Hitler und Stalin; manche diktatorisch wie jene von Mussolini und Franco; und manche operieren im Rahmen demokratischer Strukturen wie jene von Wilson und Roosevelt. Vereint werden sie durch die gemeinsame Überzeugung, dass der Staat der einzige Mediator menschlichen Handelns sei und der Zweck die Mittel heilige. Faschisten rufen nach ständiger »Aktion«. Aktion durch staatliche Macht bringt den Faschisten dazu, sowohl parlamentarische Prozesse als auch konservative Zurückhaltung fallen zu lassen.

Woodrow Wilson gilt als Fallstudie eines demokratisch gewählten Faschisten. Er war der erste US-Präsident, der promoviert hatte, eine Leistung, die gut zur progressiven Bewegung des frühen 20. Jahrhunderts passte. Die Progressiven glaubten, die Probleme des Regierens und der Gesellschaft würden sich durch Wissenschaft und Sachverstand lösen lassen. Damals wurde dem »Experten« gehuldigt, wodurch die Gesetzgebung als ein Ursprung von Politik an Bedeutung verlor. Im Jahr 1913, dem ersten seiner Amtszeit, unterzeichnete Wilson Gesetze, durch die das Federal Reserve System ins Leben gerufen und die vom Bund erhobene Einkommensteuer eingeführt wurde – seither zwei zentrale Stützpfeiler der staatlichen Macht.

Die wichtigste Plattform für die Umsetzung von Wilsons politischem Programm einer von oben gesteuerten staatlichen Kontrolle war der Erste Weltkrieg. Wilson richtete das War Industries Board (WIB) ein, das weite Teile der US-Wirtschaft praktisch verstaatlichte. Das WIB führte staatliche Lohn- und Preiskontrollen sowie Produktionsquoten ein. Zu den Mitgliedern des WIB zählten die Wall-Street-Finanziers Bernard Baruch und

Edward Stettinius sen. vom Bankhaus J. P. Morgan sowie Robert S. Lovett, Chef der Union Pacific Railroad, Hugh Frayne, Chef der American Federation of Labor (Dachverband der US-Gewerkschaften), und Eugene Meyer, der später zum Chairman der Federal Reserve und Präsidenten der Weltbank berufen wurde. Das WIB war ein perfektes Amalgam aus Big Business, großen Gewerkschaften und Wall Street.

Wilson unterschrieb den Espionage Act of 1917 (»Anti-Spionage-Gesetz«) und den Sedition Act of 1918 (»Gesetz gegen Volksverhetzung«), um die Redefreiheit zu unterdrücken und Dissens zu ersticken. A. Mitchell Palmer, Wilsons Generalstaatsanwalt, leitete die infamen Palmer Raids in die Wege, eine gegen Einwanderer gerichtete Verfolgungswelle, die antikommunistische Hysterie schürte, um das Bürgerrecht auf ein rechtsstaatliches Verfahren auszuhebeln. Goldberg fasst Wilsons Regime folgendermaßen zusammen:

> Woodrow Wilson war der erste faschistische Diktator des 20. Jahrhunderts. Diese Behauptung mag zunächst ungeheuerlich klingen, ist aber keineswegs aus der Luft gegriffen: In den wenigen Jahren unter Wilson [1913–1921, Anm.d.Ü.] wurden mehr Dissidenten festgenommen oder inhaftiert als unter Mussolini in den gesamten 1920er-Jahren [ab 1922, Anm.d.Ü.]. ... Wilson ließ buchstäblich Hunderttausende mit Dienstmarken ausgestattete Büttel auf die Bürger der Vereinigten Staaten los und zettelte eine bösartige Kampagne gegen die Presse an. ...[39]

In ihren eigenen Schriften äußerten sich Hitler und Mussolini durchaus wohlwollend über Wilson und sie übernahmen seine repressiven Taktiken für die faschistische Bewegung in Italien und die nationalsozialistische Bewegung in Deutschland.

In den Roaring Twenties, während der Präsidentschaften von Warren G. Harding und Calvin Coolidge von 1921 bis 1929, lag Wilsons progressiv-faschistisches Vermächtnis auf Eis. Dann tauchte der Faschismus wieder auf während der Regime von Herbert Hoover und Theodore Roosevelt von 1929 bis 1945.

Auf Herbert Hoover passte die Bezeichnung »Experte« noch besser als auf Woodrow Wilson. Er war ein erfolgreicher und wohlhabender

Bergbauingenieur, der schon lange, bevor er Präsident wurde, bewiesen hatte, dass er schwierige logistische und wirtschaftliche Probleme lösen konnte. Obwohl er der Republikanischen Partei angehörte, hatte er unter Wilson als Chef der U.S. Food Administration gearbeitet, die mit Dekreten des Präsidenten operierte, um die Versorgung mit Lebensmitteln während des Ersten Weltkriegs sicherzustellen. Hoover setzte sich für eine Form der Zusammenarbeit zwischen Staat und Privatwirtschaft ein, die heute als »Public-private-Partnership« (PPP) bekannt ist. Er unterstützte die während der Progressiven Ära der US-Geschichte (1890er- bis 1920er-Jahre) übliche Praxis des Taylorismus, die Verbesserungen der Regierungsarbeit durch wissenschaftlich ermittelte Effizienzen versprach. Hoover war fest davon überzeugt, dass mehr staatliche Intervention eine Lösung sei und nicht etwa ein Problem, worin er sich mit Wilson einig war.

Nach dem Zusammenbruch des Aktienmarkts im Oktober 1929 und dem Beginn der Weltwirtschaftskrise wurden Hoovers interventionistische Tendenzen immer fieberhafter. Weit davon entfernt, ein typischer Laisser-faire-Republikaner zu sein, verfolgte Hoover die gleiche Politik wie später Roosevelt, zum Beispiel in Form von Steuererhöhungen und der Schaffung neuer staatlicher Behörden und Einrichtungen wie etwa der Federal Home Loan Bank (»Bundesbaukreditbank«); außerdem weitete er durch das Federal Farm Board und andere Behörden die staatlichen Preiskontrollen aus. Hoover nahm die Bezeichnung »progressiv« für sich in Anspruch, die US-Variante des Faschismus.

Als Nachfolger von Hoover setzte Roosevelt die staatlichen Interventionen in privaten Lebensbereichen fort. Wie Hoover hatte er seine erste Position unter Wilson bekleidet, als Assistant Secretary of the Navy (Vizemarineminister) von 1913 bis 1920.

Roosevelts Eingriffe in das private Geschäfts- und Alltagsleben sind wohlbekannt. Er setzte »Executive Orders« gemäß dem Trading with the Enemy Act of 1917 (»Gesetz gegen Feindhandel«) ein, um das Gold von US-Bürgern zu konfiszieren. Er rief das Civilian Conservation Corps (Arbeitsbeschaffungsmaßnahme durch Instandhaltung von öffentlichen Infrastruktureinrichtungen) ins Leben, das Millionen von arbeitslosen Männern anwarb und sie in militärisch anmutende Uniformen mit militärischen Rangabzeichen steckte, mit Sonderzügen durchs Land transportierte und in Sammellagern zusammenzog. Die privaten Stromnetzbetreiber wurden im Zuge von Roosevelts Tennessee Valley Authority teilverstaatlicht. Der National Industrial Recovery Act of 1933 sah die Gründung der National Recovery Administration (NRA, »Nationale Verwaltung für wirtschaftliche Erholung«) vor, die Privatunternehmen verpflichtete, ihre Preise zu manipulieren und sich wettbewerbswidrige Geschäftspraktiken zu eigen zu machen. Roosevelts erste Amtszeit als Präsident war ein Versuch, eine vollständig durchgeplante Wirtschaft zu schaffen.

Es ist keineswegs revisionistisch, Roosevelt einen Faschisten zu nennen; schon in den 1930er-Jahren wurde er weithin für einen solchen gehalten. Der Schriftsteller und Sozialkritiker Waldo Frank schrieb 1934: »Die NRA [»National Rifle Association«] ist der Beginn des amerikanischen Faschismus. ... Der Faschismus wird sich unter Umständen in den Vereinigten Staaten so allmählich entwickeln, dass den meisten Wählern seine Existenz gar nicht bewusst wird. Die wahren faschistischen Führer werden nicht die jetzigen Imitatoren des deutschen Führers und des italienischen *Condottieri* sein, ... sondern als besonnene Gentlemen im schwarzen Gehrock auftreten, als Absolventen der besten Universitäten. ...«[140] Al Smith, der Kandidat der Demokratischen Partei für die Präsidentschaftswahlen 1928, hat Roosevelt mit Karl Marx und Wladimir Iljitsch Lenin verglichen. Obwohl er damit vielleicht ein bisschen übertrieben hat, ist hinreichend belegt, dass es in Roosevelts Regierungsteams etliche Stalin-Bewunderer gab, darunter auch den einflussreichen Rexford Guy Tugwell, der 1927 nach Moskau reiste und, zurückgekehrt in die USA, staatlich geplante Städte organisierte und Umsiedlungslager für arbeitslose Landarbeiter errichten ließ.

Diese faschistische Strömung der US-Politik, die von Wilson ins Leben gerufen und von Hoover und Roosevelt fortgeführt wurde, ist nie verschwunden. Ihre zweite Blütezeit erlebte sie in den 1960er-Jahren mit Lyndon B. Johnsons Great Society, ihre dritte in den 1970er-Jahren mit Richard Nixons Lohn- und Preiskontrollen. Sie existierte auch heute noch. Neofaschismus zeigt sich in George W. Bushs No Child Left Behind Act of 2001, in der von Community Organizing geprägten Sicht von Barack Obama und in Hillary Clintons Politik im Stil ihres Buches *It Takes a Village*[141]. Ungeachtet gewonnener oder verlorener Wahlen verschwindet diese Tendenz nie völlig. Die Tatsache, dass Wilson, Roosevelt, Johnson und

Obama Demokraten waren, Hoover, Nixon und Bush dagegen Republikaner, belegt hinreichend die Tatsache, dass Faschismus keine Ideologie ist, sondern der Prozess, mit dem der Staat sich auf private Lebensbereiche ausdehnt. Faschismus ist vor allem anderen der Glaube an den Staat – statt Gott oder Individuum – als Ursprung von Autorität und normativem Verhalten.

Das faschistische Projekt ist wie eine Ratsche; es kommt nicht immer voran, aber wenn doch, können solche »Fortschritte« nicht mehr rückgängig gemacht werden. Es gibt lange Phasen, etwa die 1920er- und 1980er-Jahre, in denen das progressiv-neofaschistische Projekt kaum vorankam; aber wenn der Faschismus sich dann wieder durchsetzte, etwa mit dem New Deal, der Great Society und »Obamacare«, sind solche Veränderungen permanent. Jeder Durchbruch weitet die Macht des Staates auf Kosten der Freiheit aus. Die Abhängigkeit vom Staat wird auf Kosten der individuellen Autonomie ausgeweitet – und der Bürger bemerkt es kaum.

Häufig begünstigt eine Krise den Vormarsch des Faschismus, entsprechend der Schock-Strategie. Wilsons autoritäre Tendenzen wurden durch den Ersten Weltkrieg gefördert. Hoovers und Roosevelts Programme wurden erst durch die Weltwirtschaftskrise ermöglicht. Johnsons Ambitionen wurden gestärkt durch das doppelte Trauma der Ermordung von John F. Kennedy im Jahr 1963 und der Unruhen von Watts, einem Stadtteil von Los Angeles, im Jahr 1965. Obamas Gesundheitsvorsorge-, Dodd-Frank- und Konjunkturprogramme wurden durch Mehrheiten der Demokraten ermöglicht, die nur durch die Panik von 2008 entstanden waren.

Jeder Investor sollte sich darauf einstellen, dass das autoritäre, neofaschistische Projekt in der nächsten Finanzkrise wiederbelebt werden und neue Energie gewinnen wird. Ice-Nine-Einfrierungen und Konfiszierungen von Vermögenswerten werden die direktesten und sichtbarsten, aber keineswegs die einzigen Begleiterscheinungen dieser Entwicklung sein. Wenn das Kapital erst einmal eingefroren ist, wird auch der Kapitalismus selbst verschwunden sein. Eine Planwirtschaft mit Lohn- und Preiskontrollen, Produktionsquoten, geteilten Monopolen, garantierten Mindesteinkommen und Jobs im Staatsdienst ist die natürliche Nachfolgerin des Kapitalismus.

Die Verbindung zum Geld

Schumpeter ging bei seiner Vorhersage über den Niedergang des Kapitalismus nicht von dessen Scheitern aus, sondern von seinem Erfolg. Genau in dem Umstand, dass der Kapitalismus so erfolgreich Wohlstand schafft, sah Schumpeter den Grund, warum er den Boden für seinen eigenen Untergang bereite.

Sobald das Proletariat von seiner beschwerlichen Arbeit befreit worden sei und die Eliten Politik und Finanzen fest im Griff hätten, so schrieb Schumpeter, werde es möglich sein, Alternativen zum kapitalistischen System zu verfolgen. Letztlich würden dann die kapitalistischen Länder sich ein anderes System als den Kapitalismus leisten können, nämlich den Sozialismus.

Aus Schumpeters Sicht würde der Aufstieg des Sozialismus keine Revolution von unten nach oben sein, sondern eine Evolution von oben nach unten. Der Prototyp einer solchen Entwicklung sei Otto von Bismarck, der preußische Kanzler, der Mitte des 19. Jahrhunderts den deutschen Arbeitern Gesundheitsvorsorge, Altersvorsorge und kürzere Arbeitszeiten gebracht hatte. Sein Ziel war nicht, die Monarchie zu untergraben, sondern sie zu stärken. Sobald die Arbeiter in den Genuss von Sozialleistungen gekommen seien, hätten sie keinen Grund mehr, sie mit den Mitteln einer Revolution zu fordern.

Bismarck bestach potenzielle Unruhestifter mit sozialen Hilfsprogrammen, um die Macht seines eigenen Elitekaders auszubauen, der monarchisch und imperial war. Dieser Prozess wird heute wiederholt, wobei die Finanzeliten an die Stelle der königlichen Herrschaften gerückt sind. Die Gewinner sind Arbeitnehmer *und* Eliten; die Verlierer sind Bourgeoisie, Kapitalismus und freie Marktwirtschaft.

Etwas düsterer war Schumpeters Ahnung, dass diese Evolution nicht im Sozialismus enden würde, sondern im Faschismus. Die beiden sind keineswegs unvereinbar; Sozialismus ist das wohltätige, mit Zuckerguss überzogene Trojanische Pferd, auf dem der Faschismus bis ins Zentrum der Macht reiten kann.

Es hält sich hartnäckig der Mythos, dass sich im Faschismus die Großkonzerne und die Regierung die Macht teilen, was manchmal als

»Korporatismus« bezeichnet wird. Daraus würde sich ergeben, dass die Interessen der Großkonzerne Vorrang haben und die Regierung nicht mehr ist als ein Wirkmechanismus, um diese Interessen zu schützen. Aus dieser Sicht wäre Hitler eine bloße Schachfigur gewesen, von reichen deutschen Industriellen kontrolliert, um ihren Zielen zu dienen, bis dann sein Größenwahn mit ihm durchgegangen sei und alles in einer Katastrophe geendet habe. In einer anderen Variante könnte die Geschichte lauten, Dick Cheney sei ein Agent von Halliburton gewesen, der dafür gesorgt habe, dass die Interessen des Konzerns von der faschistischen Regierung unter Bush jun. geschützt würden.

Solche Geschichten sind Unsinn. Hitler war ein mörderischer Faschist, während einige US-Präsidenten – auch Bush jr. – vom demokratischen Typ »freundlicher Faschist« waren. Was beide Arten von Faschismus gemein haben, ist die Vorherrschaft des Staates. Auch Großkonzerne haben viel Macht, sind jedoch der Staatsmacht eindeutig untergeordnet.

In einem faschistischen System gehen Big Business und Big Government einen faustischen Pakt ein. Faschisten sind gerne bereit, private Unternehmen und Privateigentum zuzulassen, aber sie sind nicht bereit, es zu dulden, wenn sich eine private Person oder Körperschaft der Staatsmacht in den Weg stellt. Krankenhäuser und Krankenversicherungen mögen Privatunternehmen sein, aber ihre Leistungen, Preise und Geschäftsbedingungen werden durch »Obamacare« bestimmt. Google, Twitter und Apple mögen Privatunternehmen sein, aber der Zugang zum Internet und die Gebühren dafür werden von der Federal Communications Commission reguliert, einer Behörde, die 1933 von Roosevelt gegründet wurde – beinahe 60 Jahre vor dem Aufkommen des World Wide Web. Auch Banken sind private Körperschaften, werden aber intensiv reguliert durch den Dodd-Frank Act, den Federal Reserve Act und eine endlose Reihe anderer Gesetze.

Zunächst versucht die Wirtschaft, neue Gesetzgebung durch entsprechende Lobbyarbeit zu verhindern. Aber am Ende arrangiert sie sich damit und assistiert den Behörden, denen sie sich vorher widersetzt hatte, mit ihrem Fachwissen, weil diese Behörden neu aufkommenden Wettbewerbern stärker schaden als etablierten Unternehmen. Compliance-Kosten sind für Großunternehmen leichter zu ertragen. Das aggressive Durchsetzen von

Regulierungen erhöht solche Compliance-Kosten durch Geldstrafen, Entschädigungen und Sanktionen für formale Verstöße, die nicht schwer zu finden sind, weil diese Regulierungen so umfangreich und undurchsichtig sind.

Seit der Panik von 2008 sind Hunderte von separaten Regulierungsprojekten nach Dodd-Frank auf den Weg gebracht worden. Bestimmte riskante Aktivitäten wurden verboten, Kapitalanforderungen wurden erhöht, die Beiträge für Einlagensicherungsfonds wurden erhöht, die Aufklärungspflichten gegenüber Verbrauchern wurden erweitert. Und der Staat hat den Banken milliardenschwere Geldstrafen und Entschädigungszahlungen auferlegt.

Wurde das Geschäft der Banken dadurch behindert? Nein. Die fünf größten Banken in den Vereinigten Staaten sind noch größer und kontrollieren einen noch größeren Anteil an Bank-Assets als 2008. Die Profite der Banken sind gestiegen. Die Managementvergütungen sind gestiegen. JPMorgan-CEO Jamie Dimon ist Milliardär geworden, indem er einfach nur bei einer Bank gearbeitet hat.

In einem beeindruckenden Stück von regulatorischem Jiu-Jitsu haben die Banken den Regulierungsprozess für sich vereinnahmt, durch Lobbyisten und Wahlkampfspenden, und die Regulierungsvorschriften nach eigenem Gusto gestaltet. Die Opfer des Dodd-Frank-Gesetzes waren nicht etwa die großen Banken, sondern vielmehr die kommunalen Banken, die sich mit den überbordenden Regulierungsvorschriften abplagen müssen, ohne in den Genuss des »Too big to fail«-Status kommen zu können. Die stillen Opfer von Dodd-Frank sind die Banken, die überhaupt nie gegründet wurden – jene Art von Bank, die einstmals vom Unternehmer gegründet wurde, der sich in der Handelskammer engagierte und die Einlagen der eigenen Firma dafür hergab, der Bank einen erfolgreichen Start zu ermöglichen. Solche Banken gleichen abgetriebenen Kindern, die nie das Licht der Welt erblickt haben.

Die Regierung begrüßt das daraus resultierende Oligopol. Viele Politiker tun so, als ob sie die Banker hart anpacken würden, während die Banken wie Entfesselungskünstler die Handschellen abstreifen – so zum Beispiel das Verbot von Derivaten. Dessen ungeachtet halten das Finanzministerium und die Federal Reserve nach wie vor den Bankern eine Pistole an den

Kopf in Form von Stresstests, Banktestamenten und der Macht, Banken abwickeln zu können. Wenn die Fed durch maßlose Geldschöpfung das Vertrauen der Bürger verspielt hat, werden die Banken als verlässliche Käufer der letzten Instanz für neu emittierte Staatsanleihen in die Bresche springen. Jede Bank, die sich weigert, solche Staatsanleihen zu kaufen, wird dann feststellen, dass sie ihr eigenes Banktestament auf ihrem eigenen Begräbnis vorgelesen bekommt.

»Big Business« ist ein Oligopol mit erheblichen Hürden für Start-ups und staatlich subventionierten Gewinnen. Sollte es dennoch einem Startup wie Uber gelingen, Fuß zu fassen – sozusagen als Relikt aus Schumpeters »schöpferischer Zerstörung« –, werden beinah sofort neue staatliche Regulierungen erlassen. Privates Eigentum wird geduldet, aber nur soweit es die Regierung zulässt – und nie, wenn es die Macht des Staates mindert.

Schumpeter sah die Wirtschaftswissenschaften durch eine Brille langer historischer Trends. Er beschäftigte sich mit Abläufen, die sich nicht innerhalb eines einzelnen Konjunkturzyklus vollzogen hatten, sondern über Jahrzehnte und Jahrhunderte hinweg. Schumpeter hatte das Ende des Kapitalismus klar vor Augen. Er schrieb: »Da die kapitalistische Unternehmung durch ihre eigensten Leistungen den Fortschritt zu automatisieren tendiert, so schließen wir daraus, dass sie sich selbst überflüssig zu machen, – unter dem Druck ihrer eigenen Erfolge zusammenzubrechen tendiert. ... Die wahren Schrittmacher des Sozialismus waren nicht die Intellektuellen oder Agitatoren, die ihn predigten, sondern die Vanderbilts, Carnegies und Rockefellers.«[142] Weitblickend sagte er voraus, in seinem fortgeschrittensten Stadium werde »der Kapitalismus, seinem Wesen nach ein Entwicklungsprozess, ... verkümmern, ... der Zinsfuß ... sich dem Nullpunkt nähern«.[143] Als Schumpeter dies 1942 schrieb, erwartete er den Triumph des Sozialismus bis zur Jahrtausendwende.

Sozialismus und Faschismus haben gewisse Eigenschaften gemein. Beide glorifizieren die Rolle des Staates beim Lenken der Wirtschaft und dadurch indirekt auch des Verhaltens der Menschen. Beide weiten die öffentliche Sphäre aus und schränken die Privatsphäre ein, bis hin zu einem Punkt, an dem es kaum noch wirklich private Aktivitäten oder Zusammenkünfte gibt. Rauchen, Essen, Trinken, Glühbirnen, Toiletten, die

Gesundheitsvorsorge und vieles andere mehr müssen zahllosen staatlichen Vorschriften entsprechen.

Was dagegen den Sozialisten vom Faschisten unterscheidet, ist der Umstand, dass der Erstere sich aus historischer Sicht stets geduldig zeigte und bereit war, seine Ziele im Rahmen der parlamentarischen Prozesse zu verfolgen. Der Sozialist glaubt, die Zeit arbeite für ihn; Schumpeter sah das genauso. Der Faschist ist dagegen ein Mann der Tat; einen Befehl zieht er allemal einer Debatte vor. Der Zweck heiligt die Mittel.

Ein weiterer Unterschied zwischen Sozialisten und Faschisten besteht darin, dass der Sozialist Religion und Familie toleriert, die traditionellen Quellen von Autorität. Religion und Familie lenken das Verhalten, indem sie Normen errichten und Grenzen ziehen. Der Faschist glaubt dagegen, der Staat sei die *einzige* Quelle von Normen und Autorität; unweigerlich gerät er dann in Konflikt mit alternativen und weit älteren Arrangements innerhalb der Familie.

Faschisten begeistern sich für Aktion und lassen nie eine Krise ungenutzt verpuffen. Zu den Arten von Krisen, die am besten geeignet sind, um eine faschistische Agenda voranzutreiben, zählen Kriege und Finanzpaniken. Die Terroranschläge vom 11. September 2001 führten zur Verabschiedung des Patriot Act, der die Tür öffnete für die flächendeckende Überwachung von US-Bürgern ohne hinreichenden Anfangsverdacht. Die Finanzkrise von 2008 führte dazu, dass der Dodd-Frank Act verabschiedet wurde, der die Rolle von sechs Megabanken institutionalisierte, nämlich JPMorgan, Citibank, Bank of America, Wells Fargo, Morgan Stanley und Goldman Sachs. Die Ersparnisse und Investments der US-Bürger wurden in diese Portale getrieben, wo sie vom Staat kontrolliert werden. Einige andere riesige Sammler von Vermögenswerten – MetLife, Prudential und BlackRock – hat die Regierung ebenfalls im Visier. Der Umstand, dass die Werte der Kunden dieser Unternehmen in digitaler Form vorliegen, macht es dem Staat umso leichter, sie zu konfiszieren und zu kontrollieren.

Die nächste Finanzkrise wird nicht nur eine größere Version der Krisen von 1998 und 2008 werden, sondern qualitativ anders sein. Sie wird mehrere Anlageklassen im globalen Maßstab in Mitleidenschaft ziehen. Sie wird Inflation in einem Ausmaß herbeiführen, wie wir es seit den 1970er-Jahren nicht mehr gesehen haben, eine Pleitewelle, wie wir sie seit den 1930er-Jahren nicht mehr erlebt haben, und Börsenschließungen, wie es sie seit 1914 nicht mehr gegeben hat. Man wird nach der Staatsmacht rufen, um die Panik unter Kontrolle zu bringen. Die Liquidität wird vom IWF kommen, nach den Maßgaben der G20, einschließlich einer gewichtigen Rolle für China. Der Kapitalismus wird ein für alle Mal diskreditiert sein.

Der Unterschied zwischen dem Neofaschismus des 21. Jahrhunderts und dem Faschismus der 1930er-Jahre ist, dass die dem Staat zur Verfügung stehenden Ressourcen heute viel wirkungsvoller sind. Demokratische Faschisten vom Typ Wilson/Hoover/Roosevelt mussten auf Dekrete, Experten und Behörden mit breit angelegten Mandaten zurückgreifen, um staatliche Kontrollen durchzusetzen. Undemokratische Faschisten wie Mussolini verließen sich auf schwarz gekleidete Schlägertypen, um an die Macht zu kommen, und regierten dann als Diktator. Die Geschichte zeigt, dass es nie einen Mangel gibt an Leuten, die bereit sind, sich ein schwarzes Hemd anzuziehen, im Gleichschritt zu marschieren und zu tun, was ihnen befohlen wird.

Heute ist die Macht des Staates viel durchdringender. Digitale Überwachung, soziale Medien, Data-Mining und individualisierte Inhalte stehen Personen mit einer faschistischen Agenda auf Knopfdruck zur Verfügung. Selektive Strafverfolgung wegen unklar definierter Vergehen und selektives Durchsetzen unverständlicher Steuergesetze stehen zur Verfügung, um Staatsfeinde zum Schweigen zu bringen. Im Notfall steht die militarisierte Polizei bereit.

Diese Aussichten sind keineswegs ein Aufruf zur Anarchie. Der Staat ist notwendig – Verbrechen müssen bestraft, das Recht durchgesetzt und die gesellschaftliche Ordnung aufrechterhalten werden. Das Problem ist der bürgerliche Freiraum. Wie viel Raum sollte der Staat im Alltag einnehmen und wie viel davon sollte der Privatsphäre des Bürgers überlassen bleiben? Der Faschist hat den Impuls, die Freiheit zu unterdrücken und alles menschliche Handeln zu diktieren. Privateigentum ist zwar erlaubt, aber nur wenn es im Einklang mit den Zielen des Staates eingesetzt wird.

Schumpeter starb 1950, aber erst nachdem er den Niedergang des Kapitalismus, den Aufstieg des Sozialismus und den Übergang vom Sozialismus zum Faschismus binnen 50 Jahren vorhergesagt hatte. Seine historische Methode ist das genaue Gegenteil der Zwei-Sekunden-

Aufmerksamkeitsspanne, die den Analysten von heute zu schaffen macht. Die Zeit hat seiner dystopischen Analyse der dynamischen Kräfte, die am Werk sind, recht gegeben.

KAPITEL 9:

SIEHE, EIN SCHWARZES PFERD

*Denn es wird mancher falsche Messias und mancher falsche Prophet auftreten
und sie werden Zeichen und Wunder tun, um, wenn möglich, die Auserwählten
irrezuführen. ... Aber in jenen Tagen ... wird sich die Sonne verfinstern und der
Mond wird nicht mehr scheinen. ... Doch jenen Tag und jene Stunde kennt
niemand. ... Ihr wisst nicht, wann die Zeit da ist ... ob am Abend oder
um Mitternacht, ob beim Hahnenschrei oder erst am Morgen.*

Markus 13:22-35

Eine weitere globale Krise ... ist sehr wahrscheinlich.[144]

»The Geneva Report 16« (2014)

Der Countdown läuft

Die Komplexitätstheorie besagt, dass wir den Zeitpunkt des nächsten
finanziellen Zusammenbruchs nicht im Voraus wissen werden. Diese Erkenntnis bedeutet keineswegs, ob unseres Halbwissens die Hände über dem Kopf zusammenzuschlagen; sie ist vielmehr das Ergebnis fundierter Wissenschaft, das wir mit einer gewissen Demut verbunden haben.

Ein komplexes System in einem kritischen Zustand ist ein instabiles
Konstrukt mit zahllosen Fehlerstellen, die durch unmessbar kleine Ursachen katalysiert werden können. Diese Dynamik macht das Versagen des Systems gewiss. Experimente haben gezeigt, dass bei komplexen Systemen, deren Größe zunimmt, die Dimension des schlimmsten möglichen Ereignisses exponentiell wächst. Auch die Häufigkeit, mit der kleinere ungünstige Ereignisse auftreten, wächst. Wir können einfach nicht genau wissen, wann ein Ereignis eintreten wird.

Die Ungewissheit des Timings ist kein Versagen der Theorie, sondern die Essenz der Theorie. Ein Seismologe kann den Zeitpunkt eines Erdbebens nicht genau vorhersagen, aber trotzdem vermeiden wir es, ein Haus auf einer Verwerfungslinie zu bauen, und treffen Vorsichtsmaßnahmen. Und trotz der Ungewissheit hinsichtlich des Timings gibt es Warnungen.

Das United States Geological Survey definiert ein »Vorbeben« als »Erdbeben, das einem größeren Erdbeben am selben Ort vorangeht«. Natürlich ist »größer« ein relativer Begriff. Ein Erdbeben mit einer Magnitude von 3.0 MW (Momenten-Magnituden) kann ein Vorbeben für ein Erdbeben mit 6.0 MW sein, das einigen Schaden anrichtet. Ein Erdbeben mit einer Magnitude von 6.0 MW kann ein Vorbeben für ein Erdbeben von 8.0 MW sein, das stark genug ist, um eine ganze Stadt dem Erdboden gleichzumachen.

Mit dem Finanzsystem ist es wie mit Erdbeben. Wir hatten unsere Vorbeben; 1998 und dann wieder 2008 war das globale Finanzsystem nur noch Stunden von einem totalen Kollaps entfernt. Trotz aller Ähnlichkeiten unterscheiden sich finanzielle Schocks in einem wichtigen Punkt von Erdbeben: Sobald ein Erdbeben begonnen hat, kann es nicht mehr gestoppt werden. Ein Erdbeben hört von selbst auf, sobald seine Energie freigesetzt wurde. Finanzielle Erdbeben können dagegen durch staatliche Interventionen gestoppt werden. Aus dieser Sicht waren die Erschütterungen von 1998 und 2008 Erdbeben mit einer Magnitude von vielleicht 8.0 MW, die bei 6.0 MW gestoppt wurden. Beide Male kam es zu erheblichen Schäden, aber der Tempel der Finanzwelt wurde nicht dem Erdboden gleichgemacht und die ihn umgebende Stadt wurde bald wieder neu aufgebaut; aber um welchen Preis?

Die in finanzieller Instabilität gespeicherte Energie, die damals nicht freigesetzt wurde, ist immer noch vorhanden. Die politischen Interventionen von 1998 und 2008 in Verbindung mit der seither hinzugekommenen Komplexität bedeutet, dass die inzwischen akkumulierte Energie, die darauf wartet, freigesetzt zu werden, vielleicht ein Potenzial von 10.0 MW erreicht haben könnte – das wäre stärker als jedes Erdbeben seit Menschengedenken, stark genug, um Kalifornien vom nordamerikanischen Kontinent abzutrennen; stark genug, um jede Bank und jede Börse auf der Welt zum Schließen zu zwingen. Dabei ist es wichtig, zu bedenken, dass ein Kollaps dieser Größenordnung die ohnehin schon angespannten Interventionskapazitäten der Zentralbanken überfordern wird. Die Aufgabe, diesen Kollaps zu stoppen, wird dem IWF zufallen und selbst er könnte dabei an die Grenzen seiner finanziellen Möglichkeiten stoßen. SDRs, Ice-Nine und Standrecht sind drei Sicherheitszäune rings um den Tempel; aber außerdem könnte es notwendig werden, noch andere Instrumente der Staatsmacht einzusetzen.

Was finanzielle Beben anbelangt: Wenn das Timing nicht bekannt ist und die Magnitude klar, wo liegt die Verwerfungslinie? Wo wird der Schock passieren? Wir wissen, wo die Verwerfungslinie verläuft. Es handelt sich dabei um eine finanzielle Abstraktion, aber sie hat einen Namen: Diese Verwerfungslinie heißt »Liquidität«.

Am 15. Oktober 2014, einem Mittwoch, wurde der wichtigste Finanzmarkt der Welt durch einen beispiellosen Schock erschüttert, nämlich der Markt für US-Schatzwechsel. An diesem Morgen, von 9:33 bis 9:45 Uhr Eastern Time – dem später von der US-Regierung so bezeichneten »Ereignisfenster« – schwankte die Rendite von Zehn-Jahres-Schatzwechseln wie ein Seismograf während des großen Sumatra-Erdbebens 2007. In den ersten sechs Minuten des Ereignisfensters fielen die Renditen um 16 Basispunkte, und zwar von 2,02 auf 1,86 Prozent. In den nächsten sechs Minuten schnellten die Renditen ebenso plötzlich wieder hoch auf 1,99 Prozent, etwa drei Basispunkte unterhalb des Wertes, auf dem sie sich um 9:33 befanden. Im Verlauf der gesamten Handelssitzung einschließlich des Ereignisfensters sahen die Renditen eine Handelsspanne von 37 Basispunkten, nämlich von 2,23 bis 1,86 Prozent. Der gesamte Handelstag sah auch ein schnelles Wiederanziehen der Renditen; sie endeten sechs Basispunkte unterhalb des Vortagesschlusskurses.

Um diese Schwankungen in Relation zu setzen, sollte man berücksichtigen, dass größere Renditeschwankungen als am 15. Oktober 2014 über einen von der US-Regierung untersuchten Zeitraum von 16 Jahren – das sind etwa 4000 Handelstage – nur drei Mal beobachtet wurden. Das erste Mal waren es 43 Basispunkte, und zwar am 8. Oktober 2008, als etliche Zentralbanken in aller Welt auf dem Höhepunkt der Panik nach den Zusammenbrüchen von Lehman Brothers und AIG die Zinsen im Zuge einer koordinierten Aktion senkten. Das zweite Mal 47,5 Basispunkte, am 18. März 2009, dem Tag, an dem die Federal Reserve ankündigte, sie werde ihr Gelddruckprogramm (»QE1«) ausweiten, und auch Schatzwechsel auf die Liste der zu kaufenden Assets gesetzt hatte. Das dritte Mal war es ein Rückgang um 40 Basispunkte am 9. August 2011, als die Kreditwürdigkeit der USA herabgestuft wurde.

Diesen Intratag-Renditespannen zwischen 37 und 47,5 Basispunkten bei vier Gelegenheiten steht eine durchschnittliche Intratag-Renditespanne von 8 Basispunkten gegenüber auf der Basis der etwa 4000 Handelstage seit Oktober 1998. (Interessanterweise ist die Gradverteilung aller Zehn-Jahres-Schatzwechsel-Intratag-Renditespannen seit 1998 nicht etwa eine Normalverteilung, wie die VaR-Befürworter es erwarten würden, sondern eine perfekte Exponentialkurve – also genau das, was die Komplexitätstheorie vorhersagt.)

Der Umstand, dass ein Flash Crash um 37 Basispunkte so selten vorkommt, ist für sich genommen schon beunruhigend genug. Noch beunruhigender ist es jedoch, einen Absturz um 16 Basispunkte innerhalb von sechs Minuten zu beobachten – eine solche Veränderung hat es noch nie gegeben. Die anderen drei vergleichbaren Ereignisse spielten sich über den Verlauf eines gesamten Handelstags ab, nicht in einem Ereignisfenster von nur wenigen Minuten.

Aber der beunruhigendste Umstand ist, dass sich der Renditecrash am 15. Oktober 2014 an einem Tag ereignete, an dem *sonst nichts passierte*. Es gab keinerlei besondere Neuigkeiten – der Crash passierte einfach. In einem offiziellen Bericht des gemeinsamen Stabes von Finanzministerium, Fed, SEC und CFTC wurden die Ereignisse vom 15. Oktober 2014 so zusammengefasst: »Eine so bedeutende Volatilität und so große Preisausschläge – zunächst nach unten und dann wieder zurück nach oben – in so kurzer Zeit und *ohne offensichtlichen Katalysator* sind noch nie da gewesen in der jüngeren Geschichte des Schatzwechsel-Marktes.«[145]

Ein Flash Crash ist nachvollziehbar an Tagen, an denen die Welt von Panik geschüttelt wird (8. Oktober 2008), die Fed zur Rettung herbeireitet (18. März 2009) oder die Kreditwürdigkeit der Vereinigten Staaten herabgestuft wird (9. August 2011) – das sind außerordentlich folgenschwere Ereignisse. Aber der Flash Crash vom 15. Oktober 2014 steht ganz allein da, wie ein Erdbeben, das sich unangekündigt nach einer nicht messbaren Verschiebung tief liegender tektonischer Platten entlädt.

Bald zeigten sich andere Vorbeben von vergleichbarer Stärke. Am Donnerstag, dem 15. Januar 2015 und auf den Tag genau drei Monate nach dem Schatzwechsel-Flash-Crash, schnellte der Schweizer Franken gegenüber dem Euro um 20 Prozent und ähnlich stark gegenüber dem Dollar hoch, und zwar in einem Ereignisfenster von nur 20 Minuten, von 9:30 bis 9:50 Uhr MEZ. Letztlich kam das einem Flash Crash in den fallenden Währungen Euro und Dollar gleich. Vor diesem Ereignis war der Euro an den Franken gekoppelt, zu einem Wechselkurs von 1,20 Franken. Innerhalb weniger Minuten war ein Euro nur noch einen Franken wert. Es kam zu verheerenden Kollateralschäden – die Schweizer Aktien stürzten an dem Tag, als der Franke aufwertete, um zehn Prozent ab.

Im Gegensatz zu dem Schatzwechsel-Flash-Crash wurde der Schweizer-Franken-Schock von einem bestimmten Ereignis ausgelöst. Als der Handel an jenem Tag begann, verkündete die Schweizerische Nationalbank, dass sie die Bindung des Franken an den Euro zum Kurs von 0,8325 EUR/SFR, die sie seit 2012 aufrechterhalten hatte, aufgab. Das Ziel dieser Bindung war gewesen, den Schweizer Franken gegenüber anderen Währungen billiger zu machen, um die Schweizer Exportwirtschaft und den Tourismus zu fördern. Das Problem war jedoch, dass immer mehr Kapital aus aller Welt Schweizer Franken nachfragte, als sicheren Hafen, für den die Schweiz wegen ihrer niedrigen Inflation, beachtlichen Goldreserven und politischen Stabilität gehalten wird. Um angesichts dieser starken Nachfrage den festen Wechselkurs zu verteidigen, druckte die Schweizerische Nationalbank immer mehr Franken, um damit Euro zu kaufen, die sie wiederum in Euro-denominierte Bankeinlagen und Anleihen investierte. Die Aktivseite der Bilanz der Schweizerischen Nationalbank wurde zum Ziel der Euro-Verbindlichkeiten der ganzen Welt. Diese Position war nicht aufrechtzuerhalten. Mit einer einzigen schnellen Aktion hob die Schweizerische Nationalbank die Bindung an den Euro auf und reduzierte so den Druck, mit frisch gedruckten Franken immer mehr Euro kaufen zu müssen.

Die Entscheidung der Schweizerischen Nationalbank war ein Schock. Noch am 18. Dezember 2014, kaum einen Monat vor der Aufwertung, hatte Nationalbankchef Thomas Jordan eine Pressemitteilung herausgegeben, in der es hieß: »Die Nationalbank bekräftigt den Mindestkurs von 1,20 Franken pro Euro und wird ihn weiterhin mit aller Konsequenz durchsetzen.«[146] Vier Wochen später warf Jordan das Handtuch.

Der Ablauf der Neubewertung hatte nichts Geordnetes. Kathleen Brooks, eine bekannte Devisenmarkt-Kommentatorin, wurde am Tag des Schocks im britischen *Telegraph* wie folgt zitiert: »Der ... Markt hat im Grunde genommen bis jetzt an diesem Morgen seine Aktivitäten eingestellt, während er darauf wartet, dass die Wogen sich glätten.«[147] Als die Wogen sich dann tatsächlich geglättet hatten, taxierten die Trader den entstandenen Schaden. Banken und Hedgefonds, die sich auf den festen Wechselkurs verlassen hatten, erlitten Milliardenverluste.

Schnell folgte ein drittes Vorbeben und dieses Mal spielte die Musik in China. Am 10. August 2015, einem Montag, verblüffte die chinesische Zentralbank People's Bank of China die globalen Märkte, indem sie den chinesischen Yuan gegenüber dem US-Dollar abwertete. Zu Beginn des Handelstages war ein Dollar 6,21 Yuan wert; nach der Intervention der Zentralbank fiel der Yuan augenblicklich auf 6,33 Yuan/Dollar, ein Rückgang um zwei Prozent. Aber es kam noch schlimmer. Am 12. August fiel die chinesische Währung auf 6,39 Yuan/Dollar; bis zum 25. August war sie auf 6,41 Yuan/Dollar gefallen, ein Rückgang um insgesamt 3,2 Prozent.

Zwar war die Abwertung des chinesischen Yuan prozentual gesehen nicht so erheblich wie die 20-Prozent-Aufwertung des Schweizer Franken, aber dieser Schock für die Märkte muss in Relation zu Chinas Bedeutung für die Weltwirtschaft gesehen werden. China und die Vereinigten Staaten sind die zwei größten Volkswirtschaften der Welt mit einem BIP von insgesamt 30 Billionen Dollar, immerhin 40 Prozent der globalen Wirtschaftsleistung. Die Vereinigten Staaten sind Chinas größter Handelspartner. China ist der zweitgrößte Handelspartner der Vereinigten Staaten nach Kanada. Die Bedeutung des Wechselkurses zwischen den Währungen der USA und Chinas für den Welthandel und die globalen Kapitalströme kann gar nicht überschätzt werden. Eine unerwartete Veränderung um drei Prozent des wichtigsten Wechselkurses der Welt kommt einem Erdbeben gleich.

Die Auswirkungen von Chinas Abwertungsschock waren augenblicklich zu spüren und schwerwiegend. Der Dow-Jones-Index fiel von 17 615

Punkten am 10. August, unmittelbar vor der Abwertung, auf 15 666 Zähler am 25. August, als der Yuan ein Zwischentief erreichte. Diese Korrektur des US-Aktienmarktes vernichtete über 2,5 Billionen Dollar an Shareholder-Value. Der chinesische Shanghai Stock Exchange Composite Index war bereits in Erwartung der Abwertung von seinem nach 2007 aufgestellten Höchststand von 5166 Punkten, den er am 12. Juni 2015 erreicht hatte, gefallen. Dann stürzte der Index noch weiter ab, von 3928 Punkten am 10. August auf 2927 Zähler am 26. August. Von dem im Juni erreichten Höchststand war das ein Absturz um 43 Prozent und um 25 Prozent ab dem Tag des Abwertungsschocks. Von Juni bis August 2015 verloren die Anleger an Chinas Börsen über drei Billionen Dollar. Neben den 5,5 Billionen Dollar an verlorenen Investments an den Aktienmärkten in China und den USA floss von Januar 2015 bis August 2016 über eine Billion Dollar Kapital aus China ab, und zwar hauptsächlich aufgrund der Befürchtung, es könne eine weitere Abwertung bevorstehen. Chinas Investoren und Schuldner waren Hals über Kopf auf der Flucht, um entweder in Dollar denominierte Assets zu erwerben oder Schulden in Dollar zurückzuzahlen, bevor der Dollar noch stärker wurde.

Dann kam ein viertes Vorbeben, das noch schwerwiegender war als die vorigen. Am 23. Juni 2016 entschieden sich die Briten in einer Volksabstimmung, die Europäische Union zu verlassen. Eine gängige Bezeichnung für den »exit« der Briten lautet »Brexit«. Die opponierenden Parteien in der Debatte wählten die Worte »Leave« und »Remain«, um ihre jeweilige Haltung auf den Punkt zu bringen. Unmittelbar vor der Abstimmung preisten die Märkte einen Sieg für die »Remain«-Kampagne ein und schickten das Pfund Sterling auf einen Höhenflug, bis zur Marke von 1,50 Dollar.

Der Grund, warum der Markt so sicher war, dass »Remain« gewinnen würde, ist eine faszinierende Fallstudie über falsch verstandene Verhaltenswissenschaft. Umfragen vor dem Referendum zeigten, dass es ein so knappes Kopf-an-Kopf-Rennen war, dass man nicht vorhersagen konnte, welches der beiden Lager gewinnen würde. Aber die bei den Buchmachern Ladbrokes und Betfair platzierten Wetten zeigten eine 70-Prozent-Wahrscheinlichkeit für »Remain«. Ein bestimmter Typ Devisenmarktteilnehmer, nämlich der junge Banker in der Londoner City, der für seine Firma und Kunden Märkte macht, hielt die Wettquoten für ein Destillat der

»Wisdom of Crowds« (»Weisheit der Vielen«) und bepreiste Sterling so, dass es diese vermeintliche Weisheit reflektierte.

Das Konzept der »Weisheit der Vielen« erlangte durch das 2004 unter diesem Titel erschienene Buch von James Surowiecki breitere Bekanntheit.[48] Das Buch enthielt eine Übersicht der bislang veröffentlichten verhaltenswissenschaftlichen Studien zum Thema. Ein klassisches Beispiel für eine solche Studie ist, von Probanden die Anzahl der Bonbons in einem großen Glas schätzen zu lassen. So stellte sich zum Beispiel in einem typischen Experiment heraus, dass der Durchschnittswert reiner Schätzungen von einer großen Zahl alltäglicher Beobachter sich als genauer erwies als die Schätzung eines einzigen Experten, der vielleicht versuchen würde, das Volumen des Glases durch das geschätzte Volumen eines Bonbons zu teilen, unter Berücksichtigung der unregelmäßigen Zwischenräume zwischen den Bonbons. Bei der Schätzung der Vielen heben extreme Schätzungen (»eins« oder »eine Million«) sich auf und dann liegt der Durchschnitt der verbleibenden Schätzungen ziemlich nahe an der tatsächlichen Zahl – daher die »Weisheit der Vielen«. Basierend auf einer naiven Auffassung dieser Studie glaubten die Banker aus der City, das breit gestreute Teilnehmerfeld der Wettmärkte habe eine bessere Vorhersage produzieren können als die Umfrage-»Experten«.

Aber die Logik der Londoner Banker strotzt nur so von Fehlern. Die Richtigkeit von Wettquoten bei der Vorhersage eines Wahlergebnisses ist nur so gut wie die Korrelation zwischen den Ansichten der Wetter und jenen der Wähler. Diese Korrelation ist niedrig. Wetter sind Menschen, die es sich leisten können, Geld beim Spielen zu verlieren, und für die das Spielen um Geld eine akzeptable Freizeitbeschäftigung ist. Ein Wetter setzt für seine Wetten echtes Geld ein und ist bereit, es zu verlieren. Ein Wähler zahlt nichts dafür, seine Stimme abzugeben.

Eine Absonderlichkeit der Wettdaten, die kaum jemandem aufgefallen ist, bestand darin, dass über viermal so häufig auf »Leave« gewettet wurde wie auf »Remain«, dass jedoch bei den »Remain«-Wetten wesentlich höhere Beträge gesetzt wurden. Manch ein Experte unter den City-Bankern wettete 10 000 Pfund auf »Remain«, während ein typischer »Leave«-Wetter vielleicht fünf Pfund einsetzte. Buchmacher sind keine Prognostiker; ihr Job ist es vielmehr, kein Geld zu verlieren. Als die Buchmacher geringe

Quoten für »Remain« anboten, sagten sie nicht das Ergebnis der Abstimmung voraus, sondern stellten nur das Gleichgewicht zwischen den Einsätzen auf beiden Seiten der Wette her. An der Wahlurne spielt Geld keine Rolle – wählen kostet nichts. Zweifellos agierten reiche Wetter aus der City aufgrund ihrer eigenen kognitiven Voreingenommenheiten (und verzerrten dadurch die Ergebnisse), denn die Abstimmungsergebnisse zeigten, dass in London eine überwältigende Mehrheit für »Remain« gestimmt hatte, während England insgesamt für »Leave« war.

Nachdem die Wahllokale am 23. Juni um 22 Uhr geschlossen hatten, zeigte sich sehr schnell, dass eine deutliche Mehrheit für »Leave« gestimmt hatte. Innerhalb von Stunden fiel das Pfund von 1,50 Dollar auf 1,32 Dollar, ein Absturz um zwölf Prozent, der das britische Pfund auf seinen tiefsten Stand seit über 30 Jahren brachte. Auch andere Märkte schwankten chaotisch: Der Goldpreis in Dollar schnellte von 1255 Dollar pro Unze unmittelbar vor dem Brexit auf 1315 Dollar zum Handelsschluss am 24. Juni hoch, ein Anstieg um 4,8 Prozent an einem einzigen Tag. Die Intratag-Volatilität war noch heftiger. Bis zum 8. Juli war der Goldpreis auf 1366 Dollar pro Unze geklettert, also innerhalb von zwei Wochen nach der Brexit-Abstimmung um insgesamt 8,8 Prozent.

Gewinne und Verluste von drei bis 20 Prozent an einem einzigen Tag, also von der Größenordnung, über die wir hier sprechen, sind bei Aktien nichts Ungewöhnliches. Die Aktien eines bekannten Unternehmens können an einem einzigen Tag um 95 Prozent fallen, wenn es einen Insolvenzantrag stellt. Aber bei unseren Beispielen handelt es sich *nicht* um Aktien-Schocks; dies sind *Geld*-Schocks, oder, in dem Beispiel mit den Schatzwechseln, Schocks in der sichersten Anleihe der Welt.

Schweizer Franken, Euro, Pfund Sterling und US-Dollar sind die wichtigsten Reservewährungen der Welt. Der Yuan ist nicht ganz so frei konvertierbar, aber dennoch die fünftwichtigste Währung der Welt, gemessen am Handelsvolumen. Und seit dem 1. Oktober 2016 ist er eine von fünf Komponenten im SDR-Währungskorb. Der Zehn-Jahres-US-Schatzwechsel ist das sicherste mittelfristige Wertpapier der Welt und der Referenzwert, an dem jede andere Staatsanleihe der Welt gemessen wird. Gold ist eine wichtige internationale Reserve-Anlage; über 70 Prozent der US-Reserven bestehen aus Gold. Zusammen sind US-Schatzwechsel, Gold und die wichtigen Reservewährungen das Fundament des gesamten internationalen Währungssystems. Sie sollten stabil sein, aber *sie sind es nicht.*

Seit Herbst 2014 ist es also zu folgenden Ereignissen gekommen:

- Innerhalb von sechs Minuten sind die Renditen von Zehn-Jahres-Schatzwechseln von 2,02 Prozent auf 1,86 Prozent gefallen (15. Oktober 2014).
- Innerhalb von zwanzig Minuten ist der Euro gegenüber dem Schweizer Franken um 20 Prozent gefallen (15. Januar 2015).
- Innerhalb weniger Sekunden ist der Yuan gegenüber dem US-Dollar um 2 Prozent gefallen (10. August 2015).
- Innerhalb von zwei Stunden ist das Pfund Sterling gegenüber dem US-Dollar um 12 Prozent gefallen (23. Juni 2016).
- Innerhalb von zwei Stunden ist Gold gegenüber dem US-Dollar um 4,8 Prozent und gegenüber dem Pfund Sterling um 19 Prozent gestiegen (23. Juni 2016).

Früher haben so starke Schwankungen bei den wichtigsten Währungen, bei Staatsanleihen und Gold etliche Jahre gebraucht; heute brauchen sie nur noch Minuten oder Stunden.

Diese Art von Volatilität mag für Devisen- und Anleihenhändler neu sein; für Komplexitätstheoretiker ist sie ein alter Hut. Sie erkennen darin die Art von Turbulenz, die spontan in einem ursprünglich stabilen System auftreten kann, unmittelbar bevor dieses System außer Kontrolle gerät. Solche Instabilität ist auch Seismologen vertraut, die in Erwartung der nächsten großen Erdbebenkatastrophe die Vorbeben an Verwerfungslinien beobachten. Im Jargon von Chaostheoretikern heißt es, das System fange an, »herumzueiern«.

Ein Kritiker, der nichts davon hält, die Komplexitätstheorie auf Kapitalmärkte anzuwenden, könnte diese lange Liste von Schocks mit einem Achselzucken abtun. Er könnte sagen, keiner von ihnen habe das Ende der Welt bedeutet, die Märkte hätten sich jedes Mal schnell wieder erholt. Im Jahr 2014 seien die Renditen von Schatzwechseln ebenso schnell wieder gestiegen, wie sie vorher gefallen waren. Der so überaus wichtige Euro-Dollar-Wechselkurs sei von der Neubewertung des Schweizer Franken im Jahr 2015 kaum betroffen gewesen. Die Federal Reserve habe die schlimmsten Auswirkungen der Yuan-Abwertung im August 2015 eindämmen können, indem sie ihren für September 2015 geplanten »Liftoff« der Zinssätze auf Dezember verschob. Die Bank of England habe das Pfund gestützt, indem sie am 4. August 2016 die Leitzinsen senkte. Bei jedem dieser Vorbeben hätten die Zentralbanken bereitgestanden, um die dynamischen Prozesse zu stoppen und einen Anschein von Stabilität wiederherzustellen.

Aber es ist eben nur ein Anschein, nicht die Realität. Die nicht freigesetzte Energie eines Vorbebens bleibt für das nächste gespeichert, selbst wenn Häufigkeit und Stärke der Vorbeben zunehmen. Nicht zu bestreiten ist jedenfalls, dass *wir immer wieder beobachten, wie die Liquidität aus den liquidesten Märkten der Welt verschwindet.* Ein Geigerzähler ist wie verrückt am Klicken. Die globalen Kapitalmärkte nähern sich dem überkritischen Zustand, aus dem es keine Rettung mehr gibt.

Die oben skizzierten Liquiditätskrisen sind keineswegs die einzigen Krisen-Katalysatoren. Naturkatastrophen, Cyberkriege und Atomwaffen im Nahen Osten liegen alle auf dem Tisch. Die Komplexitätstheorie lehrt, dass es nicht auf die unmittelbare Ursache eines Kollapses ankommt, sondern vielmehr auf die Vernetztheit, die Interaktionen und die Größe eines Systems, die den Zusammenbruch unvermeidlich machen.

Die größte Gefahr geht von einem Phänomen aus, das Komplexitätstheoretiker als *verknüpfte Komplexität* bezeichnen. Dazu kommt es, wenn ein System in einem kritischen Zustand kollabiert und dieser Kollaps dann auf ein anderes System übergreift, wodurch auch dieses System in einen kritischen Zustand gerät und ebenfalls kollabiert.

Es gibt kein besseres Beispiel für verknüpfte Komplexität als die Fukushima-Katastrophe vom 11. März 2011. Die ersten Systeme in einem kritischen Zustand, die kippten, waren tektonische Platten unter dem Pazifischen Ozean. Diese anfängliche Freisetzung von Energie ist als das Tōhoku-Erdbeben bekannt, das mit einer gemessenen Stärke von 9,0 MW das viertstärkste Erdbeben seit 1900 war, dem Beginn der modernen Aufzeichnungen. Dieses Erdbeben löste in einem zweiten System im kritischen Zustand einen Tsunami aus, der über 30 Meter hohe Wellen verursachte. Die Wellen des Tsunamis überfluteten das Atomkraftwerk Fukushima Daiichi, ein drittes System in einem kritischen Zustand, und verursachten dort Kernschmelzen in drei Reaktoren und die massenhafte Freisetzung von radioaktivem Material. Als Nächstes erreichten die Nachrichten von der Katastrophe die Tokyo Stock Exchange, das vierte System in der Kette, das sich in einem kritischen Zustand befand. Daraufhin stürzte der Nikkei-Index um 8,25 Prozent ab, von 10 434 Punkten am Tag vor der Katastrophe auf 8605 Zähler am 15. März 2011, nur vier Tage später. Und schließlich wurde der Devisenmarkt in Mitleidenschaft gezogen, das fünfte System, das sich in einem kritischen Zustand befand. Viele japanische Versicherungsunternehmen begannen, Dollar für Yen zu verkaufen, um genug Liquidität im Yen zu haben, um damit Forderungen aus Sachschäden und Todesfällen bezahlen zu können. Zuerst legte der Yen von 81,89 Yen pro Dollar am 11. März auf 80,59 Yen pro Dollar am 18. März zu, eine Steigerung von 1,6 Prozent in einer Woche – an den Devisenmärkten ein enormer Sprung. Dann kamen die politischen Reaktionen. Christine Lagarde, die damals amtierende französische Finanzministerin, koordinierte eine Intervention der G7 auf den Devisenmärkten, um den Yen zu schwächen. Das wurde für notwendig gehalten, um nach der Katastrophe die japanische Wirtschaft anzukurbeln. Diese Intervention funktionierte – bis zum 8. April war der Yen auf 84,70 Yen pro Dollar gefallen, ein Rückgang um fünf Prozent von dem nach der Katastrophe erreichten Hoch. Lagardes Manöver war ein weiteres Beispiel dafür, dass es der Politik noch einmal gelungen war, den Deckel der Büchse der Pandora wieder zu schließen, der durch die Dynamiken komplexer Systeme aufgerissen worden war.

Von tektonischen Platten über einen Tsunami auf Reaktorkerne, Aktien- und Devisenmarkt übertrug sich eine Kettenreaktion von Systemen im kritischen Zustand, die an jedem Glied der Kette eine verheerende Katastrophe verursachte. Interessanterweise sind zwei dieser Systeme – die tektonischen Platten und der Tsunami – natürlich, die anderen drei – die Reaktorkerne, der Aktienmarkt und der Devisenmarkt – dagegen menschengemacht. Das zeigt, wie unter bestimmten Umständen natürliche und künstliche Systeme nahtlos miteinander interagieren können.

Ein zufälliges Zusammentreffen von unvorhergesehener Emergenz und verknüpfter Komplexität – kein schwarzer Schwan, sondern ein schwarzes Pferd wie im Buch der Offenbarung – ist die wahrscheinlichste Ursache für den zu erwartenden Zusammenbruch der Kapitalmärkte. Eine kleine Insolvenz eines kleinen Schuldners in Malaysia könnte einen Vertrauensverlust bei seinem chinesischen Geschäftspartner herbeiführen, der wiederum eine Kapitalflucht aus China bewirkt und dann Panikkäufe von US-Schatzwechseln, Illiquidität im Staatsanleihenmarkt, einen stärkeren US-Dollar und einen Tsunami von Pleiten aufgrund plötzlich unbezahlbar gewordener, Dollar-denominierter Verbindlichkeiten von Schwellenländern. Und inmitten dieses ganzen Tumults schaltet ein »Advanced Persistent Threat«-Kommando russischer Hacker (APT 29, Codename »COZY BEAR«) die New York Stock Exchange ab, als »Force Multiplier« (»Kampfkraftverstärker«), um die USA von Marineaktivitäten in der Ostsee abzuschrecken. Innerhalb von zwei Tagen hat jede Börse der Welt eine moderne Version von »House Closed« angekündigt. Der Vorläufer einer solchen eng verknüpften Kette von Krisen ist der Ausbruch des Ersten Weltkriegs im Juli 1914, vorausgesehen von Felix Somary, dem »Raben von Zürich«. So gehen Epochen zu Ende.

Inkohärenz

Das internationale Währungssystem befindet sich heute in einer Phase dynamischer Unsicherheit. Diese Dynamik ähnelt der Zeit von 1971 bis 1981, als extreme Inflationsraten, Zinssätze, Rohstoffpreise, Wechselkurse und geopolitische Instabilitäten die Märkte bis an den Rand des Chaos trieben, bis Henry Kissinger, Paul Volcker, Ronald Reagan, James Baker und später Robert Rubin die Führungsstärke aufbrachten, um die internationale Zusammenarbeit in die Wege zu leiten, die notwendig war, um das vorher auf Gold basierende System von Bretton Woods auf der Basis eines neuen, auf dem Dollar basierenden Systems zu stabilisieren. Die Aufgabe, die sich heute stellt, um das System erneut zu stabilisieren, ist kaum weniger entmutigend.

Im Jahr 2015 habe ich persönlich mit zwei der mächtigsten Zentralbankiers der Welt über dieses Thema gesprochen. Am 27. Mai 2015 sprach ich in Seoul, Südkorea, mit Ben Bernanke, dem ehemaligen Chairman des Federal Reserve Board. Zwei Wochen später, am 11. Juni, sprach ich in New York mit John Lipsky, einem ehemaligen IWF-Chef. (Kurioserweise ist Lipsky der einzige Amerikaner unter den IWF-Chefs; nach dem ungeplanten Rücktritt von Dominique Strauss-Kahn sprang er als kommissarischer Chef ein, bis der Vorstand genug Zeit gehabt hatte, um Strauss-Kahn durch Christine Lagarde zu ersetzen. Einer alten Gepflogenheit zufolge ist der IWF-Chef nie ein US-Amerikaner.) Ohne Suggestivfragen meinerseits oder Absprachen ihrerseits verwendeten beide Bankiers das gleiche Wort, um den heutigen Zustand des internationalen Währungssystems zu beschreiben. Es war das Wort »inkohärent«. Damit meinten sie, dass die Welt der Währungen keinen Anker mehr hat, keinen Bezugsrahmen.

Der Schock nach dem Brexit-Votum am 23. Juni 2016 ist eine gute Fallstudie dazu. Als der Kurs des Pfund Sterling innerhalb von zwei Stunden von 1,50 Dollar auf 1,32 Dollar gefallen war, was hieß das denn eigentlich? War der Dollar gestiegen oder das Pfund gefallen? Falls die Antwort ist, dass der Dollar *gestiegen* war, wie konnte der Dollar dann *gleichzeitig* gegenüber Gold um 4,8 Prozent *fallen*? Falls die Antwort ist, dass der Dollar gestiegen *und* gefallen ist, je nach Maßeinheit (Gold oder Pfund), warum sollte man dann eine Maßeinheit einer anderen vorziehen? Aus dieser Sicht hat sich das heutige Geld hoffnungslos verirrt in einem verwirrenden Bewertungs-Spiegelkabinett. Das ist es, was Bernanke und Lipsky mit »Inkohärenz« meinten. Das impliziert die Notwendigkeit eines neuen Abkommens im Stil von Bretton Woods: eine Reform des internationalen Währungssystems und neue Spielregeln.

Die Voraussetzung für ein neues Währungssystem ist, dass Gold nach China transferiert wird. Unter dem alten System von Bretton Woods erwarben Europa und Japan zwischen 1950 und 1970 11 000 Tonnen Gold von den Vereinigten Staaten. Reaktionen des Marktes waren nie ein Problem, da der Goldpreis auf 35 Dollar pro Unze fixiert war. Um heute die Reaktion des Marktes zu dämpfen, muss Gold heimlich verlagert werden, über Intermediäre wie die BIS und HSBC, aus Londoner Tresoren über schweizerische Scheideanstalten in unterirdische Stahlkammern in Schanghai, die Endstation.

Im November 2015 kündigte der IWF an, dass China in den elitären Club von Währungen aufgenommen werden solle, die das Sonderziehungsrecht des IWF bilden. Auf diesen Schritt folgte eine Studie des IWF, die auf den 15. Juli 2016 datiert ist und dazu aufrief, ein marktbasiertes SDR (»M-SDR«) zu schaffen, das mit dem offiziellen SDR (»O-SDR«) koexistieren soll.[149] Als hätten sie nur darauf gewartet, planten die Weltbank und die China Development Bank laut einem Reuters-Bericht vom 1. August

2016, private SDR-denominierte Anleihen aufzulegen.[150] Bald darauf wurden weitere Emissionen von SDR-denominierten Anleihen erwartet, von der in China ansässigen Asian Infrastructure Investment Bank und der chinesischen Mammutbank ICBC. Schließlich wurde der Yuan am 1. Oktober 2016 formal in den SDR-Währungskorb aufgenommen, mit einem Anteil von 10,92 Prozent – größer als die Anteile, die Yen oder Pfund gewährt wurden.

Der Transfer von Gold nach China, die Aufnahme des chinesischen Yuan in den SDR und die Vorbereitungen auf einen tiefen und liquiden Markt für SDRs sind die Vorboten eines neuen Bretton Woods, dem allerdings die Transparenz und die Verantwortlichkeit des ursprünglichen Bretton-Woods-Abkommens fehlen wird. Das neue System ist ein »Grand Bargain«, ein »bedeutendes Abkommen«, das im Geheimen verhandelt wurde, heimlich umgesetzt wird und das nur relativ wenige Mitglieder der globalen Eliten wirklich verstehen.

Die Endphase dieses Grand Bargain ist Inflation, um die realen Kosten der Staatsschulden in aller Welt auszulöschen. Falls es die Zentralbanken trotz aller Anstrengungen nicht schaffen sollten, Inflation zu erzeugen, würde an ihrer Stelle der IWF für Inflation sorgen, und zwar durch massenhaftes Emittieren von SDRs, die er für globale Infrastruktur- und Wohlfahrtsprojekte ausgeben würde. Der Bedarf an Infrastruktur würde von der Weltbank vermittelt werden und auf die sogenannte Klimaveränderung abzielen, ein weiteres Steckenpferd der Eliten.

Jetzt ist der Plan der globalen Eliten nach der Krise von 2008 in vollem Umfang erkennbar:

- Kontrolle über das Bankensystem, 2009–2010
- Umverteilung von Gold nach China, 2009–2016
- Redenominierung des SDR, 2015–2016
- SDRs drucken und in Umlauf bringen, 2017–2018
- Vernichten von Schulden durch Inflation, 2018–2025

Ice-Nine und die Schock-Strategie stehen als Helfershelfer für diesen Plan bereit. Wenn eine neue globale Finanzkrise entstünde, bevor die Inflation Fuß fassen kann, würde das hochgradig deflationär wirken, was gegen die Ziele der Eliten wäre. Durch Ice-Nine würde die Krise gestoppt und das

Liquidieren von Assets verhindert werden, um dem Inflationsplan genug Zeit zu geben, um zu wirken. Die Schock-Strategie wird in Reserve gehalten, um mitten in einer Krise weitere Programme vom Wunschzettel der Eliten in Angriff zu nehmen, etwa Klimaveränderung und den »War on Cash«.

Wenn jedoch alles gut ginge, würden beide nicht gebraucht und die Eliminierung von Staatsschulden würde wie geplant vonstattengehen. Wie immer wären Regierungen und Banken die Gewinner. Und die Anleger wären die Verlierer, abgesehen von denjenigen Mitgliedern der Eliten, die den Plan kannten oder gewisse Einblicke gewinnen und sich entsprechend vorbereiten konnten.

Die Komplexitätstheorie macht solche Pläne zur Farce. Die wahrscheinlichste Entwicklung ist jene, die niemand sieht. Eine systemische Krise kann jederzeit ausbrechen und dann werden die Finanzeliten schnell zu Ice-Nine-Lösungen greifen. Aber trotzdem wird die Zivilgesellschaft revoltieren. Die Bürger werden es nicht hinnehmen, nur 300 Dollar pro Tag aus dem Geldautomaten ziehen zu dürfen, neben vagen Versprechungen, die Börsen würden wieder geöffnet und die Konten freigegeben, »sobald die Umstände es zulassen«. Es wird zu Aufständen kommen. Vielleicht werden Banken angezündet, Supermärkte geplündert und wichtige Infrastruktur zerstört, und das alles in dem Bemühen, vergängliche Werte zu sichern. Nach Ice-Nine und Geldaufständen kommen Neofaschismus, Standrecht, Massenverhaftungen und staatlich kontrollierte Medien. Das ist das Endspiel.

Palazzo Colonna

Im Herzen Roms, am Fuße des Quirinal, liegt der Palazzo Colonna – ein privater Palast, der seit 31 Generationen und über 900 Jahren ein und derselben Familie gehört. Die Geschichte dieser Familie begann im elften Jahrhundert mit Pietro Colonna, der in dem südlich von Rom gelegenen Städtchen Colonna lebte. Mitglieder der Familie ließen sich um das Jahr 1200 herum am heutigen Standort des Palazzo nieder. Im Laufe der Jahrhunderte erlebte der Palazzo zahlreiche Veränderungen; er entwickelte sich von einem einfachen Wohnhaus erst zu einer Festung und dann zu dem Palast, der heute dort zu bewundern ist. Der eigentliche Bau des Palasts erstreckte sich über fünf Jahrhunderte. Die Fassaden, Wohnräume und Galerien wurden in der Spätrenaissance fertiggestellt, die barocken Erweiterungen stammen aus dem 17. und 18. Jahrhundert.

Die Geschichte der Familie Colonna ist ebenso beeindruckend wie der Palazzo selbst. Der Dichter Dante Alighieri war zu Gast in ihrem Palast, als er im Jahr 1301 als Gesandter von Florenz am Hof des Papstes Bonifatius VIII. zu tun hatte. Im 15. Jahrhundert wurde Oddo di Colonna zum Bischof von Rom geweiht und nahm den Namen Papst Martin V. an.

In Geschichten, die an die Hollywood-Trilogie *Der Pate* erinnern, bekriegte sich die Familie Colonna im 15. Jahrhundert unaufhörlich mit der Familie Orsini, um die Herrschaft über Rom zu erlangen. Im Jahr 1511 initiierte Papst Julius II. Friedensverhandlungen und die beiden Familien gelobten, sich an eine Vereinbarung zu halten, die als »Pax Romana« bekannt wurde. Als im Jahr 1527 die Streitmacht von Kaiser Karl V. Rom eroberte, wurde der Palazzo Colonna aufgrund der guten Beziehungen der Familie zu den Habsburgern verschont. Das prominente Familienmitglied Marcantonio Colonna erwies sich neben Andrea Doria und Don Juan de Austria in der Seeschlacht von Lepanto, bei der 1571 die islamische Invasion Europas zurückgeworfen wurde, als siegreicher Admiral. Die Belohnungen für diesen Sieg der Christenheit mehrten das Vermögen der Familie ganz erheblich.

Neben seinen Deckengewölben, Marmorböden und vergoldeten Deckenfriesen birgt der Palazzo eine unschätzbare Sammlung von Gemälden und Skulpturen von Tintoretto, Pieter Bruegel dem Älteren und anderen Giganten der Renaissance und des Barock. Marcantonios Tante Vittoria Colonna war eine gefeierte Dichterin und eine Muse Michelangelos, der ein gern gesehener Gast im Palazzo war. Michelangelo bedankte sich für ihre Freundschaft, indem er Vittorias Porträt in eine Szene in der Sixtinischen Kapelle aufnahm.

Selbst im 20. Jahrhundert hatte sich die Familie Colonna erheblichen politischen Einfluss bewahrt; Ascanio Colonna war im Dezember 1941 italienischer Botschafter in Washington. Nach Mussolinis Kriegserklärung gegen die Vereinigten Staaten trat er aus Protest gegen die eigene Regierung von diesem Amt zurück.

Im Herbst 2012 nahm ich an einem kühlen Abend in Rom im Palazzo Colonna an einem privaten Dinner einiger der reichsten Anleger der Welt teil. Die Gästerunde bestand hauptsächlich aus Europäern, einigen Asiaten und relativ wenigen Personen aus den Vereinigten Staaten. Inmitten von Marmor, Gold, Gemälden und Feudalarchitektur sinnierte ich über die Bedeutung alten Reichtums im Vergleich zu den Neureichen, die sich unweit meiner Heimat in Connecticut zu Cocktails zu versammeln pflegen. Diese Begriffe unterscheiden zwischen alten Familienvermögen wie jenen der Rockefellers, Vanderbilts und Whitneys und den neuen Vermögen von Hedgefonds-Experten aus Greenwich, Connecticut oder CEOs aus dem Silicon Valley. Diese Unterscheidung impliziert, dass die Eigentümer alten Reichtums bewiesen haben, wie sie ihren Wohlstand bewahren können, während das Urteil über die Neureichen, die unermüdlich Jachten, Privatjets und in Formaldehyd eingelegte Haie kaufen, noch nicht gesprochen ist.

Aber alter Reichtum in den Vereinigten Staaten ist vielleicht 150 Jahre alt oder etwas älter bei Familien wie den Astors oder Biddles. Doch an jenem Abend in Rom saß ich inmitten eines 900 Jahre alten Vermögens, das nach wie vor intakt war, eines Familienvermögens, das den Schwarzen Tod überstanden hatte, den Dreißigjährigen Krieg, die Kriege von Ludwig dem XIV., die Napoleonischen Kriege, beide Weltkriege, den Holocaust und den Kalten Krieg.

Ich wusste, dass die Familie Colonna kein Sonderfall ist. In ganz Europa gibt es Familien wie sie, die sich in der Öffentlichkeit sehr bedeckt halten und froh sind, wenn sie beim Zusammenstellen der Forbes-400-Liste übersehen werden. Diese Art von Reichtum, der die Jahrhunderte überdauert, kann nicht nur auf reines Glück zurückzuführen sein. In 900 Jahren werden zu viele Karten vom Stapel aufgedeckt, als dass Glück allein hätte genügen können – es musste eine Methode dahinterstecken.

Ich wendete mich einer atemberaubenden brünetten Italienerin zu, die zu meiner Rechten saß, und fragte sie: »Wie schafft es eine Familie, so lange ihren Reichtum zu behalten? Das widerspricht jeder Wahrscheinlichkeit. Es muss ein Geheimnis dahinterstecken.« Sie lächelte und antwortete: »Natürlich. Es ist ganz einfach. Ein Drittel, ein Drittel und ein Drittel.« Sie machte eine Kunstpause, wohl wissend, dass ich mehr wissen wollte, und fuhr dann fort: »Sie legen ein Drittel in Land an, ein Drittel in Kunst und ein Drittel in Gold. Außerdem werden sie vielleicht ein Familiengeschäft haben und sie brauchen natürlich auch ein bisschen Cash für den täglichen Bedarf. Aber Land, Kunstwerke und Gold sind die Dinge, die ihren Wert behalten.«

Ich ging davon aus, dass zum »täglichen Bedarf« auch Gucci und Chanel zählen, aber trotzdem war ihre Antwort einleuchtend. Ihre Empfehlung entsprach der ersten Regel beim Investieren, nämlich zu diversifizieren. Aber ihre Antwort enthielt auch eine tiefere Bedeutung, die in den Worten »Dinge, die ihren Wert behalten« zum Ausdruck kam. Genau das hatte ich sie ja gefragt; wie kann ein Vermögen *neunhundert Jahre überdauern?*

Kunstwerke und Gold leuchten ein, da beide portabel sind; man kann sie einpacken und mitnehmen, wenn es an der Zeit ist, angesichts widriger Umstände zu fliehen. Interessanterweise sind Kunstwerke nach Gewicht wertvoller als Gold. Wenn in einer zukünftigen Krise der Goldpreis auf 10 000 Dollar pro Unze nach oben geschnellt sein wird, mag ein besonders wertvoller Picasso vielleicht 500 000 Dollar pro Unze wert sein. Das ist vielleicht keine sonderlich kunstverständige Art, einen Picasso zu betrachten, aber es ist eine Methode, um große Werte über Landesgrenzen zu bringen, bei minimalem Risiko, entdeckt zu werden. Gold muss in seiner Eigenschaft als Wertaufbewahrungsmittel nicht verteidigt werden; diesen Job erledigt es seit 5000 Jahren mit anhaltendem Erfolg.

Ihr Rat, ein Drittel in Land anzulegen, war zunächst nicht so einleuchtend. Die menschliche Geschichte ist voll von Eroberungen, Plünderungen und politischen Umwälzungen. Das Eigentum an einem Grundstück kann verloren gehen. Aber trotzdem ist der Eigentumsanspruch auf ein Grundstück, wenn er ins Grundbuch eingetragen wurde, dauerhaft. In der Gegend um Miami gibt es Tausende von Flüchtlingen aus Kuba, die Besitzurkunden für Immobilien in ehemals wohlhabenden Gegenden von Havanna vorzeigen können; diese Urkunden haben sie mitgenommen, als sie nach der Übernahme der Kommunisten im Jahr 1959 aus Kuba flohen. Solche Häuser werden seit 57 Jahren von Parteifunktionären bewohnt; manche sind zerstört worden. Aber diese Flüchtlinge haben nach wie vor die Besitzurkunden und sie – oder ihre Nachkommen – werden eines Tages nach Kuba zurückkehren. Wenn die Vereinigten Staaten und Kuba nach und nach ihre Beziehungen normalisieren, wird man diese Besitzurkunden nicht ignorieren können.

Ein Edelmann im frühen 17. Jahrhundert konnte, wenn er davon hörte, dass marodierende Armeen sich seinem Anwesen näherten, seine Gemälde aus den Rahmen nehmen, die Leinwände in einen Sack verstauen, sein Gold in seinen Geldbeutel tun und mit beiden auf und davon reiten. Wenn die Gefahr vorüber war, konnte er auf sein Gut zurückkehren, es wieder in Besitz nehmen, seine Goldmünzen in einen Tresor tun und seine Gemälde an die Wände hängen. Sein Vermögen war nach wie vor intakt, während dasjenige seines Nachbarn vielleicht vernichtet worden war.

Ein interessanter Aspekt dieses 1000-jährigen Portfolios aus Sicht des 21. Jahrhunderts ist, dass Immobilien, Kunstwerke und Gold nicht digital sind. Sie können nicht durch Stromausfälle, Einfrieren von Vermögenswerten oder Cyber-Brigaden gelöscht werden. Sie sind immun gegen Ice-Nine.

Gold in physischer Form, als Anlagebarren oder -münzen, verwahrt außerhalb des Bankensystems, ist das Herz eines jeden Portfolios. Zehn Prozent Ihrer investierbaren Werte ist die richtige Allokation. Gold erbringt keine Rendite (was es auch nicht soll, da es Geld ist), aber seine Eigenschaften als Wertaufbewahrungsmittel und Versicherungspolice sind ohnegleichen. Meiden Sie sogenannte »seltene« und »antike« Goldmünzen; ihr numismatischer Wert ist gleich null und sie werden viel zu teuer angeboten. Kaufen sie neue Münzen oder Barren, direkt von der US Mint oder einem seriösen Händler mit geringen Margen.

Gold ist leichter zugänglich, als die meisten Menschen wissen. Eines Tages saß ich als Fahrgast in einem Taxi in Las Vegas. Die Fahrerin hieß Valerie und fragte mich, warum ich in Las Vegas sei. Als ich ihr erzählte, dass ich an einem Kongress für Investoren teilnehmen wollte, entstand daraus eine Beratung auf Rädern. Als ehemaliger Taxifahrer weiß ich nur allzu gut, dass sich ein Fahrgast einem Gespräch, das ihm vom Fahrer aufgedrängt wird, nicht entziehen kann. Valerie fragte mich, wie sie ihre Ersparnisse am besten anlegen solle, und ich riet ihr, zehn Prozent in Gold zu investieren, wie ich das bei solchen Gelegenheiten immer zu tun pflege. An einem Punkt sagte ich ihr aus alter Gewohnheit: »Wenn Sie also eine Million Dollar haben, legen Sie 100 000 in Gold an; wenn Sie 100 000 Dollar haben, investieren Sie 10 000 in Gold, und so weiter. Zehn Prozent ist der richtige Anteil.«

Sie erwiderte: »Sie wollen mich wohl auf den Arm nehmen. Ich bin fünfzig und habe ungefähr 10 000 Dollar – das ist alles.« Ich sagte ihr: »Prima. Dann kaufen Sie eine Goldmünze, verwahren Sie sie an einem sicheren Ort, und entspannen Sie sich. Das ist Ihre Versicherung. Wenn es so weit ist, wird der Staat ihre 10 000 Dollar stehlen, durch Inflation und Steuern, aber dann werden Sie immer noch das Gold haben.« Sie antwortete, sie wolle meinen Rat befolgen, aber die Erfahrung hat gezeigt, dass viele Sparer es unterlassen, solche löblichen Vorsätze in die Tat umzusetzen.

Die meisten Anleger haben die Möglichkeit, ein Grundstück zu kaufen – oder ein eigenes Haus. Das ist ein guter Anfang. Eine Immobilie, die Erträge abwirft, etwa ein Mietshaus oder ein landwirtschaftlicher Betrieb, sorgt nicht nur für laufende Einnahmen, sondern auch für die Werterhaltung der Investition. Eine Immobilie, die als Altersruhesitz geeignet ist, an einem für angehende Ruheständler attraktiven Ort ist ein gutes Buy-and-Hold-Investment.

Die am schwierigsten zu beurteilenden Anlagewerte sind Kunstwerke. Man sollte ausschließlich in Werke der schönen Künste investieren, sogenannte Fine Arts, seien es nun Gemälde, Zeichnungen, Kollagen oder Skulpturen. Ein solches Kunstwerk sollte den Ansprüchen eines Museums genügen, was bedeutet, dass andere Werke des betreffenden Künstlers bereits in Museen ausgestellt oder zumindest von dem einen oder anderen Kurator in die engere Wahl gezogen werden.

Die Herausforderung mit museumsreifen Kunstwerken ist die Frage, wie man sie erwerben soll. Ein Multimilliardär kann 100 Millionen Dollar oder mehr für ein bekanntes Gemälde von Picasso zahlen, aber das ist eine Option, die den meisten Investoren nicht offensteht. Aber Picasso war ein sehr produktiver Künstler, der – neben seinen bekannteren Werken – Tausende von kleinen Gemälden und Skizzen geschaffen hat. Manche dieser Stücke können für 10 000 Dollar oder weniger erworben werden – sie sind auf jeden Fall eine Überlegung wert.

Die beste Art, für eine Million Dollar oder weniger in museumsreife Kunstwerke zu investieren, ist durch einen gut strukturierten und kuratierten Fine Arts-Fonds. Solche Fonds sind keineswegs alle uneingeschränkt zu empfehlen; manche von ihnen sind schlecht strukturiert und schaffen widersprüchliche Anreize. Andere werden von Händlern gesponsert, bei denen es dann zu Interessenkonflikten kommt. Aber einige Kunst-Fonds werden konfliktfrei gemanagt, mit gut abgestimmten Sponsoren- und Investoreninteressen sowie angemessenen Gebühren. Solche Fonds mögen vielleicht schwer zu finden sein, aber es gibt sie dort draußen.

Natürlich ist ein Drittel-Drittel-Drittel-Mix von Land, Kunst und Gold stark vereinfacht; dieser Mix kann kein komplettes Portfolio sein, etwas Cash wird immer gebraucht. In einem Musterportfolio ist außerdem immer Raum für Aktien, Anleihen und alternative Anlagen, die allerdings sehr sorgfältig ausgesucht werden müssen. Ein Familienunternehmen ist ein Wert, der in eine Kategorie für sich gehört. Von dem immensen Industrieanlagenbestand einer Familie wie den schwedischen Wallenbergs bis hin zu einer örtlichen Trockenreinigung oder einem Pizza-Lieferdienst sollte ein laufendes Unternehmen als etwas Besonderes betrachtet werden, als Wert, der nicht in ein Investmentportfolio aufgenommen wird.

Verfügt ein Anleger über das nötige Fachwissen und ungewöhnliche Beziehungen, können für ihn eine BA-Beteiligung (»Business Angel«) und Risikokapital-Investitionen in einer frühen Phase sinnvoll sein. Solche Investments sind zwar riskant, aber kein blindes Glücksspiel wie der Aktienmarkt; vielmehr sind sie vernünftige, risikoadjustierte Wetten auf das Schaffen neuer Werte durch Unternehmer, Erfinder und Menschen, die besonders gut darin sind, einen Geschäftsplan umzusetzen.

Hochwertige Anleihen sollen Investoren helfen, ihre Ziele zu erreichen. Anleihen haben festgelegte Fälligkeiten und Couponzahlungen. Wenn ein Investor langfristige Ziele verfolgt, etwa die Ausbildung seiner Kinder, die Versorgung seiner Eltern oder den eigenen Ruhestand, kann er aus hochwertigen Anleihen und mit ergänzendem Inflationsschutz – dafür ist Gold bestens geeignet – eine Anleihen-Leiter bauen, deren Erträge darauf abgestimmt sind, zu welchem Zeitpunkt in der Zukunft die entsprechenden Bedürfnisse entstehen. Eine Anleihen-Leiter ist ein echtes Buy-and-Hold-Investment.

Börsennotierten Aktien sollte eine relativ kleine Allokation zukommen. Noch in den 1960er-Jahren war es Treuhändern in manchen US-Bundesstaaten gesetzlich verboten, überhaupt Aktien zu kaufen; die schmerzlichen

Erinnerungen an den Crash von 1929 waren noch zu präsent. Der Aktienmarkt wurde für kaum besser gehalten als die biblische Räuberhöhle. Bis in die 1970er-Jahre hinein ging es bei den Portfolios von Versicherungen und Pensionskassen darum, eine sorgfältige Auswahl an Anleihen zusammenzustellen, um die künftigen Verbindlichkeiten gegenüber den Begünstigten bedienen zu können. Erst mit Verabschiedung des Employee Retirement Income Security Act of 1974 (ERISA, »Angestellten-Ruhestandseinkommenssicherungsgesetz«) wurden die Schleusen geöffnet, um den Fluss von Mitteln aus Treuhandvermögen in den Aktienmarkt zu ermöglichen. Wall Street war die nicht ganz so unsichtbare Hand hinter ERISA, 401(k)s, Investmentfonds, »Conflict Waivers« (»Interessenkonflikt-Sonderfreigaben«) und zahlreichen anderen Lockerungen seit dieser Zeit, die allesamt darauf abzielen, die Allokation riskanter Aktieninvestitionen zur Normalität zu machen und zu erhöhen, und das bei Portfolios, die eigentlich konservativ gemanagt und der Werterhaltung dienen sollten. Wall Street interessiert sich nur für die eigenen Provisionen, nicht für Ihre Lebensersparnisse.

»Private Equity Funds« (»private Beteiligungsfonds«, die »Heuschrecken«) sollte man tunlichst meiden, weil sie intransparent sind, hohe Gebühren kassieren und falsche Anreize setzen. Eine private Kapitalbeteiligung beginnt als Raubzug an den vorherigen Aktionären des betroffenen Unternehmens. Dann wird dieses Unternehmen über spezielle Gebühren, bevorzugte Dividenden und Vorzugskonditionen für die Fondsmanager ausgeplündert. Über Leverage (Fremdfinanzierung) werden angebliche Gewinne erzielt – eine weitere Art des Plünderns. Das geht so: Hin und wieder platzt ein solcher Deal und dann bleibt die Bank auf dem faulen Kredit sitzen, obwohl es sich dabei eigentlich um eine Räuberbande handelt, die eine andere ausplündert. (Wenn eine Bank in Schieflage gerät, stehen Steuermittel für Bail-outs zur Verfügung, noch eine Art des Plünderns.) Und schließlich werden die Investoren des Beteiligungsfonds ausgeplündert, da die Fondsmanager akzeptable Renditen auf Anleihenniveau anbieten, die allerdings kaum die Risiken kompensieren, die bei Aktien gang und gäbe sind. Sämtliche überschüssigen, durch Leverage erzielten Gewinne werden von den Fondsmanagern abgesaugt, statt an die Anleger ausgeschüttet zu werden. Und obendrein deklarieren solche Fondsmanager ihre kaum verschleierten Managementgebühren steuerlich als Kapitalgewinne, wodurch der Steuerzahler ein zweites Mal zur Kasse gebeten wird. Dies ist der Grund, warum die Chefs solcher privaten Kapitalbeteiligungsfonds Milliardäre sind, die auf latifundienartigen Anwesen in der Nähe von Telluride, Colorado, oder Jackson Hole, Wyoming, residieren. Es gibt keinen Grund, warum Sie solche Plünderungen erleichtern oder sich zum Opfer machen lassen sollten.

Hedgefonds sind ein etwas schwierigerer Fall. Sie funktionieren in der Theorie, aber nicht in der Praxis. Ein Hedgefonds versucht, reale, dem jeweiligen Risiko entsprechende Renditen zu erzielen, die als »Alpha« bekannt sind, und zwar durch Market-Timing, Long-Short-Strategien und Arbitrage. Investoren, die langfristig Aktien halten, ertragen gelegentliche Crashs und lang anhaltende Bärenmärkte, um sich an spektakulären Bullenmärkten erfreuen zu können. Das Problem ist, dass wir vielleicht nicht lange genug leben werden, um schwere Verluste wiedereinzubringen, oder wir müssen aufgrund von Sachzwängen verkaufen (Studiengebühren für den Nachwuchs?), wenn die Kurse im Keller sind. Ein Hedgefonds tritt mit dem Anspruch an, bessere Ergebnisse zu erzielen als »Long-only«-Portfolios. Die Wege zur überdurchschnittlichen Performance – nämlich Market-Timing und Long-Short-Strategien – sind leicht zu beschreiben, aber echte Talente sind schwer zu finden.

Erfolgreiches Market-Timing ist eine seltene Fähigkeit, die nur mithilfe von Insiderinformationen zuverlässig funktioniert. Es gibt legale Insiderinformationen – die Sorte, die Sie selbst herausfinden können –, doch die Versuchung, sich illegale Insiderinformationen zu besorgen, ist einer der Gründe, warum zahlreiche ehemalige Fondsmanager hinter Gittern sitzen. Erfolgreiches (und legales) Market-Timing erfordert unkonventionelle Analysen – schon immer eine Seltenheit – und ungewöhnliche Modelle – noch seltener. Nur eine Handvoll Fondsmanager kann beides bieten. Und sie sind in der Öffentlichkeit kaum bekannt.

Long-Short-Strategien auf der Basis von Aktien-Fundamentaldaten sind leichter zugänglich. Die Aktien bestimmter Branchen performen typischerweise besser als andere. In den frühen Phasen eines wirtschaftlichen Aufschwungs sind riskantere Aktien von Technologie- und Biotechnik-Startups ein guter Tipp. In den mittleren Phasen eines Aufschwungs können Smallcap-Aktien aufholen und besser als der Markt performen. In den späten Phasen eines Aufschwungs ist ein Anleger gut beraten, sich auf unterbewertete Versorgungsunternehmen und Produzenten kurzlebiger Konsumgüter zurückzuziehen. Das Umschichten von einer Kategorie in eine andere zum richtigen Zeitpunkt ist als »Branchenrotation« bekannt und wird an der Wall Street routinemäßig praktiziert. Ein Hedgefonds-Manager kann Aktien kaufen, die eine überdurchschnittliche Performance versprechen, und andere shorten, von denen abzusehen ist, dass sie underperformen werden. Auf diese Weise kann ein Manager die Gewinne aus Branchenrotation erhöhen und eine marktneutrale Feuermauer gegen Schocks errichten. Ein Altmeister dieser Kunst ist Michael Belkin; es gibt nur wenig Ebenbürtige. Das Problem ist, dass viele Manager von Long-Short-Fonds sich nicht an ihre Vorgaben halten. Sie drängeln sich in die gerade »angesagten« Trades und verlieren dann alles, wenn das »Risk-on, Risk-off«-Rad sich weiter dreht aufgrund von Makrokatalysatoren, die nichts mit der fundamentalen Wertpapieranalyse zu tun haben, die diese Manager an der Wirtschaftshochschule gelernt haben.

Arbitrage ist eine mathematisch fundierte Long-Short-Strategie, die für Aktien, Anleihen, Rohstoffe und Devisen angewendet werden kann. Richtig umgesetzt, funktioniert sie unter allen Marktbedingungen. Zwei Anleihen mit ähnlichen Laufzeiten, die von demselben Schuldner emittiert werden und daher das gleiche Ausfallrisiko tragen, sollten theoretisch zu ähnlichen Renditen auf die Endfälligkeit gehandelt werden. Das ist jedoch häufig nicht der Fall, weil manche Institutionen aus Liquiditätsgründen die eine Anleihe der anderen vorziehen, weil sie später aufgelegt wurde und aktiver gehandelt wird. Ein Arbitrageur kann die Anleihe kaufen, die »billig« ist, die Anleihe shorten, die »teuer« ist, und sich dann zurücklehnen und abwarten, bis ihre Kurse konvergieren (was spätestens zur Endfälligkeit passieren wird, aber vielleicht auch schon früher) und so eine relativ risikofreie Marge kassieren.

Arbitrage kann auch für andere Kategorien von »billigen« und »teuren« Assets eingesetzt werden, obwohl dabei Folgendes beachtet werden muss: Je geringer die Ähnlichkeit zwischen den beiden, desto größer das Risiko, dass die beobachteten Margen nicht erwartungsgemäß konvergieren. Je geringer die Volatilität und das Ausfallrisiko zweier Instrumente in einem

Arbitrage-Trade sind, für umso risikofreier kann man diesen Trade halten und ihn mit Leverage verstärken, um S&P-Volatilität mit einer höheren zu erwartenden Rendite zu konstruieren.

Der Fehler in dieser schönen Theorie von risikofreier Arbitrage liegt darin, dass während einer Panik die Kursspannen noch weiter auseinanderlaufen können, bevor sie wieder konvergieren. Ein Spieler, der Leverage eingesetzt hat, wird durch Nachschussforderungen aufgrund von Wertberichtigungsverlusten ausbluten, bevor er das gelobte Land der Konvergenz erreicht hat. Erfolg bei Arbitragegeschäften beruht auch auf richtigem Market-Timing.

De facto beruhen sämtliche Ergebnisse von Alpha auf Market-Timing. Und die einzige zuverlässige Strategie für erfolgreiches Market-Timing ist nichts anderes als Insiderwissen. Dies wurde von dem Wirtschaftsnobelpreisträger Robert C. Merton in einem obskuren, 1981 erschienenen Artikel gezeigt: »On Market Timing and Investment Performance. I. An Equilibrium Theory of Value for Market Forecasts« (»Über Market-Timing und die Performance von Investments. I. Eine Gleichgewichts-Werttheorie für Marktprognosen«).[151] Insiderinformationen stammen entweder aus Diebstahl oder aus überlegenen analytischen Fähigkeiten, die zwar völlig legal, aber sehr selten sind.

Am 10. September 2009 habe ich als Sachverständiger vor dem US-Kongress unter Eid ausgesagt, und zwar über die Rolle, die Risikomanagement-Modelle bei der Finanzkrise von 2008 spielten.[152] Ein weiterer Sachverständiger war Nassim Nicholas Taleb, Autor des Buches *The Black Swan: The Impact of the Highly Improbable (Der schwarze Schwan: Die Macht höchst unwahrscheinlicher Ereignisse)*. In dieser Anhörung sagten Taleb und ich aus, dass die an der Wall Street üblichen Vergütungen nach dem Motto »Heads I win, Tails you lose« (etwa »Kommt Kopf, gewinne ich, kommt Zahl, verlierst du«) eine der Ursachen des Crashs gewesen seien und dass viele Banker maßlos überbezahlt seien und Anreize hätten, sich verantwortungslos zu verhalten. Ein den Grundsätzen der freien Marktwirtschaft zugetanes Kongressmitglied tadelte uns von seinem hohen Podium herab und meinte, unsere Vorschläge, solche Vergütungen zu begrenzen, würden die Wall Street daran hindern, »Talente« anzuziehen. Talebs Antwort war unbezahlbar: *Was für Talente? Diese Leute haben zehn Billionen Dollar an Werten vernichtet.*

Taleb hat recht. Die meisten Trader an der Wall Street sind nicht besonders talentiert. Wenn ein Trader von einer Investmentbank zu einem Hedgefonds geht, verbessert das keineswegs sein Talent, sondern verschiebt lediglich das Vergütungsmodell zu seinen Gunsten. Dennoch gibt es einige wenige Hedgefonds, die von ausgesprochen talentierten Tradern gemanagt werden, die globale Makro-Strategien, Long-Short-Aktien-Strategien und Arbitrage-Strategien einsetzen. Sie sind durchaus ihre Gebühren wert, aber schwer zu finden.

Ein robustes Allwetter-Portfolio, mit dem ein Anleger in dem kommenden Kollaps sein Vermögen bewahren und die Folgen von Ice-Nine-Asset-Einfrierungen lindern kann, sollte folgendermaßen aufgebaut sein:

- Physisches Gold und Silber, 10 Prozent (Münzen und Barren, keine numismatischen Münzen)
- Cash, 30 Prozent (einen Teil davon in physischen Geldscheinen)
- Immobilien, 20 Prozent (einkommenserzeugend oder landwirtschaftliche Nutzflächen)
- Fine Art-Fonds, 5 Prozent (nur museumsreife Kunstwerke)
- Fonds, die BA- und Risikokapitalbeteiligungen in einer frühen Phase tätigen, 10 Prozent (FinTech, Rohstoffe, Wasser)
- Hedgefonds, 5 Prozent (globale Makro-Strategien, Long-Short-Aktien-Strategien oder Arbitrage-Strategien)
- Anleihen, 10 Prozent (nur hochwertige Staatsanleihen)
- Aktien, 10 Prozent (Rohstoffe, Bergbau, Energie, Versorgungsunternehmen, aber nur technische)

Ein Familienunternehmen sollte nicht zu den investierbaren Werten gezählt und außerhalb dieses Portfolios gehalten werden. All diese Werte, außer Cash, Aktien und Anleihen, können in Form eines direkten Eigentumsanspruchs in physischer oder vertraglicher Form gehalten werden, ohne sich auf Banken, Makler, Börsen oder digitale Aufzeichnungen verlassen zu müssen. Solche Werte können nicht »gehackt« werden. Manche sind illiquide, die meisten sind immun gegen Ice-Nine-Einfrierungen. Diese Allokation bietet Schutz vor Inflation, Deflation und Finanzpaniken.

Dabei ist es für jeden Anleger wichtig, wachsam und beweglich zu sein. Es wird die Zeit kommen, dass der Cash-Anteil schnell in eine andere Kategorie umgeschichtet werden muss, etwa in eine Immobilie, in Gold oder Kunstwerke. Entsprechend kann es notwendig werden, Anleihen zu verkaufen, wenn die Inflationsrate zunimmt. Dies ist kein Portfolio nach dem Motto »zusammenstellen und vergessen«, aber es ist ein guter Anfang für unsichere Zeiten.

Vor allem sollte jeder Investor die Geschichte kennen. Es zeichnet sich nichts am Horizont ab, was nicht schon einmal passiert wäre, doch es gibt vieles, was schon lange nicht mehr passiert ist. Nicht nur Lügen, sondern auch Erinnerungen haben kurze Beine. Psychologische Studien haben gezeigt, dass der Mensch im Hinblick auf sein Verhalten jüngeren Erfahrungen mehr Gewicht beimisst. Die Wall Street nutzt diesen »Rezenzeffekt« aus, um Anleger zu berauben, indem sie in Zehn-Jahres-Abständen immer wieder dasselbe Drehbuch in Szene setzt. P. T. Barnum hat einmal gesagt: »Jede Minute wird ein Trottel geboren.« Und heutzutage ist die logische Folge daraus, dass Trottel schnell vergessen. Darauf verlässt sich die Wall Street.

Lesen ist eine hervorragende Methode, um etwas über die Geschichte zu lernen, ebenso wie Reisen. Noch besser ist es, wenn man etwas über einen Schauplatz der Geschichte liest und dann dorthin reist. Statten Sie der Ewigen Stadt einen Besuch ab, bevor sie ein Portfolio strukturieren. Sehen Sie sich den Palazzo Colonna von innen an. Und fragen Sie sich, während Sie die Galerien und privaten Wohnräume bewundern, über den marmornen Boden gehen und die vergoldeten Friese bestaunen, die nach 900 Jahren noch immer derselben Familie gehören, wie sie das geschafft haben.

Die Familie Colonna ist auch heute noch reich, nachdem sie zahllose Kriege, Epidemien, Revolutionen, Plünderungen und den Zahn der Zeit überlebt hat. Die Colonnas überlebten nicht nur mithilfe ihres Vermögens, sondern waren außerdem maßgeblich beteiligt an der Politik Roms und der Kirche. In kritischen Zeiten erwiesen sich Freunde am Hof der Habsburger als hilfreich.

Aber auch andere Familien hatten Freunde am Hof, ohne jedoch die Zeitläufte auch nur annähernd so gut zu überstehen. Der Unterschied zwischen bloßem Geld und dynastischem Reichtum ist fundamental. Im Palazzo Colonna ist dieser Unterschied überall zu sehen.

Schlussbemerkung

Am 11. Februar 2015, einem bitterkalten Abend, nahm ich an einer Pro-und-Contra-Debatte vor Publikum teil, in einem Theater unweit des Broadway an der Upper West Side von Manhattan. Die zur Diskussion gestellte These war provokant: »Untergangspropheten seien verdammt: Setzt auf Amerika.«[153] Damit sollten Debattenbeiträge zu der Frage provoziert werden, ob die Vereinigten Staaten noch im Aufstieg begriffen seien oder schon eine Macht im Niedergang. Auf jeder Seite dieser These standen zwei Debattenteilnehmer, pro und contra. Meine Partnerin und ich standen auf der Contra-Seite. Laut der aufgestellten These waren wir buchstäblich verdammt, bevor wir überhaupt auf die Bühne gingen; nicht gerade die beste Art, einen Abend zu beginnen.

Meine Partnerin war die brillante kanadische Publizistin und Parlamentsabgeordnete Chrystia Freeland (seit Januar 2017 Außenministerin). Auf der anderen Seite der Debatte standen Josef Joffe, Herausgeber der deutschen Wochenzeitung *Die Zeit*, und Peter Zeihan, geopolitischer Berater und Mitglied einer Gruppe, die den privaten Informationsdienst Stratfor gegründet hat. Moderator war John Donvan, ein erfahrener, scharfsinniger internationaler Korrespondent für ABC News.

Vor der Debatte stimmte das Publikum über die These ab. Danach fanden drei Präsentationsrunden statt, unterbrochen von formlosen Dialogen und Fragen von Donvan. Am Ende stimmte das Publikum noch einmal ab. Gewinner war, wer die meisten Mitglieder des Publikums umgestimmt hatte.

Joffes Plädoyer war klar und direkt: Kritiker hätten seit Jahrzehnten den Niedergang der Vereinigten Staaten verkündet und seien stets eines Besseren belehrt worden. Im Jahr 1957 seien die USA wegen des sowjetischen Satelliten »Sputnik« in Panik geraten, der eine Eroberung des Weltraums durch Kommunisten habe vorausahnen lassen. Tatsächlich sei Sputnik kaum mehr gewesen als eine basketballgroße Kugel aus einer Aluminiumlegierung mit einem Sender an Bord, der nach ein paar Wochen verstummt sei. Zwölf Jahre später hätten die USA einen Mann auf den Mond geschickt – eine Leistung, die weder vorher noch nachher von einem anderen Land vollbracht worden sei. Der Sputnik-Schock habe die naturwissenschaftliche Bildung in den Vereinigten Staaten beflügelt und zu direkten Fortschritten in der Computertechnologie, Miniaturisierung und Telekommunikation geführt. Die Amerikaner hätten sich bei den Sowjets für den Sputnik-Start bedanken sollen. Aus Joffes Sicht gewännen die Vereinigten Staaten letztlich immer.

Dann führte Joffe eine lange Liste anderer Herausforderungen für die amerikanische Vormachtstellung an, die ebenso schnell wie Sputnik gescheitert seien. In den 1960er-Jahren sei John F. Kennedy zum Präsidenten gewählt worden, weil man befürchtet habe, die Sowjets könnten mit ihren Langstreckenraketen die Oberhand im Rüstungswettlauf gewinnen. In den 1970er-Jahren habe man befürchtet, die Araber könnten mit ihren Petrodollars das gesamte Farmland in den Vereinigten Staaten aufkaufen. In den 1980er-Jahren habe Japan so sehr dominiert, dass angeblich das Anwesen des kaiserlichen Palastes in Tokio mehr wert gewesen sei als der gesamte US-Staat Kalifornien. In den 2000er-Jahren habe sich China zu einem Wirtschaftsgiganten entwickelt, der die USA mit seinen billigen Arbeitskräften und hohen Ersparnissen abzuhängen gedroht habe.

Aber die sowjetische, arabische und japanische Bedrohung hätten sich in Luft aufgelöst und China würden die Probleme über den Kopf wachsen. Die Vereinigten Staaten seien die Nummer eins und das werde auch so bleiben, allen anderslautenden Befürchtungen zum Trotz.

Zeihans Plädoyer war weniger historisch angelegt, sondern eher auf einer klassisch-geopolitischen Ebene angesiedelt. Er wies auf die demografische Bestimmung und die unbestreitbaren geografischen Vorteile der Vereinigten Staaten hin. Zeihan zeigte auf, dass Europa und China in demografischer Hinsicht von einer Klippe sprängen, dass also ihre Bevölkerungen von hochproduktiven zu den am wenigsten produktiven Kohorten alterten, was eine massive Wachstumsbremse darstelle. Russland und Japan seien in noch schlechterer Verfassung; der Bevölkerungsschwund in beiden Ländern sei unumkehrbar, beide Nationen seien dazu verdammt, in einen Zustand wirtschaftlicher Irrelevanz abzurutschen. Von den großen Wirtschaftsmächten hätten nur die Vereinigten Staaten den richtigen Mix

aus demografischer Entwicklung und Zuwanderung, um genug Bevölke-
rungswachstum hervorzubringen, dass daraus auch Wirtschaftswachstum
entstehen könne.

Zeihan sprach auch über die wirtschaftlichen Vorteile der Binnenschiff-
fahrt gegenüber Lastwagen. Die Vereinigten Staaten hätten das mit Abstand
größte und am weitesten verzweigte System schiffbarer Flüsse und Wass-
erwege, die billige Transporte von landwirtschaftlichen Erzeugnissen, Ener-
gieträgern und Industriegütern ermöglichten. Die Vereinigten Staaten sei-
en nicht nur durch Atlantik und Pazifik vor einer Invasion aus Osten oder
Westen geschützt, sondern außerdem durch eine freundliche Grenze zu
Kanada sowie die Wüsten und Gebirgszüge Mexikos vor einem Angriff aus
Norden oder Süden. Kein anderes Land habe so sichere Grenzen und eine
so große Kapitalbildungskapazität innerhalb dieser Grenzen. Fall erledigt.

Meine Partnerin Chrystia Freeland kritisierte die Vereinigten Staaten
nicht etwa wegen ihrer technologischen oder geopolitischen Vormachtstellung, sondern wegen ihrer sozialen Ungerechtigkeiten. Sie beschrieb, wie die
Mittelklasse in den Vereinigten Staaten fast völlig aus ihrer Existenz gedrängt
worden sei. Eine steigende Tide hebe eben längst nicht mehr alle Boote gleichmäßig an; vielmehr würden die Reichen unermesslich viel reicher, die Armen dagegen immer verzweifelter. Die Gesellschaft sei gespalten in eine Elite, deren Mitglieder die vornehmen Ivy-League-Hochschulen besuchten und
überbezahlte Jobs bei Wall-Street-Banken anstrebten, und eine Unterschicht,
die nicht lesen könne. Die Menschen, die in der Mittelklasse noch übrig geblieben sind, seien verschuldet mit Hypotheken und Studentendarlehen; ihre
Realeinkommen würden sinken durch die Globalisierung und den Verdrän-
gungswettbewerb im 21. Jahrhundert. Aus der wirtschaftlichen Polarisierung
erwüchse zwangsläufig auch eine politische Polarisierung, das sei so sicher wie
das Amen in der Kirche. Die gesellschaftliche Spaltung zeige sich jeden Tag
in den Medien, in Umfrageergebnissen, in der politischen Meinungsbildung.
Ähnliche gesellschaftliche Spaltungs- und Verfallsprozesse hätten schon zahlreiche andere repräsentative Gesellschaftssysteme zerstört, von der römischen
bis hin zur Weimarer Republik. Jetzt präge diese Spaltung die Vereinigten
Staaten.

Ich war der letzte Debattenteilnehmer, der ans Podium trat. Ich sagte, unsere Opponenten hätten recht. Joffe habe durchaus recht mit dem

Hinweis, dass frühere Berichte über den Niedergang der Vereinigten Staaten sehr übertrieben gewesen seien. Auch Zeihan habe recht: Ihre Ressourcen und demografische Entwicklung würden den Vereinigten Staaten langfristige Vorteile gegenüber eventuellen Rivalen verschaffen. So weit war es kein Problem, das einzuräumen.

Meine Argumentationslinie war, dass 100 Jahre ein zu schmales Zeitfenster seien, um den bevorstehenden Kollaps ermessen zu können. Die Geschichte sei voll von plötzlichen Zusammenbrüchen von Königreichen, bei denen es sich im Wesentlichen um komplexe soziale Systeme gehandelt habe, die seit Jahrhunderten existiert hätten. Es erfordere eine längere Perspektive, den Niedergang der Vereinigten Staaten zu verstehen.

Ein Beobachter im Morgengrauen vor der Schlacht von Hastings habe erwarten müssen, dass der englische König Harold den Sieg davontragen würde – er hatte eine größere Streitmacht, höheres Gelände und einen Heimvorteil. Bis zum späten Morgen hätte der Verlauf der Schlacht diese Erwartung auch bestätigt; die Bogenschützen von Wilhelm dem Eroberer schafften es nicht, dem Gegner entscheidende Verluste beizubringen. Bis in den Nachmittag hinein standen Harolds Linien gegen wiederholte Attacken Wilhelms fest wie ein Fels in der Brandung. Als der Einbruch der Nacht näher rückte, hätte Harold nur noch eine kleine Weile länger durchhalten müssen; womöglich hätte sich Wilhelm dann, ohne Aussicht auf Nachschub, zurückgezogen und Harold und seinen Nachkommen den englischen Thron überlassen. Dann schaffte es Wilhelm, seine Kräfte zu einer letzten Attacke in einem Flankenmanöver zu bündeln – und plötzlich rissen die englischen Linien auf. Harold und seine engsten Mitstreiter fielen im Kampf und Wilhelm bestieg den Thron von England. Der Zusammenbruch von Harolds Königreich kam schnell und unerwartet. Das ist typisch für Komplexität.

Joffes Zuversicht im Hinblick auf den Erfolg der Vereinigten Staaten konnte meine Befürchtung eines plötzlichen Rückschlags nicht entkräften. Sein zu schmales Zeitfenster auf die Geschichte war keine solide Grundlage für eine solche Prognose. Joffe war auf Harold um zwölf Uhr mittags fixiert, ich sah dagegen Wilhelm in der Dämmerung.

Auch Zeihan entging in seinem Plädoyer die wirkliche Bedrohung für die Vereinigten Staaten. Seine historischen und geografischen Hinweise waren nicht von der Hand zu weisen, aber andererseits würde auch niemand die Landung einer amphibischen Eroberungsarmee an der Atlantikküste von New Jersey erwarten oder den Vormarsch mexikanischer Truppen durch Arizona. Die USA sind sicher vor solchen Bedrohungen, aber dies sind auch nicht die Bedrohungen, die auf uns zukommen werden. Am 1. März 2016 sagte Admiral Michael S. Rogers, Chef der NSA und Kommandeur der US-Cyber-Spezialeinheit: »Es ist nur eine Frage der Zeit, bis wir ... erleben werden, dass ein Nationalstaat, eine Gruppe oder ein Einzelner versucht, wichtige Infrastruktur der Vereinigten Staaten zu zerstören.«[154] Zeihans Ozeane können die USA nicht vor Langstreckenraketen, Satelliten und Computerviren schützen.

Auch Zeihans Argument, das Netzwerk von schiffbaren Wasserwegen in den Vereinigten Staaten schaffe ein enormes Potenzial für das Bilden von Kapital, ist richtig. Aber wozu soll Kapitalbildung gut sein, wenn dieses Kapital durch eine ineffiziente und korrupte politische Klasse verschwendet wird? Die aus den natürlichen Schätzen der Vereinigten Staaten gezogenen Gewinne werden immer wieder durch Asset-Preisblasen und Spekulation verschwendet, die nur durch die Zinspolitik der Federal Reserve ermöglicht werden. Der Reichtum der Vereinigten Staaten wird an einige wenige Privilegierte verteilt, anstatt der Gesellschaft insgesamt zugute zu kommen.

Als ich mich auf die Debatte vorbereitete, hatte ich überlegt, die trostlose Liste von Staatsschulden und Defiziten aufzuzählen, welche die Zukunft der Vereinigten Staaten untergraben. Es wäre ein Leichtes gewesen, diverse Prognosen des Congressional Budget Office (CBO) zu zitieren, mit US-Schuldenquoten, der bevorstehenden Insolvenz des Social-Security-Systems, dem erbärmlich schwachen Wachstum im jetzigen Aufschwung im Vergleich zu den robusten Wachstumsphasen von den 1950er- bis in die 1990er-Jahre hinein, der fallenden Beschäftigungsquote, den stagnierenden Realeinkommen und Ähnlichem mehr. Diese Trends sind keineswegs die Fortsetzung langfristiger Entwicklungen; diese Trends sind neu und bedrohlich.

Aber in der Veranstaltung selbst folgte ich einem anderen, theoretischeren Ansatz. Ich sagte nicht etwa, dass es zu einem langen, allmählichen Niedergang kommen werde, sondern warnte vor einem rapiden Verfall – vor dem, was ich in diesem Buch als »katastrophalen Zusammenbruch« bezeichne. Durch einen solchen Kollaps gehen Joffes und Zeihans Argumente ins Leere.

Womöglich mochten die Vereinigten Staaten auf der Basis vergleichender Trends bessere Aussichten als andere Länder für das Jahr 2025 haben – aber mein Punkt war, dass wir gar nicht mehr so weit kommen würden.

Der Zusammenbruch wird vielleicht schon früher kommen, und zwar mit so gravierenden Folgen, dass ein demografischer Vorteil gegenüber Russland oder Japan keine Rolle mehr spielen würde. In den Vereinigten Staaten würde es vielleicht mehr Menschen geben, um den Scherbenhaufen zusammenzukehren, aber die Vase wäre trotzdem zerbrochen.

Ich erklärte dem Publikum ein vereinfachtes Modell eines komplexen Systems und zeigte mithilfe einiger Personen aus dem Auditorium, wie einige wenige in Panik geratene Zuhörer das gesamte Publikum in Panik versetzen und dazu bringen können, die Flucht zu ergreifen. Angst ist ansteckend wie ein Virus. Mein nächster Punkt war, zu zeigen, dass bei einem linear wachsenden komplexen System dessen Instabilität exponentiell wächst.

Ich zeigte, dass die systemischen Risiken exponentiell gewachsen sind durch die Konzentration der von Banken gehaltenen Assets, den immer weiter wachsenden Derivatemarkt und die steigende Vernetzungsdichte durch Asset Swaps, Leverage und Schattenbanken. Ich forderte das Publikum auf, sich der Erkenntnis zu stellen, dass ein systemischer Kollaps nicht nur möglich, sondern unvermeidlich sei. Es wird der größte Zusammenbruch der Geschichte werden, da das System eine noch nie da gewesene Größe erreicht hat.

Um mein Plädoyer, dass die Vereinigten Staaten im Niedergang begriffen seien, abzuschließen, beschrieb ich, was im nächsten Kollaps passieren würde. Die Federal Reserve würde nicht mehr in der Lage sein, Geld zu drucken, wie sie das in früheren Krisen getan habe, da ihre Bilanz nach wie vor enorm aufgebläht sei. Würde sie noch einmal vier Billionen Dollar drucken, zusätzlich zu den vier Billionen, die sie seit 2008 bereits gedruckt habe, würde das Vertrauen der Menschen kippen. Die Krisen-Liquidität würde vom IWF kommen, in Form von SDRs. Eine Rettung durch den IWF würde bedeuten, dass China, Russland und Deutschland mehr Einfluss auf das internationale Währungssystem gewinnen würden. Das dadurch eingeläutete Ende der Dollar-Hegemonie würde den Niedergang der Vereinigten Staaten ebenso deutlich aufzeigen wie Bretton Woods das britische Empire beendet habe.

Als ich SDRs erwähnte, lachte eine Person im Publikum laut auf. Ob damit Spott, Nervosität oder der Schock der Erkenntnis zum Ausdruck kam, ist unmöglich zu sagen.

Nachdem ich dem Publikum Komplexität, Systemgröße und die Folgen eines Zusammenbruchs erklärt hatte, schloss ich mein Plädoyer, dass die Vereinigten Staaten sich im Niedergang befänden. Ich vertraute darauf, dass die Menschen im Publikum erkennen würden, dass all dies schon häufig passiert ist und erneut passieren wird.

Die Komplexitätstheorie ist ein Wegweiser in die Zukunft, doch es gibt keinen besseren solchen Wegweiser als die Vergangenheit. Etwa 50 Meter vor der Südküste der Türkei, unweit eines Ortes namens Uluburun, liegt eine der wichtigsten archäologischen Entdeckungen, die jemals gemacht wurden. 60 Meter unter dem Meeresspiegel liegt dort das Wrack eines Handelsschiffes, das mit großer Sicherheit auf etwa 1300 v. Chr. datiert werden konnte. Die Ladung des Schiffs liegt rings um das Wrack verstreut auf dem Meeresgrund. Das Wrack wurde von Mehmed Çakir entdeckt, einem örtlichen Schwammtaucher, der es den Behörden meldete.

Die zuständigen Behörden leiteten die Erforschung des Wracks durch Archäologen in die Wege, die in etlichen Tauchexpeditionen ab 1984 stattfand. Die Taucher fanden ein Sammelsurium an Artefakten, die in vielerlei Hinsicht Aufschluss geben über Handel, Kultur und Wirtschaft der miteinander vernetzten Zivilisationen der späten Bronzezeit. Sie fanden Hinweise auf eine Komplexität des Finanzsystems vor 3300 Jahren, die den heutigen Finanziers an der Wall Street vertraut vorkäme.

Die Ladung bestand unter anderem aus zehn Tonnen Kupfer und einer Tonne Zinn, die zu Bronze legiert werden konnten, aus der wiederum Waffen hergestellt werden sollten. Außerdem wurden kostbare Materialien wie Ebenholz, Elfenbein, Gold, kobaltblaue Glasblöcke und Bernstein gefunden. Unter den Waffen fanden sich Schwerter, Speere und Dolche. Die Ladung enthielt auch Lebensmittel, und zwar Feigen, Oliven und Weintrauben. Der spektakulärste Fund war ein goldener Skarabäus, in den der Name der altägyptischen Königin Nofretete eingraviert war.

Was die Archäologen jedoch am meisten beeindruckte, war die Herkunft der Ladung. Das Kupfer stammte aus Zypern, das Zinn aus der Türkei. Der Bernstein war am Strand der Ostsee gesammelt worden, über

3000 Kilometer entfernt. Die Lebensmittel waren in den Gegenden angebaut worden, wo heute Israel und Syrien liegen. Immer mehr zeichnete sich eine antike Version des heutigen globalisierten Handels- und Finanzsystems ab.

Das gesunkene Schiff war Bestandteil des küstennahen Handels im östlichen Mittelmeer, das die vorherrschenden Winde – westliche entlang der nordafrikanischen Küste, östliche an der türkischen Küste – nutzte, um eine dem Uhrzeigersinn entgegengesetzte Route zu fahren, die das heutige Ägypten, Syrien, Zypern, die Türkei und Griechenland miteinander verband.

Die Ladung des Schiffes verriet, dass es darüber hinaus ein ausgedehnteres Handelsnetzwerk gab, das sich von der Ostsee im Norden bis zum Sudan im Süden erstreckte und vom Indus in Vorderindien bis nach Spanien im Westen – ein Gebiet von insgesamt über 40 Millionen Quadratkilometern. Der Reichtum, der hohe Entwicklungsstand und die Dichte dieses Netzwerkes sind selbst heute kaum zu erfassen.

Aber dann kollabierte es plötzlich.

Der Kollaps der Zivilisationen der Bronzezeit um etwa 1200 v. Chr. – etwa 100 Jahre nachdem das Schiff vor Uluburun gesunken war – vollzog sich erstaunlich schnell. Innerhalb von 50 Jahren waren fast alle bedeutenden Monarchien und Reiche zerfallen.

Dieser Zusammenbruch zog nicht nur eine der damaligen Kulturen in Mitleidenschaft, sondern sie alle – Hethiter, Ägypter, Mykenäer, Mesopotamier und andere versanken im Chaos. Die Städte brannten, der Handel hörte auf, Eroberer kamen und der Reichtum ging verloren. Die Städter flohen aufs Land, gaben die Komplexität des Stadtlebens auf und machten sich einen agrarischen Lebensstil zu eigen. Ein finsteres Zeitalter begann, das 300 Jahre andauerte, bis zum Aufstieg von Athen und Rom.

Der Zusammenbruch und das finstere Zeitalter am Ende der Bronzezeit vor 3000 Jahren erinnern an den bekannteren Niedergang und Fall des Römischen Reiches und das darauf folgende frühe Mittelalter vor etwa 1500 Jahren. Eine Gesellschaft kann nicht endlos reicher werden und sich immer höher entwickeln – über kurz oder lang kollabiert alles. So etwas ist dann nicht etwa das Ende der Welt, sondern das Ende eines Zeitalters.

Zwischen dem Zusammenbruch am Ende der Bronzezeit und dem Kollaps des Römischen Reiches lagen etwa 1500 Jahre. Seit dem letzten

Zusammenbruch sind ungefähr 1500 Jahre vergangen. Bahnt sich heute schon die nächste Katastrophe an?

Das ist schwer zu beurteilen. Man kann sagen, die Komplexität einer Zivilisation sei die Ursache ihres eigenen Zusammenbruchs. In einer in separate Schichten aufgeteilten Gesellschaft fordern die Eliten einen höheren Anteil des Inputs, um ihre privilegierte Stellung zu behalten. In antiken Gesellschaften handelte es sich bei solchen Inputs um Tribute, Steuern, Zwangsarbeit, Sklaverei und Kriegsbeute. In den postindustriellen Gesellschaften sind diese Inputs Energie und Geld. Wenn fossile Energieträger knapp werden, bohren wir tiefer und in entlegeneren Gebieten. Wir suchen nach Alternativen, etwa der Atomenergie. Wenn Geld knapp wird, drucken wir mehr davon oder suchen nach anderen Möglichkeiten, etwa Swaps oder SDRs. Die Größe der Gesellschaften nimmt zu; ihre Instabilität wächst dabei exponentiell. Komplexität erzeugt immer mehr Komplexität.

Die Zusammenbrüche der Zivilisation der Bronzezeit und des alten Roms hatten nicht nur eine einzige Ursache. Verbindungen, die eine Zivilisation während ihres Aufstiegs beflügeln, beschleunigen ihren Ruin. Ein Steueraufstand in einer abgelegenen Region eines großen Reiches kann die Invasion von Barbaren provozieren. Eine Invasion stört die Transportwege, wodurch die Nahrungsmittelversorgung an den Endpunkten der betroffenen Routen zum Erliegen kommt. Der Kommerz entlang der Route erlahmt, was auch andere Provinzen in Mitleidenschaft zieht, die weit entfernt vom eroberten Gebiet liegen, und so zieht der Niedergang immer weitere Kreise.

Ein Historiker wird vielleicht auf den einen oder anderen dieser Faktoren – Steuern, Invasion, Transport, Kommerz – hinweisen und ihn als die Ursache des Ruins der Zivilisation identifizieren. Tatsächlich war jedoch jeder dieser Faktoren eine Ursache, weil sie alle in einem Netzwerk eng miteinander verknüpft waren. Sobald ein Netzwerk gestört ist, gehen immer mehr Knoten des Netzes zugrunde aufgrund scheinbar exogener (von außen einwirkender) Ursachen. Diese Knoten fallen aus, weil der Zufluss von Energie aus dem Netzwerk – in Form von Handel, Kommerz oder Geld – behindert wird. Durch solche Störungen wird jeder Knoten anfällig für eigentlich schwache exogene Faktoren, die plötzlich eine fatale Wirkung entfalten.

Die untergegangenen Netzwerke der antiken Zivilisationen waren ebenso dicht vernetzt wie die heutigen. Eine enorme Menge an Energie, in allen ihren Formen, wird benötigt, um ein komplexes System aufrecht-zuerhalten. Dieser Energie-Input in Form von Geld ist unter Verwendung von Verschuldung und Derivaten synthetisiert worden, anstelle von Geld, das realen Wohlstand darstellt. Die neuen Netzwerke sind nicht nachhaltig, da synthetisches Geld auf Vertrauen basiert und auf einem Phänomen, das Ökonomen die »Geldillusion« nennen, die beide anfällig sind für plötzli-che Veränderungen der Wahrnehmung. Die Größe der heutigen Netzwer-ke bedeutet, dass der kommende Zusammenbruch eine noch nie da gewe-sene Zerstörungskraft entfesseln wird.

Jeder Debattenteilnehmer hatte zwei Minuten für sein Schlussplädoyer. Joffe und Zeihan rekapitulierten ihre positive Sicht der Dinge. Chrystias Mitgefühl für die Abgehängten der Gesellschaft war zu erkennen. Nach meiner Darstellung der mit großer Wahrscheinlichkeit verheerenden Kon-sequenzen der Dynamiken komplexer Systeme entschloss ich mich, zum Schluss ein verstörendes Beispiel von einem echten Niedergang in der wirklichen Welt zu präsentieren.

Ich fragte die Menschen im Publikum, wie viele von ihnen an jenem Abend zu Fuß ins Theater gegangen seien. Ich wusste, dass zumindest einige zu Fuß gekommen waren; das Theater liegt in einer belebten Nach-barschaft. Ich äußerte die Vermutung, dass alle zu Fuß Gekommenen das Theater ohne Zwischenfall erreicht hätten. Es gibt gute Gründe für diese Annahme: New York ist die sicherste Metropole der Welt, seit dort in den 1990er-Jahren die Kriminalität massiv zurückgegangen ist.

Ich sagte, wenn das Theater sich in Brooklyn befinden würde, nur ein paar Kilometer von hier entfernt, und die Zuhörer aus dem benachbarten Bezirk Bedford-Stuyvesant dorthin gegangen wären, dann wäre der Spazier-gang nicht ganz so risikolos gewesen. Für die Bewohner von Bedford-Stuy-vesant ist ein ungestörter Gang durch die Nachbarschaft keineswegs eine Selbstverständlichkeit. Dort besteht jederzeit die Gefahr, dass ein Fußgän-ger von Polizisten angegriffen wird, die sein Gesicht gegen eine Hauswand drücken, ihm Handschellen anlegen und ihn in einen Polizeitransporter einsperren, während sie eine vorgegebene Quote an anderen unschuldigen Bürgern zusammentreiben. Nachdem sie stundenlang in der Gegend her-umgekarrt wurde, wird die menschliche Fracht dann an einem Polizeire-vier abgeladen, um dort einer Leibesvisitation unterzogen zu werden. Das wird, wie ich oben schon erwähnt habe, als »stop-and-frisk« bezeichnet; tatsächlich handelt es sich jedoch um »smash-and-strip«.

»Stop-and-frisk« klingt vernünftig: In einer konfliktträchtigen Gegend wird ein Passant, der einem bestimmten Profil entspricht, angehalten und durchsucht. Wird eine Schusswaffe gefunden, dann wird diese Person festgenommen, andernfalls kann sie ihren Weg fortsetzen. Dieses Verfahren mag zwar verfassungswidrig sein, aber die meisten New Yorker – vor allem ein Publikum an der Upper West Side – werden bei rechtlich nicht ganz einwandfreiem Vorgehen der Polizei ein Auge zudrücken, wenn dadurch Schusswaffen aus dem Verkehr gezogen werden können und New York sicherer wird.

Aber wie bei jedem Geschäft mit dem Teufel gewinnt auch hier der Teufel. Aus »stop-and-frisk« ist, wie schon gesagt, eine Plünderungsoperation geworden, mit Festnahmequoten und Einnahmezielen, um der Stadtverwaltung von New York dabei zu helfen, innerhalb ihres Budgets zu bleiben. Hin und wieder wird tatsächlich eine Schusswaffe gefunden, aber viel häufiger wird ein unschuldiges Opfer wegen eines erfundenen Vergehens wie »Blockieren des Bürgersteigs« festgenommen – und das manchmal um ein Uhr morgens, wenn der Bürgersteig buchstäblich leer ist.

Das Opfer muss vor Gericht erscheinen. Ihm wird ein Pflichtverteidiger zugewiesen. Die meisten Opfer zahlen 500 Dollar Strafe, weil es zu teuer wäre, ihre Unschuld zu verteidigen. Die Geldstrafen fließen in die Kassen der Stadt und helfen ihr, der Pleite zu entgehen. Dieses System läuft letztlich auf eine Steuer hinaus für Arme, Schwarze, Immigranten und Pechvögel, die einfach zur falschen Zeit am falschen Ort waren.

Kaum eine Meile von Bedford-Stuyvesant entfernt befindet sich der Hauptsitz von JPMorgan, einem der korruptesten Unternehmen der Geschichte. JPMorgan und seinesgleichen, darunter Citibank, Goldman Sachs und Bank of America, zahlten seit 2009 aufgrund zahlreicher zivil- und strafrechtlicher Vorwürfe über 30 Milliarden Dollar an Strafgebühren. Unter anderem werden ihnen Wertpapierbetrug und Manipulation von Zinssätzen, Wechselkursen, Energie-, Silber- und Goldpreisen zur Last gelegt. Es tauchen immer neue Vorwürfe auf.

Kein einziger Manager dieser Banken wurde je einer Straftat angeklagt. Das US-Justizministerium verzichtet auf Strafverfahren, weil es Kollateralschäden befürchtet, zum Beispiel einen Run auf die Bank, deren Manager angeklagt werden soll. Auch die unschuldigen Opfer in Bedford-Stuyvesant erleiden Kollateralschäden – Verlust des Arbeitsplatzes, unerschwingliche Geldstrafen oder das Stigma einer Verurteilung, aber das interessiert niemanden.

Ungerechtigkeiten hat es schon immer gegeben. Stets sind die Armen im Vergleich zu den Reichen benachteiligt, wenn es darum geht, sich vor Gericht zu verteidigen. Aber was heute passiert – und zwar nicht nur in New York, sondern überall in den Vereinigten Staaten –, ist neu. Es handelt sich dabei nicht nur um bloße Ungerechtigkeiten, sondern um institutionalisierte und systematische Ungerechtigkeiten, die mithilfe von paramilitärischen Waffen und Taktiken durchgesetzt werden. Die Ungerechtigkeit wird nicht nur durch böse Absichten befördert, sondern auch durch Geldmangel. Inzwischen verzehrt das System sich selbst und ist nicht mehr in der Lage, seine Kosten zu tragen. Es erfordert mehr Input als Output, die Grenzerträge sind negativ. Das Extrahieren von Wohlstand ersetzt das Schaffen von Wohlstand als Methode, um durchzukommen. Dies ist das Endspiel eines komplexen dynamischen Systems, das den Point of no Return bereits hinter sich gelassen hat.

Joffe und Zeihan hatten nicht unrecht, aber sie übersahen den entscheidenden Aspekt des Niedergangs der Vereinigten Staaten. Dieser Niedergang war nicht materiell, sondern gesellschaftlich, wie Chrystia es erklärt hatte. Ich hatte deutlich gemacht, dass die Feinde der Vereinigten Staaten nicht über Land oder übers Meer angreifen würden, sondern mit Gold und Computern. Und wir hatten beide auf die Feinde im Innern hingewiesen – Gier, selbstsüchtige Eliten und fehlendes Verstehen der systemischen Risiken.

Dann war die Debatte vorüber. Das Publikum stimmte erneut ab; die Gleichgültigkeit gewann.

Die Vereinigten Staaten waren nicht im Niedergang begriffen, jedenfalls soweit es die Upper West Side betraf. Chrystia und ich beglückwünschten Josef und Peter. In Limousinen ließen wir uns zu einem VIP-Dinner in einer nahe gelegenen Penthouse-Wohnung fahren. Die Blase der Eliten war nach wie vor intakt – zumindest für diesen Abend.

DANKSAGUNG

Dieses Buch ist der dritte Band eines geplanten Quartetts über die Zukunft des internationalen Währungssystems und dessen Implikationen für Geldanleger. Dieser Plan und dieses Buch würden nicht existieren ohne die Unterstützung und die Ermutigung meiner Super-Agentin Melissa Flashman und meines Herausgebers Adrian Zackheim. Ich danke euch, Mel und Adrian; lasst uns eine gute Sache fortsetzen.

Jeder Spielfilm ist ein Gemeinschaftsprojekt, an dem Hunderte von unsichtbaren Händen mitwirken. Bei einem Buch ist es nicht anders. Der Autor erntet die Anerkennung, aber ich habe noch nie ein Manuskript geschrieben, das nicht durch gutes Lektorieren erheblich verbessert worden wäre. Ich habe das Glück, auf jedem Schritt des Weges von zwei hervorragenden Lektoren begleitet zu werden, nämlich von Niki Papadopoulos, dem Cheflektor bei Portfolio/Penguin, und von dem freischaffenden Lektor Will Rickards. Niki und Will verfolgen unterschiedliche Ansätze und ich profitiere von beiden. Leah Trouwborst hat wertvolle Hinweise zur redaktionellen Richtung beigesteuert, für die ich ihr sehr dankbar bin, und Bruce Giffords hat das Endlektorat mit viel Geduld und professionellem Können gemanagt.

Manchmal ist die größte Herausforderung für einen Autor nicht das Schreiben selbst, sondern die Zeit zum Schreiben zu finden. Ich bin voller Bewunderung und Dankbarkeit für das Organisationstalent meiner Managerin und Medienberaterin Ali Rickards. Ohne ihre Fähigkeit, Medienanfragen zu sieben und zu priorisieren, wäre mein Terminplan am Schwimmen wie ein welkes Blatt auf dem Ozean. Aber gemeinsam schaffen wir eine Menge.

Einer der Prüfsteine dieses Buches ist eine Rekapitulation der analytischen Methode, die der Ökonom und Bankier Felix Somary anwendete und in seinen Memoiren *The Raven of Zurich (Erinnerungen aus meinem Leben)* beschrieben hat. Ich bin meinen Wiener Freunden Ronni Stoeferle und Mark Valek zutiefst dankbar, mich auf Somarys Arbeit aufmerksam gemacht zu haben. *The Raven of Zurich* ist seit über 30 Jahren vergriffen; ich bezweifle, dass ich ohne die Empfehlung von Ronni und Mark auf dieses Buch gestoßen wäre. Sie hat sich als enorm hilfreich erwiesen.[155]

Ich wünschte, dass John Makin nach wie vor unter uns wäre, sodass ich ihm persönlich danken könnte. Leider verstarb er, während ich dabei war, den ersten Entwurf dieses Buches fertigzustellen. Er hatte großen Einfluss auf mich, als Ökonom, Mentor und vor allem als Freund. Etliche Dinner in Darien und Georgetown, die von Johns brillanter Ehefrau Gwendolyn van Paasschen organisiert wurden, sowie unsere Korrespondenz und die persönlichen Gespräche in New York halfen mir sehr, meine eigenen, noch unstrukturierten Ansichten zu durchdenken und zu organisieren.

John hatte eine unheimliche Fähigkeit, Finanzkrisen und Rezessionen vorauszusehen. 1984 erschien sein klassisches Buch *The Global Debt Crisis*. Darin hat er den Zusammenhang zwischen übermäßiger Verschuldung und schwindendem Wachstum beschrieben und war damit seiner Zeit um Jahrzehnte voraus. Er war der erste bekannte Ökonom, der vor der Rezession von 2007 gewarnt hatte, die sich zu der Panik von 2008 auswuchs. Mit seiner Gabe, Ökonomik, Banking und Märkte miteinander zu verbinden, war John ein würdiger Nachfolger Felix Somarys. Wir vermissen ihn sehr.

Meine Familie sorgt dafür, dass ich nicht die Bodenhaftung verliere, und vermittelt zwischen dem Bedürfnis des Schriftstellers, allein zu sein, und dem Bedürfnis nach menschlichen Kontakten. Meine ganze Liebe und meine tief empfundene Wertschätzung gilt meiner Frau Ann und unserer immer noch wachsenden Familie: Scott, Dominique, Thomas, Sam, James, Ali, Will, Abby und die entzückenden Welpen Ollie und Reese.

Alle hier erwähnten Menschen und andere, die nicht erwähnt wurden, trugen etwas zu den Vorzügen dieses Buches bei. Für sämtliche Fehler bin allein ich verantwortlich.

AUSGEWÄHLTE QUELLEN

Artikel

De Martino, Benedetto, John P. O'Doherty, Debajyoti Ray, Peter Bossaerts und Colin Camerer, »In the Mind of the Market: Theory of Mind Biases Value Computation during Financial Bubbles«, *Neuron*, Vol. 79, S. 1222-1231, 18.9.2013.

Henriksson, Roy D. und Robert C. Merton, »On Market Timing and Investment Performance. II. Statistical Procedures for Evaluating Forecasting Skills«, *The Journal of Business*, Vol. 54, Nr. 4, Oktober 1981.

Lorenz, Edward N., »Deterministic Nonperiodic Flow«, *Journal of the Atmospheric Sciences*, Vol. 20, 7.1.1963.

Merton, Robert C., »On Market Timing and Investment Performance. I. An Equilibrium Theory of Value for Market Forecasts«, *Journal of Business*, Vol. 54, Nr. 3, Juli 1981.

Rickards, James, *Studies in Intelligence*, Vol. 50, Nr. 3, September 2006, *Journal of the American Intelligence Professional*, Central Intelligence Agency, CLASSIFIED EDITION.

Whitehead, Lorne A., »Domino ›Chain Reaction‹«, *American Journal of Physics*, Vol. 51, Nr. 2, Februar 1983.

Bücher

Ahamed, Liaquat, *Lords of Finance: The Bankers Who Broke the World*, New York: Penguin, 2009. [Deutsche Ausgabe: *Die Herren des Geldes: Wie vier Bankiers die Weltwirtschaftskrise auslösten und die Welt in den Bankrott trieben*, München: FinanzBuch Verlag, 2010.]

Ahamed, Liaquat, *Money and Tough Love: On Tour with the IMF*, London: Visual Editions, 2014.

Alpert, Daniel, *The Age of Oversupply: Overcoming the Greatest Challenge to the Global Economy*, New York: Portfolio/Penguin, 2013.

Ariely, Dan, *Irrationally Yours: On Missing Socks, Pickup Lines and Other Existential Puzzles*, New York: Harper Perennial, 2015. [Deutsche Ausgabe: *Ist doch logisch! Antworten auf halb bis ganz ernste Alltagsfragen*, München: Droemer, 2015.]

Bak, Per, *How Nature Works: The Science of Self-Organized Criticality*, New York: Copernicus, 1999.

Balko, Radley, *Rise of the Warrior Cop: The Militarization of America's Police Forces*, New York: PublicAffairs, 2013.

Bernanke, Ben S., *Essays on the Great Depression*, Princeton, NJ: Princeton University Press, 2000.

Böhm-Bawerk, Eugen von, *The Positive Theory of Capital*, Translated by William Smart. New York: G. E. Stechert & Co., 1930. [Deutsche Ausgabe: *Kapital und Kapitalzins, Abt. 2: Positive Theorie des Kapitales*, Innsbruck: Wagner, 1889.]

Bruner, Robert F., and Sean D. Carr, *The Panic of 1907: Lessons Learned from the Market's Perfect Storm*, Hoboken, NJ: John Wiley & Sons, Inc., 2007. [Deutsche Ausgabe: *Sturm an der Börse: die Panik von 1907*, Weinheim: Wiley-VCH, 2009.]

Calomiris, Charles W., and Stephen H. Haber, *Fragile by Design: The Political Origins of Banking Crises and Scarce Credit*, Princeton, NJ: Princeton University Press, 2014.

Casti, John, *X-Events: The Collapse of Everything*, New York: William Morrow, 2012. [Deutsche Ausgabe: *Der plötzliche Kollaps von allem: Wie extreme Ereignisse unsere Zukunft zerstören können*, München: Piper, 2012.]

Chumley, Cheryl K., *Police State U.S.A.: How Orwell's Nightmare Is Becoming Our Reality*, Washington, DC: WND Books, 2014.

Cline, Eric H., *1177 B.C.: The Year Civilization Collapsed*, Princeton, NJ: Princeton University Press, 2014. [Deutsche Ausgabe: *1177 v. Chr.: Der erste Untergang der Zivilisation*, Darmstadt: Konrad Theiss Verlag, 2015.]

Conway, Ed, *The Summit, Bretton Woods 1944: J. M. Keynes and the Reshaping of the Global Economy*, New York: Pegasus Books LLC, 2014.

Dam, Kenneth W., *The Rules of the Game: Reform and Evolution in the International Monetary System*, Chicago: University of Chicago Press, 1982.

DiMicco, Dan, *American Made: Why Making Things Will Return Us to Greatness*, New York: Palgrave Macmillan, 2015.

Eichengreen, Barry, *Golden Fetters: The Gold Standard and the Great Depression, 1919-1939*, New York: Oxford University Press, 1995.

Eichengreen, Barry, *Hall of Mirrors: The Great Depression, the Great Recession, and the Uses – and Misuses – of History*, New York: Oxford University Press, 2015. [Deutsche Ausgabe: *Die großen Crashs 1929 und 2008: Warum sich Geschichte wiederholt*, München: FinanzBuch Verlag, 2015.]

Eliot, T. S., *The Waste Land*, New York: W. W. Norton & Company, Inc., 2000. [Deutsche Ausgabe: *Das öde Land*, Frankfurt a. M.: Suhrkamp, 2008.]

Fleming, Ian, *Thunderball*, Las Vegas: Thomas & Mercer, 2012. [Deutsche Ausgabe: *James Bond 007 – Feuerball*, Bern: Scherz, 1967.]

Fletcher, Ian, *Free Trade Doesn't Work: What Should Replace It and Why*, Sheffield, MA: Coalition for a Prosperous America, 2011.

Freeland, Chrystia, *Plutocrats: The Rise of the New Global Super-Rich and the Fall of Everyone Else*, New York: Penguin Press, 2012. [Deutsche Ausgabe: *Die Superreichen: Aufstieg und Herrschaft einer neuen globalen Geldelite*, Frankfurt a. M.: Westend, 2013.]

Friedman, Allan und P. W. Singer, *Cybersecurity and Cyberwar: What Everyone Needs to Know*, New York: Oxford University Press, 2014.

Friedman, Milton und Anna Jacobson Schwartz, *A Monetary History of the United States, 1867-1960*, Princeton, NJ: Princeton University Press, 1993.

Friedman, Thomas L., *The World Is Flat: A Brief History of the Twenty-first Century*, New York: Farrar, Straus and Giroux, 2005.

Gardner, Dan und Philip E. Tetlock, *Superforecasting: The Art and Science of Prediction*, New York: Crown, 2015. [Deutsche Ausgabe: *Superforecasting: die Kunst der richtigen Prognose*, Frankfurt a. M.: S. Fischer, 2016.]

Gilder, George, *The Scandal of Money: Why Wall Street Recovers but the Economy Never Does*, Washington, DC: Regnery, 2016.

Goldberg, Jonah, *Liberal Fascism: The Secret History of the American Left from Mussolini to the Politics of Meaning*, New York: Doubleday, 2008.

Grant, James, *The Forgotten Depression: 1921: The Crash That Cured Itself*, New York: Simon & Schuster, 2014.

Hayek, Friedrich August von, *The Fortunes of Liberalism: Essays on Austrian Economics and the Ideal of Freedom*, Indianapolis: Liberty Fund, 1992.

Hayek, Friedrich August von, *Good Money Part I: The New World*, Indianapolis: Liberty Fund, 1999.

Hayek, Friedrich August von, *Good Money Part II: The Standard*, Indianapolis: Liberty Fund, 1999.

Hudson, Michael, *Killing the Host: How Financial Parasites and Debt Destroy the Global Economy*, Bergenfield, NJ: ISLET, 2015. [Deutsche Ausgabe: *Der Sektor: Warum die globale Finanzwirtschaft uns zerstört*, Stuttgart: Klett-Cotta, 2016.]

Hudson, Richard L. und Benoît Mandelbrot, *The (Mis)behavior of Markets: A Fractal View of Risk, Ruin, and Reward*, New York: Basic Books, 2004. [Deutsche Ausgabe: *Fraktale und Finanzen: Märkte zwischen Risiko, Rendite und Ruin*, München: Piper, 2005.]

Hui, Pak Ming, Paul Jefferies und Neil F. Johnson, *Financial Market Complexity: What Physics Can Tell Us About Market Behavior*, Oxford: Oxford University Press, 2003.

Jensen, Henrik Jeldtoft, *Self-Organized Criticality: Emergent Complex Behavior in Physical and Biological Systems*, Cambridge: Cambridge University Press, 1998.

Joffe, Josef, *The Myth of America's Decline: Politics, Economics, and a Half Century of False Prophecies*, New York: Liveright, 2015.

Johnson, Neil, *Simply Complexity: A Clear Guide to Complexity Theory*, London: Oneworld, 2012.

Kahneman, Daniel, *Thinking, Fast and Slow*, New York: Farrar, Straus and Giroux, 2011. [Deutsche Ausgabe: *Schnelles Denken, langsames Denken*, München: Siedler, 2012.]

Keynes, John Maynard, *The General Theory of Employment, Interest, and Money*, New York: Harvest/ Harcourt Inc., 1964. [Deutsche Ausgabe: *Allgemeine Theorie der Beschäftigung, des Zinses und des Geldes*, Duncker & Humblot, München 1924; 2. Aufl. ebd., Berlin 1997.]

Keynes, John Maynard, *Monetary Reform*, New York: Harcourt, Brace and Company, 1924. [Deutsche Ausgabe: *Ein Traktat über Währungsreform*, 2. Aufl., unveränderter Nachdruck der 1924 erschienenen 1. Aufl., Berlin: Duncker & Humblot, 1924/1997.]

Kindleberger, Charles P., *The World in Depression 1929-1939*, Berkeley: University of California Press, 1986.

King, Mervyn, *The End of Alchemy: Money, Banking, and the Future of the Global Economy*, New York: W. W. Norton & Company, 2016.

Kissinger, Henry, *World Order*, New York: Penguin Press, 2014. [Deutsche Ausgabe: *Weltordnung*, München: Bertelsmann, 2014.]

Klein, Naomi, *The Shock Doctrine: The Rise of Disaster Capitalism*, New York: Picador, 2007. [Deutsche Ausgabe: *Die Schock-Strategie: der Aufstieg des Katastrophen-Kapitalismus*, Frankfurt a. M.: Fischer, 2007.]

Kuhn, Thomas S., *The Structure of Scientific Revolutions*, Chicago: University of Chicago Press, 1996. [Deutsche Ausgabe: *Die Struktur wissenschaftlicher Revolutionen*, Frankfurt a. M.: Suhrkamp, 1967.]

Lenin, Wladimir Iljitsch, *Imperialism: The Highest Stage of Capitalism*, Mansfield Center, CT: Martino Publishing, 2011. [Deutsche Ausgabe: *Der Imperialismus als höchstes Stadium des Kapitalismus: gemeinverständliche Studie*, Wien: Verlag für Literatur und Politik, 1930.]

Lindsay, Lawrence B., *Conspiracies of the Ruling Class: How to Break Their Grip Forever*, New York: Simon & Schuster, 2016.

Lowenstein, Roger, *When Genius Failed: The Rise and Fall of Long-Term Capital Management*, New York: Random House, 2000. [Deutsche Ausgabe: *Der große Irrtum: die spektakuläre Geschichte vom Aufstieg und Untergang des raffiniertesten Investmentfonds aller Zeiten*, München: Deutsche Verlags-Anstalt, 2001.]

Makin, John H., *The Global Debt Crisis: America's Growing Involvement*, New York: Basic Books, 1984.

Mandelbrot, Benoît B., *The Fractal Geometry of Nature*, New York: W. H. Freeman and Company, 1983. [Deutsche Ausgabe: *Die fraktale Geometrie der Natur*, Basel: Birkhäuser, 1987.]

Martin, Felix, *Money: The Unauthorized Biography*, New York: Alfred A. Knopf, 2014. [Deutsche Ausgabe: *Geld, die wahre Geschichte: über den blinden Fleck des Kapitalismus*, München: Deutsche Verlags-Anstalt, 2014.]

Marx, Karl, *Selected Writings*, Edited by David McLellan. New York: Oxford University Press, 1977.

McGrayne, Sharon Bertsch, *The Theory That Would Not Die: How Bayes' Rule Cracked the Enigma Code, Hunted Down Russian Submarines, and Emerged Triumphant from Two Centuries of Controversy*, (New Haven, CT: Yale University Press, 2011). [Deutsche Ausgabe: *Die Theorie, die nicht sterben wollte: wie der englische Pastor Thomas Bayes eine Regel entdeckte, die nach 150 Jahren voller Kontroversen heute aus Wissenschaft, Technik und Gesellschaft nicht mehr wegzudenken ist*, Springer Spektrum: Berlin 2014.]

Mian, Atif und Amir Sufi, *House of Debt: How They (and You) Caused the Great Recession, and How We Can Prevent It from Happening Again*, Chicago: University of Chicago Press, 2014. [Deutsche Ausgabe: *Das Schuldenhaus: die globale Finanzkrise – warum der Konsument das Problem ist und nicht die Banken*, Zürich: Orell Füssli, 2015.]

Milanovic, Branko, *Global Inequality: A New Approach for the Age of Globalization*, Cambridge, MA: Belknap Press, 2016. [Deutsche Ausgabe: *Die ungleiche Welt: Migration, das eine Prozent und die Zukunft der Mittelschicht*, Berlin: Suhrkamp, 2016.]

Miller, John H. und Scott E. Page, *Complex Adaptive Systems: An Introduction to Computational Models of Social Life*, Princeton, NJ: Princeton University Press, 2007.

Minsky, Hyman P., *Stabilizing an Unstable Economy*, New York: McGraw Hill, 2008.

Mitchell, Melanie, *Complexity: A Guided Tour*, New York: Oxford University Press, 2011.

Murray, Charles, *In Our Hands: A Plan to Replace the Welfare State*, Washington, DC: AEI Press, 2016.

Noah, Timothy, *The Great Divergence: America's Growing Inequality Crisis and What We Can Do About It*, New York: Bloomsbury Press, 2012.

Palley, Thomas I., *From Financial Crisis to Stagnation: The Destruction of Shared Prosperity and the Role of Economics*, 1. Aufl., New York: Cambridge University Press, 2012.

Piketty, Thomas, *Capital in the Twenty-First Century*, Cambridge, MA: Belknap Press, 2014. [Deutsche Ausgabe: *Das Kapital im 21. Jahrhundert*, München: Beck, 2014.]

Popper, Karl R., *The Open Society and Its Enemies: Volume 1, The Spell of Plato*, Princeton, NJ: Princeton University Press: 1971. [Deutsche Ausgabe: *Der Zauber Platons*, Bern: Francke, 1957.]

Popper, Karl R., *The Open Society and Its Enemies: Volume 2, The High Tide of Prophecy: Hegel, Marx, and the Aftermath*, Princeton, NJ: Princeton University Press, 1971.

Rappleye, Charles, *Herbert Hoover in the White House: The Ordeal of the Presidency*, New York: Simon & Schuster, 2016.

Reinhart, Carmen M. und Kenneth S. Rogoff, *This Time Is Different: Eight Centuries of Financial Folly*, Princeton, NJ: Princeton University Press, 2009. [Deutsche Ausgabe: *Dieses Mal ist alles anders: acht Jahrhunderte Finanzkrisen*, München: FinanzBuch Verlag, 2010.]

Ricardo, David, *The Principles of Political Economy and Taxation*, Mineola, NY: Dover Publications, 2004. [Deutsche Ausgabe: *Über die Grundsätze der politischen Ökonomie und der Besteuerung*, Marburg: Metropolis, 2006.]

Rickards, James, *Currency Wars: The Making of the Next Global Crisis*, New York: Portfolio/Penguin, 2011. [Deutsche Ausgabe: *Währungskrieg: der Kampf um die monetäre Weltherrschaft*, München: FinanzBuch Verlag, 2012.]

Rickards, James, *The Death of Money: The Coming Collapse of the International Monetary System*, New York: Portfolio/Penguin, 2014. [Deutsche Ausgabe: *Die Geldapokalypse: der Kollaps des internationalen Geldsystems*, München: FinanzBuch Verlag, 2014.]

Roberts, Richard, *Saving the City: The Great Financial Crisis of 1914*, Oxford: Oxford University Press, 2013.

Rodrik, Dani, *Economics Rules: The Rights and Wrongs of the Dismal Science*, New York: W. W. Norton & Company, Inc., 2015.

Rogoff, Kenneth S., *The Curse of Cash*, Princeton, NJ: Princeton University Press, 2016. [Deutsche Ausgabe: *Der Weg ins Verderben: warum unser Bargeld verschwinden wird*, München: FinanzBuch Verlag, 2016.]

Schelling, Thomas C., *Micromotives and Macrobehavior*, New York: W. W. Norton & Company, Inc., 2006.

Schumpeter, Joseph A., *Capitalism, Socialism and Democracy*, New York: Harper Perennial, 2008. [Deutsche Ausgabe: *Kapitalismus, Sozialismus und Demokratie*, 5. Aufl., München: Francke Verlag, 1950/1980.]

Schumpeter, Joseph A., *Ten Great Economists: From Marx to Keynes*, New York: Galaxy Books, 1965.

Shlaes, Amity, *The Forgotten Man: A New History of the Great Depression*, New York: Harper Perennial, 2007. [Deutsche Ausgabe: *Der vergessene Mann: eine neue Sicht auf Roosevelt, den New Deal und den Staat als Retter*, Weinheim: Wiley-VCH, 2011.]

Silber, William L., *When Washington Shut Down Wall Street: The Great Financial Crisis of 1914 and the Origins of America's Monetary Supremacy*, Princeton, NJ: Princeton University Press, 2007.

Silverglate, Harvey A., *Three Felonies a Day: How the Feds Target the Innocent*, New York: Encounter Books, 2011.

Somary, Felix, *The Raven of Zurich: The Memoirs of Felix Somary*, New York: St. Martin's Press, 1986. [Deutsche Ausgabe: *Erinnerungen aus meinem Leben*, Zürich: Verlag Neue Zürcher Zeitung, 2014.]

Sorkin, Andrew Ross, *Too Big to Fail*, New York: Penguin Books, 2010. [Deutsche Ausgabe: *Die Unfehlbaren: wie Banker und Politiker nach der Lehman-Pleite darum kämpften, das Finanzsystem zu retten – und sich selbst*, München: Deutsche Verlags-Anstalt, 2010.]

Spiro, David E., *The Hidden Hand of American Hegemony: Petrodollar Recycling and International Markets*, Ithaca, NY: Cornell University Press, 1999.

Steil, Benn, *The Battle of Bretton Woods: John Maynard Keynes, Harry Dexter White, and the Making of a New World Order*, Princeton, NJ: Princeton University Press, 2013.

Surowiecki, James, *The Wisdom of Crowds: Why the Many Are Smarter Than the Few and How Collective Wisdom Shapes Business, Economics, Societies, and Nations*, New York: Anchor Books, 2005. [Deutsche Ausgabe: *Die Weisheit der Vielen: Warum Gruppen klüger sind als Einzelne und wie wir das kollektive Wissen für unser wirtschaftliches, soziales und politisches Handeln nützen können*, Bertelsmann: München, 2005.]

Taibbi, Matt, *The Divide: American Injustice in the Age of the Wealth Gap*, New York: Spiegel & Grau, 2014.

Taylor, Frederick, *The Downfall of Money: Germany's Hyperinflation and the Destruction of the Middle Class*, New York: Bloomsbury Press, 2013. [Deutsche Ausgabe: *Inflation: der Untergang des Geldes in der Weimarer Republik und die Geburt eines deutschen Traumas*, München: Siedler, 2013.]

Temin, Peter, *Lessons from the Great Depression*, Cambridge, MA: MIT Press, 1991.

Temin, Peter and David Vines, *The Leaderless Economy: Why the World Economic System Fell Apart and How to Fix It*, Princeton, NJ: Princeton University Press, 2013.

Tett, Gillian, *Fool's Gold: The Inside Story of J. P. Morgan and How Wall St. Greed Corrupted Its Bold Dream and Created a Financial Catastrophe*, New York: Free Press, 2009.

Tuohy, Brian, *Disaster Government: National Emergencies, Continuity of Government and You*, Kenosha, WI: Mofo Press LLC, 2013.

Turner, Adair, *Between Debt and the Devil: Money, Credit, and Fixing Global Finance*, Princeton, NJ: Princeton University Press, 2016.

Viera, Edwin jr., *Pieces of Eight: The Monetary Powers and Disabilities of the United States Constitution*, Second Revised Edition, Volume I and Volume II, Chicago: R. R. Donnelley & Sons, Inc./ GoldMoney Foundation, 2011.

Vonnegut, Kurt, *Cat's Cradle*, New York: Dial Press, 2010. [Deutsche Ausgabe: *Katzenwiege*, München: Piper, 1985.]

Waldrop, M. Mitchell, *Complexity: The Emerging Science at the Edge of Order and Chaos*, New York: Simon & Schuster, 1992. [Deutsche Ausgabe: *Inseln im Chaos: die Erforschung komplexer Systeme*, Reinbek bei Hamburg: Rowohlt, 1993.]

Wallas, Graham, *Human Nature in Politics*, Middletown, CT: The Perfect Library, reprint, 1920. [Deutsche Ausgabe: *Politik und menschliche Natur*, Jena: Diederichs, 1911.]

Zeihan, Peter, *The Accidental Superpower: The Next Generation of American Preeminence and the Coming Global Disorder*, New York: Twelve, 2014.

ANMERKUNGEN

Einführung

1 Felix Somary, *Erinnerungen aus meinem Leben*, Zürich: Manesse-Verlag, 1955.

2 Ebenda, S. 67-72.

3 Ebenda, S. 69.

4 Ebenda, S. 101.

5 Ebenda, S. 108f.

6 Noel F. Busch, »Close-Up: Lord Keynes«, *Life*, 17.9.1945, abgerufen am 7.8.2016,https://books.google. com/books?id=t0kEAAAAMBAJ&q=%22a+cable%22&hl=en#v=snippet&q=%22a%20 cable%22&f=false.

7 Dieses Beispiel illustriert eine kognitive Verzerrung, die Kahneman als »Risikoaversion« bezeichnete.
Siehe Daniel Kahneman, *Thinking, Fast and Slow*, New York: Farrar, Straus and Giroux, 2011, S. 434-436.
[Deutsche Ausgabe: *Schnelles Denken, langsames Denken*, München: Siedler, 2012.]

Kapitel 1: Dies ist das Ende

8 Kurt Vonnegut, *Katzenwiege*, München: Piper, 1985, S. 14.

9 Einige der Beschreibungen des Managementstils und der Arbeitsgewohnheiten von Larry Fink in diesem Buch stammen aus Carol J. Loomis, »BlackRock: The $4.3 Trillion Force«, *Fortune*, 7.7.2014, abgerufen am 7.8.2016, http://fortune.com/2014/07/07/blackrock-larry-fink/.

10 Ebenda.

11 Siehe »G20 Leaders' Communiqué, Brisbane Summit, 15-16 November 2014«, 16.11.2014, abgerufen am 7.8.2016, www.mofa.go.jp/files/000059841.pdf.

12 Siehe »Adequacy of Loss-Absorbing Capacity of Global Systemically Important Banks in Resolution«, Financial Stability Board, 10.11.2014, abgerufen am 7.8.2016, www.fsb.org/2014/ 11/adequacy-of-loss-absorbing-capacity-of-global-systemically-important-banks-in-resolution/.

13 Ebenda, S. 5 (Hervorhebung nachträglich).

14 Siehe »SEC Adopts Money Market Fund Reforms«, Harvard Law School Forum on Corporate Governance and Financial Regulation, 16.8.2014, abgerufen am 7.8.2016, https://corpgov.law. harvard.edu/2014/08/16/sec-adopts-money-market-fund-reforms/.

15 Siehe Kirsten Grind, James Sterngold und Juliet Chung, »Banks Urge Clients to Take Cash Elsewhere«, *The Wall Street Journal*, 7.12.2014, abgerufen am 7.8.2016, www.wsj.com/articles/ banks-urge-big-customers-to-take-cash-elsewhere-or-be-slapped-with-fees-1418003852.

16 Jon Hilsenrath, »Yellen Says Fed Should Be Prepared to Use Negative Rates if Needed«, *The Wall Street Journal*, 11.2.2016, abgerufen am 7.8.2016, www.wsj.com/articles/yellen-reitera-tes-concerns-about-risks-to-economy-in-senate-testimony-1455203865.

17 Siehe Lawrence H. Summers, »It's Time to Kill the $100 Bill«, *The Washington Post*, 16.2.2016, abgerufen am 7.8.2016, www.washingtonpost.com/news/wonk/wp/2016/02/16/its-time-to-kill-the-100-bill/.

18 Kenneth S. Rogoff, *The Curse of Cash* (Princeton, NJ: Princeton University Press, 2016). [Deutsche Ausgabe: *Der Weg ins Verderben: warum unser Bargeld verschwinden wird*, München: FinanzBuch Verlag, 2016.]

19 Siehe »Adequacy of Loss-Absorbing Capacity of Global Systemically Important Banks in Resolution«, Financial Stability Board, 10.11.2014.

20 »Restrictions on Qualified Financial Contracts of Systemically Important U.S. Banking Organizations and the U.S. Operations of Systemically Important Foreign Banking Organizations; Revisions to the Definition of Qualifying Master Netting Agreement and Related Definitions-
Notice of Proposed Rulemaking«, Board of Governors of the Federal Reserve System, 3.5.2016, abgerufen am 7.8.2016, www.federalreserve.gov/newsevents/press/bcreg/20160503b.htm.

21 David Lipton, »Can Globalization Still Deliver?«, International Monetary Fund, 24.5.2016, abgerufen am 7.8.2016, www.imf.org/en/News/Articles/2015/09/28/04/53/sp052416a.

22 Für einen ausführlichen und sehr gut lesbaren Bericht über die Finanzpanik von 1914 aus der Perspektive der Londoner Banken und des Finanzsystems in Großbritannien siehe Richard Roberts, *Saving the City: The Great Financial Crisis of 1914* (Oxford: Oxford University Press, 2013).

23 Für einen ausführlichen und unterhaltsamen Bericht über die Schließung der New York Stock Exchange im Jahr 1914 und den Aufstieg des Curb Market, aus dem auch dieses Zitat stammt, siehe William L. Silber, *When Washington Shut Down Wall Street: The Great Financial Crisis of 1914 and the Origins of America's Monetary Supremacy*, Princeton, NJ: Princeton University Press, 2007, S. 104-115.

24 Ebenda, S. 110-115.

25 Siehe Benn Steil, *The Battle of Bretton Woods: John Maynard Keynes, Harry Dexter White, and the Making of a New World Order*, Princeton, NJ: Princeton University Press, 2013.

26 »84th Annual Report, 2013/14«, Bank for International Settlements, 29.6.2014, abgerufen am 7.8.2016, www.bis.org/publ/arpdf/ar2014e.htm.

27 »Communiqué—Meeting of G20 Finance Ministers and Central Bank Governors, Cairns, 20-21 September 2014«, G20, 21.9.2014, abgerufen am 7.8.2016, www.oecd.org/tax/transparency/automatic-exchange-of-information/implementation/communique-G20-finance-ministers-central-bank-governors-cairns.pdf.

28 Luigi Buttiglione, Philip R. Lane, Lucrezia Reichlin und Vincent Reinhart, »Deleveraging? What Deleveraging? Geneva Reports on the World Economy 16«, International Center for Monetary and Banking Studies, September 2014, abgerufen am 7.8.2016, http://cepr.org/content/deleveraging-what-deleveraging-16th-geneva-report-world-economy.

29 Transkript der IMFC-Pressekonferenz, International Monetary Fund, 11.10.2014, abgerufen am 7.8.2016www.imf.org/en/news/articles/2015/09/28/04/54/tr101114a.

30 Office of Financial Research 2014 Annual Report, United States Department of the Treasury, 2.12.2014, abgerufen am 7.8.2016, https://financialresearch.gov/annual-reports/files/office-of-financial-research-annual-report-2014.pdf, S. i.

31 Claudio Borio, »On-the-Record Remarks«, *BIS Quarterly Review*, Dezember 2014 – Pressekonferenz, 5.12.2014, abgerufen am 7.8.2016, www.bis.org/publ/qtrpdf/r_qt1412_ontherecord.htm.

32 Präsident George W. Bush, Proclamation 7463, Declaration of National Emergency by Reason of Certain Terrorist Attacks, 14.9.2001, abgerufen am 7.8.2016, www.gpo.gov/fdsys/pkg/WCPD-2001-09-17/pdf/WCPD-2001-09-17-Pg1310.pdf.

33 T. S. Eliot, *Das öde Land*, Frankfurt a. M.: Suhrkamp, 2008, S. 37.

Kapitel 2: Eine Währung, eine Welt, eine Ordnung

34 Christine Lagarde, IWF-Direktorin, bei einer von Bloomberg veranstalteten Podiumsdiskussion am 22.1.2015 in Davos, Schweiz, abgerufen am 7.8.2016, www.bloomberg.com/news/videos/2015-01-22/lagarde-cohn-summers-botin-dalio-on-bloomberg-panel.

35 Das Originalzitat lautet: »You never want a serious crisis to go to waste.«, zitiert in Gerald F. Seib, »In Crisis, Opportunity for Obama«, *The Wall Street Journal*, 21.11.2008, abgerufen am 7.8.2016, www.wsj.com/articles/SB122721278056345271.

36 Ian Fleming, *James Bond 007 – Feuerball*, Bern: Scherz, 1967.

37 Für eine ausführliche Erklärung des Konzepts von »piecemeal engineering«, siehe Karl R. Popper, *The Open Society and its Enemies: Volume 1, The Spell of Plato*, Princeton, NJ: Princeton University Press, 1971, S. 157-159. [Deutsche Ausgabe: *Die Offene Gesellschaft und ihre Feinde, Bd.1, Der Zauber Platons*, Bern: Francke, 1957.]

38 Siehe *J.P.Morgan's Testimony, The Justification of Wall Street, Morgan Epigrams, 1912*, https://memory.loc.gov/service/gdc/scd0001/2006/20060517001te/20060517001te.pdf.

39 Für einen ausführlichen Bericht über die Ansichten von Keynes im Hinblick auf die Rolle von Gold bei der Panik von 1914 siehe Roberts, *Saving the City*, S. 125-128.

40 Milton Friedman und Anna Jacobson Schwartz, *A Monetary History of the United States, 1867-1960* (Princeton, NJ: Princeton University Press, 1993).

41 Für ausführliche Hintergrundinformationen zum Triffin-Dilemma, zu Triffins Aussage vor dem US-Kongress und über die Beziehung zwischen Defiziten und Reservewährungen siehe »System in Crisis (1959-1971): Triffin's Dilemma«, International Monetary Fund, abgerufen am 7.8.2016, www.imf.org/external/np/exr/center/mm/eng/mm_sc_03.htm.

42 Ben Smith, »Geithner ›Open‹ to China Proposal«, *Politico*, 25.3.2009, abgerufen am 7.8.2016, www.politico.com/blogs/ben-smith/2009/03/geithner-open-to-china-proposal-017088.

43 Für ausführliche Informationen über das globale Steuerprojekt der OECD zur Bekämpfung von »base erosion and profit shifting« (BEPS) siehe Website der OECD unter »OECD, Base Erosion and Profit Shifting«, abgerufen am 7.8.2016, www.oecd.org/tax/beps/.

44 »G7 Ise-Shima Leaders' Declaration / G7 Ise-Shima Summit, 26-27 May 2016«, G7 Ise-Shima Summit, 27.5.2016, abgerufen am 7.8.2016, www.mofa.go.jp/files/000160266.pdf, S. 6-7.

45 Der französische Ökonom Thomas Piketty hat die These vertreten, dass hohe Steuern mit starkem Wirtschaftswachstum und einer gerechten Verteilung der Einkommen zusammenhängen, während niedrige Steuern mit schwächerem Wachstum und extremen Einkommensungleichheiten zusammenhängen. Siehe Thomas Piketty, *Das Kapital im 21. Jahrhundert*, München: Beck, 2014.

46 Für eine ausführliche Geschichte und Analyse des Staatensystems nach dem Westfälischen Frieden, andere historische Formen einer Weltordnung und deren Bedeutung für die heutige Politik siehe Henry Kissinger, *Weltordnung*, München: Bertelsmann, 2014. Die in diesem Buch angestellten historischen Betrachtungen zum Thema Weltordnung greifen ausgiebig auf Kissingers Thesen zurück.

47 Michael Riley, »How Russian Hackers Stole the Nasdaq«, *BloombergBusinessweek*, 21.7.2014,

abgerufen am 7.8.2016, www.bloomberg.com/news/articles/2014-07-17/how-russian-hackers-stole-the-nasdaq.

48 Für eine detaillierte Untersuchung des Zusammenhangs zwischen Klimaveränderung und der Verwendung öffentlicher Mittel für Investitionen in globale Klimaveränderungs-Infrastruktur-projekte siehe »The Financial System We Need«, United Nations Environment Program, Oktober 2015, als Download verfügbar, abgerufen am 7.8.2016, www.unep.org/newscentre/Default. aspx?DocumentID=26851&ArticleID= 35480, S. ix.

49 Xiao Geng und Andrew Sheng, »How to Finance Global Reflation«, *Project Syndicate*, 25.4.2016, abgerufen am 7.8.2016, www.project-syndicate.org/commentary/sdr-reserve-currency-fight-de-flation-by-andrew-sheng-and-xiao-geng-2016-04.

50 Naomi Klein, *Die Schock-Strategie: der Aufstieg des Katastrophen-Kapitalismus*, Frankfurt a. M.: Fischer, 2007.

51 Popper, *The Open Society and Its Enemies: Volume 1, The Spell of Plato*, S. 157-159. [Deutsche Ausgabe: *Die Offene Gesellschaft und ihre Feinde, Bd.1, Der Zauber Platons*, Bern: Francke, 1957.]

52 Ebenda.

Kapitel 3: Wüstenstadt der Wissenschaft

53 Somary, *Erinnerungen aus meinem Leben*, Zürich: Manesse-Verlag, 1955, S. 198.

54 Ausführliche Informationen über das Los Alamos National Laboratory, über seine Geschichte, Operationen und Sicherheitsprotokolle sowie ein virtueller Rundgang stehen auf der Website der Einrichtung zur Verfügung: »Los Alamos National Laboratory«, abgerufen am 9.8.2016, http://lanl.gov.

55 Edward N. Lorenz, »Deterministic Nonperiodic Flow«, *Journal of the Atmospheric Sciences*, Vol. 20, 7.1.1963, abgerufen am 8.8.2016, http://eaps4.mit.edu/research/Lorenz/Deterministic_63.pdf, S. 133.

56 Eine ausführliche Geschichte des Satzes von Bayes, einschließlich zahlreicher heutiger Anwen-dungsbeispiele, findet sich in Sharon Bertsch McGrayne, *Die Theorie, die nicht sterben wollte: wie der englische Pastor Thomas Bayes eine Regel entdeckte, die nach 150 Jahren voller Kontroversen heute aus Wissenschaft, Technik und Gesellschaft nicht mehr wegzudenken ist*, Berlin: Springer Spektrum, 2014.

57 Lael Brainard, »What Happened to the Great Divergence?«, Board of Governors of the Federal Reserve System, 26.2.2016, abgerufen am 8.8.2016, www.federalreserve.gov/newsevents/speech/brainard20160226a.htm.

58 David Keohane, »Did the G20 Agree a Currency Accord and Does It Matter?«, *Financial Times: FT Alphaville*, 12.4.2016, abgerufen am 8.8.2016, http://ftalphaville.ft.com/2016/04/12/2159112/did-the-g20-agree-a-currency-accord-and-does-it-matter/.

59 »G20 Promises to Promote Economic Growth, Avoid Devaluations«, Voice of America, 27.2.2016, abgerufen am 8.8.2016, www.voanews.com/content/g20-promises-to-promote-econo-mic-growth-avoid-devaluations/3210931.html.

60 Janet Yellen, »The Outlook, Uncertainty, and Monetary Policy«, Board of Governors of the Federal Reserve System, 29.3.2016, abgerufen am 8.8.2016, www.federalreserve.gov/newsevents/speech/yellen20160329a.htm.

61 Toru Fujioka, »IMF Sees No Cause for Japan to Intervene Now in FX«, *Bloomberg*, 13.4.2016, abgerufen am 8.8.2016, www.bloomberg.com/news/articles/2016-04-13/imf-sees-no-cause-for-japan-to-intervene-now-in-currency-market-imyf459k.

62 Christine Lagarde, »Transcript: Press Briefing of the Managing Director«, International Monetary Fund, 14.4.2016, abgerufen am 8.8.2016, www.imf.org/en/News/Articles/2015/09/28/04/54/ tr041416.

63 Balazs Koranyi, »ECB Not Aiming to Weaken Euro Against Dollar: Sources«, *Reuters*, 15.4.2016, abgerufen am 8.8.2016, www.reuters.com/article/us-imf-g20-currency-ecb-idUSKCN0XC2RS.

64 Diese Beschreibung von adaptivem Verhalten in komplexen sozialen Systemen, einschließlich Gruppen- und Antigruppen-Verhalten, basiert auf ähnlichen Beispielen und damit zusammenhängenden Experimenten, die präsentiert werden in Neil Johnson, *Simply Complexity: A Clear Guide to Complexity Theory*, London: Oneworld, 2012, S. 72-85.

65 Pak Ming Hui, Paul Jefferies und Neil F. Johnson, *Financial Market Complexity: What Physics Can Tell Us About Market Behavior*, Oxford: Oxford University Press, 2003, S. 19-54.

66 Siehe Johnson, *Simply Complexity*, S. 115-124.

67 Ebenda, S. 117.

Kapitel 4: Vorbeben 1998

68 Stanley Fischer, »General Discussion: Has Financial Development Made the World Riskier? Chair: Malcolm D. Knight«, Proceedings – Economic Policy Symposium – Jackson Hole, Federal Reserve Bank of Kansas City, 25.-27.8.2005, abgerufen am 8.8.2016, www.kansascityfed.org/ publicat/sympos/2005/pdf/GD5_2005.pdf, S. 392.

69 Andrew Sorkin, *Die Unfehlbaren – Wie Dealer und Politiker nach der Lehmann-Pleite darum kämpften, das Finanzsystem zu retten... und sich selbst*, München: Deutsche Verlags-Anstalt, 2010.

70 Roger Lowenstein, *Der große Irrtum: die spektakuläre Geschichte vom Aufstieg und Untergang des raffiniertesten Investmentfonds aller Zeiten*, München: Deutsche Verlags-Anstalt, 2001.

71 Saul Hansell, »John Meriwether Rides, Again, Without Salomon This Time«, *The New York Times*, 5.9.1993, abgerufen am 8.8.2016, www.nytimes.com/1993/09/05/business/john-meriwether-rides-again-without-salomon-this-time.html.

72 Gillian Tett, *Fool's Gold: The Inside Story of J. P. Morgan and How Wall Street Greed Corrupted Its Bold Dream and Created a Financial Catastrophe* (New York: Free Press, 2009).

73 Dieses Beispiel basiert auf sehr ähnlichen Beispielen aus Johnson, *Simply Complexity*, S. 21-24, S. 41-50.

74 Joshua Cooper Ramo, »The Three Musketeers«, *Time*, 15.2.1999, abgerufen am 8.8.2016, http://content.time.com/time/covers/0,16641,19990215,00.html.

Kapitel 5: Vorbeben 2008

75 Johnson, *Simply Complexity*, S. 114.

76 *Studies in Intelligence*, Vol. 50, Nr. 3, September 2006, *Journal of the American Intelligence Professional*, Central Intelligence Agency, CLASSIFIED EDITION, abgerufen am 8.8.2016, www.cia.gov/library/ center-for-the-study-of-intelligence/csi-publications/csi -studies/studies/vol50no3/index.html.

77 »Statistical Release, OTC Derivatives Statistics at End-June 2013«, Monetary and Economic Department, Bank for International Settlements, November 2013, abgerufen am 8.8.2016, www.bis.org/publ/otc_hy1311.pdf, Grafik 1, S. 6; Tabelle A, S. 9.

78 Ebenda, Tabelle 9a, S. 31.

79   Das hier zitierte Gespräch zwischen Jim Cramer und Erin Burnett steht als Videoclip zur Verfügung; das folgende Zitat wurde daraus niedergeschrieben, abgerufen am 8.8.2016, www.youtube.com/watch?v=rOVXh4xM-Ww.

80   Pressemitteilung, Board of Governors des Federal Reserve System, Federal Open Market Committee, 28.6.2007, abgerufen am 8.8.2016, www.federalreserve.gov/newsevents/press/monetary/20070618a.htm.

81   Ben S. Bernanke, »The Economic Outlook«, Statement vor dem Joint Economic Committee, US-Kongress, 28.3.2007, abgerufen am 8.8.2016, www.federalreserve.gov/newsevents/testimony/bernanke20070328a.htm.

82   Diesen schriftlichen Vorschlag verwahrt der Autor in seinem Privatarchiv und in digitaler Form.

83   David Ellis und Ben Rooney, »Banks to Abandon ›Super-SIV‹ Fund«, CNN Money, 21.12.2007, abgerufen am 8.8.2016, http://money.cnn.com/2007/12/21/news/companies/super_siv/index.htm?postversion=2007122116.

84   Henry Blodget, »Did Bear Sterns CEO Alan Schwartz Lie on CNBC?«, Business Insider, 19.3.2008, abgerufen am 8.8.2016, www.businessinsider.com/2008/3/bear-stearns-bsc-did-ceo-alan-schwartz-lie-on-cnbc-.

85   Original im Privatarchiv des Autors.

86   James G. Rickards, »A Mountain, Overlooked«, The Washington Post, 2.10.2008, abgerufen am 8.8.2016, www.washingtonpost.com/wp-dyn/content/article/2008/10/01/AR2008100101149.html.

Kapitel 6: Erdbeben 2018

87   Eric H. Cline, 1177 B.C.: The Year Civilization Collapsed, Princeton, NJ: Princeton University Press, 2014, S. 174. [Deutsche Ausgabe: 1177 v. Chr.: Der erste Untergang der Zivilisation, Darmstadt: Konrad Theiss Verlag, 2015].

88   Ian Morris, »The Dawn of a New Dark Age«, Stratfor, 13.7.2016, abgerufen am 9.8.2016, www.stratfor.com/weekly/dawn-new-dark-age.

89   New York Times, 16.10.1929, abgerufen am 9.8.2016, http://query.nytimes.com/mem/archive/pdf?res=9806E6DF1639E03ABC4E52DFB6678382639EDE.

90   Für eine detaillierte Geschichte der Debatte zwischen Frequentisten und Anhängern der Bayes'schen Statistik siehe McGrayne, Die Theorie, die nicht sterben wollte: wie der englische Pastor Thomas Bayes eine Regel entdeckte, die nach 150 Jahren voller Kontroversen heute aus Wissenschaft, Technik und Gesellschaft nicht mehr wegzudenken ist, Berlin: Springer Spektrum, 2014.

91   International Summary Statistics, »Selected Foreign Official Assets Held at Federal Reserve Banks (3.31)«, Board of Governors of the Federal Reserve System, Juli 2016, abgerufen am 9.8.2016, www.federalreserve.gov/econresdata/releases/intlsumm/forassets20160731.htm.

92   Koos Jansen, »Federal Reserve Bank New York Lost 47t of Gold in November«, BullionStar.com, 29.12.2014, abgerufen am 9.8.2016, www.bullionstar.com/blogs/koos-jansen/federal-reserve-bank-new-york-lost-47t-of-gold-in-november/.

93   Barry Eichengreen, Golden Fetters: The Gold Standard and the Great Depression, 1919-1939 (New York: Oxford University Press, 1995).

94   T. S. Eliot, »The Hollow Men«, 1925, All Poetry, abgerufen am 9.8.2016, https://allpoetry.com/The-Hollow-Men. [Deutsches Zitat: https://de.wikipedia.org/wiki/Die_hohlen_M%C3%A4nner.]

Kapitel 7: Freudenfeuer der Eliten

95 Thomas I. Palley, *From Financial Crisis to Stagnation: The Destruction of Shared Prosperity and the Role of Economics*, 1. Aufl., New York: Cambridge University Press, 2012, S. 9.

96 David Ricardo, *Über die Grundsätze der politischen Ökonomie und der Besteuerung*, Marburg: Metropolis, 2006.

97 Ian Fletcher, *Free Trade Doesn't Work: What Should Replace It and Why*, 2. Aufl., Sheffield, MA: Coalition for a Prosperous America, 2011, S. 97 (Hervorhebung im Original).

98 Joseph A. Schumpeter, *Kapitalismus, Sozialismus und Demokratie*, 5. Aufl., München: Francke Verlag, 1950/1980, S. 169.

99 Palley, *From Financial Crisis to Stagnation*, S. 46.

100 Siehe Fletcher, *Free Trade Doesn't Work*, S. 135-41.

101 John Williamson, »What Washington Means by Policy Reform«, in John Williamson (Hrsg.), *Latin American Adjustment: How Much Has Happened?*, Washington, DC: Institute for International Economics, Conference Volume, 1989, abgerufen am 9.8.2016, https://piie.com/commentary/speeches-papers/what-washington-means-policy-reform.

102 Buttiglione et al., »Deleveraging? What Deleveraging?«, S. 11.

103 Ebenda, S. 19.

104 Ebenda, S. 22.

105 Ebenda, Appendix 3A, S. 27-34.

106 Ebenda, S. 21.

107 John Maynard Keynes, *The General Theory of Employment, Interest, and Money*, New York: Harvest/Harcourt Inc., 1964, S. 249. [Deutsche Ausgabe: *Allgemeine Theorie der Beschäftigung, des Zinses und des Geldes*, Duncker & Humblot, München 1924; 2. Aufl. ebd., Berlin 1997.]

108 Buttiglione et al., »Deleveraging? What Deleveraging?«, S. 34.

Kapitel 8: Kapitalismus, Faschismus und Demokratie

109 Schumpeter, *Kapitalismus, Sozialismus und Demokratie*, S. 485.

110 Gemäß Zitat in »The Criminalization of Almost Everything«, *Cato Institute Policy Report*, Januar/Februar 2010, abgerufen am 9.8.2016, www.cato.org/policy-report/januaryfebruary-2010/criminalization-almost-everything.

111 Schumpeter, *Kapitalismus, Sozialismus und Demokratie*, S. 137f. [Hervorhebung im Original].

112 Ebenda, S. 145f.

113 Schumpeter, *Capitalism, Socialism and Democracy*, Introduction, S. x.

114 Justin Fox, »Where Median Incomes Have Fallen the Most«, Bloomberg, 19.8.2016, abgerufen am 25.8.2016, www.bloomberg.com/view/articles/2016-08-19/where-median-incomes-have-fallen-the-most.

115 Richard Dobbs, Anu Madgavkar, James Manyika, Jonathan Woetzel, Jacques Bughin, Eric Labaye und Pranav Kashyap, »Poorer Than Their Parents? A New Perspective on Income Inequality«, McKinsey Global Institute, Juli 2016, abgerufen am 9.8.2016, www.mckinsey.com/global-themes/employment-and-growth/poorer-than-their-parents-a-new-perspective-on-income-inequality, Preface, S. viii.

116 Ebenda.

117 Schumpeter, *Capitalism, Socialism and Democracy*, S. 388. 1946 erschien die zweite Auflage von

Schumpeters Buch, für die er ein neues Kapitel mit dem Titel »The Consequences of the Second World War« verfasst hat. Dieses neue Kapitel ist in der deutschen Übersetzung des Buches nicht enthalten und wurde deshalb neu übersetzt.

118 Ebenda, S. 386.

119 Ebenda, S. 398.

120 Ebenda, S. 404.

121 Ebenda, S. 401f.

122 Harvey A. Silverglate, *Three Felonies a Day: How the Feds Target the Innocent* (New York: Encounter Books, 2011).

123 »The Criminalization of Almost Everything«, *Cato Institute Policy Report*, Januar/Februar 2010.

124 Radley Balko, *Rise of the Warrior Cop: The Militarization of America's Police Forces* (New York: PublicAffairs, 2013).

125 Ebenda, S. 116f.

126 Ebenda, S. 317.

127 Ebenda, S. 246.

128 Matt Taibbi, *The Divide: American Injustice in the Age of the Wealth Gap*, New York: Spiegel & Grau, 2014, S. 101f.

129 Ebenda, S. 117.

130 Ebenda, S. 118.

131 Dara Lind, »The NYPD ›Slowdown‹ That's Cut Arrests in New York by Half, Explained«, *Vox*, 6.1.2015, abgerufen am 9.8.2016, www.vox.com/2015/1/6/7501953/nypd-mayor-arrests-union.

132 Cheryl K. Chumley, *Police State U.S.A.: How Orwell's Nightmare Is Becoming our Reality*, Washington, DC: WND Books, 2014, S. 70f.

133 Robert O'Harrow jr., Steven Rich, Michael Sallah und Gabe Silverman, »Stop and Seize«, *The Washington Post*, 6.9.2014, abgerufen am 9.8.2016, www.washingtonpost.com/sf/investigative/2014/09/06/stop-and-seize/.

134 Robert O'Harrow jr., Steven Rich und Michael Sallah, »Police Intelligence Targets Cash«, *The Washington Post*, 7.9.2014, abgerufen am 9.8.2016, www.washingtonpost.com/sf/investigative/2014/09/07/police-intelligence-targets-cash/.

135 Robert O'Harrow jr. und Steven Rich, »D.C. Police Plan for Future Seizure Proceeds Years in Advance in City Budget Documents«, *The Washington Post*, 15.11.2014, abgerufen am 9.8.2016, www.washingtonpost.com/investigations/dc-police-plan-for-future-seizure-proceeds-years-in-advance-in-city-budget-documents/2014/11/15/7025edd2-6b76-11e4-b053-65cea7903f2e_story.html.

136 Dieses Wilson-Zitat stammt aus Jonah Goldberg, *Liberal Fascism: The Secret History of the American Left from Mussolini to the Politics of Meaning*, New York: Doubleday, 2008, S. 86.

137 Ebenda.

138 Ebenda.

139 Ebenda, S. 80f.

140 Frank-Zitat: ebenda, S. 161.

141 Hillary Rodham Clinton, *It Takes a Village*, New York: Simon & Schuster, 1996.

142 Schumpeter, *Kapitalismus, Sozialismus und Demokratie*, S. 218.

143 Ebenda, S. 213.

Kapitel 9: Siehe, ein schwarzes Pferd

144 Buttiglione et al., »Deleveraging? What Deleveraging?«, S. 81.

145 Joint Staff Report, »The U.S. Treasury Market on October 15, 2014«, U.S. Department of the Treasury, Board of Governors of the Federal Reserve System, Federal Reserve Bank of New York, U.S. Securities and Exchange Commission, U.S. Commodity Futures Trading Commission, 13.7.2015, abgerufen am 9.8.2016, www.treasury.gov/press-center/press-releases/Documents/Joint_Staff_Report_Treasury_10-15-2015.pdf, S. 1 (Hervorhebung nachträglich).

146 Pressemitteilung, »Schweizerische Nationalbank führt Negativzinsen ein«, Schweizerische Nationalbank, 18.12.2014, abgerufen am 9.8.2016 bzw. 7.1.2017, http://www.snb.ch/de/mmr/reference/pre_20141218/source/pre_20141218.de.pdf.

147 Peter Spence, »Swiss Franc Surges After Scrapping Euro Ceiling«, The Telegraph, 15.1.2015, abgerufen am 9.8.2016, www.telegraph.co.uk/finance/currency/11347218/Swiss-franc-surges-after-scrapping-euro-peg.html.

148 Siehe James Surowiecki, Die Weisheit der Vielen: Warum Gruppen klüger sind als Einzelne und wie wir das kollektive Wissen für unser wirtschaftliches, soziales und politisches Handeln nützen können, München: Bertelsmann, 2005.

149 »Staff Note for the G20: The Role of the SDR – Initial Considerations«, International Monetary Fund, 15.7.2016, abgerufen am 9.8.2016, www.imf.org/external/np/pp/eng/2016/072416.pdf.

150 Daniel Stanton, Frances Yoon und Ina Zhou, »China to Lead Way with Landmark SDR Bond Offerings«, Reuters, 1.8.2016, abgerufen am 9.8.2016, www.reuters.com/article/china-debt-bonds-idUSL3N1AI2L7.

151 Robert C. Merton, »On Market Timing and Investment Performance. I. An Equilibrium Theory of Value for Market Forecasts«, The Journal of Business, Vol. 54, Nr. 3, Juli 1981, abgerufen am 9.8.2016, www.people.hbs.edu/rmerton/onmarkettimingpart1.pdf.

152 Einzelheiten dieser Anhörung, nämlich die Zeugen, Schriftsätze und eine Videoaufzeichnung der Zeugenaussage, stehen hier zur Verfügung: Committee on Science, Space & Technology, Subcommittee on Investigations and Oversight, »The Risks of Financial Modeling: VaR and the Economic Meltdown«, 10.9.2009, abgerufen am 9.8.2016, https://science.house.gov/legis lation/hearings/subcommittee-investigations-and-oversight-hearing-risks-financial-modeling-var.

Schlussbemerkung

153 Der Verlauf der Debatte, mit Teilnehmern, Fragen aus dem Publikum, Ergebnis und Moderator stehen hier zur Verfügung: »Declinists Be Damned: Bet on America«, Intelligence² Debates, 11.2.2015, abgerufen am 9.8.2016, http://intelligencesquaredus.org/debates/past-debates/item/1251-declinists-be-damned-bet-on-america.

154 Laura Hautala, »We're Fighting an Invisible War – in Cyberspace«, CNET, 5.3.2016, abgerufen am 9.8.2016, www.cnet.com/news/were-fighting-an-invisible-war-in-cyberspace/.

Danksagung

155 Die deutsche Ausgabe der Erinnerungen Somarys sind neu aufgelegt worden: Felix Somary, Erinnerungen aus meinem Leben, Verlag Neue Zürcher Zeitung, Zürich 2014.

Die Geldapokalypse

James Rickards

In den letzten hundert Jahren ist das internationale Geldsystem schon drei Mal in sich zusammengebrochen, jeweils mit drastischen Folgen wie Krieg, Unruhen und massivem Schaden an der Weltwirtschaft. Doch der nächste Kollaps wird in der Menschheitsgeschichte seinesgleichen suchen.

James Rickards zeigt Ihnen, warum der Anker der Weltwirtschaft, der amerikanische Dollar, in Gefahr ist und warum sein Untergang alle anderen Währungen in eine nie gekannte Katastrophe reißen wird: Währungskriege, Deflation, Hyperinflation, Marktzusammenbrüche, Chaos. Während die USA ihre langfristigen Probleme nicht in den Griff bekommen, trachten China, Russland und die ölreichen Nationen des Mittleren Ostens nach einem Ende der verhassten Hegemonialmacht. Doch Rickards sieht auch Licht am Ende des Tunnels: »Es ist noch nicht zu spät sich vorzubereiten. Nationen und Einzelpersonen, die sich vorbereiten, werden diesen Sturm überleben.« Wie Sie sich schützen können zeigt Ihnen James Rickards in seinem neuen *New-York-Times*-Bestseller.

368 Seiten | Hardcover | 24,99 € (D) | ISBN 978-3-89879-774-0

Währungskrieg

James Rickards

An einem regnerischen Tag im Winter 2009 treffen 60 Experten aus Militär und Finanzwelt an einem geheimen Ort zusammen, um ein gewagtes Experiment durchzuführen: die Simulation einen Krieges! Mit einer Besonderheit: ohne Truppen, ohne Kriegsschiffe und ohne Armeen oder Kampfjets. Stattdessen: mit Währungen, Aktien, Bonds und Derivaten. Schlachtfeld sind die internationalen Finanzmärkte, und das Ziel des unblutig-kriegerischen Experiments ist nichts Geringeres als die Vernichtung eines Staates durch die Macht des Geldes.

So fern dieses Szenario im ersten Augenblick klingt, so nah ist der Kollaps des Dollars oder Euros, wie die täglichen Schlagzeilen vermelden. James Rickards, Experte in Sachen Währungskrisen mit mehr als 35 Jahren Erfahrung an der Wall Street, legt dar, warum Währungskriege keine ausschließlich ökonomische oder monetäre Gefahr bedeuten, sondern die Existenz eine ganzes Landes oder gar Kontinents bedrohen können.

368 Seiten | Hardcover | 24,99 € (D)| ISBN 978-3-89879-686-6